이우학교 십 년의 발자취

꿈꾸고 도전하고 함께 가다

● 이우학교십주년기념사업회

　　이우십년사편찬소위원회 : 김창희(위원장), 김철원, 김혜장, 박강호, 박준성

꿈꾸고 도전하고 함께 가다

이우학교 십 년의 발자취

초판 1쇄 발행 · 2013년 12월 5일

지은이 · 이우학교십주년기념사업회
발행 · 학교법인 이우학원
주소 · 경기도 성남시 분당구 동막로 287
　　　Tel 031-711-9295　Fax 031-711-9209
홈페이지 · http://www.2woo.net/

제작 배급 · (주)디자인커서
출판 등록 · 2008년 2월 18일 제301-2009-140호
주소 · 서울시 중구 다동 92 다동빌딩 701호
　　　Tel 02-312-9047　Fax 02-365-1867

ⓒ 학교법인 이우학원, 2013

ISBN 978-89-967872-5-9　03380

책값은 뒤표지에 표시돼 있습니다.

이우학교 십 년의 발자취

 꿈꾸고
도전하고
함께 가다

이우학교십주년기념사업회

이우의 길에
흩날리는
천 개의 질문들

학교는 새로운 시대가 비롯되는 곳입니다. 세계의 기원이자 변화의 씨앗인 아이들이 싹을 틔우고 자라나는 장소입니다. 잘 살펴보면 자연에도 경이로운 교육의 작용과 활동이 있듯이, 인류도 지금에 이르도록 다양한 교육제도와 학교를 고안하고 유지해왔습니다.

십 년 전 새로운 생각과 방식으로 우리는 이우학교를 출범시켰습니다. 우리 삶이 부딪치는 거대한 문제에 대한 해결책을 여럿이 함께 협업하여 궁리하고 모색한 결과입니다. 그 뒤 10년 동안 우리는 제도교육의 틀 안에서 대안적 가치를 생산하고자 끊임없이 노력해왔습니다. 그런 전체 과정을 놓고 볼 때, 이우학교는 우리 사회의 교육적 진화를 보여주는 한 가지 모습임이 분명합니다.

그러나 함께 디뎠던 지난 십년의 발자취를 돌아보면 시행착오의 모습이 역력합니다. 이를 뚜렷하게 남기는 일이 우리의 분명한 책무라고 생각합니다. 옥의 티가 옥의 찬란한 빛을 가리지 않고, 아름다움이 허물을 가리지 않아야 할 것입니다. 그런 점에서 이 책은 이우 십 년의 성취와 과오의 양면을 모두 있는 그대로, 충실하게 드러내고자했습니다.

노란 숲속에 난 프로스트의 두 갈래 길 중에서, 이우학교는 사람이 적게 간 한 길을 택해 걸어왔습니다. 어렵고 먼 길이었지만, 길은 이내 더 험한 봉우리들로 이어집니다. 중국 전국시대 때의 한 현인도 갈라진 길을 보고 울었다고 하지 않습니까? 이 책은 우리가 그 갈라진 길들에서 어떤 선택을 했고 어떤 미완의 과제를 남겨두었는지를 겸손하게 기록해 미래 세대에게 건네주는 지난 여정의 지도이기도 합니다.

길 잃은 자는 길을 묻지 않습니다. 우리는 지난 여정의 굽이굽이에서 만나는 모든 분들에게 길을 물어 왔고, 앞으로도 물을 것입니다. 이우의 아이들도 길 위에서 세상을 향해, 그리고 스스로에게 많은 질문을 하는 사람으로 성장해나갈 것입니다. 이우학교 등하굣길의 나무들은 천 개의 질문들을 가지에 매달아 바람에 흔들고 있습니다.

그 길 위에 자리 잡은 광교산 자락의 교정에서 많은 어린 강들이 발원하여 세상의 아래를 향해 흘러가고 있습니다. 이 어린 강물들은 이미 저마다 꿈꾸고 노래하며 도전하고 깨지며 쉼 없이 흘러내리고 있습니다. 진리의 빛이 천 개의 강물에 비춰고, 강물은 나날이 일어 제가끔 당당하고 정의로운 삶으로 이 땅을 적셔 언젠가는 대해에서 합류하는 그날을 그려봅니다. 이우학교를 함께 상상하고 함께 짓고 힘을 모아주신 모든 분들이 이 강들의 발원지입니다.

정의롭지 못하고 혼란스러운 판탕(板蕩)의 세상을 더불어 사는 삶의 지혜로 바꾸자고 뜻을 모았던 이우학교의 설립자들, 애써 맺은 소중한 씨앗을 자신의 그늘 아래 묻지 않고 이우의 땅에서 발아하여 성장하도록 함께 해준 부모님들, 그리고 누구보다도 헌신으로 이우를 지키며 어떤 씨앗은 왜 늦게 싹이 트는지 인내하며 지켜보아준 선생님들께 이 자리를 빌어 감사드립니다.

또한 이우학교 자체의 씨를 뿌릴 때부터 지금에 이르도록 일관되게 물질적 도움뿐만 아니라 협동과 참여, 신뢰와 같은 사회적 자본을 축적하도록 하여, 이우학교가 항상 공공적이고 열려 있도록 지지하고 격려해준 많은 분들께도 깊은 존경과 감사의 마음을 전합니다.

끝으로 거의 이 년에 가까운 기간 동안, 이 책을 만들기 위한 모든 수고를 아끼지 않은 이우십년사편찬소위원회의 여러분과 필자들께는 다만 가난한 이의 마음으로 켠 등불 하나와 거친 술이나마 한 잔을 정성으로 올립니다.

우리가 꿈꾸고 도전하며 함께 걸어 온 십 년의 세월을 이렇게 함께 나눕니다. 감사합니다.

학교법인 이우학원 이사장 **장 석**

차
례

부록

개교 전야

새로운 학교의 윤곽이 세상에 첫 선을 보인 것은 2001년 7월 1일 경기도 광주시 남한산성에 위치한 만해기념관에서 '(가칭)내일을 여는 학교 설립추진위원회'가 결성되면서부터였다. 이처럼 긴 위원회 이름에서 알 수 있다시피, 지금으로서는 생소하기 짝이 없는 '내일을 여는 학교'가 어쩌면 새로운 학교의 이름이 될 수도 있었다. 이 위원회의 구성을 준비할 때까지만 해도 '이우'라는 이름은 이 세상에 없었다.

교사동과 학생회관 완공 직후의 학교 전경(2004)

이우학교는 2003년 9월 개교했지만 그것은 어느 날 신통력을 가진 누군가가 마법의 주문을 외워서 지금의 모습으로 하늘에서 내려온 것도 아니고 요술방망이로 때려서 땅에서 솟아난 것도 아니었다. 그런 것일 수 없었다. 이우학교는 개교에 앞서서 긴 기간 많은 사람들이 애써서 준비한 결과였다. 그 준비 과정은 때로는 난감한 상황을 만나 좌절을 겪기도 하고, 때로는 더딘 행정처리에 조바심을 자아내면서 굽이굽이 돌아왔다. 함께 준비하던 사람들이 예상하지 못한 이유로 대열에서 빠질 때에는 큰 낭패감을 맛보기도 했다.

그 난관과 우회로들은 대부분 처음 해보는 일이라는 데 기인했다. 세상에 이런저런 경험을 가진 사람들은 많지만 당시 도시형 대안학교를 설립해본 경험을 가진 사람은 없었다. 그러나 그 멀고도 험한 길은 새로운 학교의 설립에 큰 자양분이 되고 지혜를 길러주었다. 그런 복잡다단한 과정이 없었더라면 이우학교는 개교 후에 훨씬 큰 혼란을 겪었을 것이다. 학교의 모습이 지금과는 아주 달라졌을 수도 있다.

그런 점에서 10년 전 개교 전야를 돌이켜보는 일은 아슬아슬하다. 2003년 9월을 기준으로 어디까지 거슬러 올라가야 할지도 애매하다. 또 공식화되기 전의 과정에 대해서는 기억이 엇갈리기도 한다.

그런 여러 가지 난점들에도 불구하고 '이우학교 10

년'의 역사가 그 10년에 국한될 수 없는 것은 너무도 분명하다. 그 10년을 가능하게 만들고 토대가 되어준 전사(前史)를 기록과 기억이 허락하는 범위 안에서 기술한다. 아마 지금으로부터 다시 10년이 더 지나 '이우학교 20년'의 역사를 기록할 때에는 이 전사가 어느 정도나 살아남을지도 알 수 없다. 그건 그때 판단할 일이다. 지금으로선 지금 이우의 모습을 되돌아보는 데 의미 있는 대목들을 중심으로 10년보다 훨씬 이전에 설립 주체들이 흘렸던 땀방울과 그들이 돌아온 멀고 먼 길을 살펴본다.

개교 이전의 과정에서는 2001년이 가장 중요한 해였다. 준비작업이 아주 긴박하게 진행된 한 해였다. 그 중에서 그해 7월 '(가칭)내일을 여는 학교 설립추진위원회'의 결성은 학교 설립이 공개적이고 공식적인 과정에 들어간 계기였다고 할 수 있다. 오늘의 학교 모습이 구체화된 것도 그 이후의 일이었다. 그렇기 때문에 이 추진위원회의 결성과 그 이후 2003년 9월 개교에 이르는 과정을 먼저 살펴보고, 그 이전, 즉 1997년까지 거슬러 올라가는 '전사의 전사'에 해당하는 과정은 오히려 뒤에 기술할 것이다.

1. '(가칭)내일을 여는 학교 설립추진위원회'의 결성

이우학교설립추진위원회 결성식(2001. 7. 1 남한산성 만해기념관) 후 기념 사진

새로운 학교의 윤곽이 세상에 첫 선을 보인 것은 2001년 7월 1일 경기도 광주시 남한산성에 위치한 만해기념관에서 '(가칭)내일을 여는 학교 설립추진위원회'가 결성되면서부터였다. 이처럼 긴 위원회 이름에서 알 수 있다시피, 지금으로서는 생소하기 짝이 없는 '내일을 여는 학교'가 어쩌면 새

로운 학교의 이름이 될 수도 있었다. 이 위원회의 구성을 준비할 때까지만 해도 '이우'라는 이름은 이 세상에 없었다.

　이 추진위원회에 참여한 사람들은 '새로운 교육을 위해서는 새로운 학교가 필요하다'는 데에 모두 동의했다. 이 중에는 새로운 교육의 필요성을 역설하고 그 구체적인 방법을 모색해 온 교육학자나 교육운동가들도 있었지만 정말 다양한 분야에서 다양한 경험을 쌓는 가운데 새로운 교육의 필요성을 절감한 사람도 많았다. 이들은 모두 32명으로서 대부분 준비모임 멤버들과의 각종 인연을 바탕으로 네트워킹이 이뤄진 경우였다.

'(가칭) 내일을 여는 학교' 설립을 추진하는 위원들

■ **고문**
이명현(서울대 교수, 철학, 전 교육부 장관), 전보삼(신구대 교수, 철학, 만해기념관 관장, 성남시민포럼 대표)

■ **공동대표**
이종태(교육학 박사, 한국교육개발원 기획팀장), 정광필(준비모임 대표), 하동근(성남문화연구소 대표)

■ **부대표**
이재철(준비모임 부대표), 홍인표(준비모임 부대표)

■ **회계감사**
민재기(공인회계사, 리딩코리아컨설팅 대표이사)

■ **추진위원**
이기범(숙명여대 교수, 교육학, 전국공동육아협동조합 이사장), 정유성(서강대 교수, 교육학), 최충옥(경기대 교수, 교육학, 전 한국청소년개발원 원장), 고인룡(국립천안공업대학 건축공학과 교수), 김미숙(성남·분당 인간교육실현 학부모연대 회장), 김인호(신구대 교수, 조경학, 환경교육정보센터 연구위원), 박성호(도시계획기술사, 환경포럼 이사), 박훈영(A.rum 건축연구소 소장, 전 계원조형예술대 건축디자인과 겸임교수), 신규식(중부대 교수, 건축사/도시계획기술사, 유아컨설턴트 종합건축사무소 대표이사), 신영수(현대건설 상무이사, 전 문화일보 국장), 이경재(한국리더십센터 소장), 이세용(전국학부모연대 부대표, 삼성생명 사회건강연구소 연구원), 전승훈(경원대 교수, 조경학), 정일연(변호사), 허서구(studio 許家房, 건축가),

이 추진위원들 가운데 상당수는 이우학교의 개교와 그 이후 과정에 함께 했지만 그렇지 않은 사람도 있다. 새로운 학교의 설립을 돕는 데 기여하고 조용히 자리를 비워준 사람들이다. 이들 모두를 이우학교 설립의 첫 주역으로 기억하는 것이 온당하겠다.

이 추진위원들의 이력 가운데 눈에 띄는 것은 '준비모임'이라는 대목이다. 추진위원회 역시 평지돌출일 수 없으니 그 추진위원회가 구성되기까지 준비해 온 그룹을 가리키는 것이었다. 수 년 간 연구 및 조사 작업을 진행해 온 준비모임에 대해서는 별도로 기술한다.

이날 추진위 결성 총회에서는 추진위 규약을 마련하고 대표단과 고문을 선출한 데 이어 기획·연구국과 사무국의 계획안을 각각 검토해 확정했다. 새 학교의 설계도에 해당하는 내용들이었다.

기획·연구국은 △ 교육이념 및 교육과정의 연구와 개발 △ 교사 선발 △ 교사 연수프로그램의 기획과 준비 △ 학교 운영원리의 연구 등을, 사무국은 △ 부지 매입 및 설계 △ 교육협동조합 및 학교재단법인 설립 △ 조합원 모집 및 조직 △ 재정 확보 등을 각각 주요 사업과제로 설정하고 그 추진 일정을 제시했다.

이날 총회의 또 한 가지 중요한 결정은 학교의 이름이었다. 이 대목은 논란이 컸다. 당초 새 학교의 이름으로 가장 유력했던 후보는 '내일을 여는 학교'였다. 그런데 이 이름은 '내일신문'이나 출판사 '내일을 여는 책'과 관련 있는 것 아니냐는 오해를 불러일으키기 쉽고, 새로 설립할 학교의 콘셉트에 딱 맞는 것도 아니라는 지적이 있었다.

그래서 총회를 앞두고 신영복 선생에게 작명을 의뢰했는데, '이우학교'라는 이름을 지어주셨다. 신 선생은 논어의 '이문회우 이우보인(以文會友 以友輔仁)'이라는 글귀에서 영감을 얻어 '이우(以友)'라는 이름을 지으신 것이다. '이우(以友)'는 가깝게는 친구와 진정한 우정을 나눈다는 뜻이고, 멀리는 천지만물을 벗 삼는다는 뜻이다. 이우라는 이름에 대해서도 "'이유'로 들린다", "발음하기 힘들다"는 비판이 있었지만 "학교의 콘셉트에 잘 부합한다", "이름이 낯설어 오히려 마음에 든다"는 등의 의견이 많았다. 이날 현장에서 표결까지 한 결과, '이우학교'가 새로운 학교의 이름으로 채택됐다. 이로써 이날은 이우학교가 세상에 얼굴을 내놓고 성큼 큰 발을 내디딘 날이 되었다.

2. 이우교육공동체의 결성

'(가칭)내일을 여는 학교 설립추진위원회'는 결성 당일로 '가칭'을 떼어냈을 뿐만 아니라 학교의 이름까지 확정해 '이우학교 설립추진위원회'가 되었다. 이름이 정해지자 일의 추진에도 가속도가 붙었다. 그 이름이 추진 주체들뿐만 아니라 듣는 이들에게 새로 설립되는 학교의 모습을 보다 분명하게 형상화하는 효과가 있었기 때문이다.

2001년 9월 경 이우학교의 교육 이념과 성격, 교육과정의 기본틀, 그리고 학교의 설립 일정을 담은 리플렛이 제작·배포됐다. 그해 10월에는 경기도 성남시 분당구 동원동 산13-1, 즉 지금의 학교 부지에 대한 매입 계약이 체결됐다. 또다시 큰 한 걸음을 내딛은 것이다. 이때부터 학교 설립 추진위원을 확대 모집하는 일이 본격적으로 이뤄졌다.

● '교육협동조합'을 구상하다

그 무렵 이우학교설립추진위원회는 이우학교의 설립자금이 70억 원 정도 될 것으로 예측했다. 학교부지 매입비용 22억 원에 건물 신축비용 34억 원과 기타 경비 등을 합쳐 그 정도 규모를 산정했던 것이다.

문제는 그 자금의 조달 방식이었다. 100명의 설립자를 교육협동조합 형태로 묶어서 그 출자금으로 22억 원을 조달하면, 나머지 40여억 원은 기부금과 정부 지원금 등으로 충당할 수 있지 않겠느냐는 것이 당시 추진위원회의 구상이었다. 최근 한국사회에서 큰 반향을 불러일으키고 있는 협동조합 방식이 10여 년 전 이우학교 설립 과정에서 시도되었던 셈이다.

이들이 이우학교의 설립자를 특정한 개인이 아닌 '교육협동조합'으로 하려 했던 이유는 분명하다. 무엇보다도 그것이 학교 교육의 공공성을 유지하고 학교를 민주적으로 운영하는 데에 훨씬 바람직하다고 보았기 때문이다. 기존 사립학교들처럼 1명 혹은 소수의 자산가에 의존하게 될 경우 학교가 학교법인 이사회를 지배하는 이사장 중심으로 운영되어 공공성을 훼손하게 될 수 있다는 문제의식이 바탕에 깔려 있었다.

이 협동조합 구상에는 학교의 공공성을 확보하는 것 이상의 고민도 담겨 있었다. '제 살 파먹기'식 경쟁을 부추기는 자본주의 경제체제 안에서 사람과 자연, 사람과 사람이 더불어 살 수 있는 방안으로 협동조합이라는 조직형태와 그 운영원리를 주목했던 것이다. 그래서 한때는 학교 설립과 더불어 생태적 주거 협동조합을 동시에 추진하려는 시도도 있었다. 당시 추진위원들의 역량 상 두 가지를 동시에 추진하는 게 무리라고 판단해 단계적으로 접근하는 쪽으로 방향을 바꾸긴 했지만, 그래도 이런 문제의식이 있었기 때문에 이우학교 설립자들은 개교 직후에 바로 이우생활협동조합을 만들고 지역공동체 사업을 시작할 수 있었다.

이런 과정을 놓고 보면, 이우학교의 설립 과정이 단순히 새로운 학교를 하나 만들어내는 수준을 넘어서서 그 설립 및 운영원리로 공동체성에 토대를 둔 협동조합 방식의 채택, 이를 바탕으로 한 생태적 주거 협동조합의 구성, 그리고 마침내 수도권의 한 지역에 지역공동체를 이루고 새로운 삶의 방식을 시도하는 것 등이 일습으로 엮여 있었음을 알 수 있다.

그런 점에서 이우학교의 설립은 아이들의 교육을 포함해 우리 모두의 삶의 방식을 바꾸는 기획이었다. 역량의 부족과 여건의 불비로 인해 모든 일이 생각한 대로 되지는 않았지만 개교 10년을 앞두고 협동조합 방식을 통한 협동주거사업이 새롭게 시도되는 것을 보면 초기의 생각이 꼭 엉뚱한 것만은 아니었던 것 같다.

● '협동조합' 방식을 포기하다

그러나 현재 이우학교 법인의 모태인 이우교육공동체는 협동조합이 아니다. 그 이유는 무엇일까? 협동조합을 구성하려고 애쓰는 과정에서 그 틀을 전제로 설립자를 모으게 되면 '인가학교'를 설립할 수 없다는 현실을 인식했기 때문이다.

2001년 10월 학교부지 계약 후 열린 운영위원회에서 교육부장관을 지낸 학교인가 과정에 밝은 이명현 고문이 문제 제기한 것이 그 계기였다. '조합이 주체가 되는 학교 설립이라는 게 자칫 기여입학제라는 오해와 파장을 불러일으킬 수 있다. 그렇게 되면 인가 과정에서 뜻하지 않은 난항을 초래할 수 있다'는 취지였다. 설립추진위원들 중 법률가들도 협동조합 방식이 '공공성을 띠어야 한다'는 사립학교법령의 요구와 충돌할 수 있다고 지적했다.

이날 장시간 논의한 끝에 한 가지 공감대가 형성됐다. 협동조합 방식을 유지하다 보면 공교육 시스템 안으로 진입할 수 없고, 비인가 대안학교의 틀로는 공교육 개혁에 영향을 줄 수 없다는 상황 인식이었다. 현실의 벽이 확인된 것이었다.

이날은 최종 결론을 내리지 못했고, 결국 11월 17일 성남시 분당구청 대회의실에서 열린 '도시형 대안학교의 필요성과 그 모델' 워크숍에서 협동조합 방식을 포기하기에 이르렀다. '조합원들의 출자'에 바탕을 둔 협동조합을 포기하고 기

왕의 방식대로 '설립자들의 출연'에 바탕을 둔 학교법인으로 가기로 한 것이었다. 그렇게 협동조합을 구성하는 일은 포기했지만 앞으로 구성될 설립자들의 조직에서 '1인 1표주의'라는 협동조합 운영원리를 살리자는 원칙을 확인한 것도 수확이라면 수확이었다.

그 무렵 이우학교설립추진위원회는 내심 한 가지 걱정을 안고 있었다. '새로운 학교의 설립에 뜻을 같이 하는 사람 100명을 모은다'는 방침 아래 설립자 모집에 박차를 가하고 있었는데, 조합 출자에 해당하는 출연은 공적인 기부와 같은 것이어서 탈퇴할 때 반환받을 수 없다는 대목이 설립자 모집에 어떤 영향을 미칠지 가늠하기 쉽지 않았던 것이다. 설립자들이 제대로 모이지 않을 경우 모든 계획은 탁상공론으로 돌아갈 소지마저 없지 않았다.

그런 점에서 11월 17일의 '도시형 대안학교의 필요성과 그 모델' 워크숍은 큰 분수령이었다. 이 워크숍에는 200명 정도가 참여해 대성황을 이뤘는데, 대부분 설립추진위원들을 통해 이우학교 설립 계획을 전해 듣고 개인적으로 관심을 가졌던 사람들이었다. 이 워크숍을 계기로 40여 명이 새롭게 이우학교설립추진위원회 대열에 합류했다. 추진 주체의 몸집이 2배 이상으로 불어난 것은 둘째치고, 새로운 교육에 대한 의지와 공동 행보의 가능성을 기존의 추진 주체 외부에서 확인한 것은 큰 수확이었다.

1인당 출연금이 2000만 원 이상이었고, 개교 후 학교의 모습이 자신의 기대와 부합하지 않을 때 출연금을 반환받지 못할 줄 알면서도 이렇게 다수가 선뜻 학교 설립에 동참한 까닭은 무엇이었을까?

지금 생각해봐도 기적 같은 일이었습니다. 군이 그 이유를 찾자면 언론에서 교실 붕괴 상황을 자주 언급할 만큼 당시 학교 현실이 암울했고, '간디' '푸른꿈' '한빛' 등 대안학교가 세간의 주목을 받고 있었던 점을 들 수 있을 것 같아요. 하지만 아이들을 선뜻 지방의 기숙학교에 보내기 쉽지 않은 상황에서 '도시형 대안학교', '중·고의 병설', '중규모 학교'라는 이우학교의 콘셉트가 새로운 교육을 열망하는 이들의 기대에 부응한 것 아닌가 싶습니다. 또 교육운동가와 뜻있는 시민들이 함께 세우는 학교라는 점도 공동육아 협동조합을 만들고 운영해본 분들에게 낯설지 않은 방식이었던 것 같고요. 게다가 초기의 주체들이 그동안 이렇게 저렇게 맺어 온 인간관계도 무시할 수 없는 요인이 되었겠지요. [1]

이렇듯 암울한 학교 현실, 새로운 학교의 성격, 초기의 주체들이 쌓아온 인간관계 등에 힘입어 설립자를 모으는 일은 예상보다 순조롭게 진행되었다. 그 과정에서 협동조합을 포기하되 그 정신을 살려 학교를 운영하자는 합의도 큰 무리 없이 이뤄질 수 있었다.

● 이우교육공동체(이우학교설립위원회)가 만들어지다

마침내 2001년 12월 2일 성남시 분당구청에서 이우학교설립위원회(이우교육공동체)의 창립총회가 열렸다. 이는 그 동안 유지되던 설립추진위원회를 확대 개편하는 동시에 법적인 설립 주체를 형성하는 일이었다.

이날 총회에서는 기존 설립추진위원회의 고문과 공동대표단이 그대로 설립위원회의 고문과 공동대표단으로 유지됐다. 이와 함께 앞으로 구성될 학교법인의 이사진(이사장 이종태)도 선출하고, '2003년 3월'에 이우중·고등학교를 '개교'한다는 기본일정도 확정했다.

고문 및 대표단 선출 과정에는 한 가지 일화가 있다. 그때까지의 준비과정에서 주요 현안의 해결에 큰 역할을 하며 늘 막힌 곳을 뚫어준 이명현 전 교육부 장관과 강지원 변호사가 공동대표로 추대되었지만 "우리는 병풍 역할을 하겠으니 젊은 사람이 대표를 맡아야 한다"며 한사코 고사했다. 결국 강지원 변호사만 공동대표로 추대되고 이명현 전 장관은 고문을 맡았다. 이런 전통을 바탕으로 그 뒤에도 이우교육공동체에서는 명망가가 아니라 일하는 사람이 요직을 맡는다는 원칙을 견지해 왔다.

이우교육공동체는 이날 창립선언문을 통해 구성원들에게 열린 사고와 대화로

이우학교설립위원회(이우교육공동체) 창립총회

이우교육공동체 워크숍(2002)

써 난관을 극복하자고 당부하는 동시에 뜻을 같이 하는 이들에게 문호를 개방하겠다는 의지를 천명했다.

이우교육공동체 성원 여러분! 오늘 우리가 심은 '이우학교'라는 묘목이 넉넉한 그늘을 지닌 아름드리 나무로 자랄 수 있도록 우리 모두 벗으로서 최선을 다해 봅시다. 그리고 앞으로 닥칠 여러 시련과 난관들을 열린 사고와 대화로써 하나씩 헤쳐 나갑시다.

'더불어 사는 삶'을 배우고 익힌 청소년들만이 21세기의 희망을 연다고 믿는 분들, 공동체 문화를 널리 확산시키길 원하는 분들! 모두 저희의 대열에 함께 해 주시기 바랍니다.

● 이우교육공동체, 자리 잡아가다

학교법인 이우학원의 초대 이사장인 이종태가 2002년 초 지방선거에 출마하게 돼 그 직을 사임했다. 이우교육공동체는 2002년 8월 임시총회를 열어 장석을 신임 이사장으로 선출했다.

이우교육공동체는 이어 2003년 4월 26일 월드베스트 인력개발원에서 열린 제2회 정기총회에서 임원진을 개편하고 학교법인 신임 이사 2명의 추천을 의결했다.

▶ 이우교육공동체

고문: 이명현, 전보삼, 채규철

공동대표: 강지원, 이종태, 정광필, 하동근

부대표: 김미숙, 김혜영, 김혜장, 홍인표

사무국장: 이재철

▶ 학교법인 이우학원 신임 이사

백정훈(배재고 교사), 신희준(하쿠호도제일 광고팀장)

2001년 12월 2일 창립부터 2003년 4월 26일 제2차 정기총회에 이르기까지 이우교육공동체는 운영위원회와 사업위원회 중심으로 활동했다. 운영위원회는 모두 11차례 회의를 열어 학교 설립을 비롯한 현안에 대한 심의·의결, 신규회원 가입, 교사선발 심의 등 굵직굵직한 일들을 담당했다. 각 사업위원회는 여러 차례 모임을 갖고 사업방향을 다음과 같이 논의했다. [2]

· 건축위원회(9명) : 시공사 선정 등 학교 건축과 관련하여 자문·심의
· 공동체사업위원회(13명) : 지역 공동체 사업에 대한 학습·논의
· 교육과정위원회(18명) : 이우학교 교육과정 논의
· 법인설립위원회(3명) : 학교법인 설립 후 해체
· 재정위원회(6명) : 학교설립과 관련된 재정대책 논의
· 조직위원회(9명) : 경조사 규약(안) 제안
· 청소년교육문화위원회(19명) : 대안교육, 청소년에 대한 학습을 통해 그 위상에 대해 논의. 2003년 1월 공동체 회원 자녀 대상 하루 캠프 시행

그런데 개교가 임박하면서 위원회의 활동 동력이 떨어지기 시작했다. 이에 조직 재편의 필요성이 제기돼 2002년 12월 임시총회 후 조직발전특별위원회가 구성되었다. 이 특위는 이우교육공동체의 발전전망과 조직 재편의 방향을 논의한 끝에 2003년 4월 워크숍에서 조직재편(안)을 제안했다. 여기서 논의된 내용이 2003년 4월 26일 개최된 제2차 정기총회에 반영됐다.

제2차 정기총회는 이우교육공동체의 사업계획을 확정했는데 그 핵심은 이렇다. 2003년 하반기에 이우교육공동체를 임의단체에서 사단법인으로 전환하고 조직을 현실에 맞게 분회와 사업부로 재편하고, 대안교육의 이념과 교육과정, 각 교과의 연구 등을 위해 (가칭)대안교육연구소를 설립하기로 한 것이다. [3]

그러나 이우교육공동체는 사단법인으로 전환하는 데 따른 현실적 어려움이 너무 커서 그 뒤에도 계속 임의단체의 형식을 유지해 오고 있다. 한편 개교 직후

인 2004년 7월 당초의 계획대로 '이우교육연구소'가 출범했고, 이우교육연구소는 2006년 2월 사단법인으로 전환함과 동시에 '함께여는교육연구소'로 이름을 바꾸어 지금까지 활발한 활동을 펼치고 있다. 개교 이전 공동체 내에 사업위원회와는 별도로 실무 역할을 위해 구성했던 사업부서의 활동계획은 다음과 같다.

· 홍보부: 뉴스레터 발간, 홈페이지 개편, 대외홍보 활동
· 교육부: 회원 교육, 학부모 교육, 지역 청소년 문화프로그램 진행
· 건축지원부: 학교 건축 관련 업무 지원, 회원 주거 대책 마련
· 재정부: 이우학교 및 이우교육공동체의 재정에 대한 중장기적 대책 마련
· 협동조합부: 개교 후 이우학교 학생, 학부모 등과 함께 생활협동조합 설립 추진

● 도서관 · 식당 · 매점 운영의 틀을 짜다

이우교육공동체는 학교 도서관, 식당, 매점 운영의 틀을 짜는 데에도 중요한 역할을 했다. 2003년 6월쯤 김혜영(공동체 부대표)과 김철원(국어교사)이 기획팀을 구성해 도서관 운영안을 마련하고, 공동체 회원 이희란 등이 주축이 된 실무팀이 도서 및 서가를 구입했다.[4] 이들은 1년 후에 지어질 도서관[5]이 딱딱하고 건조한 공간이 아니라 편안하고 아늑한 공간으로 자리 잡게 하는 데에, 그리고 여느 학교보다 청소년의 눈높이에 맞는 다양한 도서를 갖추게 하는 데에 초석을 놓았다.

또 2003년 7월 4일 이우교육공동체, 학교법인, 교사대표 연석회의는 향후 급식과 관련해 ① 친환경농산물을 식재료로 사용하고 음식물 찌꺼기는 퇴비로 사용한다 ② 쌀은 농촌 마을과 직거래하고 기타 식자재는 지역공동체 조직과 협약하여 납품받는다는 등의 원칙을 세웠다. 다만 직영 급식이 불가능한 2003년 1학기~2004년 1학기 동안에는 주민생협 및 자활센터와 협약을 체결해 주민생협이 친환경농산물을 납품하고 자활센터가 이를 조리해 이우학교에 와서 배식

한다는 방침을 정했다. 이 원칙은 개교 후에 그대로 지켜졌다.

매점과 관련해서는 이우생협을 조직해 운영한다는 원칙을 세우고 김용우 등이 주축이 돼 생협 창립 준비작업에 들어갔다. 7월 초에 6~7인으로 이우생협위원회를 구성하고, 이 위원회가 주축이 돼 발기인을 모집하고 8월 말 발기인대회를 열었다. 갓 학교 생활을 시작하게 될 학생, 교사, 학부모들에게도 그 취지를 알리며 가입을 권유했다. 그리하여 2003년 12월 19일 이우학교에서 이우생협 창립총회를 개최하기에 이르렀으며, 학생과 학부모 조합원들이 매점을 운영하기 시작했다.[6]

3. 이우학교 건축

조직이 만들어졌다고 곧바로 학교가 설립될 수 있는 것은 아니었다. 학교의 물리적 환경, 즉 교사(校舍)를 짓고 교육 기자재를 갖추는 일은 쉽지 않은 일이었다. 그것은 가장 많은 재원이 소요되는 동시에 중요한 일이기도 했다. 이우학교의 건축 원칙은 이미 2001년 가을 이우학교설립추진위원회 시절에 마련되어 있었다.

첫째, 주어진 자연 환경을 최대한 보존한다. 대지의 경사면을 그대로 살리기 위해 건물을 계단식으로 배치한다. 그리고 기존 녹지를 최대한 보존(녹지율 72%)하는 한편 유실수로 조경한다.

둘째, 최대한 자연 에너지를 사용한다. 학교 부지가 남향이란 이점을 살려 여름엔 햇볕을 피하고 겨울엔 햇볕을 받게 설계한다. 그리고 비집중적 건축방식으로 바람길을 최대한 확보해 자연 통풍을 하도록 한다. 이를 보완하기 위해 대체 에너지인 태양광을 이용해 전력을 발전하고 지열을 이용해 냉난방 및 급탕 시설을 갖춘다.

셋째, 집중적 건축 방식을 지양한다. 교무실, 학생회관, 도서관, 생활관 등의 소규모 건물을 용도나 특성에 맞게 여러 채 건축한다.

넷째, 재활용 가능한 소재들을 활용한다. 콘크리트 사용을 최소화하고 재활용이 가능한 철골과 목재를 주재료로 활용한다.

녹지에 학교 건물을 짓는다는 것 자체가 자연을 훼손하는 행위이지만 최대한 자연과 더불어 살고자 하는 학교의 이념을 건축에 반영하려 한 것이었다.

2001년 10월 학교부지 계약이 이뤄지자 설립추진위원회는 고인룡, 박성호, 박훈영, 신규식, 신영수, 홍인표 등 추진위원 중 관련 전문가들을 중심으로 건축위원회를 구성했다. 건축위원회는 바로 다음 달 위와 같은 원칙에 입각해 건축설계안을 공모했다. 모두 3팀이 공모에 참여했는데, 그 중에서 건축사무소 경영위치(소장 김승회, 강원필)가 제시한 설계안을 선정했다. 부지가 갖고 있는 장점을 잘 살리고 단점을 보완했으며 친환경적이고 비집중식 건축방식을 채택하는 등 학교의 이념에 가장 부합한다고 판단했기 때문이다. 이와 함께 도시계획시설 결정을 위한 토목설계를 유아컨설팅에 발주했다. 이어 2001년 12월 이우교육공동체 창립총회 때 정식 발족한 건축위원회[7]는 토목 설계자 및 건축 설계자와의 협의, 건축 시공을 관장했다. 그렇게 해서 경영위치가 낸 설계안을 바탕으로 실시설계가 완성된 것은 2002년 여름이었다.

경기도교육청과 성남시교육청이 각각 이우고등학교와 이우중학교의 설립계획을 승인한 것도 비슷한 시점인 2002년 5월이었다. 이어서 2002년 10월에는 성남시가 이우학교에 대한 도시계획시설 결정을 고시하기에 이르렀다. 이제 모든 허가가 다 이뤄졌고, 실제 건축 행위에 들어가면 되는 단계에까지 이른 것이었다.

이에 따라 이우학교는 2002년 12월 학교 신축을 위한 첫 삽을 뜨게 되었다. (주)예림건설이 시공을 맡았다. 경영위치의 김승회 소장은 이우학교 건축에 상당한 의미를 부여했다.[8]

이우학교는 새로운 형식의 대안학교다. 부적응 학생 위주의 대안학교와 달리 자연과 문

개교 전 건축설계 공모 당선작의 부감도

명이 평화롭게 공존하는 세계를 이루어낼 인재를 기르는 것이 학교의 설립 동기다. 분당에 자리 잡은 이우학교는 소나무 군락과 맑은 시내가 함께 있는 1만 3000여 평의 부지에 친환경적인 학교로 설립된다. 중학교 180명, 고등학교 240명이 지내게 될 이우학교는 생태적인 환경과 다양한 방식의 교육이 공존하는 작은 학교공동체를 지향한다. 새로운 패러다임의 건축과 교육과정을 통해 '벗과 함께'라는 이우의 의미가 좀 더 분명히 드러날 것이다.

텍스트로서의 건축: 학교의 모든 환경은 그 자체로 학생들의 교재다. '자연과 함께' 벗하려는 이념은 '지속 가능한 생태환경 시스템'을 구축하여 실천하고, '선생님과 함께'하는 학습은 다양한 교육적인 실험을 가능하게 할 '새로운 방식의 보편적 공간'을 요구한다. '친구와 함께' 놀고픈 바람은 마당과 길로 이루어진 그들 고유의 '중간 영역'에 스며들고, '이웃과 함께' 나누려는 희망은 학교와 지역 커뮤니티의 '공유하는 시설'을 운영하여 구현한다.

지속가능한 생태환경 시스템: 미시기후의 조절, 다양한 비오톱(biotop)의 조성,

이우학교 기공식

지열, 태양열과 자연 환경을 이용한 최소한의 에너지 사용, 녹색통로의 확보 등 일반적으로 거론되는 레퍼토리뿐 아니라, 우수와 오수의 활용, 실개천을 이용한 세 단계의 수변공간 조성, 재활용이 가능한 건축재료 사용 등을 포함하며 마스터플랜, 설비방식, 시공법에 이르기까지 전 과정을 통해 지속가능한 생태환경을 고려한다.

새로운 방식의 보편적 공간: 경량철골구조로 8.4m 스팬의 무주공간(無柱空間)을 이룬다. 7.5×15cm 크기의 기둥은 20cm 두께의 페이샤와 더불어 공장에서 미리 생산될 외피를 고정하는 역할을 겸한다. 외피는 개방도에 따라 몇 가지 종류로 나뉘면서 중성적인 무주공간에 다양한 표정을 부여한다. 외피는 쉽게 탈착(脫着)이 가능하므로 각 공간은 필요에 따라 새롭게 조정할 수 있다. 내부공간 역시 칸막이의 변화를 쉽게 이루도록 했다. 이러한 방식들은 '특별한 요구'와 '보편적인 필요'를 만족시켜줄 것이다.

중간 영역: 건물과 마당을 이어줄 뿐 아니라 성장의 바탕이 될 다리길, 마당과 길의 성격을 함께 갖는 길마당, 건물에 접속되는 열린 계단, 외피에 붙은 발코니와 차양, 정자들과 연결되는 오솔길 등 여러 가지의 중간 영역들이 다양한 방식의 학교생활을 가능하게 한다.

공유하는 시설들: 이우학교는 시설들을 지역사회에 개방한다. 주민들과 공유하는 시설들을 다리길을 통해 하나의 네트워크를 형성한다. 체육관, 도서실 등 여러 장소들을 주민들과 공유하면서 학교는 단순한 교육기관이 아니라 지역 커뮤니티의 구심점으로 자리잡아 간다.

과정과 실재: 이우학교는 2003년 1차 완공하고 그 뒤 지속적인 증축을 예정하고 있다. 그뿐 아니라 지역커뮤니티센터, 대안교육센터 설립 등 중장기적인 확장도 이루어진다. 이우학교는 생명체의 성장이 그러하듯, 하나하나의 과정이 그 나름의 완전함을 지니도록 생성된다. 과정이 실재인 것이다. 그것은 다양한 세포분열을 가능하게 할 새로운 보

교사 완공 직후의 중학교동(2003)

교사 완공 직후의 본관(2003)

중학교동 2층 복도

34

본관과 고등학교동

편공간, 그들의 네트워크를 가능하게 할 다리길과 길마당, 그리고 자연과 구조물의 경계를 매개할 건축적인 장치 등을 통해 성취된다.

● 이우학교 건축의 의미

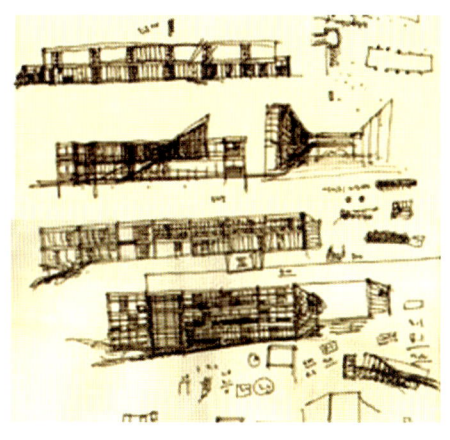
이우학교 설계 개념 스케치

이런 내용이 설계자의 의도를 중심으로 이우학교 건축의 의미를 설명하는 것이었다면 배형민 교수(서울시립대 건축학부)의 다음 글은 제3자의 평가라는 점에서 조금 더 객관적인 시야를 제공한다.[9]

대안학교… 그린벨트… 촉박한 개교일… 환경친화 건축… 충분치 않은 예산… 단계적인 건축. 성남시 분당의 이우학교는 이런 어려운 조건을 안고 건축됐다. 그린벨트 내이기 때문에 자연훼손을 최소화하고, 교육이념에 걸맞은 환경친화적인 건축이어야 했다. 정해진 개교일에 맞추기 위해서는 공사기간도 길게 잡을 수 없었다. 모든 시설을 한꺼번에 지을 예산이 없어 일단 개교한 뒤 6, 7년에 걸쳐 단계적으로 지어야 한다.

이상적인 학교공동체를 만들고자 하는 사람들이 해결해야 할 현실적 문제를 푸는 일은 건축가 김승회가 맡았다. 김승회는 얼핏 평범해 보이는 몇 개의 상자를 모아 이 여러 가지 문제를 풀어 나갔다. 화려하지 않지만 선과 면이 아름답고, 공간과 재료가 적절한 집을 만들었다.

어떻게 이것이 가능한가? 이 순한 상자들 속에 답이 있다. 부분 속에 전체가 있고, 큰 것 속에 작은 것을 배려할 줄 아는 건축의 지혜를 발견할 것이다.

2003년 가장 먼저 교사가 들어서면서 이우학교가 문을 열었다. 그 다음해 도서관과 식당이 있는 학생회관이 들어섰고, 이제 '커뮤니티센터'를 지어야 한다. 세 단계에 걸쳐 학교를 만들기 위해 건축가는 학교를 몇 개의 덩어리로 나누었다. 교사 세 동을 나란히 경사지 따라 배치하고 교사동 사이사이에 마당을 두었다. 자연훼손을 가능한 한 막기 위해 건물

학생회관 완공 직후의 발코니(2004)

이 차지하는 땅을 최소화했다. 교사와 교사 사이의 간격을 줄여야 하고 그러기 위해 건물의 높이도 줄였다.

이어 배형민은 작은 덩어리에서 최대한의 공간을 얻어내기 위해서는 건물을 지탱하는 구조체가 얇고, 가늘고, 가벼워야 한다고 말한다.

1.8m마다 반복되는 철재 기둥은 아주 가늘다. 너무 가는 기둥은 위에서 눌리면 옆으로 휘게 마련이다. 하지만 층의 높이를 낮추었기 때문에 기둥 사이에 한 칸씩 건너 수평 막대를 두는 정도로 안정된 구조를 확보하였다. 얇고 가벼운 기둥은 주변의 섬약한 자연과도 어울린다. 뿌리가 깊지 않고 줄기가 굵지 못한 주변 나무들과 어울린다.

배형민은 학생회관이 교사와 마찬가지로 상자 모양이지만 재미있게도 두 건물이 갖는 논리는 정반대라는 점도 지적했다.

교사동의 구조가 가늘었던 것과는 대조적으로 학생회관의 구조는 대담하다. W자 모양의 큰 구조가 도서관-식당동의 2층을 에워싸고 있다. 그래서 식당과 도서관은 기둥이 하나도 없고 시야가 밖으로 트인 공간이 될 수 있었다.

그는 학생회관이 지어지면서 이우학교에 등장하는 또 다른 요소가 다리길이라고 말한다.

떠다니는 듯한 이 다리들은 다른 건물 덩어리들을 이어주는 통로일 뿐만 아니라 또 하나의 건축이다. 친구와 점심을 즐기는 야외식당이자, 동아리 행사를 구경하는 객석이고, 사색에 잠길 수 있는 독서실이다. (…) 이렇게 섬세한 차이를 만들면서도 건축가가 노린 목표는 일관되어 있다. 건물을 이루는 덩어리들이 그 속에서 생활하는 사람들을 방해해서는 안 된다.

완공 직후의 학생회관과 각종 발코니 및 다리길들(2004)

그는 이우학교의 건축에 대해 다음과 같이 평가하면서 글을 맺었다.

뜻이 있는 건축주와 원칙이 있는 건축가가 현실의 구체적인 목표를 공유하고 함께 일을
할 때 얼마나 많은 일을 이루어낼 수 있는지를 보여준다. 여기서 필자는 이상보다는 현실
에 초점을 맞추고 싶다. 건축에서는 현실의 문제를 얼마나 원칙을 갖고 푸느냐가 중요하
다. 이우학교가 개교한 이후 지금까지 교장을 지낸 정
광필 씨는 『이우학교 이야기』라는 책을 펴내면서 '가장
이상적인 것이 가장 현실적이다'는 부제를 달았다. 이
우학교의 건축에 대해서는 나는 바꾸어 이야기하고 싶
다. 가장 현실적인 것이 가장 원칙적이라고.

이런 점들을 인정받아서인지 2005년 2월 이우
학교는 제27회 한국건축가협회 대상을 받았다.

● **이우학교 건축의 한계는 무엇일까?**

　　　　　　이우공동체는 자연 환경의 훼손을 최소화한다는
원칙을 견지하기 위해 설계자에게 "경사면을 그대로 살려 달라. 그리고 흙을 밖
으로 빼지 말아 달라"고 요청했다. 그렇게 해서 경사면에 대한 절개를 최소한으
로만 하다 보니, 건물 내부의 복도가 좁아진 것은 물론이고 건물 사이의 간격도
좁아질 수밖에 없었다.

　또 그런 부담을 졌음에도 불구하고 자연을 훼손하지 않는 시공은 있을 수 없
었다. 작든 크든 훼손은 불가피했다.

2002년 12월 학교 부지 벌목이 시작되었어요. 원시림은 아니지만 거의 자연 상태에 있던
나무들 몇 천 그루가 쓰러졌지요. 그걸 바라보면서 시체들이 나뒹구는 듯한 느낌을 받았

어요. 과연 우리가 세우는 학교가 그만큼 의미 있는 것인지, 이 큰 죄를 다 갚을 수 있는 건지 고민했어요. [10]

그런 우여곡절 끝에 건물이 완공되자 학교 방문객들은 "서구의 펜션 같다"고 탄성을 올리는가 하면, 모든 교실에 발코니가 나 있는 걸 보고 "아이들이 떨어지면 어떻게 하냐?"고 우려를 표명하기도 했다. 그때마다 학교 관계자들은 "그건 건축의 문제가 아니라 교육의 문제"라고 답변했다. 돌이켜 보면 아이들이 답답해하지 않도록 발코니를 만든 건 잘한 일이었다.

지열(地熱)을 이용한 냉난방 시스템은 '뜨거운 감자' 중의 하나였다. 2003년 100rt 규모의 지열 냉난방시스템을 도입했다. 땅속 150m까지 관을 묻어 연중 섭씨 15~20도의 지하열을 여름에는 냉방으로, 겨울에는 난방으로 쓰는 획기적인 방법이었다. 그것을 보러 각 시도교육청의 시설과 관계자들이 많이 방문했는데, 이걸 보고 가서 지열 냉난방 시스템을 도입한 학교도 많았다. 그러나 당시엔 기술 수준이 그리 높지 않아 고장이 잦았던 데다가 소음까지 커서 애를 많이 먹었다. 결국 2012년 천장형 에어컨을 설치하기에 이르렀다.

또 신축한 지 얼마 되지 않아 큰 비에 물이 새는 것도 문제였다. 이는 짧은 공기와 부족한 건축비로 인한 것이었다. 2002년 12월에 건물을 짓기 시작해서 2003년 7월까지 모든 건물을 완공해야 했다. 그래서 공기 단축을 위한 여러 방안을 강구했다. 우선 철골건식 공법, 다시 말해 공장에서 대부분의 부재를 만들어 조립만 하는 방식을 택했다. 그런데 2003년 봄부터 여름까지 내내 비가 왔다. 우스갯말로 '이우(以友)가 아니라 이우(以雨)하는 학교'라는 말이 나올 정도였다. 부재를 도장 및 방열 처리 후 건조시킬 새도 없이 조립할 수밖에 없었다. 그래서 비만 오면 물이 새는 일이 발생했다. 몇 번에 걸쳐 페인트를 벗겨내고 도장을 다시 한 후 방수 처리를 하는 수고를 겪어야 했다.

신축 중인 학생회관(2003)

4. 교사 선발과 개교 준비: 트리폴리스 시절

학교를 만드는 과정에서 교사(校舍)보다 더 중요한 것은 당연히 교사(敎師)였다. 새로운 교육 실험이 성공하느냐의 여부는 많은 부분이 선생님들에게 달려 있었기 때문이다. 이우교육공동체는 2001년 12월 창립총회 직후 교사 선발, 교육과정 준비, 학교 설립에 필요한 각종 업무처리를 위해 성남시 분당구 미금역 근처의 코오롱트리폴리스에 꽤 넓은 사무실을 하나 얻었다.

> 새로운 학교를 구상한다면 교사진을 구성하는 데에도 새로운 접근이 필요하다. 그래서 1/3은 다양한 사회경험을 하고 새로운 교육적 비전을 갖고 있는 분을 모시고자 했다. 그리고 또 1/3은 정규학교로서의 안정성을 구축하고 그간의 교육 경험을 살리기 위하여 풍부한 교직 경력을 갖춘 분을 모시고자 했다. 나머지 1/3은 처음부터 이우학교와 함께 새롭게 시작할 수 있는 신입 선생님들을 모시고자 했다. 또 세월이 지나서 학교가 양로원이 되지 않도록 20대, 30대, 40대를 고루 안배했다.[11]

다양한 연령대의 사람들로 교사진을 꾸려야 한다는 문제의식은 기존 사립학교들의 사례를 보면서 자연스럽게 형성되었다. 초창기엔 교사진이 젊은이들로 구성됐지만 어느 정도 세월이 흐른 후 50대 이상 연만한 교사가 태반이어서 아이들과 교감하고 소통하는 데 어려움을 겪는 사립학교들이 적지 않았던 것이다.

그런 점을 염두에 두고 구체적으로 교사를 선발하는 과정에서는 이우학교의 이념과 취지를 잘 살릴 수 있을 것인지, 그리고 해당 교과 교육의 전문성을 지녔는지를 주요한 기준으로 삼았다. 전자와 관련해서는 대안교육에 대한 열정과 실험정신, 동료성, 학생들과의 호흡 등을 중시했고, 후자와 관련해서는 지금 얼마나 잘 하느냐보다는 발전 가능성을 중시했다.

이런 문제의식 속에서 단계별 전형을 실시했다. 1차에서는 자기소개서와 수업계획서 등의 서류전형을 통해 3배수를 선발하고, 2차에서 논술시험, 집단토론, 공개수업과 질의응답, 개별 심층면접 등을 통해 적임자를 선발했다.[12] 최다 득점자와 차점자의 점수 차가 적어 판단이 어려울 때는 다시 한 번 심층면접을 하기도 했다. 어떤 때는 2차 전형 말미에 찜질방에 가서 담소하는 시간을 갖기도 했다.

이런 전형이 처음 실시된 것은 2001년 12월이었다. 사회, 영어, 과학 등 3개 과목의 교사를 모집한다는 광고를 내자 문의전화가 말 그대로 쇄도했다. 그러나 실제 서류를 제출한 이는 10명에 불과했고, 그것도 대부분 사회과에 몰려 있었다. 고심 끝에 4명은 서류심사에서 탈락시켰고, 사회과 지원자로만 6명을 면접한 끝에 우경윤 교사(역사)를 선발했다. 그는 이우학교의 첫 공채 교사가 되었다.

교사진은 공채만으로 충원되지 않았다. 이우학교와 완전히 같을 수는 없겠지만 자기 생각이 뚜렷한 학교에서 교육과정을 디자인해본 경험을 가진 선생님을 모시는 일이 무엇보다도 절실했다. 2002년 봄 광양제철고등학교와 간디학교의 경험을 가진 최영준 교사를 초빙하기에 이르렀다. 최 선생님이 합류하면서 비로소 기획 단계의 구상들이 학교의 교육과정과 운영방안으로 구체화되기 시작했다.

2002년 7월, 개교를 한 학기 앞둔 시점(건물 신축 등 준비작업의 지연으로 결과적으로 개교를 1년 앞둔 시점)에 다시 한 번 교사들을 공개 모집했다. 개교 준비와 새로운 교육과정에 따른 수업을 본격적으로 준비하기 위한 것이었다. 그 결과 강상미(음악), 강병욱(수학), 김철원(국어), 노길상(미술), 장미(물리) 교사 등이 선발됐다. 2002년 겨울엔 3년 차의 경험을 가진 김형신(영어), 조경선(체육)과 신임인 김진희(사회) 교사가 합류했다.[13]

이렇게 여러 갈래로 합류한 교사들은 모두 17명이었다. 당초 2003년 1학기로 예정했던 개교가 2학기로 연기되면서 이들 대부분은 거의 1년 이상 함께 교육과정을 마련하고 학교 설립에 필요한 일들을 준비했다. 중학교와 고등학교의 신입생들도 함께 선발했다. 교육과정의 기본틀, 학생 선발의 기준과 방식, 생활지도의 방향 등 거의 모든 사안을 함께 토론해서 결정하고, 주요한 일들을 서로 협력해서 준비했다.

이런 과정을 통해 교사회의 민주적 운영이라는 전통이 개교 이전에 자연스럽게 형성됐다. 역시 함께 준비하는 과정 자체가 중요하다는 것을 실감할 수 있었다. 모두들 다니던 학교와 직장을 사직하고, 활동비만 받으면서도 즐거워했다. 그래서인지 그 무렵부터 함께 했던 선생님들은 개교 이후 일에 쫓기고 관계에 치일 때마다 트리폴리스 시절의 가족적인 분위기를 떠올리곤 한다.

5. 학교 운영의 방향

교사(校舍)가 신축되고 교사(敎師)가 확정되면서 개교 작업은 자연스럽게 학교운영 방안과 교육과정을 구체화하고 확정하는 단계로 나아갔다. 그 중에서 먼저 학교운영 방안을 살펴본다.

이우학교는 100여 명의 뜻있는 시민이 십시일반(十匙一飯)으로 설립자금을 모아 세운 민립학교(民立學校)를 지향했고, 실제 그 계획을 관철했다. 시민이 세운 학교인 만큼 그에 걸맞는 운영원리와 틀을 갖춰야 했다.

준비모임 단계에서부터 참여해 이우학교 운영안을 정초한 이현영 선생은 이 운영안 마련에 네 가지의 고려사항이 있었다고 말한다.

우선, 사립학교의 고질적 병폐인 학교법인 이사장의 독단과 전횡이 발생할 여지를 없애야 한다고 봤습니다. 기존 사학 법인의 이사회는 대체로 학교 설립자인 이사장과 그 측근들로 구성되는데, 그 결과 이사장의 독단과 전횡을 막아내지 못해요. 그래서 저희는 100명의 설립자를 모았고, 그 가운데서 대주주가 출현할 수 없도록 어떤 설립자도 설립기금의 1/10을 넘어 출연하지 않도록 하자는 원칙을 세웠어요. 그리고 이사회를 민주적으로 구성할 수 있게 설립자들이 매년 혹은 격년으로 이사들을 선출(추천)하는 방안을 마련했습니다.

둘째, 교사의 주인의식과 책임감, 창의력을 어떻게 이끌어낼 것이냐를 고민했습니다. 공립학교든, 사립학교든 교사는 정부 혹은 법인에 고용된 입장일 뿐 책임 있는 주체가 아니었어요. 갈팡질팡하는 정부의 교육정책이나 사학법인의 시책에 휘둘려 왔죠. 그러면서도 자칫하면 밥그릇이나 지키려는 소시민으로 매도당하기 일쑤였고⋯. 이런 문제를 극복하고자 저희는 교사회를 학교의 교육내용과 방법에 관한 최고 의결기관으로 규정했어요. 일반학교에서 교사회는 임의단체일 뿐 법적으로 보장된 단체가 아닌데, 혁신적인 조치를 취한 거죠.

셋째, 학부모의 위상을 '교육 소비자'에서 '교육 동반자'로 바꿔야 한다고 생각했습니다. 우리나라처럼 교육열이 높은 나라도 드문데, 그 열의를 대부분 자기 자녀를 명문대에 진학시키는 일에 쏟는다는 점이 안타까웠어요. 그 결과 사교육만 번창하는 형국이 되었죠. 저희는 학부모회의 위상을 높이자, 그리고 급식, 매점, 도서관, 특성화교과 등의 운영에 학부모를 적극 참여시키자는 쪽으로 생각을 모았어요.

끝으로, 학생 자치에 대한 고민이 있었습니다. 아이들을 자율성과 자치능력을 가진 민주시민으로 길러내려면 학생들의 조직인 학생회에 일정한 권한과 책임을 부여해야 한다고 봤어요. 그래서 저희는 학생회를 학생들의 학교생활(문예 · 학술활동, 복지, 행사, 봉사 등)에 관해 의결도 하고 집행도 하는 학생들의 자치기구로 규정했어요. [14]

● '참여'와 '소통'에 바탕을 둔 민주적 운영

이와 같은 이우학교의 운영원리를 한마디로 표현하면 '참여'와 '소통'에 기반을 둔 민주적 운영원리[15]라고 할 수 있다. 이런 원리는 정치 행위를 인간 실존의 가장 중요한 방식으로 파악한 정치철학자 한나 아렌트(Hannah Arendt)의 사상에 빚 진 바 컸다.

아렌트는 인간의 활동을 그 본질적 특성에 따라 노동(labor), 작업(work), 행위(action)

로 구분했다. 그녀는 이 셋 중에서 행위, 즉 자신을 표현하고 타인과 대화를 나누며, 공동의 관심사를 함께 다루고 해결하는 일을 가장 중시했다. 인간의 정치적 활동은 여기에 속한다. 그런데 그녀가 인간의 조건을 논한 것은 인간에게 고정된 본질이 존재한다는 것을 주장하기 위해서는 아니었다. 인간의 복수성과 같은 인간학적 사실은 불변의 실체로서 인간에게 '주어져 있는' 것이 아니라, 정치적 행위를 통해 형성해 가는 것이다. 다시 말해 인간의 정체성은 타인과의 정치적 관계를 맺는 가운데 형성되며, 이렇게 형성된 정체성이 정치적 행위를 통해 드러나는 순환적 구조를 갖는다.[16]

아렌트에 따르면 정치행위는 노동의 연장이 아니며, 노동으로 환원될 수 없다. 이는 정치행위를 노동의 연장선상에서 이해한 마르크스주의에 대한 비판을 내포하고 있다. 인간이 생존을 위해 노동하는 것처럼 인간이 인간답게 존립하기 위해서는 정치가 필수적이라는 것이다.

여기서 '정치'라는 표현에 거부감을 가질 필요는 없다. 이우학교 설립의 주체들은 그 핵심을 참여와 소통이라고 파악하고, 바로 이 두 가지 요소를 바탕으로 학교의 민주적 운영방안을 마련하고자 했던 것이다. 사실 이런 방안을 실현한다는 것은 결코 쉬운 일이 아니었다. 학교를 구성하는 각 주체들이 참여와 소통 속에 함께 학교를 운영하는 모델이 실제로는 별로 존재하지 않았기 때문이다. 그러나 이것이야말로 '21세기의 더불어 사는 삶'을 실천하는 인간을 길러내고자 하는 학교에서는 어렵지만 결코 포기할 수 없는 과제라고 생각했다.

● **국내외 대안학교 사례에서 자신감을 얻다**

설립자들이 아렌트의 사상에서 '영감'을 얻었다면 풀무학교, 간디학교 등 기존 대안학교의 사례에서는 우리도 할 수 있다는 '자신감'을 얻었다.

풀무학교는 1958년 이찬갑, 주옥로 두 분이 "한국의 농촌에서 성서를 기본으로 하는 교육"을 하자는 취지로 설립한 학교다. 그들은 "교육의 첫째 의무는 인간 속에 하나님을 닮은 바탕을 바르게 이끌어 선을 사랑하고 악을 미워하는 건전한 인간이 되게 하는 것"이라는 교육관을 지녔다. 이런 교육관을 바탕으로 교사회, 학우회, 이사회, 학부모회, 수업생회가 동등한 자격으로 협력·보완하는 "머리도, 꼬리도 없는 교육"[17]을 지향했다.

설립자들은 개교 전에 풀무학교를 4차례 방문하면서 교사회, 학우회, 이사회, 학부모회, 수업생회가 동등한 자격으로 협력·보완하여 교육의 이념을 잘 구현하는 것을 보고 학교 운영의 귀감으로 삼아야겠다고 생각했다. 그리고 풀무학교가 지역 속에 깊이 뿌리내린 학교라는 점에 크게 감동 받았다. 설립 당시부터 "학교가 지역이고 지역이 학교다"는 생각을 갖고 목적의식적으로 노력해 온 풀무학교는 40여 년이 흐른 지금, 지역과 학교의 경계가 불분명할 만큼 그 뿌리를 지역에 깊이 내렸다.

풀무학교 가는 길에 풀무생협이 있고, 농업고등기술학교에서 전공부로 가는 길에 풀무학교 법인에서 운영하는 갓골 어린이집이 보이고, 또 점심을 먹으러 들른 맛이 기가 막힌 추어탕집은 졸업생이자 학부모가 운영하고 있었습니다. 그밖에도 간장, 된장을 비롯한 가공식품 공장들이 학교 부지 안에 있었고, 전공부의 정식 교사는 박사급 4명인데 30명의 지역 주민(졸업생 및 학부모)이 강사로 결합돼 있었습니다. 그리고 학교에서 그리 멀지 않은 부락에 졸업생이 중심이 되어 만든 생태마을이 있었습니다.

더구나 "설립자가 100명이라면 지역에 뿌리내리기에 유리하다. 그런 점에서 이우학교가 여러 모로 좋은 조건을 갖추고 있다"는 홍순명 선생님의 말씀을 듣고 저희는 많이 고무되었습니다.[18]

간디학교는 1997년 '전인적 인간', '공동체적 인간', '자연과 하나 되는 인간'을 길러내겠다는 목표로 양희규가 설립했다. 이 학교는 '사랑'과 '자발성'의 원칙을 교육에서 실현하고자 했다.

첫째, 교육은 사랑의 관계 속에서 이루어져야 한다고 봅니다. 사랑의 원칙이란 가르치는 이와 배우는 이 사이에 우정과 사랑의 관계가 이루어져야 한다는 것입니다. 사랑은 서로에 대한 믿음, 서로의 행복과 기쁨을 비는 순수한 기도와 축복, 그리고 그것을 위한 노력을 뜻합니다.

둘째, 모든 가르침과 배움은 자발성을 가질 때에만 그 가치가 있다고 봅니다. 강제로 마지못해 이루어지는 가르침이나 배움은 결코 기쁨을 낳지 못하며 오히려 불행과 고통을 가져오기 때문입니다. 순수한 자발성은 자아의 진정한 표현이며 곧 자기 자신의 참모습을 뜻합니다. [19)]

간디학교는 이런 교육관 아래 교사회를 학교의 교육내용과 방법에 관한 최고 의결기관으로 자리매김 했다. 교사의 주인의식과 책임감, 창의력을 어떻게 이끌어낼 것이냐를 고민하던 설립자들은 간디학교의 사례에서 영감을 얻었다.

● **중규모 학교 운영에서 예상되는 문제점과 그 대책**

이처럼 작은 학교에서 나름대로 실효성을 지녔던 원리를 중규모의 학교에 적용한다고 했을 때 예상되는 문제점과 대책은 무엇이었을까? 중학교 180명(60명×3개 학년), 고등학교 240명(80명×3개 학년) 규모로 설립을 준비중인 이우학교는 앞의 두 학교와는 규모가 달랐다. 그렇다고 한 학년이 200~300명씩 되는 대형 학교도 아니었다.

학교의 일상적 현안에 관해 의사결정을 하기엔 전체 교사회의 규모가 너무 크다는 점이 고민스러웠습니다. 이우학교는 학급 규모(20명)는 작지만 완성년도를 기준으로 할 때 중학교 9학급, 고등학교 12학급이 되어 교사 수만 해도 모두 50명 가량 될 테니까요.
우리는 그 대안으로 '학년 자치'를 강화하기로 했습니다. 개교 전에 4차례 정도 풀무학교를 방문해서 홍순명 교장 선생님을 비롯해 여러 선생님들과 이러저런 문제를 협의해 봤는

데, 거기서도 학년자치제를 권하더군요. 다시 말해 학년 단위 교사협의회에 많은 의결권(집행권)을 위임하는 안이었습니다. 그리고 교사대표자회의(중·고교 통합해서 교장, 교감, 교무팀장, 학년팀장 등으로 구성)에서 학교교육 전반에 관한 기획과 집행을 담당하기로 했습니다. 이 안은 최영준 교감 선생님의 제안이었습니다.

전체 교사회는 연수나 MT 형식으로 열면서 그간의 학교교육 전반을 평가하거나 향후 방향을 설정하는 데 초점을 맞출 요량이었어요. 그리고 교사의 처우에 대한 의견 수렴도 전체 교사회에서 할 계획이었습니다. [20]

사실 2004년도까지는 학교 규모가 작고 새롭게 틀을 짜야 할 것들이 많아서 전체 교사회가 주요 의사 결정을 하는 단위일 수밖에 없었다. 그러다가 완성년도가 되는 2005년부터는 학년교사회와 교사대표자회가 그 역할을 본격적으로 담당하기 시작했다.

한편 교사회가 교육에 관한 최고 의결기구로서 자기소임을 다하려면 교사들 개개인이 높은 책무성을 지녀야 하는데, 그것 역시 말만으로 되는 일이 아니었다.

우리는 교사 개개인을 어떻게 성장시킬 것인가를 고민했습니다. 그리고 교사회가 이러저런 사유로 학교 안팎의 요구에 능동적으로 대처하지 못했을 때 교사회를 어떻게 견인할 것인가에 대해서도 궁리했습니다. 교사도 사람인지라 일신의 안일을 추구하고자 하는 욕구에 굴복할 수도 있고, 관성에 젖어 세상의 변화에 둔감할 수도 있거든요.

그 방안으로 생각했던 건 크게 세 가지입니다. 우선, 학기 단위로 학생들에게 교사의 교육활동(수업 및 학급운영 등)에 대한 평가를 하게 하자는 것입니다. 이를 토대로 교사는 자신의 교육활동을 성찰하고 새 학기를 준비하게 하자는 취지였죠. 그리고 2~3년 주기로 학교의 교육활동에 대한 평가를 실시하고, 이를 바탕으로 이사회가 교사회에 쓴 소리나 제언을 하게 하자는 것입니다. 마지막으로는 교장의 역할을 새롭게 규정하는 것입니다. 이우학교 교장 선출규정에 의하면 교장의 역할과 임무는 크게 3가지입니다.

1. 교장은 학교의 대표자로 설립이념의 구현에 최선을 다할 책무가 있다.

2. 교장은 학교구성원(학생, 교사, 학부모, 학교법인 이사회)의 구심으로 학교의 민주적 운영을 위해 구성원들 간 원활한 의사소통을 조직할 책무가 있다.

3. 학교장은 학교 교육에 필요한 행정적 책무를 완수한다.

이우학교 교장은 교사들 위에 군림하는 상급자도 아니고, 교사들의 의사를 대변하는 대표자도 아닙니다. 학교의 각 주체들로부터 제기되는 다양한 생각과 견해들을 소통시키고, 때로는 조율하고, 설득도 하는 페다고지스타(pedagogista)가 되어야 한다는 것입니다. 그 역할은 서로 다른 견해들을 절충하고 갈등을 봉합하는 수준을 넘어서서 어디까지나 '설립이념'이라는 중심점에 입각해서 각 견해들을 소통시키고 조율해야 한다고 본 겁니다.[21]

교원평가나 학교평가라는 제도가 지금은 상당히 보편화[22]되었지만 2003년 개교 당시로서는 매우 낯선 제도였다. 그리고 교장을 교사회 대표(11명), 이사회 전원(11명), 학부모회 대표(5명), 지역 대표(2명)로 구성된 '교장선출위원회'에서 선출한다는 발상도 이색적인 것이었다. 특히 이우학교에서의 교장 선출은 후보자 개인이 구성원들에게 자신의 비전을 제시하고 지지를 호소하는 자리가 아니라, 학교에 대한 각 구성원들의 의지와 기대를 집약하고 조율하는 과정의 하나였다.[23]

6. 교육과정

이우학교설립추진위원회는 기획연구국을 중심으로 이우학교의 교육과정(안)을 설계했다. 당시 기획연구국에는 백희봉, 이현영, 주용범 등이 소속되어 있었다. 기획연구국은 대안교육의 철학과 사례들에 대한 학습을 바탕으로 이우학교 교육과정의 밑그림을 그렸다.

그렇게 바탕이 된 철학은 페스탈로치, 루소, 존 듀이, J. S. 니일, 슈타이너 등의 사상이었고, 사례는 풀무학교, 간디학교, 푸른꿈고등학교, 한빛고등학교 등을 방문하면서 관찰하고 익힌 것들이었다. 그 학교들은 각자 교육철학, 운영방식, 교육과정 등에서 풍부한 경험과 식견으로 우리의 상상력을 자극했다.

2001년 11월 17일 이우학교설립추진위원회가 마련한 제3차 워크숍 '도시형 대안학교의 필요성과 그 모델'에서 발제된 교육과정안은 그 시점까지 학습과 경험을 통해 정리된 내용을 집약적으로 보여주었다.

이우학교에서는 학생들을 21세기가 요구하는 전인적 인격체로 성장시키고자 합니다. 전인 교육을 실현하기 위한 구체적 방법론에 대해서는 앞으로 많은 연구와 고민, 나아가 시행착오가 필요할 것입니다. 다만 현재 저희가 갖고 있는 문제의식을 정리하면 다음과 같습니다. [24]

1) '더불어 사는 삶'을 익히는 교육

- 성·연령·장애인 통합교육 및 사회참여 활동: 남학생과 여학생이 구별 없이 바느질, 요리, 목공, 철공, 농사 등을 함께 익혀 나가도록 하겠습니다. 그리고 장애아를 받아들여 그들이 일반 아동들과 함께 공부하고 생활할 수 있도록 배려할 계획입니다. 그뿐만 아니라 정규 교과의 일환으로 지속적이고 체계적인 사회참여 활동을 실시하겠습니다.

- 다양한 협동경험 쌓기: 학생들이 서로 돕고 협동하는 법을 익힐 수 있도록 수업 및 다양한 체험의 과정에서 모둠별로 활동하는 계기들을 자주 만들겠습니다. 아울러 생활협동조합과 신용협동조합과 같은 조직을 직접 설립·운영해 보도록 하겠습니다.

- 합리적 의사소통을 통한 문제해결: '옴부즈맨' 제도를 도입해 학생들이 자율적으로 소규모 갈등과 분쟁을 해결하게 할 것입니다. 그리고 한 달에 한 번씩 학생·교사가 모두 모여 총회를 개최하며, 이 자리에서 학교의 현안들을 논의하거나 상벌을 정하고자 합니다.

- 해외연수 및 교환학생 제도: 해외연수 및 교환학생 제도를 통해 다른 나라의 문화에 대한 이해를 넓히고, 지구인으로서의 연대 의식을 높이고자 합니다.

자연을 벗 삼은 활동과 농사·원예: 학생들이 생명과 환경의 소중함을 깨닫고 이를 돌보는 지혜를 터득할 수 있도록 자연을 벗 삼은 활동과 농사, 원예, 동물 기르기 등을 하려 합니다.

2) 다양한 삶의 체험을 통한 교육

몸 공부: '두뇌의 특정 부위만을 자극하는 방식'에서 '오감과 손발에서 시작해 가슴을 통과하고 머리로 가는 방식', 즉 온 몸으로 배우는 방식으로 지식 교육의 패러다임을 바꾸고자 합니다. 각 교과별로 실험·실습, 역사 유적지 답사, 정치·경제·사회·문화 현장 탐방, 자연 탐사 등의 체험학습을 적절히 결합할 것입니다.

노작 교육: 농사, 요리, 옷 만들기, 목공·철공, 집짓기 등의 노작 활동을 통해 학생들이 의식주가 어떻게 생산되는지 체득해 보면서 노동의 의미를 깨닫고, 생태적 삶의 방식을 익혀 나가도록 하겠습니다.

도제 수업: '지역사회가 바로 학교'라는 관점에서 학생들이 1년에 일정 기간 자신이 희망하는 곳에 가서 도제 수업을 받도록 합니다. 이를 통해 학생들이 자기 적성을 발견하고 장래를 설계하는 데 적지 않은 도움을 받을 수 있을 것입니다.

3) 학생 중심의 열린 교육

개인별 교육 과정: 학생의 흥미와 적성, 진로 등을 고려하여 학생과 교사가 긴밀히 협의하여 개인별 교육과정을 짭니다.

분기별 집중식 수업: 국어·사회·과학·철학·예술 과목은 분기별로 '주제'를 정해 집중식 수업을 합니다. 이를 통해 학생들은 여러 과목을 동시에 학습하는 부담을 덜고, 해당 과목을 깊이 있게 학습할 수 있을 것입니다.

세미나식 수업: 주지(主知) 과목의 경우 학생이 개인 혹은 모둠 단위로 연구하고 그 결과를 발표·토론하는 방식 위주로 수업을 진행합니다. 또한 교사는 지식의 전달자가 아니라 학생들의 탐구 과정을 적절히 안내·조언·평가하는 '길잡이 혹은 촉매자' 역할을 담당합니다.

정보화 교육: 학교 전체에 네트워크를 구축함으로써 정보화 교육을 실현합니다. 정보화 교육은 자기 주도적 학습을 촉진할 것입니다.

다양한 교육 기회 제공: 지역사회의 풍부한 인적 자원을 활용하여 다양한 교육 기회를 제공합니다.

4) 마음의 착한 싹을 틔우는 교육

● **철학 수업**: 철학 수업을 통해 자아와 인생, 사회, 역사, 과학·기술, 문화·예술, 나아가 우리의 문명 전반에 대한 성찰 능력을 기르고자 합니다. 그리고 도덕에 관한 지식을 주입하기에 급급한 도덕·윤리 과목을 철학 속에 통폐합으로써 학생들의 도덕적 감수성과 도덕적 추론 능력을 계발하고자 합니다.

● **정서 함양**: 학생들에게 풍부한 정서 생활을 영위할 수 있는 조건을 회복시켜 주려 합니다. 우선 학생들에게 대자연과 벗할 수 있는 환경(시간·공간)을 조성해 줍니다. 둘째, 학생들의 생체리듬에 맞게 시간을 운용합니다. 즉 오전에는 주지 교과 수업을, 오후에는 노작 및 예·체능 교과, 특별 활동을 합니다. 셋째, 문학·예술을 통해 마음의 상처를 치유하고, 어두운 본능을 승화시키며, 영혼을 고양시킵니다.

● **마음 밭 갈기**: 학생들의 마음 밭을 갈기 위해서 노작과 기공 수련, 명상 등을 중시합니다. 특히 기공 수련·명상과 함께 아침을 여는 것은 학생들의 혈기(血氣)를 맑게 하고 그들의 정신을 단련하는 데 적지 않은 도움이 될 것입니다.

학교의 시간표(안)

시 간	교과 및 활동
7시까지	등교
7시~7시 40분	선체조와 명상
7시 40분~8시 10분	간단한 식사와 아침 나눔
8시 10분~9시 50분(1블럭)	주지 교과
9시 50분~11시 30분(2블럭)	주지 교과
11시 30분~12시 20분(반블럭)	주시 교과
12시 20분~1시 20분	점심
1시 20분~ 3시(3블럭)	예술·체육, 노작교육, 선택 교과
3시 ~4시 30분(4블럭)	예술·체육, 노작교육, 선택 교과
4시 30분~6시 10분(5블럭)	특별 활동 및 동아리, 자치회 활동

아마도 기존 대안학교와 비교해 이우학교의 교육과정이 가장 크게 다른 점은 '3) 학생 중심의 열린 교육'이었던 것 같다. 기존 대안학교가 인성 교육에 치중했

다면 이우학교는 더불어 살아갈 수 있는 인성과 함께 창조적 지성을 갖춘 사람을 길러내겠다는 포부를 갖고 이 항목을 도전적 과제로 설정했던 것이다.

7. 이우학교 준비작업은 어디까지 거슬러 올라갈까?

지금까지 이우학교가 설립되기까지의 주요 과정을 살펴보았다. 정말 많은 사람들이 정말 어려운 고비들을 넘겨가면서 때로는 낙담하고 때로는 서로에게 감격해가면서 전례 없는 도시형 대안학교의 주춧돌을 놓았음을 알 수 있다. 특히 순차적으로 구성된 이우학교설립추진위원회와 이우교육공동체가 역동적으로 학교 설립 작업의 각 단계를 밟아갔음도 확인할 수 있다.

여기서 이런 의문이 생길 수 있다. 이우학교설립추진위원회가 2001년 7월에 갑자기 하늘에서 뚝 떨어진 것이 아니라면 그것의 준비 작업도 그 이전의 어느 시점에서부터인가 이뤄지지 않았겠느냐는 것이다. 실제 그 추진위원회 구성 때 '준비모임'이라는 다소 애매한 표현이 등장하기도 했다.

당연히 그 이전부터 새로운 학교를 준비해 온 사람들이 존재했으며, 그들의 준비작업이 이우학교의 설립에 중요한 토대가 된 것도 알 만한 사람들은 다 아는 사실이다. 사실 '도시형 대안학교'라는 전례 없는 모델과 이우교육의 기조, 학교 부지의 물색작업 등은 모두 이 준비모임 단계에서 상당 부분 진척된 것들이었다.

이렇게 마련된 이우학교의 씨앗이 추진위원회와 공동체의 공개적이고 공식적인 검증을 거쳐 싹이 트고 꽃이 피는 단계에까지 이르게 된 것이었다. 이렇게 2001년 7월 이후의 본격적인 학교 설립작업에 토대가 된 준비 단계의 구상과 고민들을 기록해둘 필요가 있다.

● 변화가 가장 필요한 지점을 모색하다

이우학교가 개교 10년을 맞는 2013년 9월을 기준으로 하면 16년 전으로 거슬러 올라간다. 2001년 7월 이우학교설립추진위원회의 결성으로부터도 거의 4년 전의 일이다. 1997년 11월의 어느날 경기도 성남시 분당구 이매동 아름마을의 한 아파트에 백희봉, 이재철, 이현영, 정광필을 포함해 대여섯 명이 모였다. 모두 30대 중후반인 이들은 '대안학교 설립'이라는 공통의 관심사를 갖고 있었다.

이들은 모두 청년기를 학생운동과 노동운동 등 한국사회를 바꾸는 일에 몸담았다가 한 시절을 정리하던 상황이었다. 현실 사회주의권의 몰락을 보면서 인간과 국가에 대해 보다 근본적인 성찰을 하게 되었고, 그런 성찰과 모색이 깊어갈수록 보다 중요한 일이 있다는 깨달음을 얻게 되었다. 때마침 새로운 현안으로 대두한 생태계의 위기에 대한 담론도 새로운 사고를 부추긴 요인이었다.

결국 이들이 찾은 것은 교육이었다. 이들이 교육에 주목한 것은 단순히 그것이 보다 근본적인 변화의 출발점이라는 명제 때문만은 아니었다. 오히려 그렇게 중요한 교육이 현재 한국사회에서는 기능부전의 상태에 있기 때문에 그 자체로 변화가 필요한 영역이라는 점이 이들의 관심을 끌었다. 한국사회를 바꾸는 일의 핵심이라 할 만한 일이었다. 그런 생각이 이들을 한 자리에 모이도록 만들었던 것이다. 그 무렵 공동육아운동이 확산되고 간디학교, 한빛학교, 성지학교(영산) 등이 속속 설립되어가던 흐름도 이들이 교육, 특히 대안학교 설립에 관심을 갖게 만든 요인이었다.

1997년은 교육계 안팎에서 교육개혁의 요구가 거세게 제기되던 때이기도 했다. 다가오는 21세기에 창의적이고 능동적으로 대응하기는커녕 소모적인 사교육에 연간 7조 원이 넘는 국부가 휩쓸려 들어가고, 자식을 전혀 다른 맥락의 사회로 조기유학을 보내겠다는 부모만 늘어가고 있었다. 게다가 수업 붕괴를 우려하는 목소리가 높아가는 가운데 학업 중퇴자도 속출하고 있었다. 그나마 학교생활에 잘 적응한다는 청소년들은 학업성적 위주의 치열한 경쟁 풍토 속에

서 제 앞가림만 잘하는 속물로 자라날 뿐이었다. 교육 현장의 어디에도 빛은
없었다.

● '내일을 여는 학교 준비모임'을 만들다

이 5~6명의 모임에는 딱히 이름도 없었다. 군이
이야기하자면, 참석자들은 성남지역 대안학교설립 준비모임 정도의 감을 갖고
있었다. 이들은 매주 한 차례씩 모여 교육에 관한 책을 읽고 토론했다. 루소, 페
스탈로치, 존 듀이, 슈타이너, J. S. 닐 등의 사상을 살펴보고 국내외 대안학교
사례들을 검토했다. 간디학교(1999년 4월), 한빛고등학교(2000년 7월)를 직접 방문
해 수업을 참관하고 선생님들과 간담회도 가졌다.

이런 모색의 과정이 늘 평탄하기만 했던 것은 아니다. 새로 만들고자 하는 학
교의 성격을 둘러싸고 의견이 대립하기도 했다. 아이들의 자발성과 자율성을 키
우는 교육을 하자는 데에는 아무도 이견이 없었지만, 그 수준을 넘어서 새로 만
들어지는 학교가 사회적 책무성을 가질 것이냐, 즉 공교육의 혁신에 기여할 것이
냐는 문제를 두고 의견이 갈렸던 것이다.

초기 학교 설립 과정에서의 어려움은 구성원들 간에 설립하고자 하는 학교의 성격에 대한
생각이 달랐다는 겁니다. 2003년 이우학교가 개교하기 전에도 풀무학교나 간디학교 등
여러 유형의 학교가 있었어요. 그런 학교로부터 시사 받은 점이 있기는 하지만 저희가 세
우고자 했던 학교와는 성격이 다소 달랐어요. 저희는 공교육 개혁의 모델이 될 만한 학
교, 그러니까 가장 대안적인 학교라기보다는 대안학교와 일반학교의 성격이 중첩된 학교
를 세우고자 했던 겁니다. [25]

정광필, 백희봉, 이재철, 이현영 등은 "도시형 대안학교의 모델을 세우자. 이
런 학교를 전국의 주요 도시 20곳에 세우면 공교육에 새 바람을 불러일으킬 수

있고, 나아가 좀 더 인간미 있는 세상을 만드는 데 일조할 수도 있다"는 데 뜻을 같이했다. 그런 역할까지 떠맡는 데에 동의하지 않는 일부 멤버가 스스로 모임을 떠났다. 그 자리에 이광호, 홍인표 등이 새롭게 합류했고 뒤이어 김용우가 함께했다. 이 모임 재편을 계기로 새로이 설립할 학교의 성격이 보다 분명해졌다. 공교육의 혁신을 촉진하고 이끌어낼 수 있는 도시형 대안학교의 모델을 세우자는 데 뜻을 같이 했던 것이다.

2001년 1월 이렇게 모인 사람들이 '(가칭)내일을 여는 학교 준비모임(이하 준비모임)'을 결성하고 정광필을 대표로 선출했다.

● **생태주의를 받아들이다**

준비모임은 대안학교의 설립과 함께 생태마을 조성을 동시에 추진한다는 방침을 갖고 있었다. 이는 이미 2000년 9월경 마련된 방침이었다. 이들이 생태마을 만들기를 중시한 이유는 앞에서 언급한 대로 생태계의 위기를 심각하게 본 것과 무관하지 않다. 그것은 생태주의를 새로운 교육의 사상적 기저 가운데 하나로 받아들이는 데에까지 나아갔다.

생태주의는 20세기 후반 첨예하게 드러난 환경과 생태의 위기에 대처하기 위해 등장한 사상으로, 그 내부엔 다양한 사조가 존재합니다. 각 노선마다 강조점이나 사고방식의 차이는 있지만 생태주의는 대체로 인간을 자연과 대립적인 관점에서 파악하지 않고, 인간을 자연의 일부, 즉 생태계라는 유기적인 시스템을 구성하는 한 부분으로 파악합니다. 따라서 생태주의는 작금의 생태적 위기가 기술적인 처방으로는 해결된다고 보지 않습니다. 자연 개발과 경제 성장, 물질적 풍요를 추구하는 데에서 자연 보존과 경제 성장 억제, 나눔과 영성 회복을 추구하는 것으로 인류의 삶의 방식을 근본적으로 전환할 것을 주장합니다.
둘째, 생태주의는 인간과 자연의 관계뿐 아니라 인간과 인간의 관계를 새롭게 정립하는 시각을 제공하기도 합니다. 사람들 사이의 차별과 억압을 낳는 제도와 이데올로기를 철

폐하자는 것, 지역 단위의 생태적 공동체를 확립함으로써 사람들 간에 따뜻하고 정감 어린 유대·협력 관계를 회복할 뿐만 아니라 개인의 자기 삶에 대한 자율적 결정권과 함께 공동체의 중요한 의사 결정 과정에 개인의 참여를 보장하는 것 등을 대안으로 제시합니다. 이는 생태주의가 개인의 존엄과 자유, 행복을 중시하는 자유주의 이념과 공동체적 유대와 소속감, 공동선, 사회적 책임과 실천 등을 강조하는 공동체주의 이념을 포괄하고 있음을 의미합니다.

셋째, 생태주의는 지금 세계를 지배하고 있는 서구 문명의 근본 바탕인 도구적 합리성을 비판하고 미학적 이성, 생태학적 합리성을 그 대안으로 제시합니다.

따라서 생태주의는 인류의 지속 가능성을 위협하는 전 지구적 차원의 생태계의 위기를 해결하는 데뿐만 아니라 인간 소외나 다양한 형태의 사회·경제적 불평등과 같은 근대 문명의 위기를 해결하는 데에도 유효한 사상이라고 생각됩니다.

하지만 생태주의는 몇 가지 이론적·실천적 난점을 안고 있습니다. (…) 그래서 저희는 생태주의를 우리의 실천을 인도하는 철학적 기초로 받아들이되, 생태주의가 추구하는 이상적 공동체(구체적 유토피아)를 건설하는 쪽보다는, 작금의 문명이 유발하는 파괴적 경쟁과 생태적 재앙을 막는 일이나 도시에서의 생태적 삶의 모델을 창출하는 실천에 더욱 주력하기로 했습니다. [26]

이들은 생태주의를, 인류의 지속 가능성을 위협하는 전 지구적 차원의 생태계 위기를 해결하는 데뿐만 아니라 인간 소외나 다양한 형태의 사회·경제적 불평등과 같은 근대 문명의 위기를 극복하는 데에도 유효한 사상이라고 생각했다. 그리고 생태주의적 관점을 학생들에게 내면화하기 위해서는 학교에서 이뤄지는 교육과 일상의 삶이 별개여서는 안 된다고 판단했다.

그리하여 경기도 광주 및 이천 등지의 부지를 열심히 물색하고 생태건축 전문가들과 접촉했다. 2000년 10월에는 전라북도 무주의 푸른꿈고등학교와 생태마을을 방문하기도 했다.

그러나 결론은 아쉽게도 대안학교와 생태마을을 동시에 추진하기 어렵다는 것이었다. 그렇게 판단한 이유는 동시추진이라는 방향이 틀려서가 아니라 현실적인 역량 때문이었다. 역량의 분산은 자칫 어느 하나의 내실도 기하기 어렵게 만들 수 있다는 것이었다.

준비모임은 마침내 학교와 마을을 분리하여 단계적으로 추진하기로 결정했다. 그리고 생태마을과 같은 한 마을에 함께 살지는 못하더라도 학생들의 통학이 어려워서는 안 되겠다는 판단을 하기에 이르렀다. 예컨대, 경기도 성남시 분당의 외곽쯤에 학교를 설립하는 것이 바람직하겠다고 본 것이었다. 비록 생태마을에 대한 구상은 잠정적으로 접었지만 이같은 고민의 과정을 통해 '도시형 대안학교'라는 틀을 도출해낼 수 있었던 것은 큰 성과였다.

● '21세기'와 '더불어 사는 삶'은 어떻게 연결되었나?

이우학교의 모토 '21세기의 더불어 사는 삶'이 마련된 것도 준비모임 단계에서였다. 새로 만들어지는 학교는 그런 삶을 사는 인간을 길러내는 학교여야 한다고 본 것이었다.

○○학교에서는 성·계급·인종·종교·장애 여부를 떠나 인간을 존중하고, 생명과 환경을 소중히 여기며, 21세기의 현실 속에서 나와 다른 '남'과 더불어 살아갈 수 있는 상생(相生)의 지혜를 터득한 사람을 길러내고자 합니다. 바로 이런 사람들입니다.

생태적 관점에서 도시를 설계하는 도시공학자, 생태건축가, 도덕성과 실력을 겸비한 정치인, 환경 친화적인 에너지를 개발하는 공학자, 효율과 정의를 조화시킬 수 있는 협동조합 운동가·경영인, 인체의 조화를 중시하는 한의학과 대증요법에 강한 양의학을 조화시키는 의사, 새로운 시대정신을 밝혀 줄 역사학자, '지금, 여기'의 삶을 우리의 언어와 방법으로 철학화할 철학자, 풍부한 영감과 상상력으로 오늘의 위기와 내일의 희망을 노래하는 시인·소설가, 새로운 가치관과 문화 양식을 널리 보급할 화

가·음악가·영화인·연극인, 다양한 NGO 운동가… 등.[27]

준비모임이 도시형 대안학교를 구상하면서 '21세기의 더불어 사는 삶'을 실천하는 인재의 양성을 그 학교의 이념으로 설정한 것은 다소 생소하게 느껴질 수도 있는 대목이었다. '더불어 사는 삶'이라고 하면 흔히 전근대적인 농촌공동체를 떠올리기 십상이기 때문이었다. 그러나 이들의 구상이 전근대로의 회귀는 아니었다. 오히려 그 반대였다.

세계화, 정보화로 치닫는 현 추세를 전면 부정할 수는 없습니다. (…) 작금의 문명 안에서 그 문명의 병폐를 치유하려는 노력이 내부로부터 전개될 필요가 있습니다. 즉 진지전이 필요합니다. 밖에서만의 충격이나 자극 주기로는 한계가 있기 때문입니다. 특히 '더불어 사는 삶'을 뜻 맞는 사람들끼리 한데 모여 사는 것으로 이해하지 않았으면 합니다. 저희는 우리 학생들이 사회에 나가 자신과는 전혀 다른 멘털리티의 사람들과 부대끼면서 21세기의 현실 속에서 공생과 연대의 원리를 관철시키려 노력하길 바랍니다.[28]

그래서 새로운 학교는 자기주도적 학습 능력을 갖추고 21세기의 현실에서 '남'과 더불어 살아갈 수 있는 사람들을 길러내야 한다고 본 것이었다. 학생들 개개인이 사람을 수단이 아닌 목적 그 자체로 여기고, 살아 있는 모든 것들을 소중히 대하며, '다름'을 인정하고 '다름'과 더불어 살아갈 줄 아는 인간이 되도록 돕는 일, 그것을 바로 새로운 학교가 할 일로 설정했던 것이다.

이와 함께 준비모임은 학생들이 자신의 뜻과 포부를 이 험한 세상에 펼칠 수 있을 정도의 실력을 길러야 한다고 보았다. 흔히 '실력'이라고 하면 학업성적 위주로 생각하기 십상이지만, 그것을 보다 넓은 관점에서 해석했다. 즉, 지식을 응용하여 실생활에서 제기된 문제들을 해결하거나 새로운 지식을 창조할 수 있는 능력(창조적 지성)과 함께 더불어 사는 지혜, 거듭되는 시련 속에서도 굴하지 않는 용기와 인내심 등을 중시했다. 심성이 곱고 뜻과 포부가 큰 것만으로는 세상을 바꾸기는 어렵다고 보았기 때문이다.

● 학교를 분당에 세우고자 한 뜻은?

준비모임 단계에서 구성원들이 거주하던 경기도 성남시는 인구 100만이 넘는 대도시로서 현행 교육의 모순이 집약적으로 나타나는 지역이기도 했다. 성남시 중에서도 분당구는 교육 문제에 각별한 관심을 가진 학부모들이 많지만 대안학교를 비롯한 특성화고교가 전무한 실정이었다. '사교육 2번지'라고 불릴 만큼 교육 모순이 첨예한 지역, 그래서 새로운 교육에 대한 열망도 강하지만 동시에 새로운 교육적 실험에 대한 회의도 만만치 않은 지역이었다.

이렇게 두 개의 얼굴을 동시에 갖는 분당 지역은 도전의 기회를 제공하는 곳이었다. 이곳에 새로운 학교를 설립해서 그것이 제대로 운영되기만 하면 기존 공교육에 미치는 파급력도 높을 것이라 생각했다. 그래서 이들은 분당 지역을 선택했다.

대안교육 운동이 주로 시골에서 시작되었어요. 현실을 근본적으로 부정하고 새로운 대안을 모색하자는 뜻에서 가장 전형적인 모습을 만들려다 보니 시골에 학교를 세울 수밖에 없었던 것 같습니다. 그런데 저희는 이 사회 전체의 변화를 열망하고 그것을 위해 교육 전반을 바꿀 방법이 뭘까 고민하다 보니, 접근법이 달랐습니다. 말하자면 교육 전체를 바꿔낼 수 있는 고리를 어떻게 만들 것인가를 중심으로 구상한 결과, 이 말도 많고 탈도 많은 분당에 학교를 세울 생각을 했어요. 중고등학교를 함께 설립하는 만큼 기숙사는 운영하지 않을 생각이었고, 가급적 한 군데로 힘을 집중해서 하나의 전형을 만들고 그 전형을 통해서 다른 데로 확산시킨다는 통 큰 그림을 그려봤습니다. [29]

개교 후 3년째가 되면서 해마다 1,000~1,500명 정도의 사람들이 이우학교를 방문했다. 이로 미루어볼 때 교육 모순이 집약된 분당에 학교를 설립해야 공교육에 미치는 파급효과가 클 것이라고 봤던 당초의 구상은 어느 정도 맞아떨어졌다고 할 수 있다.

● 새로운 학교의 성격을 그리다

이런 논의들을 종합해서 준비모임은 새로 설립할 학교의 성격을 구체적으로 아래와 같이 요약한 뒤 2001년 1월 워크숍을 열었다. 한국교육개발원 회의실에서 열린 '도시형 대안학교 설립을 위한 워크숍'은 학교 설립과 관련된 각종 문제들에 대해 구체적으로 자문 받는 자리였다.

- 도시형 대안학교: 가정에서 통학하는 대안학교로서 부모와 교사가 긴밀히 의사소통하며 협력한다.
- 중고등학교 6년 과정 통합 추구: 학생들을 바람직한 인간상으로 길러내기 위해서 6년간 일관된 철학과 방법으로 교육한다.
- 작은 학교: 이우학교는 학급의 규모를 20명 정도로 제한하고, 3년 연속 담임제를 실시하여 '확대 가족'과 같은 학교를 실현한다.
- 학생 선발 : 21세기의 시대적 과제를 해결해 나가는 데 한 몫을 해낼 수 있는 학생을 선발한다. 이를 위해 지망 학생의 사회성, 감수성, 지적 능력, 의지력, 창의력, 체력 등을 종합적으로 판단한다.
- 협동조합 방식으로 학교법인 설립: 교사와 일꾼, 기타 학교 설립에 참여하고자 하는 분들로 협동조합을 결성하고, 그 협동조합으로 학교 법인을 설립한다. 그 다음 법인 이사회를 민주적으로 선출하여 이들이 학교의 살림을 총괄적으로 꾸려 나가고, 교사회가 교육 내용 및 방법을 책임진다. [30]

이 워크숍에는 이종태 한국교육개발원 연구원, 정유성 서강대 교수, 이재갑 교육부 서기관, 정기준 푸른꿈고등학교 교사 등이 참여했다. 이 자리에서는 다음과 같은 내용들이 지적됐다.

> "학교의 하드웨어 준비 부분은 몇 명의 교사에게 일임하고, 교육 내용과 교과과정 준비에 더 주력해야 한다."
>
> "교육내용을 준비하는 팀을 꾸려야 한다. 이종태 박사, 정유성 교수가 돕겠다."
>
> "6년 과정이 정말 필요하다. 하지만 세월이 긴 만큼 학교의 부담도 더 커진다."
>
> "현행법상 동일게 지원이 불가능한데 6년 과정을 통합 운영하려 하느냐?"
>
> "의무교육이 시·도 차원으로 확대되면 중학교는 인허가를 받기 쉽지 않다."
>
> "고교 과정만 해도 인허가를 쉽게 받으려면 부적응아를 포함시켜야 한다."
>
> "예치금 받을 명분이 약하다. 간디학교의 경우 기숙사 보증금조로 예치금을 받았다."
>
> "조합이 학교 설립의 태반이 되는데, 설립 후 간단치 않은 문제가 발생할 것이다."

이날 워크숍에서 나온 지적들을 바탕으로 준비모임은 교육내용과 교육과정 준비에 더욱 박차를 가하는 한편 협동조합 방식의 학교 설립에 대해 재고하게 되었다.

이렇게 학교의 성격을 보다 분명히 해가면서 준비모임은 집중적으로 분당 지역의 땅을 물색하랴, 대안교육에 뜻있는 여러 인사들을 접촉하랴 분주하게 움직였다. 예상보다 훨씬 많은 사람들이 준비모임의 취지에 적극 공감하고 동참할 뜻을 비치기 시작했다. 일은 힘들었지만 이제 암중모색의 단계는 지난 것 같았다. 터널의 끝으로 조금씩 빛이 비쳐왔다.

● "'반풍수'라는 말 아세요?"

사실 준비모임의 멤버들이 학교 부지를 찾기 시작한 것은 1998년 4월, 그러니까 준비모임도 구성되기 전이었다. 정광필, 홍인표, 이광호가 백방으로 뛰었다. 초반에는 학교와 생태마을을 동시에 추진할 요량으로 분당에서 통학 가능한 지역을 알아봤다. 지형도를 보고 학교 부지로 적합하겠다 싶어 찾아가 보면 어김없이 군부대가 있어 실망하곤 했다. 특히 이천 지역에서 남향받이 가장 좋은 필지들은 거의 예외 없이 군부대 차지였다. 이어 광주시 도척면과 여주시 흥천면, 북내면을 주목해 땅 주인이 내놓은 1만~2만 평의 필지들은 빠짐없이 찾아가 봤다.

간디학교, 한빛고등학교, 푸른꿈고등학교 등의 방문을 계기로 초기 멤버들은 학교와 생태마을을 동시에 추진할 만한 역량이 안 된다고 판단했다. 그 무렵 성남시가 자기 지역 내에 대안학교를 설립할 것을 제안해 왔다. 그래서 2001년 1월경 학교를 먼저 설립하고, 그 다음 생태마을을 조성하기로 전략을 수정하고 분당 외곽의 땅을 집중적으로 물색하기 시작했다. 성남시 분당구 안에서 율동 새마을연수원 뒤쪽, 백현동 지금의 성남외국어고등학교 자리, 석운동 방면 등이 주요 물색처였다. 그러다가 동원동에 위치한 현 학교 부지를 보게 되었다. 사실 이곳은 그 이전에도 한 차례 본 적이 있었지만 잠정적으로 포기했던 곳이었다. 이 부지를 처음 살펴봤던 정광필은 당시 상황을 이렇게 기억했다.

3년간 100군데 정도 땅을 알아봤어요. 그래서 지금도 어느 학교든 방문하면 습관적으로 향(向)과 지세(地勢)를 보게 됩니다. '반풍수(半風水)'가 된 셈이죠. 지금의 부지를 1999년에도 한 번 검토했었는데, 땅이 너무 넓고 고압선이 있어 포기했던 곳입니다.

사실 2001년 4월엔 율동에 있는 땅을 1차 후보지로 선정했었어요. 율동 부지는 평당 10만 원에 1만 6,000평이었는데, 진입로 800m(폭 6m, 1500평)의 공사를 보장하고 도로 용지는 학교 소유로 한다는 것이었죠. 하지만 진입로를 매입하는 게 불가능했어요.

그러던 차에 현재의 학교 부지를 분할 매입할 수 있다는 소식을 듣게 되었지요. 고압선 문제가 마음에 걸리긴 했지만 거기서 좀 떨어진 곳에 건물을 지으면 되겠다는 생각에 긍정적으로 검토하게 되었습니다.

이우학교설립추진위는 율동보다 동원동 땅이 학교 부지로 적합하다고 판단해 이곳 땅을 매입하기로 결정했다. 하지만 부지 매입 후에도 산 넘어 산이었다. 그 중 가장 큰 산은 학교 진입로 문제였다. 2001년 학교 부지를 매입할 당시는 미금역에서 고기리로 연결되는 2차선 도로가 계획 중이었고, 학교 부지가 자연스럽게 그 도로에 연결되도록 되어 있었다. 그런데 2002년 지방자치선거를 앞두고 당시 임창열 경기도지사가 경기도 광역도로망 계획을 발표하면서, 기존에 계획되었던 2차선 도로를 4차선 고속도로로 바꿔버렸다.

미금역에서 안양 석수역까지 연결하는 민자 고속도로를 건설해 경기도 광역 도로망에 연결하겠다는 것입니다. 그렇게 되면, 새롭게 건설되는 도로와 이우학교는 연결되지 않고, 나아가 우리가 매입한 학교 부지는 진입로가 없는 '맹지'가 되는 셈이지요. 결국 아무런 개발행위를 할 수 없게 되는 겁니다. 이 때문에 부랴부랴 동원3교부터 학교까지의 토지를 매입해 도로를 개설하는 것을 전제로 성남시에 도시계획결정신청서를 제출했습니다. 그 과정에서 학교설립 일정이 예정보다 지연되었습니다. 그렇지만 한일 월드컵의 열기가 뜨거웠던 2002년 6월 10일, 성남시도시계획위원회는 우리의 신청을 부결시켰습니다. 한마디로 학교를 설립할 수 없게 된 것이지요. 바로 그날, 정광필, 홍인표 선생님 등과 월드컵 한-미전 경기를 보면서 앞으로 어떻게 할 것인지 고민을 나누었던 기억이 새롭습니다. 저는 개인직으로, 우리가 매입한 분당구 동원동 산 13-1번지에 2003년에 개교가 불가능하다고 보았습니다. 또 학교 설립이 불가능하다면 그 비싼 땅을 어떻게 처분할 것인지도 현실적으로 고민이었습니다. 그 뒤 우여곡절 끝에 6개월 지연된 2003년 9월에 개교를 했지만, 지금도 그 때를 생각하면 아찔하기만 합니다.[31]

이렇듯 지금의 부지에 학교가 세워지기까지 우여곡절이 참 많았다. 만약 이우학교가 지금의 위치가 아니라 다른 곳에 자리 잡았다면 어떻게 되었을까? 아마도 산자락에 자리 잡은 아늑한 터전이 되기는 어려웠을 것이다. 학생들도 머내에서부터 광교산자락을 오르느라 종아리에 알이 배긴다거나 친구들과 호젓한 시골길을 걸으며 도란도란 얘기를 주고받는 것과 같은 추억은 없었으리라.

● **학교 설립 허가, 그 지난한 여정**

현재의 학교부지는 본래 성남시의 보존녹지였다. 난개발을 방지하기 위한 시 남단의 녹지선에 해당하는 곳이어서 일체의 건축허가를 내주지 않는 곳이었다. 거의 그린벨트 수준에 가까웠다. 그래서 2001년 부지계약 이후 학교 시설을 짓기 위해서는 성남시 도시계획위원회가 보존녹지에서 학교부지로 용도를 변경해줘야 했다.

당시 성남시 도시계획위원들 중에는 이우학교를 나름대로 의미 있는 학교로 보면서도 '둑에 구멍이 하나 뚫리기 시작하면 둑 전체가 무너진다'는 생각에 저항하는 이들이 적지 않았다. 당시 이명현·강지원 고문과 정광필, 홍인표 등이 위원들을 설득하기 위해 노력했다. 그럼에도 불구하고 2001년 말 학교 부지로의 용도변경안은 도시계획위원회에서 부결되고 말았다. 그때의 좌절과 실망감은 이루 말로 다 표현할 수 없는 것이었다. 이우학교를 준비하는 사람들이 '봉이 김 선달'로 몰리고 있다는 자괴감도 컸다.

그렇다고 물러설 수는 없는 일이었다. 수정안을 더욱 치밀하게 준비했다. 그리고 재심의에 들어가기 전에는 위원들을 설득하는 작업에 더욱 심혈을 기울였다.

시설을 일부 축소하고, 위원들을 설득하는 등 많은 노력을 통해 2002년 10월 16일 성남시 도시계획위원회에서 현 부지를 학교부지로 용도 변경하는 안이 통과되었습니다. 전체 위원 중 찬성 7, 반대 6으로 정말 아슬아슬하게 가결되었어요. 도시계획위원회 사상 가장 드라마틱한 결정이었다고 합니다. 한번 부결된 안건은 행정적으로 곧바로 재심의를 받아들이지 않는 것이 관행이라 그 당시 저희 건축위원뿐 아니라 이우관계자 모두가 이 일에 사활을 걸었던 게 아직도 생생하게 기억납니다. 또 성남시 관계자들에게 그런 끈기와 열정을 인정받아 그 뒤 성남시의 협조로 광역도로에 횡단보도가 생기고, 지금의 6M 진입도로가 덤으로 생기는 혜택까지 보게 되었지요.[32]

사실 이보다 더 큰 난관은 학교부지의 용도변경에 앞서서 경기도교육청과 성남시교육청에서 고등학교와 중학교의 설립허가를 받는 일이었다. 그 중에서도 더 중요한 관문은 경기도교육청의 고등학교 설립허가 여부였다. 학교설립과가 담당 부서였는데, 몇 번을 찾아가도 반응이 영 뜨악했다. 홍인표는 나중에서야 그 사정을 알게 됐는데, 교육청에서는 사립학교를 설립하려는 사람들을 대부분 토지 브로커로 생각하는 경향이 있었다. 건축이 불가능한 땅을 학교 부지로 용도 변경해서 학교를 세우면 주변 땅값이 오르고, 그렇게 주변 땅을 팔아서 시세 차익을 본 사람들이 워낙 많았기 때문에 이우학교 설립자들도 곱지 않은 눈길로 바라봤다는 것이다.

이런 공무원들의 뿌리 깊은 편견과 불신을 헤쳐 나가는 일은 정말 지난한 것이었다. 그 과정은 '여럿이 함께' 하나의 목표를 향해 나아가는 것이었다. 다음은 정광필의 회고다.

이명현, 강지원 두 분 고문님이 안 계셨더라면 학교 설립은 요원한 꿈이었을 겁니다. 그분들이 백방으로 설득작업에 힘을 실어주셨지요. 학교 설립 인가라는 난관을 돌파해 나아가는 데 있어 이광호, 홍인표 등을 비롯한 실로 많은 사람들의 최선을 다한 협업이 있었지요.

이렇듯 학교설립계획의 승인이 늦어지고, 따라서 학교건물을 착공하는 시점도 지연되어 급기야 2003년 3월 개교하려던 계획은 그해 9월로 연기되었다. 그러나 한번 물꼬가 터진 이우학교 설립작업을 근본적으로 가로막는 걸림돌은 어디에도 없었다. 하지만 난관에 부딪히고 포기할 수밖에 없다는 생각이 드는 순간이 어찌 없었으랴! 그런 순간마다 사람들을 추스르기는 쉽지 않았다. 그 때

마다 스스로를 드러내지 않고 도와준 분들이 정말 많았다. 그런 분들이 안 계셨
으면 오늘의 이우학교는 없었을 것이다. 그분들이 그렇게 이우학교 설립을 음으
로 양으로 도왔던 데에는 필시 새로운 교육에 대한 시대적 열망이 반영되어 있었
을 것이다. 오늘의 이우학교는 그런 공동의 열망에 큰 빚을 지고 있다.

2001. 1   (가칭) '내일을 여는 학교준비모임' 결성

2001. 1   교육문화회관에서 '도시형 대안학교 설립을 위한 워크숍' 개최

7. 1   (가칭) '내일을 위한 학교 설립추진위원회' 결성 총회,
           학교명 '이우'로 결정. 대표단 선출 및 사업계획안 심의
           → '이우학교 설립 추진위원회' 결성

10. 23   학교부지계약 (성남시 분당구 동원동 산13-1)

12. 2   이우학교설립위원회 결성식 → 이우교육공동체로 전환

12. 16   (가칭) 학교법인 이우학원 창립총회

2002. 3. 2   학교법인 이우학원 설립허가 신청 (경기도 교육청)

5. 28   이우고등학교 설립계획 승인 (경기도 교육청)

5. 29   학교법인 이우학원 설립허가(경기도 교육청)

5. 30   이우중학교 설립계획 승인 (성남시 교육청)

7. 4   이종태 이사장 사임 및 장석 이사장 직무대행 선임

8. 15   장석 이사장 선임

10. 24   이우학교 도시계획시설 결정고시 (성남시)

11. 30   이우학교 설립계획 변경 승인. 개교일 변경 2003. 3. 1 → 2003. 9. 1
           (경기도 교육청)

12. 2   이우학교 건축 시공업체 계약 (예림건설)

12. 22   이우학교 기공식 (첫삽 뜨는 날)

2003. 2. 5   학교시설 건축승인 (경기도 교육청)

6. 27   이우고등학교 학교설립 인가 및 특성화고등학교 지정 승인(경기도 교육청)

7. 11   이우중학교 학교설립 인가 및 특성화중학교 지정 승인(성남시 교육청)

8. 30   이우중고등학교 교장 직무대행 정광필 임용

9. 1   개교

9. 18   개교기념 행사 거행

1) 정광필 전임 교장의 회고(2013년 2월 7일)

2) 2003년 4월 26일에 개최된 이우교육공동체 제2차 정기총회 회의록

3) 위의 글

4) 이 실무팀은 개교 후 학교 도서관위원회의 모태가 되었다.

5) 2003년 개교 당시엔 학생회관이 지어지지 않아 고등학교동 3층의 일부 공간을 도서관으로 활용했다.

6) 이우생협은 지역에 뿌리내린다는 취지로 2005년 10월 학교 밖에 공간을 마련했다. 이 공간에서 초등학생들을 대상으로 방과후 프로그램을 운영하고 학부모와 지역 주민들을 대상으로 다양한 강좌를 열고 있다. 또 친환경 먹을거리를 나누고 따뜻한 마을을 만들기 위한 활동을 활발하게 벌이고 있다.

7) 당초 위원들 외에 신상철, 김장권, 박균배가 새롭게 참여했고, 이어 이태성, 이상윤이 추가로 합류했다.

8) 김승회 소장의 언급은 그가 건축전문 계간지 「건축과환경」 제235호에 쓴 '이우학교'란 제목의 글 72쪽 이하에서 발췌해 소개한다.

9) 배형민, '아이들을 끌어안되 방해하지 않는 소박한 공간', 「사색이 머무는 공간」(제100호, 2009. 2. 8)

10) 정광필 전임 교장의 회고(2013년 2월 13일)

11) 정광필, '우리는 어디쯤 와 있을까', 「함께여는교육」 제9호(2008년 5월), 44~45쪽

12) 이우교육공동체 제4차 운영위원회(2002년 7월 8일) 보고 중

13) 정광필, 위의 글, 44쪽. 2003년 4월에 피터양(영어), 한문정(과학) 선생님이 합류했다.

14) 이현영 당시 기획연구국장의 회고(2013년 8월 10일)

15) 이를 제3대 교장인 이수광은 '자치학교의 원리'라고 표현하기도 한다.

16) 이현영, '틀을 짜기에 앞서'(2003. 5. 14)를 간추렸다. 이우학교 개교 준비에 박차를 가하던 시점에 작성한 문건으로 당시 공동체 분회별로 설립자들이 회람했다.

17) 풀무학교, 『학교 요람』(1995)과 김조년, 『지역이 학교요 학교가 지역이다』(내일을 여는 책, 1998), 75쪽에서 재인용

18) 이우학교 설립 당시의 교사 백희봉의 회고(2013년 8월 6일)

19) 양희규, 『사랑과 자발성의 교육』(1997, 내일을 여는 책), 21쪽

20) 정광필 전임 교장의 회고(2013년 2월 8일)

21) 정광필 전임 교장의 회고(2013년 2월 8일)

22) 각각의 학교에서 그 취지나 방법이 서로 달랐다. 이우학교에서는 교사의 교육활동에 대해 학생들이 평가하여 그 결과를 교사에게 피드백한다는 취지로 진행했고, 그것을 성과금 등 물질적 보상과 연계시키지 않았다.

23) 학교 운영의 비전을 담은 '교장 비전 보고서'는 교사대표, 이사, 학부모대표로 구성된 위원회의 심의를 거쳐 작성되었다.

24) 학교의 틀이 차츰 완성되면서 시간표는 많이 변경되었다. 우선, 학생들의 호응 부족과 공간상의 제약으로 선체조와 명상으로 아침을 연다는 구상을 포기해야 했다. 그리고 오전에 주지 수업, 오후에 예술·체육과 노작교육을 하겠다는 계획도 현실적 여건 때문에 100% 실현되기는 어려웠다. 5블럭에 교과 수업을 해야 하는 경우도 적지 않았다. 그래서 아이들이 저녁까지 남아 모둠 과제나 자치 활동을 하는 경우도 많았다.

25) 정광필 전임 교장의 회고(2013년 2월 8일)

26) 이현영, '이우학교의 교육이념과 철학'(2005년 3월 이우학교 전체 교사 연수의 강의 원고) 중

27) '(가칭)내일을 여는 학교 준비모임' 리플렛 중

28) 2003년 개교 전 이우학교 홈페이지에 게시한 '11문 11답' 중 첫 번째 문답

29) 정광필, '세상을 바꾸는 교육'(2004년 8월 이우교육연구소가 주최한 대안교육 아카데미 강연록) 중

30) 정광필, '도시형 대안학교 모델의 철학적 기반과 교육적 실천 방안 연구'(동국대학교 교육대학원 철학교육 석사학위 청구논문, 2001), 37~41쪽의 내용을 간추림

31) 이광호의 회고(2013년 8월 6일)

32) 당시 건축위원이었던 박성호의 회고(2013년 8월 12일)

학교법인 이우학원:
기적을 꿈꾸다

학교법인은 2003년 9월 개교 이후, 이제 현실이 된 학교 운영의 주체로서의 역할과 책임을 어떻게 설정하고 감당해 내야 하느냐는 도전에 직면했다. 구성원들의 대다수가 학교라는 매우 복잡한 생태계를 이해할 수 있는 경험과 전문 역량을 충분히 갖지 못했다. 그러나 이우에 대한 사명감과 애정은 차고 넘쳤다. 회의가 밤늦은 시간까지 늘어져도 보람이 넘쳤다. 모든 것이 새로웠다. 그 과정에서 학교법인 이사회는 100여 명 설립자들로 구성된 이우교육공동체의 대의기구 역할도 수행했다.

이우교육공동체 워크숍(월드베스트 인력개발원, 2002. 1)

1. 학교법인 이우학원과 이우학교의 탄생

우리 교육이, 곧 우리 사회의 미래가 바뀌지 않으면 안 된다는 절박한 신념과 열망이 성남시 동원동의 터전과 만나 탄생한 학교가 '이우'다. 그런 신념과 열망으로 이우학교의 탄생과 성장에 주춧돌을 놓은 장본인이 바로 이우교육공동체다. 지금으로부터 12년 전, 새로운 세기의 벽두에 힘을 모아 '완전히 새로운 학교'를 만듦으로써 무너진 교육의 지형을 바꾸어 미래세대의 희망을 키우겠다는, 참으로 무모하고도 지난한 과업을 스스로 설정하고 이 과업을 완수한 이우학교 설립자들의 조직인 것이다.

'완전히 새로운 학교'라는 표현을 썼지만, 이우학교는 이미 1998년부터 공교육의 틀 안에서 제도화되어 있던 정규 중등학교로서의 대안학교 유형을 법제도상의 정체성으로 선택했기 때문에, 이우학교의 모태는 그 법의 규정에 따라 학교에 앞서 설립된 '학교법인 이우학원'(앞으로 '학교법인'이라고 칭한다)이라고도 할 수 있다.

사립학교법에 따라 학교법인이 설치하고 경영하는 이우학교의 법적 지위를 간추려 설명하자면, 학교유형별 분류로는 초·중등교육법 시행령 제91조 제1항의 규정에 의한 '특성화학교'이며, 학교운영의특례법 분류로는 초·중등교육법 제61조 및 동법 시행령 제105조의 규정에 의한 '자율학교'다.

이러한 법적 지위에 따라 이우학교는 다른 학교들에 비해 혜택이라 여겨질 수 있는 바를 누리며 출범할 수 있었다. 전국 단위의 학생선발권, 교육과정 운영의 자율권, 한 학급 당 20명의 정원, 그리고 학교장 미자격자의 임용이 가능한 점 등이 그러하다. 제도권 교육의 틀에 의해 설립되었지만, '대안교육 특성화 중·고등학교'라는 비교적 새로운 매트릭스, 즉 주형에서 나왔기 때문에, 설립자들이 갈망했던 공교육의 위기를 극복할 수 있는 새롭고도 대안적인 교육의 기운을 담아낼 수 있었던 것이다.

학교법인은 2001년 12월 이우교육공동체가 결성된 직후인 12월 16일, 개교 전 학교설립 준비공간이던 성남시 분당구 미금역 근처의 코오롱 트리폴리스 B-3006호에서 창립총회를 통해 출범해 학교설립의 과업에 참여하게 되었다.

이우교육공동체 총회에서 추천하는 형식으로 설립대표 겸 이사장 등 모두 12명의 이사가 선임됐고, 이들이 학교법인을 구성해 학교설립의 고갱이가 되는 안건들을 심의·의결했다. 이날 창립총회에서 결정된 주요 내용은 법인의 명칭과 위치의 채택, 설립하고자 하는 학교의 종별과 명칭 그리고 위치의 채택, 학교법인의 정관의 심의·의결, 학교헌장 제정의 심의·의결, 소요자금 조달계획의 승인 등이었다. 이 가운데 이우학교 학교헌장의 전문(前文)은 다음과 같다.

이우(중)고등학교는, 인성 중심의 특성화(중)고등학교로서, 청소년들이 성·계급·인종·종교·장애 여부를 뛰어넘어 인간을 존중하고, 생명과 환경을 소중히 여기며, 21세기의 현실 속에서 나와 다른 '남'과 더불어 살아갈 수 있는 상생의 지혜를 터득한 사람으로 성장할 수 있도록 돕고자, 학교 운영 전반에 관한 헌장을 학교법인 이사회의 의결을 거쳐 제정한다.

2. 학교설립에 이르기까지 학교법인의 과제와 역할

학교법인은 창립총회 이후인 2002년 3월 2일 경기도 교육청에 설립허가를 신청해 같은해 5월 28일 설립허가를 받아 법인격을 갖추게 되었다. 같은 시점에, 이우중·고등학교의 설립계획도 승인되었다.

2002년 7월 4일 초대 이사장 이종태가 지방선거에서 안양시장 후보로 출마하게 되면서 사임했고, 장석이 이사장 직무대행으로 선임되었다. 장석은 같은해 8월 15일 이우교육공동체 임시총회와 학교법인 이사회의 의결을 거쳐 이사장으로 취임했다.

학교설립에 이르는 길에서, 학교법인은 한편으로는 그 과정의 법적 요건을 충족시키기 위한 플랫폼, 즉 유·무형의 기반 얼개 구실을 하면서, 동시에 이우교육공동체 운영위원회의 지도 아래 각종 인허가의 진행, 재정의 마련, 학교 건축의 시행과 교직원 선발 및 교육과정을 비롯한 학교운영 전반을 기획하고 준비하는 역할을 했다.

● 학교설립 일정의 변경

2001년 10월 학교부지의 매입 계약을 하고, 곧 학교 신축교사의 설계안을 공모해 '경영위치 건축사무소'의 설계안을 선정했다. 이우교육공동체 결성총회 때부터 개교는 2003년 3월을 목표로 하고 있었다. 그러나 학교 설립인가의 지연과 학교부지의 용도변경과 관련한 성남시 도시계획위원회 부결과 재심 과정에서의 난항, 그리고 학교부지 앞을 지나는 도로의 계획 변경 등의 요인으로, 목표보다 한 학기가 늦어진 2003년 9월 전입학 방식으로 학생을 모집해 개교에 이르게 됐다.

● 학교설립 재정의 어려움

　　　　　　　　교육공동체 결성총회와 학교법인 창립총회에서 의결된 예산안과 비교해 실제 소요된 경비는 큰 폭으로 늘어났다. 그것은 주로 건축비의 상승에 기인하는 것이었다. 자금조달에 있어서도 설립자들의 출연금을 제외하면 계획과 비교해 많은 차질이 빚어졌다. 외부로부터의 기부금 수입이 여의치 않았고, 자금조성 목적으로 운영한 기금에서도 수익을 만드는 데 실패했다. 학교설립이라는 과업에 대한 신념의 과잉이 시야와 판단을 협소하게 했음이 분명했다. 우리 뜻에 동의하는 이웃과 사회의 재정참여를 너무 섣부르게 기대하고 예산안에 과도한 몫을 배정했던 것이다.

　수입과 지출에 균형을 맞춰놓은 예산안이 있는데 그것과 비교해 지출은 늘고 수입은 줄어든다면 그 예산안은 이미 무용지물인 것이다. 개교를 2003년 9월로 연기하고, 시공업체 선정을 얼마 남기지 않은 2002년 11월 23일 열린 이우교육공동체 확대재정위 회의는 이 문제를 검토하느라 새벽까지 이어졌다. 이날 회의는 학교 설립을 중도에 포기하지 않고, 자금 차입 등 모든 수단과 노력을 기울여 과업을 완수하기로 뜻을 모았다.

　원래 학교의 설립과 이우교육공동체의 조직 및 운영을 협동조합 방식으로 하자는 논의가 초기부터 있어 왔다. 현행법과의 충돌 등 여러 가지 제약으로 인해 현실화되지는 못했지만, 이우의 정신과 운영방식은 협동조합의 모습과 많은 점에서 일치한다. 협동조합기본법이 발효되고 협동하고 연대하는 사회적 경제에 대한 관심이 큰 오늘, 이우의 모습을 잘 살펴보면 교육협동조합의 어린 얼굴을 확인할 수 있다. 진화생물학에서 얘기하는 네오티니(neoteny) 현상을 생각나게 한다. 인간의 더불어 살아가기가 지혜롭게 진화해 온 바를 반영하는 모습이자 '젊게 자라나기(growing young)'라는 개념의 한 전형이라고 생각하면 지나친 것일까?

　결과적으로 재정 문제의 어려움은 설립자들 가운데 어느 한 사람도 전체 설립 비용의 1/10을 초과하는 금액을 출연하지 않는다는 초기의 원칙을 부분적으로 수정하게 했으나, 이로 인해 학교와 이우교육공동체의 운영에 본질적인 변화가 일어나지는 않았다. 다만, 학교설립 뒤 상당히 큰 규모의 부채를 이우공동체가 감당하면서 멀고 험한 길을 가야 하는 상황을 초래했다. [1]

이러한 난관을 극복하면서 설립자들과 학교법인은 경기도로부터 15억 원의 학교설립 재정지원을 이끌어 내는 등 최선을 다해 개교 전 학교시설을 완성하고 기자재를 확보했고, 이어 학교교육용 기본시설의 나머지에 해당하는 학생회관을 2004년 6월 준공했다. 이 학생회관 건축비 15억 원 중 절반은 학교법인에서 자체 조달했고, 나머지 절반은 성남시가 대응투자 형식으로 지원했다. 학교법인은 개교 이후에도 일반학교에 비해 상당히 높은 수준의 등록금에도 불구하고 계속 발생하는 예산의 부족분을 조달해 학교에 전입하는 역할을 맡았다.

이 모든 어려움은 결과적으로 이우가 보다 공공적인 면모를 갖추고, 협업을 중요시하며, 자본의 목소리가 기승을 부릴 수 없는 문화를 넓히는 데에 기여했다. 또한 우리 사회에서는 드문 성공의 경험이라고도 할 수 있을 것 같다.

이우학교 설립 예산안

이우교육공동체 결성 총회(2001. 12. 2, 단위: 백만원)

	2001년 12/3	2002년 2/23	2002년 5월	2003년 2월	2004년 2월	2005년 2월	총 계
지출	부지구입 1,350 설계 50 활동비 10 예비비 10	부지구입 1,170 법인적립금 100 설계 150 활동비 50 예비비 50	시공 400 활동비 50 예비비 50 대출상환 600	시공 1500 기자재 300 활동비 50 예비비 80	시공 900 기자재 200 활동비 30	시공 500 기자재 200 활동비 30	부지구입 2,520 설계 200 법인적립금 100 시공 3,300 기자재 700 대출상환 600 활동비 220 예비비 190
소계	1,420	1,520	1,100	1,930	1,130	730	7,830
수입	설립위원 850 대출 600	설립위원 1,500	설립위원 400 기부금 1,500	설립위원 400 학교발전기금 400 기부금 400	정부지원 500 학교발전기금 600	정부지원 400 학교발전기금 400	설립위원 3,150 대출 600 기부금 1,500 학교발전기금 1,400 정부지원 800
소계	1,450	1,500	1,900	1,200	1,100	800	7,930

· 이 예산안은 학교가 개교하기 1년 반 이상 전에 작성된 것이다. 학교 설립 후 학교 운영에 관련된 것은 제외하였다.
· 당시의 총 예산은 72억3000만 원이었다.
· 학교 개교 이후의 예산은 대강의 틀이었다.
· 건축 시공은 3년에 걸친 단계적 시공이었다
· 중학교 설립 자금은 의무교육에 따라 지원 가능성이 있었다.

학교설립 지출명세서

(2004. 2. 28일까지)

사용항목	예상금액(단위 : 억원)	비 고	실제 지출금액(단위 : 원)
토지매입	25.3		2,525,000,000
1차 건축	45.7	예림건설(시공사)	4,567,200,000
기자재	4.13		
일반관리비	4.53	2001-2003 개교 전	763,366,135
이자	3.9		409,678,449
건축설계	1.5	경영위치	184,000,000
감리	0.44		
토목설계	0.6	유아컨설팅	66,200,000
지열냉난방	2	KGE	293,950,000
학교운영지원	3.5	재단전입금	543,871,588
수익용 기본자산	6.5	정기예금	662,000,000
한국전력			9,075,000
베가스튜디오		학교디자인 · 제작전반	136,108,700
학교 비품			32,824,000
개교전 비품			55,125,840
산림 형질변경			2,263,490
총 액	98.1		10,250,663,202

● 이 지출명세서는 개교 이후 한 학기가 지난 시점에서 작성된 것으로 설립 예산안과 실제 지출금액 간의 차이를 잘 보여준다.

● 학교의 건축과 디자인

　　　　　　　이우학교를 준비하는 과정에서 재원이 부족한 중에도 크게 관심을 기울인 분야는 건축과 디자인이었다. 다행히도 이우와 생각이 상당히 일치하는 건축가와 디자이너를 만날 수 있었다. 이들은 우리의 작업이 공교육을 대치하는 실험적이고 새로운 학교 모델을, 그것도 가장 공격적인 방식으로 만드는 것이라고 이해해 주었다.

　건축가는 학교 입지의 특성을 잘 이해해서 네 개의 상자를 지혜롭게 배치하는 방식으로 장소에 어울리는 얼개를 만들었다. 교실마다 밖으로 달린 발코니와 건물 사이의 마당 등은 기존의 학교 건축의 문법을 뛰어 넘었다. 다만, 사용자들의 정체성과 사용 목적에 대한 깊은 배려가 부족해서 개교 이후 시설 보수 등에 꽤나 많은 공이 들었다. 그것은 아름답긴 하나 속 깊은 마음의 그늘이 부족하

이우교육공동체 상징 조형물(한애규 작)

여 손이 많이 가는 아이 같은 것이었다.

건축을 제외한 학교의 아이덴티티, 책상과 의자 및 교탁들과 같은 교구, 그리고 사인 시스템 등이 망라된 광범위한 디자인 작업을 담당했던 '베가 스튜디오'와는 상대적으로 좀 더 긴밀한 소통과 협업의 기회를 가질 수 있었다. 베가의 디자이너들은 진정한 개혁이란 기존의 시스템을 대체할 다른 시스템을 고안해 낼 수 있을 때 붙일 수 있는 이름이라고 생각했다. 이제는 아주 친숙해진 초록색 꽃잎들이 불규칙한 듯 조화를 이루고 있는 꽃송이 모양의 학교 심볼과 로고타입이 바로 이들의 작품이다. 지금도 학교 여기저기에 조금씩 남아 있는 사다리꼴 모양의 책상과 무겁고 독특한 모양의 의자, 그리고 그 위에 얹혀 있는 초록색 쿠션도 마찬가지다.

그 수많았던 디자인 작업들이 그 실험성과 현실성 사이에서 얼마나 조화를 이루었는지, 또 그 효과는 얼마나 나타났었는지 생각하기도 쉽지 않을 만큼 시간이 흘렀다. 그 기억을 붙잡아두기 위해 베가의 디자이너들이 작성한 '이우학교 아이덴티티 디자인설명서'를 부록에 싣는다.

그밖에도 학교법인은 교장 선출을 비롯한 교사 선발과 교육과정의 설계, 그리고 학교 운영원리에 대한 고민 등을 포함하는 학교 준비과정을 이우교육공동체와 더불어 진행했다. 그 구체적인 내용은 이 책의 제1장 '개교 전야'에서 만날 수 있다.

3. 학교설립 이후 학교법인의 과제와 역할

● **학교법인 이사회의 구성과 성격**

　　　　　　　　학교법인은 2003년 9월 개교 이후, 이제 현실이
된 학교 운영의 주체로서의 역할과 책임을 어떻게 설정하고 감당해 내야 하느냐
는 도전에 직면했다. 구성원들의 대다수가 학교라는 매우 복잡한 생태계를 이해
할 수 있는 경험과 전문 역량을 충분히 갖지 못했다. 그러나 이우에 대한 사명감
과 애정은 차고 넘쳤다. 회의가 밤늦은 시간까지 늘어져도 보람이 넘쳤다. 모든
것이 새로웠다. 그 과정에서 학교법인 이사회는 100여 명 설립자들로 구성된 이
우교육공동체의 대의기구 역할도 수행했다.

　다수의 시민이 함께 설립한 민립학교인 이우학교는 일반 사학과 다른 정체성
과 운영원리를 가질 수밖에 없었다. 일반적으로 사학의 학교법인은 이사장과 그
에 의해 통제되는 이사들로 구성된 이사회가 운영을 독점한다. 개정 사학법에
따라 마련된 개방이사 제도도 사학 운영의 공익성과 공공성의 확대라는 취지를
살리지 못하고 있다. 그러다 보니 민주적인 의사결정 구조가 작동할 수 없어 설
립자에게 보장된 경영권이 독단과 전횡으로 흐르고, 개인과 가족의 사적 소유와
지배로 변질되어 고착된 게 오늘 사학의 현실이다.

　그러나 다수가 함께하는 이우의 설립자들은 출연한 금액에 상관없이 '공동으
로 설립하여 책임지고(소유하고), 민주적으로 운영되는' 협동조합의 운영원리를
학교법인의 운영에 적용했다. 학교법인은 그 자체로 자기완결적인 조직이 아니
고, 오로지 학교의 설립과 운영을 위해 기능하는 것을 존재 목적으로 하기 때문
이다.

　이같은 존재 목적을 달성하기 위해 이우의 공동설립자들은 순환하는 방식으
로 일정 임기 동안 학교법인의 임원으로 학교운영에 참여하고 책임을 진다. 임원
이 아닌 설립자는 이사회 밖의 다른 영역에서 다른 방식으로 학교 운영에 참여
하고 봉사한다. 학교법인 이사회에는 법제도 상으로 개방이사 제도가 생기기 전

부터 설립자가 아닌 학부모들도 참여해 왔다. [2]

말하자면, 이우의 설립자들은 학교의 소유자 혹은 주인이라는 인식을 기꺼이 버린 것은 물론이고, 선의의 운영자라는 권한도 학교의 공동 주체인 교사, 학부모, 학생 등과 균분하여 협업하고 있는 것이다. 권한을 내려놓고 책임은 뚜렷하게 지는 방식이다.

● '교사–학부모의 협치' 혹은 '열린 거버넌스'

학교법인 이사회가 교사와 학부모라는 이우학교 공동운영의 주체들을 어떻게 이해하고 있는지를 간단히 살펴본다. 그 구체적인 양상은 이 책의 다른 장(제3장 이우학교의 실험과 도전, 제5장 학부모)에서 상세히 다룬다.

초기 설계에서부터 협동조합과 모습을 많이 닮은 이우학교에서는 설립자와 교사가 '주주 겸 고용주'와 '피고용자'의 관계로 맺어져 있지 않다. 전자는 후자를 '교육의 터전인 학교 공간의 실제 주역이며 어려운 여건에서도 사명감으로 역할을 감당하는 존재'로서 존중한다. 후자는 전자를 '학교 설립과 운영에 책임을 다하며 자신의 노동이 소외되지 않고 자아를 실현할 수 있게 하는 공간을 제공해준 존재'로 이해하고 감사한다.

이우에서 학부모는 동원과 참관의 대상이 아니라 소통과 참여를 통해 학교 운영의 주체인 동시에 주인의 역할을 한다.

● 이사회의 역할과 궤적

원론적으로는, 이우에서도 학교법인 이사회가 학교의 최고 의사 결정기관으로서 학교의 제반 사항에 관하여 최종적으로 책임을 진다. 그러나 현실로서는, 상근하지 않은 이사들의 회의체인 이사회는 이우학교의 운영에 매번 개입하기보다 학교장과 교직원의 임면에 관한 의사결정과 학교 재정이라는 경로를 통해 학교 운영에 참여하고 있다. 학교운영의 전반을 학교장 과 교사들의 자치에 폭 넓게 위임해 오고 있다. 특히 개교 초기에 학교 운영의 방 향과 내용을 안내받으며 조용히 지원하는 것이 이사회의 본령이라는 공감대를 형성한 바 있다.

교육활동에 직접 개입하는 일은 당연히 피하고 있지만, 협치라는 이우 운영의 특성에 따라 '담임 제도의 운영'이나 '수업방식과 같은 교육활동의 내용'에도 관 심을 보이고 학교장을 통해 의견을 제출하기도 한다. 특히 학교의 완성년도인 2005년 무렵 학교 운영에서 시행착오가 많이 발생하고 과오와 실패의 사례들이 확인됨에 따라 이사회가 학교 운영에 개입하며 견제하는 일이 한때 많아지기도 했다. 학교 운영의 리더십과 교무 및 지원행정의 실무 단위에 모두 경험이 부족 하고, 학교 외부에 관심과 활동을 할애해야 하는 상황에서 학교운영의 세부 사 항들을 섬세하게 챙기지 못한 결과였다.

그러나 이사회의 개입과 견제는 추궁이나 질타 혹은 행정적 조치와 같은 형식 적 면에 머무르지 않았다. 학교 예산의 편성에 참여하며, 인사 문제에서 교사회 와 협업하는 시스템을 구축하고, 학교의 정체성에 관계된 사안이나 대형 시설공 사 등의 사안에 있어서는 모든 주체들이 의사 결정에 참여할 수 있는 틀을 마련 하고 조정하는 역할을 수행했다.

학교재정 문제는 큰 난제였다. 2003년 개교 초기부터 교육청의 재정결함보조 금을 지원받기 직전인 2009년까지는 소요 재정의 대부분을 학생 납입금과 법인 전입금으로 충당해야 했기 때문에 그 재원의 마련을 위해 많은 고민과 노력이 있 었다,

하나의 학교가 태어나고 발전적으로 운영되기 위해서는 여러 조건들이 필요 하다. 교사를 비롯한 학교 건물들과 여러 시설 및 교구들이 확보되어야 하고, 교 직원 인사관리 및 재정 대책을 비롯한 학교 운영 시스템과 교육과정 및 학생지도 영역의 시스템이 잘 작동되어야 하며, 학생과 교직원 복지 대책과 장·단기 학교

발전계획이 마련되어야 할 것이다. 이를 위해 학교법인 이사회는 다음과 같은 업무 영역을 설정하고 나름대로 역할을 수행해왔다.

- 재정 사업: 학교가 지속 가능하도록 물질적 조건을 안정적으로 마련하고, 후원사업을 개발하고 관리한다.
- 인적자원 관리: 학교공동체로의 진입에서 퇴장에 이르는 일련의 과정에서 복리후생 지원 등으로 만족도 높게 업무에 전념할 수 있도록 한다.
- 학교 평가 사업
- 홍보 및 명성관리 사업
- 이우헌장의 제정 및 관리
- 소통의 중심으로서의 기능: 이우교육공동체, 교사, 학부모, 연구소 사이의 소통이 원활하도록 조정자의 역할을 한다.
- 학교의 위기관리
- 학교의 지속적인 발전을 위한 미래 비전의 설정

학교법인이 이러한 과제들을 충분히 수행해왔는지는 10주년을 맞는 시점에 시행될 학교 내부평가를 포함한 여러 기회에 심도 있게 검토될 것이다. 여기서는 활동의 구체적 내용 들은 연표로 작성해 정리하고, 이사회 내부의 자성과 미래에 대한 생각을 기술하는 선에서 그친다.

2001. 12. 16 (가칭) 학교법인 이우학원 창립 총회
　　　　　　 이사장 이종태 및 임원 선임
　　　　　　 학교법인의 명칭 및 위치, 중고등학교의 종별, 명칭 및 위치 등 의결
　　　　　　 학교법인의 정관 심의·의결
　　　　　　 이우중·고등학교 학교 헌장 심의·의결
　　　　　　 소요자금 조달계획 심의·의결
2002. 3. 2　 학교법인 이우학원 설립허가 신청(경기도 교육청 학교운영지원과)
　　 5. 29　 학교법인 이우학원 설립허가 신청(경기도 교육청 학교운영지원과)
　　 7. 4　　 이종태 이사장 사직 및 장석 이사장 직무대행 선임
　　 8. 15　 장석 이사장 선임
　　 12. 22　 이우학교 기공식
2003.　　　 4. 6. 7월에 걸쳐 중1, 고1 대상 학생 선발 캠프
　　 6. 27　 이우고등학교 학교설립 인가 및 특성화고등학교 지정 승인(경기도 교육청)
　　 7. 11　 이우중학교 학교설립 인가 및 특성화중학교 지정 승인(성남시 교육청)
　　 7. 15　 학교법인 사무국장 박창준 임용(비상근)
　　 8. 30　 이우 중고등학교 교장 직무대행 정광필 임용
　　 9. 1　　 개교
　　 9. 18　 개교기념 행사 거행
　　 11. 26　 경기도에서 학교설립 지원금 15억원 집행
2004. 2.　　 설문방식으로 학교평가
　　 6.　　　 학생회관 완공
　　 10.　　 이우교육연구소 설립 의결
2005. 3. 24　 자율학교 지정에 따라 교장 정광필 임용
　　　　　　 산학겸임교사 4인 임용
　　 4. 25　 이사정수 12명에서 11명으로 정관 변경 의결
　　 6. 18　 산학겸임교사 임용 취소
　　 6. 30　 학교법인 사무국장 박창준 사임
2006. 1. 21　 이우3대 과제(이우헌장, 이우재정, 이우안전망) 논의 시작
　　 2. 17　 교과부 장관특별교부금 7억원 배정. 환경개선 및 진입로 조성
　　 5. 27　 이우헌장 제정 의결
　　 7. 21　 개방형 자율학교 전환 의결
　　 8. 25　 법인사무국장 민순기 임용(1년 수습과정)
　　　　　　 배움의 공동체 논의
　　　　　　 개방형 자율학교 추천 유보
　　 9. 16　 개방이사 3인 및 개방감사 1인 선임

10. 20 '이사회와 교사 인사위원회의 상보적 인사관리 방안' 의결

12. 제2기 교장 정광필 선출

2007. 2. 9 학교평가 시행 의결

2007학년도 공납금 분기당 1,341,000원 의결(8% 인상)

3. 1 제2기 교장 정광필 임용

9 학교평가 보고서 발간

9. 20 민순기 사무국장 정규직원 임용

2008. 6. 28 중학교 전형 여름방학 기간 중에 시행키로 의결

학교건물 최종 준공 승인

수익용 기본재산 5000만 원 증자

11. 25 경기도 교육청 종합감사(11. 25 ~11. 28)

12. 감사결과 교원 임용업무처리 부적정으로 이사장과 교장 경고 처분(경기도 교육청)

2009. 2. 20 교사회 무기명투표로 제청된 중학교 교감 우경운, 고교 교감 김철원 임용

특성화교과 전임교사 6인 사직서 제출

12. 8 이우고 재정결함보조금 지원 결정(경기도 교육청)

12. 13 자율학교 재지정 신청

경기도 혁신학교 지정 신청 의결

2010. 1. 26 이우중 재정결함보조금 지원결정(성남시 교육청)

2. 24 중학교 교감 이수광, 고등학교 교감 김철원 임용

6. 18 사무국장 민순기 사임

12. 3 제3기 교장 이수광 선출

12. 17 자격교감 대상자 유봉인 선발, 교감직무대리 의결

2011. 3. 1 제3기 교장 이수광 임용

3. 18 법인실 김다혜 임용 의결

입학제도 진단위원회 구성

8. 19 유봉인 중학교 교감 발령

12. 2 옹벽 설치, 태양광가로등 설치, 정화조 개선사업

2012. 4. 20 부족한 학습공간을 보완키 위해 몽골식 게르 설치

중국 연변 룡정고급중학교와 자매결연 의결

10주년 기념사업위원회 구성

5. 중국 연변 룡정고급중학교와 자매결연 협약

8. 학교 시설 냉·난방 공사 완료(자체예산)

2013. 2. 중학교 교감 김철원, 고등학교 교감 유봉인 발령

5. 중국 연변 룡정고급중학교 교사대표 방한 래교하여 자매결연 사업

7. 12 사립학교법 일부 개정으로 법인정관 변경(부모회 설치 등 신설)

4. 반성과 전망

반성이란 지나온 시간에 대한 성찰이다. 지난 10여 년 동안의 학교법인 활동을 돌아보고 정리하여 기록하는 일은 마땅히 반성의 행위다. 반성의 대상이 되는 시간과 그 시간 속에 자취를 남긴 모든 사물들은 우리가 지금까지 걸어 온 길에 놓여 있다. 그러나 우리가 반성을 하는 목적은 우리가 앞으로 가야 할 길을 밝히는 데에 있다.

러시아의 광활한 타이가 지역에 있는 투바 자치공화국에는 유목민들인 투바 사람들이 산다. 그들이 사용하는 투바어의 단어 [송가르]는 '미래'라는 뜻이면서 동시에 '뒤로 가다'라는 의미로도 사용된다. 그런가 하면 '과거'를 일컫는 [부르가르]는 '앞으로 가다'의 뜻이라고 한다. 그들은 과거가 앞에 있고 미래는 뒤에 있다고 믿는 것이다. 앞에 있는 과거를 잘 보아야 하고 미래로 가기 위해 일단 뒤로 가야 한다고 생각하는 투바 사람들처럼 우리도 미래를 살피기 위해 성찰의 불을 환히 밝히고 뒤로 돌아가 본다.

● **과오의 근원: 새로움 속에서 자의(恣意)의 과잉**

이우학교의 설립자들은 새로운 학교로서의 이우를 '자유로운 학교'라고 해석하는 경향이 있었다. 이 학교의 모든 것은 아니더라도 대부분을 그렇게 해석하곤 했다. '특성화 학교'라는 지위가, 혹은 곧 지정받기로 되어 있는 '자율학교'라는 특성이 그것을 담보하리라 생각했다.

개교 준비에 여념이 없던 2002년 가을의 어느날, 당시 교육부 수장이던 이상주 부총리가 몇몇 설립자들을 서울 원서동의 한 음식점으로 초대했다. 물론 학교 설립을 열과 성을 다해 돕던 이명현 전 교육부장관이 있어서 가능했던 일이었지만, 그는 담당 국장을 대동하고 그 자리에 나와서는 이우학교의 탄생을 격려하고 지원을 약속했다. 특별히 기억나는 언급 내용은 이렇다.

이우학교는 꼭 필요하다. 새로운 학교가 나타나야 한다. 교육의 내용도, 학교의 운영도 새롭게 하라. 교실의 생김새, 칠판, 책상, 의자까지도 새롭게 해보라.

대개 덕담 수준이긴 했지만, 우리는 그때 새로운 학교의 출현을 바라는 교육행정 최고책임자의 진정성을 느낄 수 있었다.

그러나 학교운영의 책임을 맡은 대다수의 사람들은 학교 운영의 경험이 없었고, 학교와 학교법인은 감독청의 특별한 감독과 통제를 받는다는 것을 현실로서 인식할 기회가 없었다. 따라서 당시의 교육적 정세와 일부 정책의 변화 가능성을 낙관하여 학교운영에 성급하게 반영한 바가 있다.[3]

또 초기의 교사들은 강한 열정과 사명감으로 업무에 매진했지만, 학교 행정에 대해서는 그 열정만큼 정교하게 숙련되지 못해 상당한 어려움을 겪었다. 나이스(neis · 교육행정정보시스템)를 제대로 작동치 못하는 사례가 생기는 등 행정 전반에 걸쳐 시행착오가 많았다.

이러한 점들이 이우학교가 내부적으로나 사회적으로 공공성과 책임성을 견실하게 확보하고 나아가는 데 어려움으로 작용했다.

● **성장의 한계 : "학교의 성장은 교사의 성장"**

이우학교는 교사들의 자치학교다. 이우의 '협치'라는 내적 운영원리도 이런 자치학교가 최상의 모습으로 발현하는 것을 목표로 하고 있다.

그런데 지금의 시점에서, 자치의 정도와 양상이 기대만큼 이뤄졌는지는 고개가 갸웃거려진다. 자치는 자율과 책임이라는 두 필의 말이 끄는 수레를 몰고 가는 일이며, 그 길은 교사의 성장, 즉 학교의 성장이라는 방향으로 나 있다.

이우의 많은 구성원들은 개교 초기에 비해 교사들이 많이 지쳐 있고, 그 당시처럼 헌신적이지 못하고 학교운영의 일부가 의례화 · 형식화되어 가고 있다고 우

이우학교 학생들의 설치미술 작품(2012)

러한다. 만약 이러한 견해에 일정 부분 동의한다면, 우리는 학교법인과 학교의 리더들이 교사들의 성장을 이끌고 지원하는 데에 최선을 다하지 못한 점에서 그 원인을 찾을 수밖에 없다.

교사는 한 사람 한 사람이 학교를 이루는 가장 주요한 기관이다. 교사들의 존재감이 충일하고, 과업에 대한 만족도가 높으며, 따라서 자치학교로서의 이우가 명실상부한 모습을 갖출 때 비로소 이우의 미래는 밝다고 할 수 있다. 앞으로 이우의 리더십은 이 문제에 가장 큰 역량을 할애해야 하고, 학교법인도 이를 위한 정신적·물질적 지원을 감당해야 할 것이다.

● **소통: 모든 것들의 시동을 걸어주는 힘**

하나의 생태계로서의 이우는 대단히 정치하고 역동적인 소통의 체계를 필요로 한다. 어떤 과업의 완수는 그 결과보다 거기에 이르는 과정에서 소통을 기반으로 한 협업이 얼마나 잘 이뤄졌느냐에 초점을 맞춰 평가해야 한다.

지극히 복잡한 이우생태계의 소통을

위해, 그를 통한 참여와 협업으로 의미 있고 아름다운 결과물들을 생산해내기 위해 이우에서는 학교법인 이사회, 교사인사위원회와 대표자회의, 학운위와 학부모임원회의, 그리고 총학 등 대의 시스템 외에 직접민주주의도 제대로 작동해야 하고, 사안에 따른 상설·비상설 위원회 등의 의사협의결정기구도 고안되어야 한다.

10년의 여정에 널려 있는 각종 시행착오들은 기본적으로 소통의 양이 부족했거나 소통의 방식이 잘못되었던 점에 기인했다. 이우에서의 소통은 모든 기제들의 시동을 걸어주는 장치이자 동력 그 자체다. 소통은 생각이 지나는 통로 양쪽에 달린, 진심을 다해 상대의 말을 잘 듣겠다고 마음먹은 두 개의 귀의 모습을 하고 있다.

● **재정문제와 이우의 운영원리: 사학운영의 모델이 될 수 있을까?**

　　　　　　　　　　　소통을 통한 참여가 좀 더 진화하면 자발적인 협업의 단계가 된다. 사립학교도 학교운영비의 대부분을 시도교육청이 재정결함보조금 형태로 지원하는 공적 재원으로 충당한다. 그 외의 법정전입금이나 학교 발전에 필요한 재정은 학교법인이 조성해 학교로 보내게 된다.

학교법인 이우학원이 매년 조성해야 하는 재정의 규모는 현재 최소한 연간 4억 원 정도이고 그 규모는 계속 커져 갈 것이다. 일반사학에서는 재정의 책임을 당연히 학교운영의 주체이자 학교를 실질적으로 소유·지배하는 학교법인의 이사장이 담당한다. 학교법인이 수익사업을 하거나 후원금을 조성하기도 하지만 중고등학교의 경우 학교발전기금 외에 학교법인으로의 기부 유치는 흔치 않다.

이우학교는 설립 과정에서부터 이우교육공동체 밖의 독지가들로부터 많은 후원을 받아 왔다. 후원자들 중에는 이우의 교사들도 있고 학부모들도 있다. 감독청은 단위학교에서 학부모들이 학교에 기부금을 내는 행위의 자발성과 대가성의 여부를 엄격하게 관리하고 있다. 사회의 통념도 이 문제에 대해서는 다른 어떤 사안보다도 훨씬 촘촘한 잣대를 들이대는 것이 사실이다. 지난날 사학에서 광범위하게 벌어졌던 비리에 대한 학습효과 때문이다. 그러나 학교발전기금이나 학교법인 기부금이 말 그대로 대가성이 없는 자발적인 동기에 의한 기부라면 그것은 전 사회적으로 확대되어야 할 가치임에 틀림없다. 그래서 법제도 상으로 소득공제 등의 혜택도 주어지는 것이다.

이우학교에서도 학교 재정의 최종 책임은 당연히 학교법인에 있다. 대부분의 설립자들은 경제적으로 여유가 많은 처지가 아니다. 또한 설립자들은 그 역할과 책임을 다른 사학처럼 가족의 일원에게 세습하지 않는다. 생물학적 시간의 한계가 명료한 것이다.

따라서 이우학교의 지속가능한 발전을 위한 재정 안정화사업은, 지금까지는 그 대상을 학교의 뜻에 공감하는 외부로 설정하여 왔지만, 앞으로는 졸업생과 학부모까지로 더욱 넓힐 필요가 있다. 학교 운영의 주체인 학부모가 소통을 통한 참여를 확장해 자발적인 협력에 이르는 것은 이우 운영원리에 부합할 뿐더러, 재정 책임을 소수가 독과점적으로 맡음으로써 예견되는 민주주의의 경색도 피할 수 있기 때문이다.

대가성이 있지 않느냐는 외부의 시선과, 학교 재정 문제를 학교법인의 운영자들보다 학부모들이 더 염려하는 것이 과연 자발적인 것이냐는 세간의 의혹을 진정성과 지혜로 이해시켜 나가는 과제가 우리 앞에 놓여 있다. 사실 이우에의 기부에는 분명히 대가가 존재한다. 그것은 바로 내 자녀와 관련된 이해를 넘어, 이우의 모든 아이들과 학교를 잘 성장시켜 공교육의 변화에 더 큰 영감을 줄 수 있도록 함께 나아가자는 초대장이다.

이러한 방식으로 학교 재정의 협업이 무리 없이 정착된다면, 교육과정을 비롯한 이우학교의 다양한 실험·실천 사례와 더불어, 완고한 외피를 두른 여타 사학들의 변화를 추동할 수 있는 모델이 될 수 있을 것이다.

● 전망: 세 가지의 기원(祈願)

재정문제, 즉 물질적 조건의 안정화에 대한 기술이 자연스럽게 이우 미래의 전망에까지 나아갔다. 안정된 재정과 좋은 교사, 그리고 함께 하는 마음 이외에 이우의 미래를 위해 무엇을 더 바라겠는가.

다시 미래를 향해 뒤로 가면서, 그 길에 놓인 과오의 흔적들을 마주친다. 굽은 길 따라 저 멀리 10년 전의 깜깜한 어둠 속에서 작은 빛이 가느다랗게 흘러오는 듯도 하다. 반성의 행위는 회한과 가책으로 마음을 짓누르는 일일 텐데, 그 빛 따라 마음속에 조용한 기쁨도 피어오른다. 반성하면서 맞는 기쁨, 그것이 진정한 기쁨일 것이다.

그 기쁨을 학교를 열면서 가졌던 열정과 헌신의 그림자라고 스스로 여기며 이우를 위한 세 가지의 기원을 적는다.

첫째, 이우에서는 민주주의가 더욱 확대되어야 한다. 학교 문제의 대부분은 학교 운영의 비민주성에서 비롯된다. 이우학교의 협치와 민주주의가 교정을 적시며 흐르지 않는다면 이우에서 아무 것도 성취할 것이 없다.

이우에서는 많은 문제들에도 불구하고 학생들의 인권이 존중받고, 학생들의 존재감이 높으며, 궁극적으로 학생들이 행복하다. 그런 마당에 무엇이 이우의 민주주의를 협소히게 할 우려기 있을까? 무엇이 이우 민주주의의 물꼬를 닫아버릴 수 있을까? 학교법인의 이사회는 더욱 개방되어야 한다. 조직의 안정성과 연속성도 중요하지만, 몇몇 사람이 이사의 역할을 오랫동안 맡는 것은 지양되어야 한다. 너무 짧아서 생기는 문제가 너무 길어서 생기는 문제보다 훨씬 나을 것이다.

둘째, 이우에서는 책무성이 더욱 고양되어야 한다. 책무성, 즉 이우의 공공성을 지키고 자기 책임을 다하겠다는 태도는 우리가 누리는 바가 사실은 사회가

◀ 만우절 수업 장면(2011)

우리에게 허락한 일종의 혜택에서 비롯되었다는 인식에서 출발한다.

2010년도부터는 공적 재원에 학교 재정의 대부분을 의탁하면서도 여러 혜택을 이어가고 있다. 이우학교는 사회의 공공재다. 이우의 학생들은 더욱 자율성과 책무성을 키워가면서 성장해야 하고, 교사들은 이우에서의 책무성을 자치 및 민주주의와 동일한 가치로 내면화해야 한다. 학부모들은 자녀들이 가정에서 학교에서와 동일한 가치로 생활하게끔 노력하는 동시에, 지역공동체에서도 서로 돕는 사회경제 네트워크를 결성해 나가는 데 최선을 다해야 한다. '더불어 사는 삶'은 하나의 이론으로 학습할 대상이 아니라 교사와 부모가 먼저 삶으로 체화하여 아이들에게 전달해야 할 유기체이기 때문이다.

셋째, 이우에서는 대안성이 항상 충일해야 한다. 이우가 만날 수 있는 가장 큰 위기는 자신의 대안성을 스스로 축소하는 방향으로 가는 것이다. 제도 교육의 틀 안에서 책임을 다 한다는 것이 대안적 상상력의 경색을 의미하지 않는다. 학교운영은 안정되고 촘촘하고 고운 결로 이루어지되, 대안적 교육의 상상력은 극한까지 실험되어야 한다. 그러나 이것이 현실적으로 전혀 불가능한 파편적 주장을 펼치는 일이 되어서는 안 되고, 상대방의 의견과 업무를 비난하는 도구로 사용되어서도 안 된다.

이우에서는 당연한 것, 익숙한 것이 드물어야 한다. 새롭고 특별한 사물로서의 이우는 의례화와 형식화를 가장 경계해야 한다. 대안성의 샘이 마르면 이우의 본질은 의미를 잃고 자기외화(自己外化·self-externalization)의 위기에 빠진다. 이우학교와 모든 구성원들의 성장은 '젊게 자라나기(growing young)'의 방식이어야 할 것이다.

● **마무리: 기적에 대한 짧은 생각**

　　　　　　　이우는 기적에 가까운 모습을 하고 있다. 기적에

도 모자람과 흠결이 있을 것이다. 상식과 통념으로는 설명할 수 없는 기이하고 일반적이지 않는 일이 현실에 존재할 때 우리는 그것을 기적이라고 할 터인데, 이우에서는 인간 본성에 비추어 도저히 이루기 힘든 가치를 생산하고 학생들에게 학습시키고 있는 것일까? 또 이우학교 자체가 설립자, 교사, 학부모 등에 의해 다른 곳에서는 좀처럼 재현되기 힘든 신념과 열정과 방식으로 만들어지고 유지되고 있는 것일까?

타인에 대한 감수성을 키우고, 자신의 이익을 축소하며, 손해를 감수하고 '더불어 하는 삶'이라는 이타적이고 공공적인 가치를 주창하는 말들에 대해 이우 외부에서는 많이 낯설어하고 궁금해 한다. 아마도 많은 이들이 애써 이우학교를 재학 시절에는 학생들이 행복한 학교, 그러면서도 대학 진학도 괜찮게 하는 학교 정도로 해석하려 할 것이다.

물론 기적이라는 말은 이우의 지난 과정의 지난함과 그것을 극복하고 겪어 온 모든 우리들의 보람과 기쁨을 나타내는 한 가지 표현이다. 그러나 동시에 아직까지도 이우가 갇혀 있는 프레임을 보여주는 것이기도 하다. 이우는 계시종교의 산물이 아니다. 다양한 생각과 다양한 처지의 다수가 협업한 결과물이고 미래에도 그러할 것이다. 지난 10년 동안의 언설과 매니페스토들이 향후 진정성과 설명력을 갖춘 실천으로 체화되면, 우리가 만들어 온 기적과 비슷한 것은 주술에서 풀려 일상의 언어가 되어 이웃에 전달될 것이다. 우리가 특별히 애써 할 바는 바로 이것일 것이다.

학교법인 이사회의 심포지엄에서, 이사회가 이우의 리더십이 자리하는 곳이 되어야 한다는 의견이 있었다. 여러 주체들이 공동 운영하는 이곳에서 선하고 필요한 권위의 역할을 해야 한다는 뜻이다. 동의한다. 하지만 그것이 어찌 목표이겠는가. 힘써 역할을 다한다면 자연히 만나게 될지도 모를 칭찬이나 기대의 표정 같은 것일 따름이다.

1) 예상을 크게 넘는 자금 소요와 조달의 어려움으로 인해 학교법인 회의록에 기재되어 있는 자금조달계획과 경기도 교육청에 보고한 '학교법인 이우학원 기본재산 출연목록' 문건은 실제와 매우 다른 내용이 될 수밖에 없었다. 설립자금 조달과 관련해, 사실과 부합하는 자료는 학교에 비치되어 있는 '2002-2003 설립 당시 출연재산 기부총괄표'와 '이우학교 2002-2003 설립자 출연재산 기부금 내역'이다.

2) 연혜경 이사(2005. 6. 4~2007. 6. 3), 한승수 이사(2006. 6.28~2009. 6.1)

3) 대표적인 경우로, 2005년 자격을 갖추지 않은 산학 겸임교사를 임용하고 관할청에 보고하지 않은 것은 산학 겸임교사의 자격 범위를 임의로 확대 해석한 결과였다. 또 초기에 임용한 일부 교직원의 호봉산정을 법규정대로 하지 않고 임의로 획정하기도 했다. 이러한 사안들은 그 뒤 학교운영에 어려움으로 작용했고, 결국 2008년 11월 경기도 교육청의 종합감사에서 지적되어 경고 처분을 받았다.

교육과정 :
이우학교의 실험과 도전

이우학교는 자치학교를 지향한다. 자치학교란 구성원 스스로 자신의 현재 상태를 진단하고, 목표를 설정하며, 실행전략을 구체화하고, 결과에 대해 공동책임을 지는 학교다. 따라서 학교 운영의 대전제는 바로 학교구성원들 간의 '협치(協治)'다. 학교의 4주체, 즉 학생·학부모·교사의 3주체에 설립자(이사회)가 협력해 학교를 공동운영하는 것을 기본원리로 삼는다. 이 4주체가 유기적인 관계망을 구축하고 그 조건 위에서 학교의 정체를 만들어나가는 학교, 바로 '자치학교'를 지향하는 것이다.

좋은수업연구회(2009)

1. 새로운 교육형식을 시도하다

1) 과감한 실험(2003~2005)

"기존 학교 교육은 학생들의 관심과 적성을 무시하고 대학 입시에 필요한 지식을 전달하기에 급급했다. 그래서 학생들은 학습의 동기를 부여받지 못했을 뿐만 아니라, 세상을 폭넓게 이해하거나 자신의 진로를 탐색하는 데에도 여러 어려움을 겪었다.

이에 이우학교에서는 보통교과 외에 특성화 교과를 다양하게 편성·운영함으로써 학생들이 자신의 개성과 창의력을 살리고 세상에 대한 견문을 넓히며, 장래를 설계하는 데 구체적 영감과 자신감을 불어넣고자 한다."[1]

2003년 이우중고등학교의 교육계획서는 특성화 교육과정을 이렇게 설명하고 있다. 특성화 교육과정이라는 특정 영역에 대한 설명이긴 하지만 그 내용은 사실상 이우학교의 전반적인 교육 방향에 대한 기술이기도 하다.

대학 입시에 매몰된 우리 교육에 대한 비판과 이를 극복할 수 있는 대안으로서 배움의 진정한 의미를 찾으려는 노력이 이 글에 담긴 핵심이다.

이를 더욱 구체적으로 살펴보면, 학생들의 자존감을 높이고, 학생 개개인의 잠재력과 재능을 발견해 성장시키며, 그렇게 함으로써 배움이 삶의 공간과 연결되어야 한다는 지적이었다. 이러한 철학은 학교의 교육과정과 운영시스템에 고스란히 담겨 있다.

이를 위한 개교 초의 노력은 크게 교과 교육과정의 재구성과 학교 운영시스템의 새로운 시도였다.

● 교과 재구성과 학생활동 중심 수업의 구축

2003년 개교를 준비하면서 이우 교사들은 '교과서 사용하지 않기'와 '탐구식 수업'이라는 과제를 실천해야 했다. 이는 교과서를 중심으로 하는 지식 전달 중심의 수업을 지양하고, 학생 활동 중심의 수업을 구축하기 위한 것이었다. 달리 말하자면, 교사 중심의 강의식 수업을 탈피하기 위한 방법이었으며, 학생들의 활동을 독려해 자발성을 바탕에 둔 수업 문화를 만들기 위한 선택이었다.

이 두 가지 과제를 실천하기 위해서는 우선 교사들이 자기 철학을 세워 교과 내용을 재구성하고, 그것을 학생 활동 중심의 탐구식 수업으로 실현하는 과정을 거쳐야 했다. 이는 교사들의 자율성을 바탕으로 교과 전문성을 함양하는 결과를 가져왔다.

이우학교는 앞서 이야기한 바와 같이 새로운 교육을 지향하고 있었다. 따라서 기존의 교과 내용을 답습하는 수업에서 반드시 벗어나야 한다는 전제를 가지고 있었다. 또한 학생 활동 중심의 수업을 구축하기 위해서는 교과 교육 내용의 재구성과 이를 바탕에 둔 교수방법의 전환이 필수적이었다. 이로 인해 교사들은 교재 연구에 많은 시간을 투자해야 했다. 또한 학생 활동 중심의 수업을 구상하다보니 해마다 변화하는 학생들에 최적화된 교재를 다시 만드는 과정을 끊임없이 진행해야 했다. 그로 인해 개별 교사의 교재 연구능력은 빠른 속도로 성장해 갔다.

● 블록제 수업과 분기집중제, 그리고 학생 선택 교육과정

이우학교는 21세기를 이끌어 갈 기본 덕목으로 상생의 지혜, 자기주도성, 창조적 지성, 머리·손발·가슴의 고른 성장을 제시했다. 이를 실천하기 위해 개별 교사들은 교과 교육과정의 재구성과 학생활동중심 수업을 기획해야 했다. 이러한 노력을 뒷받침할 교육과정 운영 및 학교 운영구조가 필요했다. 그래서 마련된 학교 운영구조가 블록제와 분기집중제다.

블록제는 45~50분 단위의 수업이 갖는 한계를 극복하기 위해 90~100분 수업을 하는 것을 말한다. 현재에도 많은 학교가 중학교 45분, 고등학교 50분 수업을 하고 있다. 이런 수업시간으로는 학생활동 중심의 수업 진행이 어려울 수밖에 없고, 학생들도 하루에 보통 6~8과목을 소화해야 한다. 학생들에게 수업시간표에 따라 하루에 6번 이상 인식체계를 바꾸라는 것은 무리한 요구다. 이런 수업방식으로는 학생과 교사 모두 창조적인 탐구 의식을 성장시킬 수 없다.

이를 극복하기 위해 마련된 것이 두 시간을 하나로 묶어 수업을 전개하는 방식이었다. 하루 3~4가지 교과에 90~100분씩 수업시간이 배정됐다. 이것이 블록제였고, 이를 통해 토론이나 탐구 수업을 실천할 수 있는 조건이 만들어졌다.[2]

2012학년도 1분기 중3 및 고2 시간표						
요일	중학교 3학년			고등학교 2학년			
	월			월			
시간	1반	2반	3반	1반	2반	3반	4반
1교시	생활나눔			학년자치			
2교시	영어	영어	수학	생활과윤리/경제/인류의 미래사회/수학2/실용영어회화/영어의 기본			
3교시	역사	사회	체육	문학	수학1	영어2/심화영독작	
4교시				수학1	문학		
점심	점심			점심			
5교시	미술	수학	사회	영어2/심화영독작		문학	수학1
6교시						수학1	문학
7교시	과학	미술	기술가정	생활교양(일본어/중국어/독일어/프랑스/한문/정보/영화)			
8교시							

분기 집중식 수업은 탐구식 수업을 지원하기 위한 교육과정 운영방식이었다. 학생들이 자기주도적으로 탐구활동을 할 때 많은 과목에 집중할 수가 없다. 따라서 분기 단위로 수업을 집중 배치함으로써 학생들의 분기당 학업 부담을 줄이고, 특정 교과에 집중해 공부할 수 있는 조건을 만들어 탐구식 수업의 질을 높이고자 했다. 이를 분기 집중제라고 불렀다. [3]

그와 더불어 학생들의 자기주도성을 높이기 위한 방안이자 학생들의 자율적 선택에 의해 교과에 대한 책임성을 높이는 방안으로 고2 이상의 교육과정에서 무학년 선택교과제를 실시했다. 교과에 대한 학생들의 몰입과 책임감을 높이고, 학년의 장벽을 넘어 선후배간에 가르치고 배우는 문화를 만듦으로서 새로운 수업문화를 만드는 것이 목적이었다. 물론 앞서 이야기한 탐구식 수업의 질을 높이는 것은 전제된 목적이었다. [4] 이러한 교육과정 운영 구조는 과거엔 보기 쉽지 않은 내용들이었다.

● **학년 중심의 '작은 학교' 운영: 교사의 자율성에 기반을 둔 교사─학교 성장 시스템**

앞서 언급한 바와 같이 이우학교는 21세기를 이끌어 갈 기본적 덕목으로 '상생의 지혜', '자기주도성', '창조적 지성', '머리·손발·가슴의 고른 성장'을 제시하고 있다. 여기서 학생들에게 전제되어야 할 내적 역량은 자아존중감이다. 이를 성장시키기 위해서는 개별화된 맞춤 지도가 필요하고, 나아가 교사─학생의 결합도가 높아져야 했다. 기존의 업무 중심 학교운영으로는 어려움이 많을 수밖에 없었다. 그래서 고안해 낸 운영구조가 학년 중심 운영체제였다.

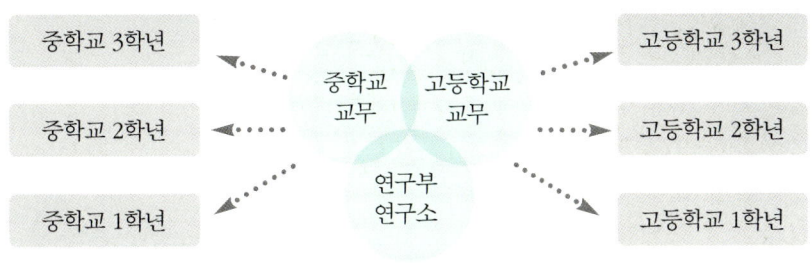

위 그림처럼 학년팀 중심의 운영구조를 구축했다. 개교 초기부터 학년팀은 하나의 학교로 인식됐다. 학년팀이 교과 운영을 제외한 학년의 모든 교육활동을 자치적으로 기획하고 운영하게끔 했다. 이우학교 교사들은 학년팀을 하나의 '학교 내 학교'로 인식하였고 각 학년팀 내 교사들은 서로의 역량을 신뢰했다. 교무 및 연구부서를 통합한 교무팀은 이우학교라는 전체 그림을 그리면서 학년팀과 협업을 통해 조정하고 조율하는 역할을 맡았다.[5]

학년팀은 수업과 학생들의 생활 및 심리에 집중해 교육활동을 하고, 교무팀은 학교의 대외업무, 행정업무를 전담함으로써 학년팀 활동을 지원하는 것이 기본틀이었다. 이 운영구조 역시 교사들로 하여금 수업 및 학생생활 연구에 집중케 하여 이우학교의 철학을 학생들이 더욱 잘 실천할 수 있도록 하기 위한 것이었다.

초기의 생각은 이우학교라는 큰 틀 속에 6개의 작은 학교가 존재하는 형식이었다. 해당 학년의 교사들이 전적으로 책임지고 운영하는 이 '작은 학교'는 학생 한 명 한 명을 좀 더 세심히 관찰하고 성장을 도모하기 위한 방법이기도 했지만, 교사들이 더 많은 교육적 책임을 지고 참여케 함으로써 스스로의 성장을 도모토록 하는 장치이기도 했다.

● 전체 아닌 개인으로 학생 바라보기: '상담담임제'와 서술형 통지표

상담담임제는 앞서 이야기한 학년 중심의 작은 학교 운영을 뒷받침할 운영원리였다. 그것을 제안한 이는 2003~2004년 당시 교감이었던 최영준 교사였다. 그의 제안은 다음과 같았다.

가. 이우학교 교육정책의 배경

① [학년 운영] 아이들의 교육과정 – 멘토십 *Mentorship*

☞ 전인성과 교과 전문성을 갖춘 전 교사진의 "학사지도담임제"

☞ 개인별 진로 상담과 맞춤식 시간표 구성

② [수업 방안] 살아 있는 학습 – 탐구활동 *Heuristic Learning*

☞ 자기주도적 학습에 기초한 토론·탐구·체험 위주 수업

☞ 학생 하나하나에게 의미 있는 개별화 교과지도(tutoring)

나. 담임제 운영 안내

① 행정(관리)담임 – 학급단위 운영, 행정사항 관리, 기록(학급 및 담임 재배정 가능)

※ 최초 도입 및 최종 정리 – 행정담임 배정

② 진로(상담)담임 – 길잡이 교사, 학사지도 교사(멘토 mentor)

※ 매 학년 초 4월 경, 학생 희망에 따라 배정 - 1년 지도 원칙

③ 교과담임 – 개인지도 교사(튜터 tutor)

※ 개별화 수업을 원칙으로, 모든 교과는 개인별 학습관리가 기본

다. 상담담임의 역할 기대

● 학사지도교사(Academic Advisor) – 학사지도를 개인별로 관리해 준다(1차 기본)

● 상담교사(Counsellor) – 학생 개인의 생활 문제를 상담한다(2차 선택)

라. 상담담임 운영 방안

● 주 1회, 30분 이상 규칙적이고 직접적인 만남을 가진다(사전 약속).

(예) 8명×30분 = 4시간(2블럭): 주 2블럭 이상을 학생 상담을 위해 배정

- 상담 내용을 기록물로 보존한다.
  - 기록 양식 및 방법: hwp 공통양식 사용, 인쇄물로 철함(학생 개인파일 제작)
  - 기타 자료: 일반 인쇄물(입학서류, 개인설문, 성적표, 심리검사 등)도 함께 철함
  - 공유 및 이관: 교육적 필요에 한정(상담담임 보안 책임), 차기 담임에 이관
  - 학생부 등재: 학년말 진급사정위원회에 제출, 심의 후 행정담임이 등재
- 분기별 1회, 학부모와 면담을 갖는다.
  (예) 분기별 2회 "교육과정통지표"(Progress Report) 발송 / 발송 이후, '학부모방
      문기간' 중 ½씩 학부모와 면담: 다른 교사(상담, 교과 등) 배석
- 아이들에 대해 주변 교사들과 많은 이야기를 나눈다.
  - 다른 선생님들로부터 정보를 얻고, 또한 그 아이에 대해 관심을 갖는다.
- 분야별 전문 담당자에게 연결해 준다.
  - 교사는 만능이 아니다. 특정 선생님들(교과, 상담 등)을 소개하고 계속 관리한다.

마. '교육과정통지표(Progress Report)' 및 '학부모방문기간': 추후 상세 안내

  (예) 1면: 학교장 인사, 학교 전달사항 / 2면: 개별 학교생활(행정담임, 상담담임)
      3-4면: 교과별 과정 보고(교과담임 서술식 언급)
      ※ 분기 말에는 성적자료도 기록

이 제안에서 알 수 있듯이 상담담임제의 기본 취지는 'Academic Advisor'라는 표현에 잘 드러나 있다. 즉, 학생들의 진로에 대한 상담을 기본으로 하고 생활상담도 함께 하는 멘토가 상담담임이었다. 학생들이 개별적인 특성을 스스로 발견하게 해 주고 그를 통해 진로에 대한 관점을 확대 성장시키는 것이 상담담임제의 취지였다.

상담담임제도 학년팀을 중심으로 운영됐다. 학생들이 자신의 진로와 성향을 고려해 상담담임을 선택하고 해당 교사와 주기적으로 만나는 구조였다. 이를 위해서 학생들이 자신의 진로나 성향을 성찰하는 것이 필요했다. 그런 다음 자신의 상담담임을 선택해야 했다.

그러나 상담담임제에 대한 교사와 학생들의 이해가 부족해 운영에서 문제가 발생했다. 첫째, 상담담임제라는 표현으로 인해 교사들이 제도에 대한 깊은 탐색 없이 기존의 학급담임과 다를 바 없이 생활상담 중심으로 제도를 운영했다. 상담담임들은 진로나 성장을 위한 Academic Advisor로서의 역할보다는 Counsellor로서의 역할에 그 무게를 두었다. 그로 인해 학급담임과 상담담임 사이의 경계가 모호해졌다. 둘째, 행정 운영과 상담담임제의 불일치가 문제였다. 학생들의 학교 활동과 관련된 기록을 누가 어떻게 관리할 것이냐는 혼선이 생겼다. 일상적으로 매일 만나는 교사는 학급담임이지만 학생들 개개인의 주요한 사항은 상담담임만 알게 되는 구조였기 때문이다. 셋째, 학생들이 상담담임제를 교사들에 대한 인기투표와 비슷한 것으로 이해하는 문제도 있었다. 학생들이 자신에 대한 성찰을 바탕으로 성숙한 선택을 하는 것을 전제로 운영되는 것이 상담담임제다. 그런데 학생들은 그렇게 성숙하게 선택하지는 않았다.

이런 문제들은 모두 학급담임과 학급을 중심으로 형성된 우리 교육 문화를 정확히 이해하지 못한 데에서 발생한 것이기도 했다. 결국 2005년을 끝으로 상담담임제는 사라지고 학급담임제를 강화하는 형식으로 이 부분은 정리됐다.

하지만 상담담임제가 긍정적 결과를 낳은 것도 있다. 교사들은 학생 개별에 대한 지도와 상담의 중요성을 인식하게 되었다. 섬세한 소통이 학생들의 성장을 도모한다는 것에 교사들이 눈을 뜨게 된 것이다.

교사들의 역량을 키워준 또 하나의 장치는 서술형 통지표였다. 서술형 통지표는 개별 학생에 대해 모든 교과 교사들이 교과적 능력 등을 관찰하고 그 내용을 정리하는 것이었다. 2003년의 통지표 양식을 보자.

교육과정 통지표

2003학년도 2학기 3/4분기 말

발행일자
2003. 11. 25

소　　속 : 이우고등학교 10학년 c 반

학급담임 : 조경선 (2003. 9. 1. ~ 11. 8.)　　　　(서명)

상담담임 : 이현영 (철학교과, 철학전공, 여)　　　(서명)　　　학생사진

학 교 장 : 정광필 (철학전공)　　　　　　　　　(서명)

수업일수	결석일수			지 각			조 퇴			결 과			특기사항
	질병	사고	기타	질병	사고	기타	질병	사고	기타	질병	사고	기타	
54	1	-	-	-	-	-	-	-	-	-	-	-	감기

학생 생활 종합 의견

1. [학급담임, 조경선]

　모든 일에 욕심을 가지고 적극적으로 임하는 바른 아이입니다. 성격만큼이나 일을 똑 부러지게 처리합니다. 처음에는 내성적인 면이 많이 보여 걱정을 했으나, 지금은 잘 적응해서인지 밝은 모습도 많이 보여주고 있습니다.

　4분기에 들어와서는 사람과의 관계 문제와 본인 내면의 문제 등에 대해 깊이 고민하고 있는 것 같습니다. 스스로의 성찰의 시간을 갖게 한 뒤 다시 대화해보겠습니다. 미래를 생각할 때 지금의 이 고민들이 ○○이 자신에게 좋은 영향을 끼치게 될 계기가 되리라 생각됩니다.

2. [상담담임, 이현영]

　○○이는 심성이 맑고 고운 학생인데, 지난 학교에서 삭막한 인간관계 때문에 적잖게 마음의 상처를 입었던 것 같습니다. 다행스럽게도 본교에서 흉금을 어느 정도 터놓을 수 있는 교우 관계를 맺어 나가게 되면서 어느 정도 상처가 치유되어 가는 듯합니다. 그동안 친구들과 친해지느라 자주 놀러 다니곤 했는데, 이제 슬슬 자기 리듬을 찾아 나가려 하는 것 같습니다.

　○○이가 자신의 진로를 탐색하고 준비해 나가는 과정을 관심을 갖고 지켜봐 주시기 바랍니다.

과목명	수학	단위수	4	지도교사	임영탁	
평가구분	평가 내용			점수(만점)	성취도	총점
1. 수행	과제, 출결, 태도			진행중	학기말에 신청	
2. 지필	3/4분기 수업내용			19.5(30)		
수준별 수업 안내	데카르트반 편성. 학생의 수준과 희망에 따라 3개의 수준으로 나누어 반편성. 가우스-유클리드(상), 데카르트-탈레스(중), 플라톤-파스칼(기초)					
세부능력 및 특기사항	수업에 임하는 자세는 차분하고 의욕적인 편입니다. 반면 토론에서 자신의 의견을 표현하는 데는 다소 소극적입니다. 결과보다는 결과에 이르는 과정에 좀 더 주의를 기울일 때 더 높은 단계로 발전할 수 있을 것으로 판단됩니다.					

과목명	영어	단위수	4	지도교사	김형신	
평가구분	평가 내용			점수(만점)	성취도	총점
1. 수행	Journal entry(일기쓰기)			진행중	학기말에 신청	
2. 수행	Current event (시사적인 글을 읽고 요약정리)			진행중		
3. 수행	Response paper(탐구보고서)			진행중		
4. 지필	3/4분기 수업내용 검토			9.6(10)		
세부능력 및 특기사항	기본적으로 영어 실력을 갖추고 있고 수업에 차분하게 임하였으나 의욕과 열의는 부족했습니다. 더욱 흥미롭게 수업을 진행하지 못한 아쉬움이 있습니다만, 4/4분기에는 새로운 선생님과 수업하며 적극적으로 임하기를 기대합니다.					

교과 발달 사항 2 [분기 집중 과목]

과목명	국어	단위수	4	지도교사		
평가구분	평가 내용			점수(만점)	성취도	총점
1. 수행	「우리말의 이해」 보충·심화			진행중(10)	학기말에 신청	
2. 수행	「매체와 언어 생활」 보충·심화			진행중(10)		
3. 수행	「문학과 표현」 보충·심화			진행중(20)		
4. 수행	「지혜로운 글 읽기」 보충·심화			진행중(20)		
5. 지필	교과서 전 단원			34.4(40)		
세부능력 및 특기사항	차분하면서도 의욕적인 모습으로 수업에 참여하였습니다. 2학년부터 수준별 선택 수업을 통해 더욱 발전된 모습을 기대합니다. 한 가지 바람이 있다면, 좀 더 활발하게 자신의 생각을 표현하였으면 합니다.					

재량활동 및 특별 · 봉사활동 사항		
재량활동 사항		
활동 영역 및 주제	9.3 학교시설에 대한 안전교육과 오리엔테이션	
	9.19 '과학과 삶−자연과학의 이해', 최무영(교수, 서울대)	
	10.31 '경복궁 답사'	
특별활동 사항		
계발활동	기초중국어 반에서 활동하고 있으며 두 번의 모임을 통해 가장 기초적인 표현들을 익혀 보았습니다.	
봉사활동	10월 17~18일 1박 2일간 충북 충주시 소태면 복탄리에서 농촌 일손 돕기	
기타활동	9월 24일 학급대표 선출, 학급회 구성, 10월 2일 체육대회	
동아리 가입 및 활동 사항		
[이우생협]	○○이는 생협판매팀의 일원으로 맡은 바 직무를 잘 수행하고 있습니다.	
지도교사 : 김용우		
방과후 특기·적성 활동 사항		
[선무도]	주 3회(월·수·금) 아침 7시50분에서 8시40분까지 운동을 하였습니다.	
지도교사 : 조경선		

이 통지표 양식에서 당시 이우학교가 실험한 내용을 확인할 수 있다. 우선 상담담임제, 분기집중제 등의 학교 운영의 틀이 보인다. 구체적인 내용에서는 학급−상담 담임과 교과는 물론이고 재량·특별·동아리 활동에 이르기까지 학생의 모습 하나하나를 놓치지 않고 기록하고 안내하려는 노력도 찾아볼 수 있다.

물론 이러한 일은 학교가 개별학생의 성장을 크게 중시하는 문화의 산물이었다. 또 보통 학교에서도 이렇게 개별 학생의 성장에 초점을 맞춘 학교 형식이 가능하다는 것을 보여주려 한 것이기도 했다. 그러나 이것은 교사들의 진정성 있는 자발적 참여가 있어야 전제되어야 가능한 것이었다.

개교 초기 외부 방문자들이 많이 질문한 것들 중의 하나가 이런 학교 시스템을 운영하기 위해서는 교사들의 '헌신과 희생'이 필요하지 않느냐는 것이었다.

이우학교 교사들은 당시 학생 성장이라는 학교의 존재근거로 보았을 때 이러한 노력은 '전문성과 자율성'이란 표현으로 바뀌어야 한다고 이야기하곤 했다.

● 현재의 모습보다 미래의 모습을 평가하기: 학생선발의 관점을 바꾸다

이러한 자발성과 자기주도성이란 철학은 학교운영 전반에서 실천되었다. 특히 학생 선발 과정에도 이러한 철학이 관철되었다.

일반적으로 학생을 선발하려면 어느 학교든 기준을 마련한다. 대체적으로 훌륭한 성적이나 특정의 특기를 갖춘 학생을 선발한다. 그러나 대안을 지향하는 이우학교에는 그런 기준이 맞지 않았다. 학생선발에 대한 새로운 기준을 마련해야 했다.

새로운 기준의 핵심은 '학생의 잠재력'이었다. 학생의 현재 모습이 아니라 미래 모습을 기준으로 삼은 것이다. 그렇다면 그 미래의 모습을 어떻게 평가해 낼 것인가가 핵심 문제였다. 이를 검증해내기 위해 다양한 선별 방법을 고안해야 했다. 2003년에 활용한 방식은 다음과 같다.

서류 전형 → 2박3일 캠프활동 평가 → 학생면접 + 학부모면접

여기서 핵심은 학생이 가진 산술적 데이터의 평가를 지양하고 잠재력을 입체적으로 확인하는 것이었다. 즉, 서류전형을 통해 학생 스스로 생각하는 자신의 잠재력, 현재 모습, 이우학교 지원동기 등을 확인하고, 그 서류 기술 내용을 2박3일 캠프 과정에서 잠재력과 활동능력 중심으로 검증하며, 이 두 요소를 바탕으로 학생 및 학부모 면접 과정에서 진정성을 살핌으로써 학생의 모습을 입체적으로 확인하려 한 것이다. 이것이 바로 앞서 이야기한 바와 같이 학생의 미래의 모습을 통해 학생을 선발하려는 노력의 일환이었다.

이러한 선발 방식에 대해서는 공정성, 형평성, 객관성 등의 관점에서 문제가

제기되기도 했다. 이에 대해 이우학교는 기존 교육에서 중요시되어 온 객관성과 공정성의 신화가 더 이상 합리적이지 않을 뿐만 아니라, 그것만으로는 교육이 해야 할 많은 것들을 포기할 수밖에 없다는 취지로 설득했다.

이우학교 학생선발의 또 하나의 특징은 '상생과 자발성'이란 학교철학을 담고 있다는 점이다. 즉, 사회공헌자의 자녀와 장애를 가진 학생을 정원 내 10% 범위 안에서 반드시 선발하게 구성한 것이다. 우리 사회가 이만큼 변화해 온 것도 자신의 삶을 희생한 앞 세대 공헌자들에게 빚지고 있는 것이기에 그에 대한 감사와 보답을 해야 하는 것이 다음 세대를 교육하는 학교의 모습이라고 생각했다. 또한 장애우 전형은 우리 사회가 함께 살아가기 위해 노력해야 함에도 불구하고 실제 그렇게 되고 있지 못한 상황에 대해 문제를 제기하면서, 함께 자연스레 살아가고자 하는 다짐으로서 설정된 대목이었다.

● 2004년, 학교를 평가하다

이우학교는 개교 후 2년 단위로 학교 안팎의 전문가들을 통해 학교 평가를 받는 것을 원칙으로 삼았다. 이는 학교가 계속 발전해나가기 위해 과거와 현재를 성찰하려는 취지였다.

2004년 학교는 외부 전문가를 초청해 10월 18~22일 기간에 평가를 진행했다. 이 때 참여한 전문가들은 이종태(교육학 박사), 박복선(하자작업센터장), 조난심(교육과정평가원), 이환기(춘천교대 교수), 이경화(교원대 교수), 김한종(교원대 교수), 이정화(전남대 교수), 정민승(방통대 교수), 김찬호(서울시 대안교육센터), 박영훈(나온연구소 소장), 류방란(교육개발원) 등이었다. 평가단은 학교철학, 학교문화, 교육과정 편성 운영, 학교운영 시스템, 개별 교과, 학생문화 등의 전역에 걸쳐 평가를 했다. 평가의 내용 중 교육과정과 관련된 내용은 다음과 같았다.

■ 중고등학교 6년간의 교육과정이 일관성 있게 편성될 필요가 있다.

· 교과마다 상황이 달라 같은 원칙을 견지할 필요는 없으나 교과별로 국가교육과정과의 관계 설정, 교육 내용과 방법 등의 측면에서 일관된 교육과정을 편성·운영할 필요가 있다.

· 특히 학생이 6년 동안 하게 되는 학습 활동의 계열성을 고려하여야 할 것이다.

· 특성화 교과의 경우 그 교과를 통해 무엇을 추구하는지, 시간 운영 방식은 어떠해야 할지 등에 대한 좀 더 면밀한 검토가 요구된다.

■ 이우학교 나름의 특성화를 추구하는 것은 바람직하나 그것은 이우학교가 추구하는 교육에 얼마나 합당하며 또 효과적인가에 비추어 추진되어야지 단지 다른 학교와 차별성을 견지하기 위한 것이어서는 안 된다.

· 블록타임제는 토론식 수업, 실험, 창작 등 새로운 형태의 수업을 시도하기 위하여 필요하다고 판단되나, 관찰기간 동안 특히 중학교 단계에서는 학생들의 집중 문제 등 모든 경우에 바람직한 것만은 아니라는 판단을 하였다. 블록제의 조정이나 블록제의 장점을 충분히 살릴 수 있는 수업 형태의 고안 등 대안 마련이 필요하다.

· 전통적인 강의식 수업에서 탈피하려고 하는 취지는 충분히 이해하나 그 대안으로 행해지는 학생 발표식 수업은 많은 경우 평가위원들의 눈에 발표 그 자체에 목적이 있는 것은 아닌가 의구심이 들 정도여서 학습할 내용에 따른 수업방법의 다각화가 필요하다고 판단하였다.

· 교실 수업에서 활용할만한 자료, 새로운 방식 등을 탐색하는 과정에서 다른 학교의 교사나 전문가들이 개발한 것을 찾아 활용하는 일에도 더 적극적일 필요가 있다.

· 교실 수업에서 교사의 역할에 대한 교사들 사이의 공유된 인식이 필요하다. 평가위원들은 여러 수업에서 "교사들이 보이지 않는다"는 느낌을 받았다. 더 큰 것을 얻기 위한 의도적인 모습이라고 보기는 어려웠다. 아이들과 눈높이를 맞추어야 한다는 것은 그 자체로 의미를 지니기보다 아이들의 눈높이를 끌어올리기 위한 정교한 과정이어야 할 것이다.

- 학생 각자의 특성에 대한 분석이 필요하며, 학생 특성을 학습, 생활 등의 측면에서 유형화하여 적절하게 지원할 필요가 있다.
  - 학생들의 다양성에 대한 존중이 있는 그대로 방임하는 것과 다르다면 적극적이고 체계적인 교육적 관여가 필요하다고 본다. 이것은 학교 전체 수준에서뿐만 아니라 교과 단위에서도 필요하다.

- 교실 수업에서 학생들 사이의 공동체성을 키울 수 있는 교사들의 교육적 관여가 필요하다고 본다.
  - 학생들은 '어려운' 관문을 통과한 선발 집단으로서의 의식을 가지고 있다. 학생들은 나름의 규칙을 가지고 '이우인'으로 생활하려고 하는 모습도 보인다. 학교 부적응을 겪었던 아이들은 그다지 많아 보이지 않는다. 그러나 학교 분위기는 일반학교 부적응생들을 위한 학교들에서 치유의 과정으로 불가피하게 인정되는 방임에 가까운 분위기가 느껴진다. 수업 시간에 몰두, 집중의 경험이 이루어질 수 있도록 남을 배려하고 남의 의견을 존중하고 경청하는 태도의 형성을 학생들과 함께 만들어가야 할 것이다. 이는 이 학교에서 추구하는 공동체 정신이 일상적으로 실현되게 하는 것과 무관하지 않다.

교육과정의 편성과 운영에 있어 평가단은 다소 부정적 견해를 보였다. 교육과정 운영에 있어 계열성과 일관성, 그리고 노달 목표를 정확히 해야 할 필요성을 제기했고, 교과 교육과정 운영에 있어서는 객관성을 확보하는 것이 필요하다고 지적했다. 또한 수업부분에 있어 블록제나 학생 활동 중심의 실험에 대해 부정적 입장을 표하기도 했다.

당시 이우학교 구성원들은 평가단의 평가에 대해 성찰적으로 받아들이지 못했다. 그간의 노력에 대한 부정이라고 이해하는 경향이 강했다. 반면 학교 운영을 맡은 그룹에서는 이를 성찰적으로 수용했다. 특히 수업 부분의 평가에 대해 깊이 고민했다. 당시 이우학교 수업 수준은 평가단의 평가로부터 자유롭지 못했기 때문이다. 이러한 수업의 한계를 극복해야 하는 것이 학교 운영 그룹의 다음 단계 고민이었다.

2) 새로운 도전(2006~2008)

이우학교는 2003년 가을 자기주도적 학습능력을 갖추고 남과 더불어 살아갈
수 있는 사람을 길러내고자 문을 열었다. 개교 3년을 지나면서 과연 이러한 꿈
이 실현되고 있는지 반성하게 되었다. 수업에서는 활발한 토론이 오가고 아이디
어가 넘치는 아이들, 경쟁에 매몰되지 않는 아이들의 문화, 폭넓은 사회적 관심
과 적극적 참여…. 분명 성과라고 할 수 있는 요소가 많았다.

　하지만 어수선한 교실과 서로의 말에 귀 기울이지 않는 아이들, 재치는 있지
만 깊이가 없는 아이들의 글, 수준별 수업에서 오는 아이들의 학습 격차, 차분하
지 않은 생활태도와 습관 등을 지켜보면서 대안이 필요하다고 판단하게 되었다.
그 때가 2005년 후반기였다.

　2005년 11월 27일 서울시 대안교육센터가 주최한 국제 워크숍에서 이우중학교 2학년 도
덕 수업을 공개할 기회를 가지게 되었다. 아이들의 활발한 참여, 자신감 넘치는 발표, 깊
이 있는 내용…. 교장인 나는 으쓱해서 앉아 있었다. 비디오로 수업 장면을 함께 본 뒤 워
크숍에 참여한 선생님들의 칭찬이 1시간에 걸쳐 이어졌다. 이어 배움의 공동체 운동을 일
본 전역에 확산시키는 데 지대한 역할을 한 사토 마나부 선생의 강평이 시작됐다. "아이
들의 눈빛이 공허하다." "아이들이 서로의 이야기를 들으려 하지 않고 자기 말만 한다."
"아이들 사이의 관계가 냉랭하다. 서로 도와주려고 하지 않는다." "수업 후반 선생님의 설
명이 길어지면서 아이들이 배움에서 멀어져 간다." 이게 무슨 소리인가? 가슴이 철렁 내려
앉았다. 그 때부터 우리는 개교 후 지난 2년 반의 경험을 심각하게 되돌아보게 되었다.[6)]

　사토 교수와의 첫 만남을 정광필 전 교장은 이렇게 기억하고 있다. 이날의 기

억과 충격으로 인해 이우학교는 또다시 도전에 나서게 되었다. 사실 2003년 개교하고 학습자 중심의 수업을 구축하기 위해 많은 노력을 기울여 왔던 이우학교였다. 그리고 나름대로 성과가 있었다고 정광필 전 교장과 이우학교 교사들은 생각하고 있었다.

그러나 2004년에 진행된 학교평가의 내용과 2005년 사토 교수의 수업분석은 이우학교의 수업이 문제라는 것을 공통적으로 지적하고 있었다. 정광필 전 교장은 2004년 학교평가에 대해 불편하지만 받아들여야 할 부분이 있다고 생각하고 있었다. 특히 수업 부분에 대한 비판은 겸손하게 받아들이면서도 이를 어느 방향으로 이끌어가야 할지 고심하던 무렵 사토 교수를 만나고 그를 통해 해답을 찾았던 듯하다. 2005년 11월 이후 이우학교 교사들은 사토 교수가 제안한 '배움의 공동체'를 받아들일 것인지 논의하게 되었다. 정광필 전 교장이 이를 전격적으로 학교에 도입해야 한다고 주장했기 때문이다.

● 배움의 길을 찾다

정광필 당시 교장은 당시 이우학교가 봉착한 수업과 관련된 문제를 '배움의 공동체' 도입을 통해 일부 해결할 수 있을 것으로 기대하고 교사들과 협의를 시작했다. 다수 교사들이 반대 입장을 보였다. 지난 3년의 노력을 스스로 부정해야 하는 상황을 받아들이기 어려웠을 것이다. 또한 검증되지 않는 내용을 받아들여야 하느냐는 고민도 있었다. 그러나 정 교장은 3년 동안의 노력이 수업에서 잘 드러나지 않았기에 수업의 개혁이 필요하다는 강력한 판단을 갖고 있었다.

교사들의 반대에도 불구하고 시간이 흐를수록 그는 '배움의 공동체' 도입에 대한 확신을 더욱 강하게 다져갔다. 결국 일부 교사들의 지지를 얻고 다른 교사들도 설득해 '배움의 공동체'는 2006년 이우학교에서 첫 발을 떼게 되었다.

'배움의 공동체'는 일본의 사토 마나부 교수가 주장하는 교육개혁 프로그램

| 1 | 2 |
| | 3 |

1. 2006년 1월 26일 일본 가쿠요 중학교 수업참가 모습. 교실 한편에 선 사람들 중에 정광필 전 교장과 이수광 교장의 모습이 보인다.
2. 2006년 1월 25~28일 일본 연수를 함께 했던 이우학교 교사들
3. 2006년 7월 국제워크숍 참가 후 사토 교수와 이우 교사 및 학부모의 간담회

이다. 수업을 변화시켜 학교문화를 바꿀 수 있다는 점, 무엇보다 배움과 인성계발이 통합되는 교육, 특히 사토 교수가 제시한 '철학과 비전'은 우리가 지향하고자 했던 교육의 방향과 비슷했다. 성, 계층, 학습능력에 따른 차별 없이 모든 아이들의 배울 권리를 보장해야 한다는 '공공성의 원리', 학교는 생활양식이 서로 다른 사람들이 더불어 살아갈 수 있음을 경험하게 해주는 곳이어야 한다는 '민주성의 원리', 경쟁을 넘어 아이들의 잠재력을 최대로 실현할 수 있게 해주어야 한다는 '탁월성의 원리'는 우리가 추구했던 목표와 맞닿아 있었다.

정광필 교장은 교사들의 시각을 전환하기 위해 많은 예산을 들여 교사들의 일본 현지 연수를 추진했고, 이를 통해 그 효과를 직접 경험하게 했다. 2006년 1월 일본의 가쿠요 중학교와 미나미 소학교에서 이러한 비전이 실현되고 있음을 눈으로 확인한 교사들은 적지 않은 감동을 받았다. 또한 수업공개와 수업연구회를 통해 우리 안의 수업을 다시 돌이켜 보며 반성하게 되었다. 2006년 7월 31~8월 2일에 일본에서 진행된 '배움의 공동체' 국제워크숍에도 정광필 교장은 교사 13명, 학부모 3명과 함께 참가해 이해를 한층 높였다.

● 배움의 공동체를 위한 도전과 실패, 그리고 다시 도전

2006~2008년은 이우학교에게는 '배움의 공동체' 시대였다. 2003년 개교하며 이우학교는 우리 사회의 개혁을 교육 부문에서 실천하는 운동체라는 의식을 갖고 있었다. '한국사회 공교육의 모델이 되어야 한다'는 내부 목표도 갖고 있었다. 그런데 '배움의 공동체'에서 가장 중요한 원리 중의 하나가 '공공성의 원리'였기에 그 결합은 자연스러운 측면이 있었다.

이우학교는 이 시기에 학교의 공공성을 확대하기 위해 노력했다. 이는 이우학교가 지향하는 교육운동의 실천이라는 측면도 있었지만 일단은 '배움의 공동체' 이론 자체를 충실히 따르기 위한 노력이었다. 정광필 교장은 '정확한 복제가 있어야 새로운 창조물이 나올 수 있다'고 생각하고 있었다.

그래서 개교 무렵부터 천명했음에도 불구하고 제대로 이뤄지지 않던 '교실 개방'의 원칙을 다시 확인하고 그것이 실질적으로 실현되도록 했다. 우선 교사들이 수업 개방의 원칙을 확인하는 과정을 거쳤다. 언제든 허가 없이 다른 교사의 수업을 참관하는 것이 실례가 되지 않음을 약속했다. 교사와 교사 사이에서 수업을 통해 서로 배우는 과정도 병행했다. 교사들은 매달 수업을 공개했고, 그 내용을 가지고 함께 이야기하고 배우는 과정을 만들었다. 이를 수업연구회라고 불렀다. 2006년에는 이러한 수업연구회를 최대한 많이 확보하려고 노력했다. 여건이 허락하는 상황에선 1주일 간격으로 수업연구회가 진행되기도 했다.

그뿐만 아니라 학교를 외부 교육관계자들에게도 개방함으로써 학교의 공공성을 강화했다. 외부 교육관계자들의 수업참관 요청은 언제나 허용했고, 아예 1년에 한 번씩은 외부 인사들에게 학교를 개방하고 수업을 공개하며 함께 수업연구회를 진행했다.

이렇게 외부 교육관계자에게 매년 수업을 공개하고 함께 수업연구회를 진행하는 일은 이우학교의 교육개혁 과제를 실천하는 일이라는 의식을 교사들에게 가져다주었다. 이 시기에 이우학교는 두 가지를 얻었다.

하나는 교사들의 교육에 대한 안목이 크게 신장되었다. 수업의 목적이 무엇인지, 수업을 어떻게 구성해야 하는지에 대한 시야가 넓어지고 생각이 깊어졌다. 다른 하나는 학교 개혁의 방향성이었다. 학교 개혁이란 과제를 선언과 관념으로 풀어나가려 했던 그 이전 시기와 달리 실천과 실제를 통해 풀어나갈 수 있는 힘을 키웠다. 즉, 학교 개혁의 중심에 수업을 두었다는 점이다. 학교교육의 제도나 물리적 환경 변화에 관심을 집중하던 단계를 벗어나 수업이라는 구체적 현실과 학교 개혁의 내용을 묻는 쪽으로 방향을 잡은 것이다.

이러한 일련의 일들은 교사들의 열정과 노력으로써 가능한 일이었다. 그러나 그러한 열정과 노력이 항구적일 수 없는 것도 현실이었다. 2006년부터 시작한 '배움의 공동체'는 그 뒤 몇 년간 부침을 반복하며 변화해 나갔다. 그 속에서 변하지 않는 한 가지 핵심이 있다면, 그것은 대부분의 교사들이 수업을 어떻게 더

2006년 3월 22일 고1 도덕(철학) 수업을 대상으로 처음 개최된 수업연구회

2006년 12월 16일 중학교 윤수정 국어교사의 수업을 대상으로 진행된 수업연구회. 학교의 수업을 대규모 외부자들에게 공개하는 형식은 이때부터 이우학교의 원칙이 되었다. 당시 사토 교수가 참석해 수업을 분석하고 있다.

나은 방향으로 기획해 낼 것인지 끊임없이 고민하게 되었다는 점이다.

● 제2기 교장 체제의 출범과 과제

2007년 3월 1일, 정광필 선생이 4년 임기의 이우학교 두 번째 교장으로 취임했다. 개교한 지 만 4년이 되어가는 이우학교 앞에는 시급히 해결해야 할 핵심 과제 두 가지가 놓여 있었다. 하나는 이우학교를 공교육의 개혁모델로 안착시키는 일이고, 다른 하나는 이우학교의 운영구조를 안정화하는 일이었다. 학교의 3주체는 이러한 과제를 해결할 적임자로 2003년 개교 당시부터 교장을 맡았던 정광필 선생을 다시 선택한 것이다.

2006년 11월 진행된 제2기 교장 선출을 위한 공청회 자료는 정 교장이 당시 학교 상황을 어떻게 진단하고 있는지, 또 과제 해결을 위해 어떤 전략을 고민했는지를 여실히 보여준다. 정 교장은 〈교장 비전보고서〉를 통해 개교 당시 기획했던 실험적 시도들의 한계를 솔직히 인정했다.

> "개교 4년째인 올해는 초기의 구상과 계획의 한계가 드러나고, 역량의 부족이 여실히 드러나는 시기였다. 특히 이우의 각 주체들 사이에서 견해의 차이, 현실 인식의 차이, 지향의 차이가 분명하게 드러나고, 각자 주장하는 바가 서로 이해되지 않아 어려움을 겪는 경우도 나타났다. 개방형 자율학교 신청을 계기로 갈등이 뚜렷이 표출되었다. 이 과정에서 본인은 조정과 촉진의 역할을 담당해야 할 교장의 역할을 제대로 수행하지 못하고, 초기의 구상과 계획, 그리고 현실적 한계를 설명하는 수준에 머물렀다."(〈제2기 교장 비전보고서〉 중에서)

그는 이러한 문제를 극복하고 교육활동의 정착과 내실화를 이루기 위해 학교 운영 전반에 대한 새로운 비전과 방향을 제시했다. 우선, 지배구조와 관련해서는 교사회와 이사회 간 적절한 긴장과 균형의 구조, 즉 자율·책임 분담구조로의 재편을 공약했다. 이를 위해 "교사회의 내부에는 성찰과 혁신의 긴장감이 계속 유지될 수 있도록" 하고 "이사회가 학교 운영에 대한 전문적 식견을 갖는 사람들을 더 충원하고, 미국이나 유럽의 선진적인 학교 운영 모델을 연구할 것"을 약속했다.

나아가 학생과 학교 간의 관계 설정을 위해서는 학생들의 자치·자율권을 폭넓게 인정함과 동시에 학생생활에 '교육적 개입'이 필요함을 강조했다. 즉 "학생들은 일반학교에 비해 많은 자율성과 자치권을 누리고 있다. 그런데 자율이 방종으로, 혹은 타인의 권리 침해로 나타나는 현상이 나타나고 있다. 이에 대해 교사 혹은 학교의 적절한 교육적 개입이 요구되는 시점"이라는 것이었다.

그는 학부모와 학교와의 관계에 있어서도 일단의 고민을 내비쳤다. "학교의 이념과 정체성, 현재의 상황 판단 등에 관점의 일치가 이루어지지 않는 경우가 있다. 제2기로 접어든 지금은 각 주체의 역할, 동지적 협력이 가능한 조건 등을 구체적으로 모색해야 한다"면서 학부모와의 새로운 관계 형성이 필요함을 강조했다.

그러면서 제2기 교장의 핵심과업 중 하나는 무엇보다도 재정구조를 안정화하는 일이었다. 정광필 교장은 이에 대해서도 깊은 고민을 드러냈다. 교장 비전 보고서의 내용을 보면 재정문제가 얼마나 절박한 과제인지를 잘 보여주었다.

"이우학교는 공교육의 개혁 모델로서 보통 사람들의 자녀가 다닐 수 있는 학교를 지향했지만 아직도 정부의 재정 지원을 받지 못하는 바람에 '귀족학교'라는 오명에 시달리고 있다. 장학금을 조성하여 가정 형편이 어려운 학생들의 학비를 지원해 주고 있지만 그 수혜 학생은 전체 학생의 10% 미만이다. (…) 비싼 학비를 부담해야 함에도 불구하고 연간 재정 적자는 5억~6억 원에 달하고 있다. 이를 이사회 출연과 외부 기부금 유치를 통해 가까스로 해결하고는 있지만 재정적으로 불안정한 구조임은 분명하다."

정광필 교장은 이러한 재정 문제 해결을 위해 치밀한 계획을 세우겠다고 공약했다. 이우학교의 내적 안정화를 위해 '학교운영위원회 심의기능 강화', '학부모위원회와의 협력 강화', '학부모교육 강화', '학습이력관리체제 구축', '교육과정 운영과 연관된 지역사회 연계 활동'(지역사회의 다양한 학습자원 활용), '지역할당제 실시'(학생 선발 때 성남시 학생을 20% 이상 선발) 등을 주요공약으로 제시했다.

이우학교 제2기는 초기의 혼돈과 혼란을 정비하고 더 높은 수준의 과제를 실천해야 하는 시기였다. 즉 이우학교만의 독특성과 고유성을 정교화해야 하는 시기였다. 이런 시대적 소임을 안고 2007년 3월 1일 제2기 교장 시대가 시작됐다.

● 이우학교 제2차 평가

학교법인 이우학원에서는 2007년 3월부터 이우학교에 대한 자체 종합평가를 실시했다. 이 자체 평가는 개교 5년차 학교로서의 면모를 제대로 갖추고 있는지, 이우학교의 실험적 시도들이 교육적 타당성을 갖고 있는지, 그리고 일반화 가능성은 있는지를 점검하는 과정이었다. 당시 장석 이사장의 표현처럼 '개척자 수종(樹種)'으로서의 이우학교의 현재적 좌표를 확인하고 그 역할을 가늠해 보고자 하는 것이었다.

학교법인으로부터 학교평가를 위탁받은 '함께여는교육연구소'에서는 내·외부 인사가 참여하는 평가단을 구성하고, 설문·내부토론, 수업관찰, 인터뷰, 토론 등을 진행했다. 당시 외부평가단에는 조난심(한국교육과정평가원), 이혁규(청주교육대학교), 김주후(아주대학교), 박복선(성미산학교), 서덕희(조선대학교), 김용(청주교육대학교), 이종태(전 이우학원 이사장) 등이 참여했고, 내부에서는 연구소를 중심으로 평가를 진행했다. 그해 12월에는 평가 결과를 토대로 토론회가 개최되었으며, 평가내용은 별도 보고서로 이우학원에 제출됐다.

이 평가보고서는 학교가 해결해야 할 여러 가지 과제를 언급했는데, 이는 실제로 학교운영의 실행과제로 채택됐다. 당시 보고서에 담겼던 중요한 내용들은 다음과 같다.

우선, 교육과정 영역을 보자. 당시 교육과정 영역의 평가 책임을 맡았던 조난심 박사는 "체험활동 같은 활동적이고 체험중심적인 교육활동이 돋보이나 활동과 성찰의 균형 모색이 필요하다"고 진단하면서, 구체적으로 '차분하게 독서하기'와 '진지한 글쓰기'의 필요성을 강조했다. 그리고 보통교과 교육과정의 질적 심화를 위해서는 '학습부진 학생에 대한 처치'와 '교사의 전문성 제고'를 제안했다. 전자는 '사교육 금지'라는 이우학교의 대원칙을 지키기 위해서도 필요하다는 점을 강조했다. 특히 고등학교 교육과정과 관련해서는 '근본적인 재검토'가 필요하다고 지적했다. 그는 "이우학교가 대학입시에 대해 어떤 입장을 가져야 하는지, 그리고 그에 따라 학교에서의 준비는 어디까지인지를 명확하게 할 필요가 있다"면서, 사교육에 의존하지 않고 학생들이 좀 더 학교교육에 몰입하게 만들 필요가 있다고 강조했다. 그리고 교과수업의 밀도와 심도를 높이기 위해서는 교과내용에 대한 내부의 연구·개발이 필요하고, 교사들이 학생들의 '학습 컨설턴트' 역할을 하는 것이 바람직하다는 점도 부연했다. 조난심 박사의 이러한 평가는 당시 이우학교가 교육과정을 운영하면서 직면했던 한계와 난점을 적확하게 반영한 것이었다.

수업 영역에 대한 평가에서, 이혁규 청주교대 교수는 이우학교가 공교육의 모델이 되기 위해서는 크게 두 가지 요건 중 하나를 충족해야 한다고 밝혔다. 하나는 '인성교육도 잘하고 학업성취도 높은 학교'이고, 다른 하나는 '인성교육은 잘 하는데 학업성취가 비슷한 학교'라는 것이었다. 그러면서 이혁규 교수는 이우학교의 수업이 여러 장점에도 불구하고 고등학교 2-3학년 수업이 너무 '어정쩡'하다고 지적했다. '학생중심 수업도 아니고 그렇다고 교사중심의 강의식도 아닌 수업'이 진행되고, 이 과정에서 많은 학생들의 학습결손이 누적되고 있다고 강조했다. 그리고 '어정쩡함'의 문제와 연동된 문제이지만 수업 장면에서 교사 역할의 모호함도 지적했다. 즉 수업 장면에서 교사와 학생의 역할이 모호해 '무료한 상황'이 연출되는 점을 경계하자는 것이었다. 이 교수의 다음과 같은 지적은 수업설계에 대한 근본적인 고민을 일깨워주었다.

"수업에서 학생들이 학습지를 해결하는 것을 보면서, 이 활동이 굳이 수업에서 이루어져야 하는 활동일까 생각할 때가 있었다. 사전을 찾거나 수학 문제를 풀어보는 것들 중에 많은 것들이 어쩌면 무대(수업) 이면에서 일어나야 하는 것들이 아닌가? 청중(학생)을 무대의 중심에 세우기 위해 무엇을 준비시키며, 무엇을 이면에서 행하고, 무엇을 전면에서 행해야 할까? 무엇을 개인에게 맡기고, 무엇을 청중끼리 더불어 하게 하고, 무엇을 교사와 같이 할 것인가? 이를 고민해야 한다."(〈평가보고서〉 47쪽에서)

그밖에도 여러 의미 있는 진단들이 있었다. 평가 전문가인 김주후 아주대학교 교수는 '이우학교 성장모형'의 개발 필요성을 제안했고, 박복선 성미산학교 교장은 '내면의 황량함을 느끼는 교사들의 자기성찰 및 자기탐구'가 절실함을 강조했다. 그리고 학교의 지배구조와 운영조직에 대한 평가를 맡았던 김용 청주교대 교수도 주목할 만한 내용을 제시했다. 학교구성원이 실질적 주체로 참여하는 이우 방식이 성공적이기 위해서는 '이사회의 의제 설정능력 확보', '학교장의 균형적인 역할'이 필요함을 강조했다. 그리고 '학년팀제가 성공적이기 위해서는 교사 간의 협력적 문화가 대전제가 되어야 하는데, "이우학교 교사들 간의 선호관계가 고착화되는 상황은 향후 상당한 장애요인으로 작용할 가능성이 있다"는 날카로운 진단을 내렸다. 이우학교의 재정구조를 진단한 이종태 박사는 '이우학교 재정구조의 취약성을 극복하기 위해서는 재정결함보조금 수혜가 유일한 방안'이라고 학교의 현안 과제를 분명하게 제시했다.

이와 같은 제2기 평가 결과는 이우학교 구성원들이 감지하고 있던 과제는 물론이고 제대로 인식하지 못하던 '은폐된 문제'나 '예상되는 문제'까지 확인시켜 주었다. 그러나 그 뒤에 평가 결과에 근거해서 학교 각 단위별로 진지한 토론을 벌이고 각 분야별 실천 과제를 설정하며 하나씩 해결해 나가는 과정이 정교하지 못했다는 아쉬움이 있다.

학부모와 학생이 함께 한 모내기 체험(2005)

3) 이우학교 모델의 일반화(2009~2013)

● 혁신학교 등장과 '이우 모델'의 부상

2009년 4월 김상곤 경기도 교육감 체제의 출범은 교육계에 큰 변화를 몰고 왔다. 그것은 레짐 체인지(Regime change)에 가까웠다. 김상곤 교육감의 등장을 계기로 교육계의 학교교육 담론과 정책방향은 그 이전과 뚜렷하게 구분되었다. 즉, 그 이전에는 주로 학교에 대한 기술조정적 정책 논의가 주류였다면, 김상곤 교육감의 등장부터는 체제전환적 정책 논의가 활발해졌다. 예컨대, '무상급식', '학생인권조례', '혁신학교', '창의지성교육' 등과 관련한 담론이 좋은 예다. 특히 이러한 정책들은 교육과 학교에 대한 전통적 해석 프레임을 넘어서서 새로운 해석 체계를 전제한다는 점에서 중요한 전환이라 할 수 있다.

이런 과정에서 '학생인권'과 '혁신학교' 정책은 이우학교와 밀접한 연관을 갖고 진행됐다. '학생인권' 정책의 경우, 이우학교는 '학생인권을 보장하는 조건에서 학생들의 상상력이 신장된다', '학생인권과 교권은 상호보완적으로 증진될 수 있다', '학생인권이 신장되는 조건에서 자율적이고 민주적인 학생문화가 형성된다'는 근거를 제시하는 실제 모델의 역할을 했다. 그리고 '혁신학교' 정책의 근거와 상상력, 학교운영원리 등은 이우학교를 매개로 한다는 점에서 그 연관의 정도가 더욱 깊었다고 할 수 있다.

이 무렵부터 경기도교육청 정책그룹에서는 '미래지향적인 새로운 학교 표준'에 대한 고민을 시작했고, 이를 공식화할 기구로 '혁신학교추진회'가 발족됐다. 이 기구에는 2013년 현재 이광호 교사(함께여는교육연구소 소장)와 이수광 교장이 참여해서 이우학교 경험을 토대로 새로운 학교모델을 만드는 일에 깊이 관여하고 있다.

경기도교육청에서 '혁신학교'로 명명한 새로운 학교모델은 이우학교에서 채택하고 있는 학교운영 원리를 그대로 반영한 학교다. 혁신학교는 1)

학교구성원의 참여를 통한 공동운영, 2) 교사들의 전문성 함양을 위한 학습조직화, 3) 개별 학생의 소외 최소화를 위한 협력식 수업, 4) 역량 중심으로의 학교교육과정 재구성 등을 강조한다는 점에서 약간의 표현의 차이만 감안하면 이우학교의 운영원리와 별반 다를 바가 없다. 혁신학교에 대한 이론적 기틀을 만드는 과정에 이수광과 이광호는 '미래학교 운영방안' 정책연구를 통해 이우학교의 실천경험을 보편화하는 작업을 진행했다. 이런 과정으로 인해 혁신학교 정책이 추진되던 초기에는 공식석상에서조차 "혁신학교의 모델은 이우학교"라고 공공연히 언급되기도 했다. 실제 2010년 3월 이우고등학교가 당시 사립학교로서는 유일하게 혁신학교로 지정되면서 이러한 세론은 더욱 설득력을 얻게 되었다.

이 혁신학교 정책이 본격적으로 추진되면서 많은 사람들이 이우학교를 찾았다. 그들은 새로운 교육을 갈망하던 사람들이었다. 연 인원 2,000명 이상이 학교를 방문했고, 수업을 외부에 공개하는 횟수도 그 이전보다 훨씬 증가했다. 이런 분위기는 이우학교 교사회 내부에 긍정적인 효과를 가져왔다. 교사들은 수업을 공개하고, 수업연구회를 통해 수업의 본질을 고민하며, 학교와 연구소가 함께 발행하는 회지(〈함께여는교육〉)에 원고를 쓰면서 자신의 경험을 지식화하고 그것을 한층 심화하는 기회를 갖게 되었다. 그러나 '그림자'도 선명했다. 학교에 방문자 수가 증가하면서 학생들의 학습 분위기가 어수선해지고, 이와 관련해 일부 교사들의 업무도 계속 늘어났다. 또한 일부 교사들에 대한 교육청 차출 빈도도 높아지면서 역량 누수의 위험성도 없지 않았다.

2013년 1학기 현재 이우학교는 혁신학교 4년차다(2013년 하반기에 4년간의 성과에 대한 종합평가를 통해 재지정 여부가 결정된다). 여러 가지 공과가 있지만, 혁신학교 정책을 통해 이우학교의 교육철학과 학교운영 원리가 공식화된 점, 이우학교의 실천에 미래적 가치가 있음이 인정된 점, 이우학교가 공립학교와 적극적으로 소통하고 고민을 나누는 계기를 만들었다는 점 등에서 그 4년의 기간은 중요한 의미를 갖는 것이었다.

● 학점제 및 무학년제 전면 시행

　　　　　　　　2010년 2월 당시 교육과학기술부에서는 학교선 진화과 주관으로 '고교교육력 제고사업'을 추진했다. 이는 고등학교 교육과정 을 '학점제'와 '무학년제'로 전환하기 위한 준비사업이었다. 일차적으로 '수학 과'와 '영어과'에는 단계형 교육과정(학습 수준에 따라 기본과목, 보통과목, 심화과목으로 단계화)을, '탐구 교과'에는 선택형 교육과정을 각각 운영하는 것이 주된 사업 내용이었다. 이우학교는 2010년 3월 '고교교육력 제고 시범학교'로 지정되어 새 로운 교육과정을 연차적으로 도입하기 시작했다.

　이우학교가 '학점제'와 '무학년제'를 근간으로 하는 정책시범학교에 참여한 배경은 이렇다. 첫째 배경은 이우학교가 개교 당시부터 설계했던 교육과정을 실 현하기 위한 것이었다. 이우학교는 2003년도 개교 당시 교육과정을 '학점제'와 '무학년제' 방식으로 설계했다. 학생들의 자기주도적 학습을 촉진하고 선후배 간의 역동적 관계를 통한 배움을 강조하기 위해 이 두 가지를 제도적 장치로 선 택했던 것이다. 그러나 이 개교 초기의 기획은 3개 학년이 완성된 2005년에 처음 시도된 이후, 여타 학교와 동일한 '학년제 교육과정'으로 후퇴했다. 당시 교과부 는 9등급제를 근간으로 하는 '2008년 대입제도 개선안'을 발표했는데, 내신 9 등급제 하에서는 '무학년제' 운영에 한계가 있을 수밖에 없었기 때문이다. 9등 급제는 절대비율평가의 성격을 띠는 만큼, 등급 산정에 불리하다고 판단되는 경 우 학년 단위를 넘어서서 교과목을 선택하기가 쉽지 않았기 때문이다. 또한 학 년별 성적을 산출해야 하는 조건이다 보니 무학년제 운영이 원천적으로 불가능 했다. 그런데 마침 '고교교육력 제고사업'이 실시될 경우, 초기 기획이 가능한 조 건이 갖추어진다고 보고 적극적으로 이 사업에 참여하기로 결정했던 것이다.

　또 다른 배경은 '영어과 및 수학과 교사 충원'의 의도에 있었다. '학점제' 교육 과정을 실시하기 위해서는, 특히 영어과와 수학과에서 단계형 교육과정을 운영 하기 위해서는 두 교과에 교사가 증원되어야만 가능했다. 따라서 '고교교육력 제고사업'을 통해 학점제 교육과정을 운영하면 추가 교원 정원을 부여받을 수 있기 때문에 장차 교사 풀의 확충이란 차원에서 유리할 것으로 판단했다. 사립 학교에서는 시간이 지날수록 교원인력풀 운영이 경직될 수밖에 없다는 점을 고려할 때 '학점제' 운영은 긍정적인 효과를 낼 것으로 기대했던 것이다(이러한 기대는 일부 충족되었다. 2013년 2월까지 '고교교육력 제고 시범학교' 운영을 통해 영어과와 수학과에 각 1인씩 정규교사를 충원할 수 있는 조건을 만들었다).

2010년부터 연차적으로 적용된 '학점제 교육과정'으로 인해 2013년 1학기 현재 '영어과'와 '수학과'에서 단계형 교육과정을 편성·운영하고 있다. 학생들이 자신의 학업수준에 맞게 기초교과나 보통교과, 또는 심화교과를 선택할 수 있는 제도적 조건을 갖추고 있는 셈이다. 이렇게 교과목을 단계별로 선택할 수 있는 여지를 둔 것은 학생 스스로 자기 진로 선택에 따라 교과목을 선택하고, 선택한 교과목 학습에 대해 자기 스스로 책임을 지는 학습 분위기를 조성하려는 교육적 목표를 바탕에 깔고 있는 것이다. '영어과'와 '수학과'의 단계형 교육과정은 다음 표와 같다.

과목	구분	교과목	택5			선택	1-1	1-2	2-1	2-2	3-1	3-2
수학 (10)	기초교과	수학의 기본 I /수학의 기본 II		5	5	학생선택	5	5				
	보통교과	수학	택5	5	9		5	4				
		수학의 활용/수학 I / 미적분과 통계기본/ 수학의 연습 I		5	5	무학년 과정 선택			5	5	5	5
				5	5							
				5	5							
				5	5							
영어 (10)	공통필수	영어		5	5	공통	5					
	기초교과	영어의 기본 I /영어의 기본 II	택5	5	5	무학년 학생 선택			5	5		
	보통교과	보통교과 영어 I /영어 II /실용 영어회화 /영어 독해와 작문/	택5	5	5				5	5		
				5	5					5		
				5	5							5
		심화 영어 독해와 작문/ 심화 영어회화		5	5						5	
	심화교과	심화 영어/영어 문법		5	9					5	5	5

꿈꾸고 도전하고 함께 가다

'학점제 교육과정'이 교과특성을 고려해 단계별로 교육과정을 배열하고 학생들이 자신의 수준에 맞게 선택하는 방식이라면, '무학년제 교육과정'은 '학습단위 구성'의 범위를 확장한 교과목 운영방법이다. 즉, 2개 학년으로 학습단위를 편성함으로써 선·후배 간 상호교류를 통해 배움을 확산하고, 무엇보다도 '입시중심 수업'을 예방하려는 성격이 강하다. 2개 학년이 함께 학급을 구성함으로써 특정 학년의 요구(예컨대, 문제풀이식 수업 등)에 맞추는 수업을 지양하고 해당 교과의 본질에 충실한 수업을 실현하려는 것이다.

이러한 '무학년제 교육과정'이 의미 있게 운영되기 위해서는 일차적으로 교과목의 선택폭이 확대되어야 한다. 이런 점에서 '영어과'와 '수학과'의 학점제 교육과정은 무학년제 운영에 부합한다. 선택폭이 그 이전의 교육과정보다 확장되었기 때문이다. 그리고 '사회과'와 '과학과', '교양과'에서도 학생들의 선택폭을 실질적으로 확장하기 위해 '전문계 교과'(실업 영역), 그리고 '특수목적고 교과목'을 일부 편성하게 되었다. 다양한 교과목을 편성하는 과정에서 학생들의 교육요구를 반영했음은 물론이다. 다음 표를 통해 학생들의 선택권이 여타 학교보다 확대 되어 있음을 알 수 있다.

						1-1	1-2	2-1	2-2	3-1	3-2
탐구	사회 (역사/도덕) (10)	한국사 - 사회		5	4-4	공통	4	4				
		한국 지리/세계 지리/ 동아시아사/세계사/경제/ 법과 정치/사회·문화/ 생활과 윤리/한국의 현대 사회	택4 ~5	5	5	무학년 학생 선택			5			
				5	5					5		
				5	5						5	
				5	5							5
		도덕		5	2	공통			2			
		인류의 미래사회		5	4	학교 필수					4	
	과학 (10)	과학-과학사/지구과학 I / 생명과학 I	택2	5	5-5	공통 선택	5	5				
		물리 I /화학 I	택0 ~1	5	5	학생 선택				5		
체육 · 예술	체육 (5)	체육		5	5	공통	3	2				
	예술 (5)	미술·음악		5	3-2	공통	3	2				

교과영역	교과	과목	선택			구분					
체육·예술	체육예술	운동과 건강 생활/스포츠 문화/음악과 사회/음악의 이해/미술과 삶/미술 감상/시 창작/영화 기술/연기/디지털 사진 촬영	택2~3	5	4	무학년학생선택			4	4	4
				5	4						
				5	4						
생활·교양	기술가정외(12)	기술·가정		5	4	공통	4				
		진로와 직업		5	2	학교필수		2			
		환경과 녹색성장		5	4				4		
		일본어Ⅰ/중국어Ⅰ/독일어Ⅰ/프랑스어Ⅰ/스페인어Ⅰ/	택3~4	5	4	무학년학생선택			4	4	4
		일본어Ⅱ/중국어Ⅱ/독일어Ⅱ/프랑스어Ⅱ/스페인어Ⅱ/		5	4						
		한문/정보/생활과 철학/생활과 논리/생활과 심리/생활과 교육		5	4						

　이와 같은 '학점제'와 '무학년제'를 운영함에 있어 시급하게 해결해야 할 과제도 만만치 않다. 우선, 학생들이 원하는 교과목을 선택할 수 있도록 시간표 운영을 입체화할 수 있는 조건이 갖추어져야 한다. 그러자면 '강의실 부족 문제'가 해결되어야 한다. 2013년 1학기 현재 학생들 중 일부는 저녁 8시까지 정규 수업을 받아야 하는 상황이고, 강의실 부족으로 인해 '게르'와 교장실, 그리고 학년 사무실 '뒷방'에서까지 수업이 진행되고 있다. 또 다른 고민도 있다. 무학년제를 통해 해당 교과목의 본질을 추구(교과 핵심요소 학습)하는 수업을 안착시키기 위해서는 교사들의 전문성 함양이 무엇보다도 중요한 상황이다. 이에 더해 학생들 입장에서도 '자신이 선택한 교과목에 대해 책임감을 갖고 수업에 임하는 문제', '무학년제로 운영되는 조건에서 선·후배간에 협력적으로 학습하는 문제', '무학년제 하에서 입시준비를 스스로 어떻게 할 것인지의 문제' 등에 대한 진지한 성찰과 고민이 필요하다.

● 제3기 교장 체제의 출범과 새로운 도전

2011년 3월 이우학교의 세 번째 교장인 이수광 교장의 임기가 시작됐다. 학교 구성원들로부터 교장 역할을 위임받은 이수광 선생은 제3기를 '지난 8년 역사의 성과와 오류를 바탕으로 내적 정교함과 외적 책무성을 더욱 심화·확대하는 시기'라고 규정했다. 그리고 학교운영의 목표를 '대안(代案)의 기운이 넘치는 학교', '기본(基本)과 이상(理想)이 조화되는 학교'로 설정하고, 학교운영 과정에서 이우의 핵심가치('소통', '함께', '성장')를 일상화하겠다고 약속했다. 제3기 교장은 이런 과정을 통해 이우학교를 실질적인 '자치학교'(구성원 스스로 자신의 현재 상태를 진단하고, 목표를 설정하고, 실행전략을 구체화하고, 결과에 대해 공동책임을 지는 학교)로 발전시키겠다는 의지를 보인 것이다.

그러나 2013년 1학기 현재 이우 제3기 교장체제에 대한 중간평가는 엇갈린다. 일부에서는 학교민주주의가 심화되었다는 평이 있는가 하면, 다른 한편에서는 학교동력의 약화와 소통의 빈곤을 지적하는 목소리도 여전하다. 이렇게 평가가 엇갈리는 이유에 대한 진단도 각양각색이다. 학교 협치시스템의 근본적인 한계, 즉 참여와 책임의 비대칭성을 지적하는 목소리가 있는가 하면, 인적인 문제(리더십의 부족 및 교사들의 의욕 저하)를 지적하기도 한다. 이런 점에서 이우학교 10주년 사업의 일환으로 추진되는 '이우학교 자체평가 사업'은 여러 면에서 그 과정과 결과가 주목된다. 그 평가 결과에 따라서는 이우학교가 새로운 차원의 전환을 모색하는 계기도 될 수 있기 때문이다.

개교 10주년을 맞는 이우학교는 현재 여러 차원의 도전에 직면해 있다. 우선 학교 내적인 면을 살펴보면, 인력풀의 불안정을 들 수 있다. 육아휴직과 여타의 사유로 휴직 상태에 있는 교사의 수가 다수다. 휴직자의 자리에는 새로운 선생님들이 초빙되어 헌신하고 있지만, 조직의 차원에서 보자면 역량의 결집에 일정한 한계가 나타나고 있음을 부인하기 어렵다. 이러한 인력풀의 불안전성은 수업의 질 문제와 연관되어 갈등(학생·학부모의 교육활동이 대한 반신뢰)의 요소가 되기도 한다. 인력풀의 불완전성 문제는 단기적으로 해결할 수 있는 성격은 아니지

설치미술 작품과 함께 한 이우학교 학생들(2012)

만, 조직 운영의 책임주체(교사회와 이사회) 차원에서는 중요한 해결과제가 아닐 수 없다.

학교 외적으로도 넘어야 할 과제가 만만치 않다. 혁신학교의 출발 근거였던 이우학교의 존재감이 과거만 못하다. 여타 학교와의 차별성도 사라졌다. 이는 다른 학교에서 의미 있는 성공경험들을 많이 축적해 가고 있기 때문이다. 이것 자체는 교육적으로 환영할 일이다. 문제는 이우학교가 초기의 참신함을 심화시켜 '수준 높은 실천경험'을 축적했어야 했는데 그 단계로까지 이행하지 못했다는 점이다(원인에 대한 진단은 천차만별이다). 이러한 한계는 향후 이우학교의 운신 폭을 제한하는 요소가 될 수도 있음에 주목할 필요가 있다. 특히 학생 선발권의 공적 행사 문제와 연계해 깊이 있는 진단과 대책을 고민할 시점이다. 이런 점에서 현재 이우학교는 전환기에 이르렀다.

2. '자치학교'를 꿈꾸다

이우학교는 자치학교를 지향한다. 자치학교란 구성원 스스로 자신의 현재 상태를 진단하고, 목표를 설정하며, 실행전략을 구체화하고, 결과에 대해 공동책임을 지는 학교다. 따라서 학교 운영의 대전제는 바로 학교구성원들 간의 '협치(協治)'다. 학교의 4주체, 즉 학생·학부모·교사의 3주체에 설립자(이사회)가 협력해 학교를 공동운영하는 것을 기본원리로 삼는다. 이 4주체가 유기적인 관계망을 구축하고 그 조건 위에서 학교의 정체를 만들어나가는 학교, 바로 '자치학교'를 지향하는 것이다. 따라서 이우학교에는 '협치'를 촉진하기 위한 다양한 제도적 장치가 설치되어 운영되고 있다. 그 구체적인 내용을 살펴본다.

개교잔치(2003. 9)

1) 이우교육공동체

이우교육공동체는 이우학교의 설립 주체다. 이우(以友) 가치와 학교철학을 형성해낸 주역일 뿐만 아니라 지금도 이우학교에 대해 무한책임을 지고 있는 주체다. 그러나 이우교육공동체는 학교에 대한 실효적 지배권을 행사하지 않는다. 설립자로서의 발언권을 행사할 만도 하지만 설립자가 행사할 수 있는 법적 권한 일체를 이사회와 교사회에 위임했다. 이처럼 학교설립자 스스로가 학교의 공적 운영을 위해 권리와 권한을 위임하는 사례는 사립학교 운영의 새로운 전형으로 평가받을 만하다.

그런 권리의 유보에도 이우교육공동체는 학교에 대한 무한책임 주체로서의 역할에 충실하다. 학교의 안정적 운영과 교육과정 안착에 필요한 소요재원 확보는 물론이고 설립 당시의 부채를 변제하기 위한 노력을 2013년 현재까지 이어오고 있다. 이런 점에서 이우교육공동체는 이우학교의 실체이자 가치의 근원이다.

2) 학교법인 이우학원

학교법인 이우학원(이사회)은 이우교육공동체(설립자)로부터 학교 운영을 위임받은 법적 책임 주체다. 이우학교도 법적으로 사립학교인 만큼 그 요건을 충족하기 위해 이사회 구성이 필수적이다. 그리고 이우학교처럼 다수의 설립자가 있는 상황에서 이들이 의견을 개진할 수 있는 통로는 마련되어야 하고, 그런 기능을 이사회가 하고 있다.

그러나 이우학원 이사회는 일반적인 사립학교 이사회와 구성, 기능, 운영의 측면에서 큰 차이가 있다. 우선 이우학교 이사회는 공적 운영을 위해 자발적으로(사립학교법에서 공익이사 조항이 신설되기 이전부터) 공익이사를 선임해 왔고, 이우교육공동체의 각 대표들이 순환보직 형태로 이사직을 맡는다. 민주적 운영을 위한 제도적 장치인 것이다.

그리고 학교법인은 법적 기구로서 해야 할 몇 가지 기본업무가 있다. 예컨대, 인사임용 및 자산관리의 업무가 이에 해당한다. 이우학원 이사회는 이 업무를 '협업'이라는 대원칙 아래 처리하고 있다. 인사임용의 경우에는 교사회와, 자산관리 문제와 관련해서는 이우교육공동체와 각각 협업을 한다. 이런 점에서 이우학원 이사회는 학교경영의 플랫폼 구실을 하고 있다고 할 수 있다.

3) 학교운영위원회

이우학교 학교운영위원회는 학교의 학사 및 재정 운영에 대한 사항을 최종 결정하고 그 집행 결과를 확인하는 책임기구다. 학교예산의 편성·운영 및 결산, 학교교육과정 운영에 관한 일체의 사항, 그리고 학생복지 및 자치 지원에 관한 사항 등에서 실질적으로 권한을 행사하고 있다.

이우학교 학교운영위원회 구성의 특징은 학부모회의 집단적 참여가 보장되는 형식이라는 점이다. 즉, 학부모회의 각 학년대표가 당연직 학교운영위원으로 참여한다. 따라서 학부모회의 여론이 여과 없이 학교운영에 반영될 수 있는 조건을 갖추고 있는 셈이다. 이처럼 학부모회가 학교운영위원회 학부모대표를 겸하는 방식은, 비록 학부모회가 법적으로는 임의단체이지만 실질적으로 의결기구로 기능할 수 있게 하는 장치다.

2013년 현재 이우학교 학교운영위원회는 6개 학년의 학부모대표와 교사대표(민주적 절차에 의한 선출), 그리고 지역위원으로 구성되며 연간 7~8회 개최된다.

4) 학부모회

이우학교 학부모는 학교운영의 공동주체다. 따라서 이우학교 학부모회는 형식상으로 학부모 자치기구의 성격을 띠지만 학교운영에 실질적으로 학부모들의 집단적 의사를 반영하는 참여기구 역할도 한다. 직접선거에 의해 선출된 학부모회장이 학교운영위원회 위원장을, 그리고 각 학년 학부모대표가 학교운영위원회 학부모위원을 각각 당연직으로 맡는 것은 이런 맥락을 반영한 '이우학교의 문법'이다.

물론 학부모회는 공식적인 의사결정기구(학운위)에의 참여뿐만 아니라 교사들과의 일상적인 소통도 활발히 한다. 즉, 각 반별로 운영되는 학부모모임에 담임교사나 해당 학년팀장 교사가 참여해 학교 현안이나 학생들의 상황을 논의하는 '반별 모임', 그리고 현안에 따라 학년 학부모 임원단과 학년팀 교사들이 함께 협의하는 '학년팀 임원모임', 학부모 임원회의에 학교장이나 교감이 참여해 학교운영 상황을 보고하고 현안을 논의하는 '학부모 임원회' 등이 그 예다. 이러한 각 단위 모임에서의 소통은 학교 현안을 공유하고 함께 해법을 모색한다는 점에서 중요하다. 이런 기회를 통해 교사와 학부모가 '상호 돌봄'을 실현하기 때문이다.

학부모회 산하에는 몇 개의 사업별 소위원회가 설치되어 운영되고 있다. 교과지원위원회, 교육문화위원회, 급식위원회, 도서관위원회, 환경위원회, 매점위원회, 그리고 EDL('이우더불어리그'위원회) 등이 그것이다. 이들 소위원회는 각자 자신의 영역에서 학교와 공동사업을 기획·추진하거나 자체사업을 통해 학교 운영에 일상적으로 참여하고 있다. 학부모회의 활동 및 학부모들의 그룹별 활동상은 별도로 기술한다.

교장실의 각종 상패

5) 학생회

이우학교 학생회는 학생들의 자치기구로서 학생 대중을 대표하는 최고기구다. 따라서 학생회 임원들은 학생들을 대표해서 학교운영위원회에 참여할 수 있고, 당연히 발언권도 행사할 수 있다. 또 학생회는 '학교청문권'을 발동할 수도 있다. 청문회를 개최해 교사들을 상대로 학교운영 전반에 대해 청문할 수 있는 권한을 행사할 수 있는 것이다.

이렇게 공식적으로 학교운영에 참여하는 방식 이외에도 학생회는 다양하고도 실질적인 방식으로 학교주체로서의 권한을 행사할 수 있다. 즉, 각 학년 대의원과 학년팀 교사의 협의회, 그리고 총학생회와 학교장의 간담회 등을 통해서도 학생복지 및 학사운영 현안을 협의하고 조율한다.

그밖에도 이우 학생들에게는 다양한 권리가 보장된다. 첫째, 학교운영과 관련해서 행사할 수 있는 권리로는 '학사일정 협의권', '교육과정 협의권' 등이 있다. 둘째, 학습활동과 관련해서는 '좋은 수업 만들기 간담회 개최 요구권', '수업운영계획서 사전열람권', '수업만족도 평가권', '선택교과 개설 요구권', '학교평가 참여권' 등이 보장된다. 셋째, 학생자치활동 영역에서도 '학교행사 기획권', '학생회 자율구성권', '학생회 예산 편성 및 결산권', '동아리 결성 및 지원 요구권' 등이 폭넓게 인정된다. 이러한 권리는 주로 학교 차원이나 학년·학급 차원에서 운영되는 여러 제도적 장치를 통해서 행사된다.

이런 권리들의 행사 과정을 통해 학생들은 학교에 대한 '주인의식'을 갖는 한편 교사회에 대해서는 적절한 긴장을 주는 역할도 하게 된다. 학생회의 활동 및 학생들의 그룹별 활동상은 별도로 기술한다.

6) 교직원회

교직원회는 이우학교의 모든 교직원이 직접 참여하여 학교운영 현안을 토의하고 의결하는 기구로서, 교직원 문제에 관한 한 최고의 권위를 갖는 기구다. 그만큼 교직원회의 결정은 높은 수준의 구속력을 갖는다.

통상 교직원회는 학교운영에 관한 중대 사안으로 판단되는 현안이 발생하는 경우 소집된다. 예컨대, 학교의 법적 정체의 변경과 관련된 사안, 학교의 지배구조 변경과 관련한 제안, 학교운영에 심대한 영향을 끼치는 정책사업 수탁 문제, 학교 교육과정의 전면적 개정, 그리고 교직원의 인사 및 후생복지와 관련해 통일된 의견이 필요한 경우 등에 소집된다. 교직원회의가 소집되면 학교장은 제출된 안건의 배경, 성격, 내용, 향후 전망 등에 대해 상세하게 보고하고, 참여 교직원들의 질문에 성실히 답변해야 한다. 또한 교직원들이 토의에 필요한 기초자료를 요구하는 경우, 성심껏 자료를 제출해야 한다.

교직원회의 소집 주체는 학교장, 교원인사위원회, 대표자회 등 다양하다. 학교장이 학교운영에 필요하다고 판단하는 경우 소집을 요청할 수 있고, 교원인사위원회에서도 인사관리 및 복지 사안이 있는 경우 소집을 요청하게 된다. 그리고 대표자회에서는 교육과정 운영상의 문제로 전체 교직원의 중지가 필요한 경우 소집을 요청할 수 있다.

이우학교에서 전체 교직원회의가 교직원의 의사결정기구 중 최고의 권위를 갖는 이유는 그것이 특정 개인에 의한 '권위적 지배'가 아니라 전체 교직원의 '집단적 지배'에 의해 학교가 운영되도록 만드는 핵심장치이기 때문이다. 특히 교직원회의는 교직원 각자가 학교의 주인임을 확인시키는 기제이기도 하다. 모든 교직원이 동등한 지위를 갖고 참여한다는 점에서 그렇다.

7) 교원인사위원회

교원인사위원회는 이우학교 교사들의 문제를 다루는 최고기구다. 교원인사위원회는 교직원의 일상적 인사관리 및 후생복지 문제를 결정할 수 있는 권한을 갖는다. 구체적으로 신임교원의 충원 및 평가, 휴직 및 복직의 판정, 업무분장 및 역할의 부여, 교직원 근무실태 파악 및 개선안 제출, 개별 교사의 자율연수 신청에 대한 동의 여부 판단 등에 대한 권한을 행사한다.

〈교원인사위원회 규정 상의 인사위 기능〉

1. 교감 임용 대상자 추천
2. 교감 자격연수 대상자 추천에 관한 사항
3. 교원 임용 대상자 추천에 관한 사항
4. 보직 교사 배정에 관한 사항
5. 학급 담임 배정에 관한 사항
6. 교무 업무 분장에 관한 사항
7. 포상대상자 추천에 관한 사항
8. 연수대상자 추천에 관한 사항
9. 수석교사 대상자 추천에 관한 사항
10. 공립특채 대상자 추천에 관한 사항
11. 원로교사에 관한 사항
12. 대학원 진학에 관한 사항
13. 기타 학교장 및 위원장이 필요하다고 인정하는 사항
14. 기타 교사회에서 위임된 인사 행정에 관한 사항

인사와 복무에 관한 중요 사안을 다루는 만큼, 교원인사위원회는 민주적인 절차를 통해 구성되고 운영된다. 인사위원회는 모두 9인으로 구성되는데, 이 중

교장과 중·고 교감 2인은 당연직으로 포함된다. 그리고 나머지 6인에 대해서는 전체교사회에서 무기명 비밀투표로 선출하되, 대표성의 균형을 고려하여 인사위원회에 여성 교원이 2인 이상 참여하도록 규정되어 있다. 특히 다양한 여론을 학교운영에 반영한다는 차원에서 인사위원의 연임을 금지하여 다수의 교원이 순차적으로 인사업무의 책임주체가 될 수 있도록 제도화하고 있다.

학교 설립 이후 지금까지 교원인사위원회는 이우학교의 민주적 지배구조를 공고히 하는 데에 크게 기여해 왔다. 그러나 운영이 미숙하거나 대의 기능이 충분하지 못했던 경우도 없지 않았다. 교원인사위원회의 결정이 교원 다중의 정서에 부합되지 않았던 문제, 절차의 엄정성이 지켜지지 못했던 문제, 그리고 인사관리에 대한 학습이 부족해서 빚어진 교사 선발상의 오류 등이 그런 사례에 해당한다. 대표적인 예가 '규정을 넘어선 특성화교사의 선발'[7], 그리고 '법적 문제를 내포하고 있던 수습교사제 운영'[8] 등이었다. 이러한 문제로 야기된 갈등을 극복하는 과정 자체가 학교와 교사들에게 중요한 학습기회였다. 실수와 미숙함을 통해 이우의 학교민주주의가 현재와 같이 진일보 할 수 있었기 때문이다. 이런 점에서 지난 10년간의 교원인사위원회 운영은 이우의 아픔과 성장을 동시에 보여준다.

8) 교사 대표자회

대표자회는 학사운영의 책임기구로서 대의기구와 집행기구의 성격을 동시에 갖고 있다. 교장과 교감, 그리고 업무팀장(교무부, 학생부, 정보부, 연구부), 학년팀장(중·고 각 학년)이 당연직으로 참석하고, 필요에 따라서는 업무담당교사 및 학생회 임원도 참석할 수 있다.

대표자회는 매주 1회(주로 월요일 오후) 개최되며, 회의를 통해 학사운영에 대한 협의와 공유, 학교행사 계획 및 역할분담 안내, 교육과정 운영에 따른 업무팀 간의 협조, 각 학년의 학생 및 학부모 상황에 대한 공유 등을 하게 된다. 특히 각 학년팀장들은 학년 교사들이 학교에 대해 요청하는 사항이나 학년 학생회가 교사회에 요구하는 사항 등을 전달하기도 한다. 학사내용과 업무협조 범위, 그리고 공유내용의 중요성 등에 따라서 중·고 대표자가 회의를 함께 하거나 혹은 중고등학교별로 분리하는 등 탄력적으로 운영한다. 그리고 업무에 대한 협의와 공유과정에서 깊이 있는 토론이 필요한 의제가 제기되는 경우에는, 해당 의제를 연구하기 위한 별도의 TF를 구성해 운영하기도 한다. 이런 점에서 대표자회는 이우학교 학사운영에 관한 플랫폼 구실을 하는 제도적 장치라고 할 수 있다.

9) 교사 업무단위별 협의회

이우학교 자치구조 중에서 풀뿌리 구조에 해당하는 것은 업무 단위별 자치회다. 중·고 각 업무단위별 협의기구(교무, 학생, 연구) 및 교과협의회, 교육과정협의회, 생활지도협의회 등이 이에 해당한다.

　각 학년팀은 학년팀장과 반별 담임 중심으로 구성된다. 그리고 업무별로는 교무담당, 학생담당, 연구담당 등으로 구분된다. 따라서 각 학년팀의 업무 담당자는 필요에 따라 업무팀장이 소집하는 협의회에 참여하게 된다. 즉, 교무팀장은 업무협의를 위해 각 학년 교무담당자들이 참석하는 협의회를 개최할 수 있고, 연구팀장 역시 연구 업무의 계획과 실행상의 문제를 협의하기 위해 같은 형식의 협의회를 운영할 수 있다. 이런 협의회를 통해 실무 차원의 세세한 내용들이 구체적으로 결정되고 또한 집행 결과가 확인된다.

　'교과협의회'는 교과 교육과정 운영에 대해 협의하고 결정하는 단위다. 교과협의회는 같은 교과의 교사들로 구성된다. 교과협의회는 구체적으로 교과 교육과정의 목표, 학년별 성취수준의 결정 및 진단, 평가방향과 형식의 결정, 교과목 배열, 교과목간 통합 운영, 교과목 담당자 결정 등에 관한 사항을 결정하게 된다. 특히 교과 교육과정의 재구성을 위한 방향 및 실행전략 등에 관한 사항도 교과협의회가 다루어야 할 중요 내용이다. 이런 점에서 이우학교 교육과정에 나름의 독특함과 고유함이 있다면 그것은 바로 교과협의회 운영의 결과라고 할 수 있다.

'교육과정협의회'는 학교 차원의 교육과정 편성안을 결정하거나 운영원칙을 결정하는 협의기구다. 이 협의회는 교과부장, 업무팀장, 그리고 필요에 따라서는 학부모 및 학생대표를 망라해서 구성된다. 통상 교육과정 편제안을 구성하기 위한 사전 협의, 즉 학교철학의 확인 및 공유, 학교철학을 교육과정에 반영하기 위한 모델 구성 및 시뮬레이션, 체험활동의 성과분석 및 교육적 타당성 등을 검토한다. 그리고 교육과정협의회에서 교육과정에 대한 학교구성원들의 다양한 요구(학생, 학부모 요구)를 확인하고, 이들 요구를 어느 수준까지 반영할 것인가를 결정한다. 즉, 학교(교사)가 감당할 수 있는 역량을 확인하고, 어느 수준에서 교육과정을 구성할 것인가를 최종 판단하는 것이다. 물론 교육과정협의회는 교육과정에 대한 학내 홍보 및 연수 기능도 맡는다.

'생활지도협의회'는 학생생활에 관한 가이드라인 설정 및 학생생활 사안 발생 시 지도·처방에 관한 사항을 결정하는 협의기구다. 생활지도협의회는 교장, 교감, 학생팀장, 학년팀장, 해당학생의 담임교사, 그리고 학부모대표로 구성된다. 필요한 경우에는 학생대표를 참여시키기도 한다. 이우학교에서는 관습법으로 설정된 '3불(不)' 규정이 있다. 즉, 교육공간에서의 흡연 및 음주, 그리고 일체의 폭력행위를 금한다. 만약 이 3불(不) 규정을 어기는 사례가 발생하는 경우, 생활지도협의회에서 해당 학생의 상황적 특성을 고려하여 교육적 처방을 한다. 따라서 유사한 사안이라 하더라도 학생에 따라 그 처방과 내용에 차이가 있을 수 있다. 학교가 이렇게 특성별 처방이라는 '일관되지 않는 운영' 원칙을 고수하는 것은 바로 생활지도협의회를 학생사안에 대한 솔루션 개발 공간으로 활용하겠다는 의지를 갖고 있기 때문이다. 생활지도협의회는 그밖에도 학생복지 및 자치활동과 관련한 사항 등도 폭넓게 다룬다.

10) 이사회와 교사 업무조직 간 협업구조

이우학원 이사회는 이우교육공동체(설립자)로부터 위임받아 이우학교를 운영하는 법적 책임기구다. 그러나 실제로 이우학원 이사회는 학교운영 권한의 상당 부분을 다시 교사회에 위임하고 있다. 인사관리(교원선발, 학교 간 발령, 휴직 및 복직 등)에 관한 권한 대부분은 교원인사위원회가 위임받아 행사하고, 이사회에서는 사후 보고를 통해 승인한다. 그러나 몇몇 인사업무에 있어서는 교사회와 협업을 통해 공동운영한다.

대표적인 예가 정교사 선발업무다. 교원 수요가 발생하는 경우, 학교장은 교원인사위원회의 결정을 바탕으로 이사회에 정교사 초빙을 요청한다. 이사회에서는 학교장 요청 사항의 적격 여부를 판단한 다음, 그 결정사항을 통보한다. 만일 학교장의 요청이 승인되는 경우라면, 교원인사위원회는 초빙 공고안을 확정하고 이를 이사회 심의를 거쳐 공지하게 된다. 그리고 지원자의 서류전형 과정에서부터 면접 및 수업 시연, 그리고 최종 적격자 선발회의에 이르기까지 2인의 이사가 참여하여 권한을 행사하게 된다. 물론 전형 절차의 전 과정에는 교원인사위원회 위원, 해당 교과의 교사(복수)가 참여하게 된다.

이러한 인사업무 협업은 이사회와 교사회의 신뢰 관계를 바탕으로 하며, 또한 협업을 통해 공적 판단이 가능하다는 믿음을 전제로 하고 있다.

11) 교장선출위원회

이우학교 교장 선출과정은 이우의 협치정신을 압축적으로 잘 보여준다. 이우학교 교장은 학교구성원은 물론 지역인사까지 포함하는 교장선출위원회를 통해 선출되고, 이사장이 임명한다. 통상 사립학교는 설립자나 이사회에 의해 학교장이 임명되는 경우가 많은데, 이에 비하면 이우학교는 구성원에 의한 상향식 선출

방식을 운영하고 있는 것이다.

우선 교장선출위원회 구성을 보자. 이 위원회는 이사회 이사 전원, 동수의 교사 대표('콘클라베' 방식의 민주적 선출), 학교운영위원회 학부모위원 5명, 학교운영위원회 지역위원 2명을 포함하여 모두 29명으로 구성된다. 교장 입후보자는 정해진 절차에 따라 비전보고서를 제출하고, 이를 토대로 각 주체별 간담회를 갖는다. 간담회 이후에는 교장선출위원회의 심층면접 및 토론회를 거친 다음, 표결에서 선출위원 과반수 참석에 참석자 과반수의 득표를 얻어 교장으로 선출된다.

이런 일련의 과정을 통해 교장 입후보자의 학교철학, 교육적 열정, 비전 실현 가능성 등이 검증되고, 다른 한편에서는 학교구성원의 기대와 요구를 확인하게 된다. 결국 이우학교에서의 교장선출 과정은 특정한 능력자를 선별하는 과정이라기보다는 학교운영에 대한 집단적 지혜를 모아나가고, 이를 어떻게 실현할 것인지 아이디어를 집적하는 과정이라고 할 수 있다. 이런 절차를 거쳐 제1대(2003년)와 제2대(2006년) 교장으로 정광필 선생이 선출되었고, 제3대(2010년) 교장으로는 이수광 선생이 선출되어 2013년 현재에 이르고 있다.

지금까지 살펴본 이우학교 각 조직과 단위의 상호연관성은 아래 그림과 같이 정리할 수 있다.

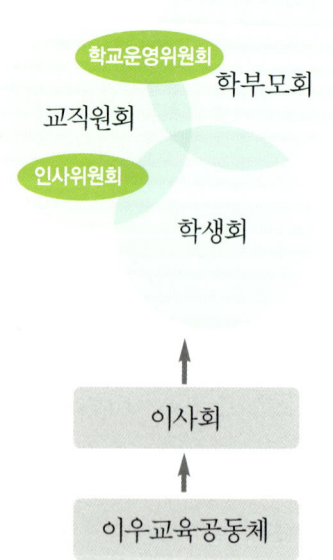

요컨대 이우학교 운영구조는 상호유기적 중첩구조다. 특정 주체나 단위가 지배적인 힘을 발휘하는 것이 불가능하다. 상호 간에 적정한 긴장과 견제 관계를 유지하기 위해 권한을 균형 있게 배분하고, 그 속에서 각 주체가 공동주인으로서의 책임과 역할을 다할 수 있도록 구조화한 것이다. 이런 점에서도 이우학교 운영구조는 공동체성을 섬세하게 제도화한 미래형 모델이라고 할 수 있다.

1) 〈2003년 교육계획서〉 14쪽

2) 블록제 수업을 초기에는 모든 과목에 적용했다. 하지만 블록제가 가진 장점에도 불구하고 한계도 있었다. 특히 학생들과 자주 만나 훈련해야 하는 교과목의 경우에는 그러한 경향이 짙었다. 그래서 영어, 수학과 같은 일부 교과들은 블록제를 해제하고 다시 45~50분 수업으로 돌아가기도 했다.

3) 분기 집중제 역시 초기에는 모든 과목에 적용했다. 하지만 특정 분기에 특정 교과목을 집중적으로 학습한다는 것은 학생들에게 과부하를 가져왔다. 즉, 과학 교과 같은 경우 특정 분기에 주당 5블록(10시간) 수업을 진행해야 하는 상황이 되었다. 이는 교사들에게도 장기적 학습계획을 수립해 학생들의 역량을 점진적으로 키워가는 방법을 포기해야 하는 상황이 되었다. 그로 인해 학기 집중제로 전환되었고, 일부 교과에 대해서만 분기집중제를 실시하게 되었다.

4) 2012년부터 이우고등학교에서는 학점제로 교육과정을 운영하고 있어 학생들이 1학년부터 교과를 선택할 수 있게 되었다.

5) 이 구조는 학년팀과 교무팀이 상호 신뢰 속에 협업을 하고자 하는 노력을 전제하고 있다.

6) 정광필, 『이우학교이야기』, 갤리온, 59쪽

7) 이우학교는 개교 초기부터 특성화 교육과정의 안착을 위해 각 영역의 역량 있는 선생님들을 교사로 초빙했다. 이러한 시도는 애당초 법제도와 마찰을 빚을 소지가 있었다. 국가가 승인하는 자격제도, 그리고 국가가 허용하는 교육과정의 자율권 범위 등과 충돌할 수 있었기 때문이다. 이로 인해 적지 않은 혼란이 있었고, 이를 극복하는 과정도 간단치 않았다. 일부 특성화 교사는 이우가 아닌 다른 길을 선택했고, 일부는 몇 년간의 우여곡절 끝에 제도적 요건을 충족시키고 안착해 현재에 이르고 있다.

8) '수습교사제'는 정교사로 초빙된 교사에 대해 1년간의 근무 상황을 평가해 정교사 임용 여부를 판단하는 제도다. 이 제도는 법적으로 보장되는 교사의 신분보장 규정과 충돌하는 요소를 안고 있었다. 즉, 타학교 경력이 있는 교사를 초빙하는 경우, 법적으로는 정교사의 지위를 부여하고 내적으로는 1년 후에 평가결과에 따라 '권고사직'을 요구하는 형식이었기 때문이다. 문제는 수습교사가 권고사직을 수용하지 않는 경우, 학교 차원에서 어떤 강제 조치도 취할 수 없었다는 점이다. 2007년 이러한 문제가 현실화되어 여러 해 동안 학교의 결정이 희화화되는 경우가 있었다. 이러한 문제를 극복하기 위해 2012년 교원인사위원회는 수습교사제 운영방안을 수정했다. 수정의 핵심은 1년 수습의 결과를 인사문제와 연결시키지 않는 대신, 인사위원회의 청문회를 통해 이우교사의 정체성을 확인하는 방식으로 수정한 것이다.

학생자치:
자율 속에서 찾는 희망

학생들이 스스로 주도하여 기획하고 실행하는 일련의 과정을 만들어보자는 목적으로 학급/학년 자치시간, 학생회, 동아리 활동, 체육대회, 축제, 각종 학생기획프로젝트 등의 활동이 중요한 교육과정으로 배치됐다. 이런 활동을 통해 학생들이 학교생활을 하면서 겪는 갈등을 함께 해결해 보고, 축제나 체육대회 같은 행사를 스스로 기획·집행하며, 동아리를 직접 만들어 운영해 봄으로써 험난하고 지난한 21세기 사회에서 스스로 그리고 함께 살아갈 역량을 갖출 수 있다고 보았다. 삶의 역량을 신장하는 것, 민주시민이 되기 위한 소양과 역량을 키우는 것 못지않게 학생 자치는 자치학교의 모델을 만든다는 차원에서 중요했다.

예술주간 행사 때 자리를 함께 한 이우학교 학생들(2012)

1. 학생자치의 관점[1]

이우학교는 '21세기의 더불어 사는 삶을 실천하는 인간', 즉 '더불어 사는 사람', '자주적이고 자율적인 사람', '창조적 지성인', '머리 가슴 손발이 조화롭게 발달한 사람'을 교육이념으로 삼았다. 이러한 인간상을 구현하기 위해 교과, 비교과, 일상적 문화의 세 영역에서 보다 구체적인 교육과정과 프로그램을 기획했다.

수업을 통해서 위와 같은 역량과 가치가 신장될 수 있도록 교과 교육과정을 재구성하고 학생들의 연구, 발표와 토론의 비중을 높이고 다양한 체험, 경험 등의 활동을 배치했다.

그러나 무엇보다 그런 역량을 신장하기 위해서 학생들이 집중적으로 몰입해서 활동할 수 있는 여건을 만드는 것이 중요했다. 결과적으로 학생들이 스스로 주도하여 기획하고 실행하는 일련의 과정을 만들어보자는 목적으로 학급/학년 자치시간, 학생회, 동아리 활동, 체육대회, 축제, 각종 학생기획프로젝트 등의 활동이 중요한 교육과정으로 배치됐다.

이런 활동을 통해 학생들이 학교생활을 하면서 겪는 갈등을 함께 해결해 보고, 축제나 체육대회 같은 행사를 스스로 기획·집행하며, 동아리를 직접 만들어 운영해 봄으로써 험난하고 지난한 21세기 사회에서 스스로 그리고 함께 살아갈 역량을 갖출 수 있다고 보았다.

삶의 역량을 신장하는 것, 민주시민이 되기 위한 소양과 역량을 키우는 것 못지 않게 학생 자치는 자치학교의 모델을 만든다는 차원에서 중요했다. 자치학교란 구성원이 공동의 주인의식을 바탕으로 학교를 민주적으로 운영하는 형태를 말한다. 이우학교는 학생, 학부모, 교사를 학교운영의 공동주체로 설정하고 이들 세 구성원의 협치를 통해 학교를 운영하는 모델을 만들고자 했다.

학생들의 주체적이고 자발적인 목소리가 살아나 이들의 문제의식과 고민이 학교 운영에 적극적으로 반영되고 학생들 또한 하나의 주체로서 책임의식과 주인의식을 고양해나가는 과정이 바로 학생자치의 중요한 목적 가운데 하나다.

한편, 간디학교, 풀무학교와 같은 학교들의 선례가 이우의 교육과정을 설계하는 데 도움이 되었다. 개교 전 이우는 간디학교와 풀무학교를 여러 차례 방문해 그들의 경험담을 듣고, 이를 바탕으로 학생자치에 대한 밑그림을 그려 나갔다.

이때 마련된 학생 자치활동의 밑그림은 다음과 같다.

가. 원론에 해당하는 학생생활 규정을 미리 제정하되, 학생생활 세칙은 학년별로 총회에서 아이들과 선생님이 함께 정한다.

나. 총학생회와 별도로 학년 학생회를 꾸린다. 총학생회는 학생 전체의 현안을 해결하고, 학년 학생회는 학년 단위의 학생생활 현안을 해결한다. 학급회는 학생자치의 기본단위로서 학급 단위의 현안을 해결함과 동시에 학교 혹은 학년 현안에 대한 학급 아이들의 의견을 수렴한다. 또 학급 아이들의 건의사항을 대의원을 통해 학년 혹은 총학생회에 전달한다.

다. 폭력이나 집단 따돌림 등에 대해서는 단호한 입장을 밝힌다는 차원에서 학년 총회를 열어 그 대책을 협의한다.

라. 취미, 학술, 봉사, 사회참여 등 각종 동아리 활동을 장려하고 지원한다.

2. 총학생회

● **이우중학교 개괄**

　　　　　　　　　　　　　　　이우중학교에서는 2005년도에 총학생회가 출범했다. 2003년 개교 때부터 2004년까지는 학년학생회가 학생자치를 맡았고, 중학교 총학생회는 조직되지 않았다.

　2005년도 총학생회: 첫 총학생회장은 이종은이었다. 이 총학생회는 학생생활의 여러 가지 문제들을 캠페인과 행사 위주로 해결하려고 노력했다. 각종 문제의식을 갖고 이를 해결하기 위해 애쓰기는 했으나 아직 총학생회의 역할에 대해서는 깊이 있는 논의와 자각이 부족했으며 자치의 경험과 훈련도 부족했다. 그 연장선상에서 2006년과 2007년에는 총학생회가 뚜렷한 활동을 벌이지 못했다.

　2008년, 2009년 총학생회: 2008년도에는 한지훈이, 2009년도에는 황명현이 각각 학생회장을 맡았다. 이 무렵에는 과거 불분명했던 총학생회의 역할을 바로 세우려는 노력이 있었다. 캠페인을 벌이고 이벤트를 기획하는 수준에서 벗어나 총학생회가 어떤 역할을 해야 하는지를 근본적으로 숙고하는 시기였다. 즉, 중학교 학생회(총학생회, 학년학생회, 학급회)의 조직 정비와 역할 세우기가 이뤄진 시기였다.

　그 이전 학생회 운영의 문제는 기본적으로 대의원회나 학급회의 운영이 제대로 이뤄지지 않았다는 점이다. 학생 임원들에게 안건을 상정하고 토의하며 이를 집행하는 역량과 훈련과 경험이 부족했고, 자치에 대한 교사의 역할도 소극적이었기 때문이다.

　이러한 문제의식을 바탕으로 2008년도에는 매주 총대의원회의가 열렸다. 총대의원회의는 각 반별, 학년별로 제기된 안건을 토의하는 자리였다. 이 회의가 원활하게 이뤄지기 위해서는 반별 학급회의와 학년별 대의원회의가 제대로 운영되어야 했다.

4월 전체 학생총회에서는 대의원들과 총학생회가 본인들의 사업계획을 발표하고 전체 학생들에게 인준 받는 절차를 거쳤다. 이런 일련의 과정을 통해 각 단위의 역할이 뚜렷해지고 서로 간에 소통하고 대화하며 문제를 함께 풀어가는 학생자치의 구조가 정비될 수 있었다.

그동안 학년 학생회와 총학생회는 일종의 견제 관계였다. 함께 문제를 해결하는 동반자 관계를 맺기가 쉽지 않았다. 총대의원회를 통해 서로가 소통하며 문제해결의 동반자 관계를 구축할 수 있었다. 총학생회도 동료들의 현재 상황을 예민하게 읽기 위해 노력하게 되었다.

또한 학년학생회 집행부가 폐지됐다. 기구의 난립으로 의사소통이 방해 받는 것을 방지하기 위한 것이었다. 이 시기에는 처음으로 교장선생님과 총학생회의 간담회 자리가 마련되기도 했다.

학생들의 자치역량을 신장하기 위해 축제를 총학생회가 '주최'하되 별도의 준비위원회가 '주관'하는 방식을 도입했다. 그러나 총학생회가 학생들의 주요 행사인 축제로부터 소외되지 않도록 축제준비위원장은 총학생회장이 맡고 자율적으로 원하는 학생들이 준비위원회에 들어와 활동할 수 있도록 했다.

이 시기에는 '1인 1동아리'가 제도적으로 정착된 시기이기도 했다. 여러 동아리가 난립하고, 한 학생이 여러 동아리에서 활동함으로써 깊이 있는 활동이 어려워진 현실을 극복하기 위한 것이었다.

2010년도 총학생회: 이 해의 학생회장은 김보경이었다. 기존의 학생회 운영 구조와 문화를 유지하면서 학생회 기획 아래 몇 가지 새로운 프로그램이 운영되었다. 학생들의 자기책상 관리를 위한 '책상 및 방석 실명제', 총학과 일반학생들 간의 소통을 위한 'MC동아리' 운영(학생들의 관심사를 반영하면서도 총학에서 이야기하고 싶은 주제 표현), 학교 밖의 어려운 사람들을 돕기 위한 바자회 운영 등 몇몇 프로그램을 도입했다.

특히 학교생활에서 발생하는 문제들(욕설, 낙서, 공동물품 관리, 학생관계, 도서관 사용 등)을 공유하고 해결하기 위해 노력했다.

총대의원회의에서 좀 더 밀도 있는 소통이 이뤄질 수 있도록 노력했고, 총학생회는 사업을 기획할 때 반드시 총대의원회와의 협의를 거쳤다. 총학생회·학년학생회·학급회의 간의 의사소통 흐름이 나름대로 정착된 것이다.

이 시기에는 교사들을 중심으로 축제에 대한 새로운 문제의식이 싹트기 시작했다. 기존의 축제가 형식적으로 변해간다는 우려 속에 축제에 대한 새로운 아이디어와 영감을 얻고자 노력했다. 가령, 학년 초에 축제에 대한 전체 학생의 아이디어를 공모하자는 것 등 새로운 의견이 많았다. 그러나 아쉽게도 이러한 축제의 변화에 대한 욕구와 고민은 그 뒤에 지속되지 못했다.

2011년도 총학생회: 김호수 학생회장을 중심으로 구성된 이 시기의 총학생회는 사회참여적인 활동을 기획하고 실행하는 데에 주력했다. 고등학교 학생 위주의 인권환경주간을 중학교에서도 실시했다. 행사를 기획하고 수익금을 인권단체에 기부했으며, 그 뒤에도 인권 문제에 대한 학생들의 관심을 환기하기 위해 다각도로 노력했다.

이 무렵 중학교에서 처음으로 '수업간담회'가 운영됐다. 이 자리는 수업에 대해 교사와 학생이 서로 진솔하고 의미 있게 소통하는 기회였고, 이를 통해 '좋은 수업 만들기'에는 교사와 학생 공동의 노력이 필요하다는 인식이 확산됐다.

2012년도 총학생회: 이 때의 학생회장은 홍세희였다. 총학생회가 기존 운영의 틀과 내용을 유지하는 가운데 활동은 다소 소강사태에 머물렀다.

이우중학교 총학생회의 역사는 학생회의 근본적인 역할과 의미를 모색하고 학생회의 존재를 체험하고 이해하기 위해 노력해 온 역사다. 총학생회가 어떤 역할을 해야 하는지, 각 단위(학급회, 학년대의원회, 총학생회)는 어떤 역할을 수행해야

제2회 학생회장 선거를 위한 토론회(2004)

하는지, 각 단위는 서로 어떻게 소통해야 하는지를 구체적인 상황 속에서 찾아가는 과정이었다.

지금까지와 마찬가지로 앞으로도 중학교 총학생회는 학교의 공동 주인으로서의 역할을 찾고, 보다 적극적으로 학생들의 고민과 문제의식을 수렴해 이를 함께 해결하기 위해 노력해 갈 것이다. 그 과정에서 총학생회는 학교의 주인으로서 더욱 분명한 자기 역할과 자리를 찾아 갈 수 있을 것이다.

● 이우고등학교 개괄

이우학교는 개교 초기의 혼선, 교사와 학생의 자율·자치경험 부족 등의 문제로 어수선한 가운데 제1기 이우고등학교 총학생회(2003년)를 출범시켰다. 제2기 총학생회(2004년)에 이르러서야 학생회의 구조와 틀이 갖춰지기 시작했고, 축제준비위원회와 체육대회준비위원회 등 각종 준비위원회가 학생 주도로 꾸려진 것도 이 때였다. 제1, 제2기 총학생회는 초기의 구조와 틀을 만드는 데 주력했고, 이는 그 뒤 총학생회 운영의 기초가 되었다.

제3기 총학생회(2005년)는 그 이전의 운영 경험을 살려 집행력을 강화하고 학생들을 계도하는 데 주력했다. 이 시기에 이르러 총학생회와 학년학생회가 분리되어 운영되기 시작했고 지금까지 이 구조는 그대로 유지되고 있다.

제4기 총학생회(2006년)는 제3기 총학생회의 학생계도 활동을 일정 정도 받아들이며 강력한 집행력을 통해 생활 자치를 시도했다. 제4기 총학생회는 집행부 구성과 운영에서 자발적이고 적극적인 학생들의 참여로 활발하고 역동적인 힘을 보여주었다. 이 시기에 이우학교 처음으로 학생자치법정이 운영되어 학생들의 문제를 스스로 법정이라는 형식을 통해 해결하려고 노력했다. 또한 동아리 활동도 활발하고 적극적으로 이루어졌다.

제3, 제4기 총학생회는 학교생활 및 일상에서 일어나는 문제들을 학생 스스로의 힘으로 해결하고자 적극적으로 노력했고, 이는 학생자치를 생활의 영역으로 확장하는 결과를 낳았다.

제5기 총학생회(2007년)는 제3, 제4기의 적극적인 총학생회 역할보다 학생 자치의 근본 의미를 되물으며 총학생회의 본질적인 역할에 대해 심사숙고했다. 이 시기의 중요한 특징은 의사결정 구조를 효율화하기 위해 학년학생회의 집행부를 축소하거나 폐지한 점, 학생자치 법정의 문제를 근본적으로 고민하며 중요한 학생 현안을 처리하기 위해 교사대표와 학부모대표로 구성되는 '학생생활협의회'를 구성한 점 등이다.

이때의 총학생회는 앞선 두 해와 달리 학생들을 앞에서 이끌어가는 것보다 학생들의 이야기를 끌어내고 공통의 고민과 문제를 발견해 함께 해결해나가는 것이 중요하다고 보았다. 총학생회의 역할에 대해 근본적으로 성찰하게 된 시기였다.

이같은 성찰에 이어 제6기(2008년)와 제7기(2009년) 총학생회는 학생들의 삶 속으로 한 층 더 파고 들어가고자 노력했다. 학생들 사이의 다양한 관계를 연결하고 학생들의 고민과 어려움을 서로 나누며 따뜻하게 소통하기 위해 필요한 일들이 무엇인지 고민했다. 이 시기에는 기존의 총학생회 사업 중 의미 있는 것들은 유지 발전시키면서도 그 속에서 학생들 간의 지지와 위로, 공감이 이뤄지도록 노력한 것이다.

제8기(2010년)와 제9기(2011년) 총학생회는 제6, 제7기처럼 소통과 관계의 관점이 아니라 학생들이 주체적인 목소리를 내는 문제에 보다 집중한 집행부였다. 이때의 총학생회는 학생들이 이우학교 운영의 중요한 주체라는 인식을 강하게 가졌으며 학생들이 현실에서 부딪치는 문제를 적극적으로 드러내야 한다고 주장했다. 학생들의 언어로 자신의 문제를 있는 그대로 드러내고 함께 풀어가고자 노력했다는 점이 이 시기 학생회의 가장 중요한 특징이었다.

제10기 총학생회(2012년)는 앞의 두 해 동안의 문제의식을 더욱 심화·확장했다. 이들은 학생회가 학교 운영의 중요한 주체라는 인식을 넘어서 실제로 학교의 공동주인으로 움직이고 대화하고 활동하려고 노력했다. 특히 이우학교의 가치와 정체성에 대해 학생들 스스로 고민하고 학습하며 찾으려고 애썼다는 점이 중요하다. 이들은 학생들의 문제의식을 적극적으로 교사회와 학부모회에 전달했고, 그런 문제들을 교사 및 학부모와 함께 해결하기 위해 노력했다.

이우고등학교 총학생회 역사에서 시기별 키워드를 추출해보면 다음과 같다.
- 제1-2기: 총학생회 역할 및 사업, 구조의 기본틀 마련
- 제3-4기: 적극적인 학생계도 및 생활자치 운영
- 제5기: 총학생회의 역할에 대한 근본적 성찰
- 제6-7기: 학생들과의 적극적인 소통과 공감
- 제8-9기: 학생들의 주체적인 목소리 내기
- 제10기: 학교의 공동주인으로서 역할 찾기

● 혼돈 상태에서 출발! [제1기 총학생회, 2003년 2학기]

개교가 예정보다 늦어져 이우학교는 2003년 9월 문을 열었다. 중고 각각 1학년 학생만 입학했다. 뚜렷한 생활규정도 없고, 교사들 대부분이 아이들의 자율·자치능력을 길러 본 경험이 없는 가운데 학교생활이 시작됐다. 수업 분위기는 어수선했고, 지각생은 속출했다. 가장 기본적인 생활예의가 지켜지지 않는 일들이 매일 일어났다. 교사들은 어리둥절했다. 그야말로 기다림과 내버려둠 사이, 이끎과 하게 함 사이에서 길을 잃은 것이다.

이 시기 학생회는 어떻게 구성되었을까? 9월에 각각 대의원과 학생회장을 선출했다. 학급이 분기별로 바뀌는 만큼 대의원의 임기는 두 달에 불과했다. 또 학생회장은 지금처럼 정당을 기반으로 출마한 것이 아니라 개인 자격으로 입후보했다. 당시 학생회장으로 출마한 학생들의 공약은 학생들 간의 따스한 관계, 즐거운 축제, 학습 분위기 개선, 학생들의 의사 대변 등이었는데, 그 구체적인 실행방안은 제시되지 않았다. 그런 상태에서 박성진이 제1기 학생회장으로 선출되었지만, 그는 새로운 상황에 적응하느라 미처 집행부를 구성할 겨를도 없이 한 학

기를 보냈다.

　이런 조건에서 한 달에 한 차례 이상 열린 학년총회(간담회)와 학급회의가 학생회 활동의 양축을 형성했다. 학년 팀 선생님들뿐만 아니라 교장, 교감 선생님도 함께 한 총회(간담회)에서 학생들은 지난 한 달간의 생활을 반성하며 개선점을 모색해 나갔다. 그런데 총회는 회의 진행이 서툴고 대부분 의사소통 능력이 일천한 가운데 교사-학생 간, 학생 상호간 난상토론으로 이어졌다. 또 장시간의 토론 끝에 어떤 결론에 도달했다 하더라도 그것은 대체로 추상적 결의에 머물렀다.

　한편 학생들은 입학하자마자 밴드, 랩, 사물놀이, 만화, 사진 등 다양한 취미 동아리를 결성했다. 그런데 학기 초 결성된 대부분의 동아리는 중복 가입과 운영 미숙으로 유명무실해졌고, 그 중에서 두어 개 정도만 명맥을 유지했다.

[성과와 과제]

　우선, 학교생활을 하면서 부딪히는 현안들을 총회에서 다루면서 학생들은 자신의 생활을 주체적으로 반성하고 공동체 생활에서 지켜야 할 규범이 무엇인지 조금씩 깨닫기 시작했다. 하지만 교사나 학생 모두 서로의 말을 공감적으로 경청할 준비가 돼 있지 않았으며, 모임의 규모가 너무 커 모든 성원들이 의사소통 과정에 동등하게 참여하기 힘들었다. 그 결과 몇몇 사람만 얘기하고 다수는 입 다무는 양상을 띠었고, 바른 말을 하는 학생은 다른 학생들로부터 비난받는 분위기가 형성되기도 했다.

　둘째, 총학생회의 집행부를 꾸려서 집행력을 시급히 강화해야 했다.

　셋째, 학급이 분기 단위로 바뀌다 보니, 학생 자치의 기본 단위인 학급회의의 안정성이 훼손되고 대의원들도 리더십을 발휘하기 어려웠다.

● 학생회의 틀을 갖추기 시작하다[제2기 총학생회, 2004년]

                    기존 1학년 학생들이 2학년으로 진급하고 신입생들이 들어왔다. 한 학년만 있을 때와는 달리 조직과 회의 시스템을 보다 정교하게 갖추었다. 또 2003년 학생자치 활동에서 드러난 문제점을 보완하려 했다.

우선, 시급히 자원자를 모집하여 집행부를 구성했다. 학생회장이 자원자를 인터뷰하여 총무 기획부, 문화체육부, 생활자치부, 환경부, 홍보부, 복지부 등 6개의 부서장을 임명했다.

둘째, 1학년은 학년회장을 선출하고, 학년회장이 집행부를 구성했다. 단, 2학년은 학년 학생회를 별도로 구성하지 않고, 총학생회가 학년 학생회를 겸임했다.

셋째, 학년 총회(간담회)를 분기당 1회 정도만 갖고 '학년 대의원·집행부 연석회의 → 학급회의 → 학년 대의원·집행부 연석회의'의 시스템을 구축했다. 간디학교의 식구총회 모형이 규모가 큰 우리 학교엔 맞지 않다고 판단했기 때문이다. 그리고 학생 전체의 현안에 대해서는 총학생회 차원에서 대처했다.

넷째, 학급을 학기 단위로 재편성함으로써 학급회를 좀 더 안정시켰다.

다섯째, 문화체육부 주관 하에 축제나 체육대회와 같은 행사 준비위를 별도로 꾸림으로써 기획·집행력을 강화하고, 문화행사나 체육활동에 관심 많은 학생들의 참여를 이끌어냈다.

당시 학생회는 '2004를 자율 정착의 해로!'라는 모토를 세우고 1) 면학 분위기 조성 2) 깨끗한 환경 조성 3) 색깔 있는 이우문화 만들기 4) 상호 존중과 신뢰, 유대감이 흐르는 관계 조성 등을 주력 사업으로 설정했다.

1) 면학 분위기 조성: 2학년에 진급하면서 일부 학생들이 토론식 수업에서 강의식 수업으로 바뀐 것에 반발하자 총학생회는 학생들과 선생님이 함께하는 간담회를 주선했다. 이 자리에서 수업에 대한 여러 얘기를 나눈 끝에, 2학년에서 강의식 수업으로 전환하지 않으면 안 될 필요성과 함께 중요한 것은 학생들의 참여 자세라는 점을 확인했다.

또한 과제를 제 때 내지 못하는 일이 없도록 학급별로 숙제 알리미를 두기로 했는데, 이 제도는 전통이 되어 오늘날까지 이어지고 있다.

2) 깨끗한 환경 조성: 먼저 자율 청소를 실천하기 위해 청소 시간 및 대청소의 날을 정하고, 학급별로 청소일지를 작성하기로 했다. 또 대청소의 날에는 환경부에서 추가 청소 구역을 제시해 주었다. 그리고 임원들이 '나부터'라는 자세로 솔선수범하기로 했다. 그런데 대청소의 날엔 어느 정도 청소가 이루어졌으나, 평일엔 잘 지켜지지 않았다. 학급별 청소일지도 흐지부지되고 말았다.

둘째, 학생들이 실내를 더럽히지 않는 게 중요하다고 판단해서 홈페이지, 벽보 등을 통해 실내화 신기 캠페인을 벌였다. 캠페인이 끝난 이후에도 실천하지 않은 학생은 총회에서 합의한 벌(하루 신발 압수)을 주기로 했다. 이를 통해 실내화를 신는 문화가 어느 정도 정착되긴 했으나 잘 지키지 않는 학생도 더러 눈에 띄었다.

3) 색깔 있는 이우문화 만들기: 우선, 동아리 활동을 활성화하기 위해 축제에 참여하는 동아리에 예산을 지원해 주기로 했다.

둘째, 색깔 있는 축제를 치르기 위해 '축제 준비위'에서 축제의 방향에 대해 토의하고, 브레인스토밍을 통해 축제의 주제를 정했다. 1학기 말엔 '뒤집어 생각하기', 2학기 말엔 '구나의 바다'가 축제의 주제였다. 또 축제 심사위원회를 두어 심사 기준에 잘 부합하는 작품에 대해 시상했다.

4) 상호 존중과 신뢰, 유대감이 흐르는 관계 조성: 동급생 간에 따뜻한 관계를 형성하기 위해, 우선 반별 MT나 통합기행, 농촌봉사 기행 등에서 성격과 취향이 다른 사람들 간에도 마음의 벽을 허물고 친밀해지도록 노력했다. 또 학교생활에 잘 적응하지 못하는 학생들에게 도움의 손길을 내밀었다. 2학년 학생들의 경우 워낙 1학년 때 같이 어울려 놀았던 경험이 있기에 학생들 간의 관계는 대체로

꿈꾸고 도전하고 함께 가다

돈독한 편이었고, 1학년 학생들도 점차 마음의 벽을 허물어 가고 있었다.

그런데 선후배 관계가 쉽게 풀리지 않았다. 일반학교에서처럼 상하 관계가 아니라 서로 존중하는 관계를 실현해야 한다고 교사들은 생각했는데, 일반학교의 문화에 젖어 있었던 학생들로서는 쉽지 않았다. 그래서 입학식 축제나 체육대회 때 선후배 간에 서로 어우러지는 마당을 만들고 마니또 제도를 실시하기도 했으나, 선후배 사이는 물과 기름처럼 쉽게 섞여 들지 않았다. 더욱이 비밀일기를 매개로 갈등과 긴장이 자주 형성됐다.

5) 새로운 선거문화 조성: 가을에 임원 수련회의 일환으로 총학 집행부와 대의원 40여 명, 교사 6명이 풀무학교를 방문했다. 풀무학교 학생회와 접촉해 본 학생회 임원들은 풀무학교의 활발한 학생회 활동과 동아리 활동에 감명을 받았다. 그뿐만 아니라 풀무학교 학생회장 후보는 정당을 기반으로 출마하고, 그렇게 해서 당선된 후보는 함께 뛰었던 당원들로 집행부를 구성한다는 말에 영감을 받았다. 이를 벤치마킹해서 제3기 학생회장을 뽑을 때에는 정당을 기반으로 선거운동을 하기로 했다. 또 선후배 간의 원활한 협력을 도모하기 위해 선거운동원 자격을 1학년, 2학년 각기 5명으로 제한하기로 했다. 학생회에서는 이를 뒷받침하는 임원 선출 규정을 새롭게 마련하고, 선거관리위원회를 조직해서 정책선거, 공명선거가 이루어질 수 있도록 신거운동 시침을 제시하고 이를 관리했다.

6) 현안 대처: 학생회는 기존 사업계획을 실행하는 것 외에도 우발적 상황에 나름대로 대처하고자 노력했다. 우선 개교 후 처음으로 터진 도난 사건에 즈음하여 믿음 회복을 촉구하는 캠페인을 벌였다. 집행부와 대의원들이 사흘간 점심 단식을 하면서 쉬는 시간마다 돌아가며 '信'자가 쓰인 피켓을 들고 침묵시위를 벌였다. 이와 함께 대의원들 몇 명이 호소력 있는 글을 홈페이지에 게시했으며 집행부에서 대자보를 작성해 붙였다.

또한 북한 룡천역 폭발 사고가 일어나자, 북한 주민을 돕기 위해 한 끼 단식을 하고 그 식대를 모아 적십자사에 보냈다. 연말에는 서울시립아동병원에 수용된 어린이들을 돕기 위한 단식 모금 운동을 벌였다.

[성과와 과제]

우선, 이우학교만의 독특한 학생 자치의 틀을 갖춰 나가기 시작했다. 즉 '총학생회·학년 학생회·학급회'라는 조직이 만들어지고 가동되었는데, 2학년의 경우 총학생회는 학년 학생회의 업무를 겸했다.

둘째, 문화체육부 주관 하에 축제 준비위원회, 체육대회 준비위원회 등을 조직하여 학생들 스스로 행사를 기획하고 예·결산에 이르기까지 행사의 전 과정을 집행했다. 이 시기 학생회는 두 번의 기말 축제와 한 번의 체육대회, 2005년 새봄맞이 축제 등 도합 네 번의 큰 행사를 치러내야 했는데, 이 과정에서 학생들의 기획력, 조직력, 끼, 행사진행능력, 협동심 등이 부쩍 자랐다. 그러나 너무 많은 행사를 치르다 보니, 학생들이 학업에 집중할 수 없었다.

셋째, 선배들이 없다 보니 자신들의 역할 모델도 없었고, 학생회 활동 방향을 잡는 데 지도교사에 대한 의존도가 높았다. 또 집행부가 정당 기반 없이 꾸려지다 보니, 학생회 임원들 내부의 팀워크가 허약했다. 그래서 결의 사항이 집행되지 않는 일도 종종 있었다.

● **강화된 집행력을 바탕으로 학생 계도에 주력하다[제3기 총학생회, 2005년]**

2005년도 총학생회는 하정과 그가 이끈 너울당원 중심으로 집행부가 꾸려졌다. 이 시기 학생회 체제의 특징은 다음과 같다.

우선, 1, 2, 3학년이 모두 채워진 완성년도라 총학생회와 학년 학생회가 완전히 분리되고, 총학생회만의 독자 사업을 강화했다.

둘째, 총학생회의 분리와 함께 총대의원회의 역할을 새롭게 정의했다. 나라의 국회처럼 총대의원회도 집행부가 제안한 사업을 꼼꼼히 심의해서 민의에 어긋나거나 무리한 사업을 예방하자는 것이었다. 그러다 보니, 작년과 달리 총대의원회가 매주 열리게 되었고, 그 결과 대의원과 임원은 매주 3회씩 회의를 하는 사태가 빚어졌다.

이 시기 학생회는 '소통', '화합', '능동' 등 크게 세 가지 방향의 너울당 선거공약을 이행하려고 노력했다. 학생들 사이의 피상적 관계와 그로 말미암은 불신(특히 학년 간)을 극복하고, 비슷한 맥락에서 선생님들과 대화의 채널을 마련하는 데 역점을 두었다.

1) 소통: 공동체의 토대는 소통이라는 문제의식에서 소통을 강화하려고 노력했다. 우선, 그 동안 '학생회 게시판'에만 올렸던 학생회의록을 일반 학생들이 이용하는 '고등학교 나눔터'(온라인)와 고등학교동 현관 게시판에도 올렸다. 그리고 어떤 사안이 있을 때마다 대자보를 붙여 학생들이 서로의 이야기를 나누도록 애썼지만 참여가 그리 활발하지는 않았다. 아마도 자신들의 의사를 대자보로 표현하는 데 익숙하지 않았을 것이다. 또한 학생들의 요구사항을 공적인 자리에서 학교 측에 직접 전달하고 그에 대해 논의했다. 그런데 학교 측의 사정과 학교 및 학생들의 관심 부족으로 흐지부지된 것도 적지 않았다.

2) 화합: 우선 '작은 가족' 제도를 신헌히고자 했다. 신후배간의 벽을 허물기 위해 '실상사 작은 학교'에서 시행하던 제도를 도입한 것이다. 처음엔 학년 당 학생 서너 명으로 한 가족을 구성해 청소와 식사를 매개로 모이고자 했으나, 가족 수가 너무 많아 자주 만나기 어려웠다. 그래서 2학기엔 학년 당 한두 명으로 가족 수를 조정했더니, 전처럼 화기애애한 분위기가 살아나지 않았다. 2005년 말까지 모임이 잘 유지된 가족은 1/5에 불과했다. 아무래도 이 제도는 학년마다 시간표도 다르고 학생들이 뿔뿔이 흩어져 사는 우리의 조건에 맞지 않았던 것으로 보인다. 하지만 선후배 간의 긴장 관계는 상당히 완화되었다.

또한 비밀일기를 폐쇄하는 대신 댓글 실명제를 실시하는 것을 공약으로 제시했다. 그런데 기술적 문제로 댓글 실명제가 실행되지 못하는 사이에, 비밀일기에 심심찮게 비방글, 도배글이 올라왔다. 그래서 이 문제에 대해 학급회의, 총회 등에서 여러 차례 논의하는 한편 집행부와 대의원은 '비밀일기 정화'를 내걸며 집단 피케팅을 하기도 했다. 그 결과 도배성 글은 줄었지만 인신공격성 글은 여전히 줄지 않았다.

3) 능동: 우선 동아리 연합을 결성해 동아리에 대한 실질적 지원을 강화하기로 했다. 그 일환으로 재정 지원 절차를 간소화하고, 합리적인 수익 사업을 허용해 줄 것을 학교 측에 건의했다. 한 동아리의 공연을 계기로 동아리 수익사업 기획안을 만들어 교사회의 승인을 받았다. 그래서 축제기간에 동아리가 합리적인 가격대에서 수익 사업을 전개할 수 있었다.

그뿐만 아니라 그때그때 제기된 현안에 대해서도 적극 대처했다. 학생들의 인사 예절이 문제로 대두되자 인사하기 캠페인을, 비밀일기 문제가 심각해지자 비밀일기 정화 캠페인을, 청소 문제가 개선되지 않자 청소하기 캠페인을 각각 전개했다. 중·고 학생회 임원과 대의원들이 돌아가며 30분 정도 일찍 등교해 중학교 동 앞에서 피케팅을 했다. 또 도난 사건에 대해서도 교사회와 보조를 맞추며 발빠르게 움직였다. 학급회의, 홈페이지와 대자보를 통한 호소, 잃어버린 금품을 돌려주자는 취지의 모금운동, 산행 등등. 그런데 2006년도부터 학생들은 도난 사건에 대해 아예 신고를 하지 않았다. 말해 봤자 문제는 해결되지 않고, 골치아픈 일만 생긴다는 피해의식 때문이었다.

[성과와 과제]
당을 기반으로 구성된 학생회였기 때문에 집행력이 많이 강화되었다. 우선, 축제나 체육대회와 같은 행사를 더욱 알차게 꾸렸다. 행사준비위원회에 참여하는 학생들도 늘어났고, 기획과 행사 진행 모두 한결 세련됐다. 둘째, 동아리 연합을 만들어 동아리 활동을 적극 지원했다. 이는 당시 고2 학생들의 왕성한 활

동력과 결합해서 동아리 활동의 전성기를 가져왔다.

한편 2005년도 학생회는 불안정한 구조를 띠고 있었다. 총대의원회와 집행부의 관계를 나라의 입법부, 행정부와 비슷한 관계로 설정하면서 총대의원회는 학생회 집행부가 제안한 사업을 일일이 심의하려 했다. 그러다 보니, 일처리가 2주 이상 걸렸고, 서로 간에 견제 심리마저 발동했기 때문에 사태는 좀 더 복잡하게 꼬였다. 또한 이 시기 학생회는 일반 학생들의 요구를 수렴해서 학교 측에 대변하려 애쓰기도 했지만 현안이 생길 때마다 학생들에게 뭔가를 일깨우고 계도하려고 노력했다. 그에 대해 일부 학생들은 '학생회가 교사들의 하수인이냐?'는 냉소를 보이기도 했다. 더욱이 비밀일기, 도난 사건 등을 놓고 벌어진 지루하고 소모적인 회의는 상당수 학생들에게 회의에 대한 부정적 태도를 초래함과 동시에 학생자치 활동에 대한 신뢰를 떨어뜨리기도 했다.

● **강력한 집행력을 바탕으로 생활 자치를 넘보다[제4기 총학생회, 2006년]**

2006년도 총학생회는 퐁당의 당수였던 김현명을 중심으로 집행부가 꾸려졌다. 퐁당과 상대당의 활동력이 왕성했던 친구들이 집행부에 포진함으로써 제4기 학생회는 출범 초부터 큰 기대를 모았다.

우선, 이 시기 학생회는 '총학생회·학년 하생회·학급회의'의 기본들을 유지했다. 매주 월요일 1블록에 자치활동 시간이 확보되면서 학급회의가 보다 안정적으로 열렸다.

둘째, 총대의원회는 집행부가 내놓은 사업계획을 심의하는 것에 머물지 않고 민의를 수렴해 새로운 정책이나 사업안을 제시하는 쪽으로 자신의 역할을 넓히려 했다.

셋째, 총학생회는 사법부, 학습부, 동아리 관리부를 신설해 새로운 사업에 도전했다. 특히 사법부는 학생들의 생활을 학생 스스로 규제하려는 취지에서 신설된 부서로 그 활동은 이 시기 뜨거운 감자가 되었다.

넷째, 집행부서에 따라 부장을 두 명 두거나 고문을 두어 집행력을 한층 강화하고자 했다.

그밖에도 '퐁당'은 '학생들과 가까운 곳에서 활동하는 학생회', '학교와 학생, 학생과 학생 사이의 소통에 다리 역할을 하는 학생회'를 지향하며, 이에 맞춰 네 가지 공약을 내놓았었다. 1) 소통하는 학생회 2) 이우 법정 3) 스터디그룹 활성화 4) 동아리 발표회 개최가 그것이었다.

1) 소통하는 학생회: 우선, 학급회의에서 나온 안건이나 불만이 대의원회에 전달되고, 대의원회에서 결정된 사안이 총학생회에 전달될 수 있도록 노력했다. 다른 한편 학생회 활동 보고나 결정 사항을 나눔터와 반별 게시판에 올리고, 식당이나 학년별 게시판에 주요 결정사항을 알리려고 노력했다. 그렇지만 시스템이 소통의 문제를 저절로 해결해 주지는 못했던 것 같다. 무엇보다도 '이우 학생헌장'을 제정하는 과정에서 대의원이나 일반 학생들과 소통이 잘 되지 않았고, 축제 일정을 조정하는 데 있어서도 선생님들과 소통이 잘 이뤄지지 않았다.

둘째, 오프라인 상에서 건의 책임 제도를 운영했다. 2005년까지는 건의가 있어도 책임자가 명확히 정해지지 않다 보니 흐지부지 처리되는 게 많았다. 그래서 총무부가 학생들의 건의사항을 학교에 전달하고, 그 해결 여부를 일정한 기한 내에 건의자에게 알려 주기로 한 것이다. 그런데 재정적인 문제나 학생들 간의 상충되는 의견으로 인해 건의 사항이 100% 관철되기는 어려웠다.

2) 이우 법정: 2006년 학생회의 산실인 퐁당은 교내 학생들의 문제를 학생 스스로 해결하기 위한 기구로 '이우법정'을 신설하겠다는 공약을 내걸었다. 공동체에서 서로 지켜야 할 약속을 소통을 통해 명확히 하고, 이를 어길 때 학생 스스로 구속력 있는 제재를 가함으로써 교내에 규칙을 존중하고 준수하는 분위기를 만들어 보자는 취지였다.

학생법정은 생활부나 피해 학생 혹은 교사가 제소하면 사법부가 이를 심의하

꿈꾸고 도전하고 함께 가다

여 열리게 되며, 배심원, 판사, 검사, 변호인으로 구성되었다. 배심원은 법정이 열릴 때마다 일반 학생들 중에서 무작위 추첨을 통해 결정되며, 판사와 검사는 (학년 혹은 총학) 사법부장이나 고문이 담당하고, 변호사는 제소된 학생이 자율적으로 선임할 수 있었다.

학년별 이우법정이 고1~3학년에서 각각 한 번씩 열리고, 전체 이우법정이 한 번 열렸다. 고1은 음주 건으로, 고2는 지각과 실외화 사용 건으로, 고3은 지각과 실외화, 흡연 건으로 각각 학년 법정이 열렸다. 예를 들면 고3의 경우 고3팀 선생님들이 지각과 실외화 집중단속 기간을 정해 그 기간에 적발된 학생들을 제소했고, 검사는 선생님, 배심원은 학생들이 담당했다. 지각한 학생들에겐 7일간 '지각하지 말자'는 종이를 코팅해서 목에 걸고 다니는 벌을 주었고, 실내에서 실외화를 신고 다니는 학생들에겐 신발장을 청소하도록 했다. 그런데 모두 네 차례 열린 법정을 돌아보면, 재판이 진지한 분위기에서 진행되지 못했으며 판결이 제대로 집행되지 않았다. 2006년 한 해 이우법정이 원래의 취지와 다르게 미숙하게 운영되었다는 점에서는 대부분 동감했으나 이우법정의 가능성에 대한 학생들의 생각은 제각각이었다.

3) 스터디그룹 활성화: 사교육을 해결할 현실적인 대안으로 점점 왜소해지고 있는 스터디그룹에 다시 활력을 불어넣고자 했다. 그동안 학교에서 사기주도적 학습능력 계발의 일환으로 스터디그룹을 권장해 왔지만 학년 초에 스터디그룹이 우후죽순처럼 생겨났다가 잦은 행사를 치르면서 사라지곤 했기 때문이다.

신설된 학습부는 비공식적인 스터디그룹을 학교에 등록하게 해서 공식화했고, 스터디 게시판을 열었다. 또 활동이 지속된 스터디그룹의 경우 상품으로 문화상품권을 1인당 1, 2장씩 나누어 주었다. 이러한 노력으로 2006년엔 살아남은 스터디그룹이 여러 개 나타나기 시작했다.

4) 동아리 발표회 개최: 2006년 말 활동하는 동아리는 20개 가량 되었는데,

취미 동아리, 운동 동아리, 사회참여 동아리, 봉사 동아리 등 크게 네 가지 유형이 있었다. 각 동아리는 약간씩 부침은 있지만 대부분 잘 운영되었고, 동아리 게시판도 살아 있었다. 그런데 몇몇 동아리의 경우 재생산이 제대로 이뤄지지 않았다.

한편 제3기 학생회는 동아리들끼리 협력해서 공통의 문제를 해결하고, 잘 되는 동아리의 노하우를 다른 동아리에 전수하고자 '동아리 연합회'를 새롭게 결성했다. 그동안 동아리 발표회를 한 차례 열었고, 한 달에 한 번 동아리장들이 모여 음악실이나 운동장 장소 사용 문제를 협의했으며, '구나의 바다' 부스 사용 문제와 공연, 예산 문제에 대해 축준위나 학생회와 소통했다.

[성과와 과제]

제4기 학생회는 최강 팀워크를 바탕으로 다양한 사업에 의욕적으로 도전했다. 그런 만큼 학생자치의 가능성과 한계를 뚜렷하게 보여 주었다.

우선, 학생법정을 신설해 학생들로 하여금 공동체 생활에서 지켜야 할 규칙이 무엇인지 환기하고, 그것을 지키지 않을 때 책임이 따른다는 점을 주지시켰다. 또한 학생자치의 힘으로 문제를 스스로 해결하려는 의지를 보였다. 하지만 이 우학교 학생들 사이의 정서적 친밀감이 깊고 뚜렷하다 보니 법정이라는 형식이 학생들에게는 부담이나 상처가 되기도 했다. 아무튼 학생법정을 계기로 교사회는 학생자치의 조건과 그 실현 방안에 대해 숙고를 거듭하면서 새로운 시야가 트이게 되었다.

둘째, 사교육이라는 민감한 문제를 해결하기 위해 스터디그룹에 대한 지원책을 여러 모로 강구했으며 여기서 한 걸음 더 나아가 교사회에 '좋은 수업 만들기'를 위한 간담회를 열 것을 제안했다.

셋째, 신입생을 새로운 성원으로 확충하는 데 애로를 겪긴 했지만 동아리 활동이 만개했다. 이를 바탕으로 학생회의 후원, 동아리연합회의 주관 하에 동아리 발표회를 개최할 수 있었다.

꿈꾸고 도전하고 함께 가다

넷째, 총학생회 집행부와 총대의원회 간의 긴장과 견제 관계가 2005년보다는 완화되었지만 여전히 잔존했다. 특히 이우 학생헌장을 제정하는 과정에서 이 갈등이 적나라하게 표출되어 '이우 학생헌장'의 정당성과 유효성을 부정하는 상황까지 벌어졌다.

다섯째, 학급회의 시간이 매주 1블록씩 있었지만 그 시간이 의미 있게 활용되지 못했다. 학생들의 자발성이 약화된 탓도 있지만 그보다 학급회의의 성격과 역할에 대해 교사회의 고민이 깊지 못했기 때문이다.

● **학생자치의 의미를 근본부터 되물으며 새로운 활동을 모색하다**
　[제5기 학생회, 2007년]

제5기 학생회의 선장은 '마주치당'의 당수 장대환이었다. 그런데 그는 집행부를 꾸리는 일부터 난항에 부딪혔다. 장대환을 도와 선거운동을 했던 '마주치당' 당원들이나 과거에 열심히 학생회 활동을 했던 학생들이 집행부 참여를 고사했다. 그 동안 일반 학생들의 지지와 성원이 부족한 가운데 강도 높은 활동을 하느라 많이 지쳤기 때문이었다. 우여곡절 끝에 집행부를 꾸린 학생회는 새로운 조건에 맞게 회의 시스템이나 살림살이를 조촐하게 줄여 나갔다.

우선, 의사결정구조를 단순화하고 효율화하기 위해 총대의원회를 폐지하고, 학년 학생회의 집행부를 축소하거나 없앴다. 2005~6년의 경험을 돌아볼 때 총대의원회가 소모적이라고 판단했고, 학년 학생회의 집행부가 비대할 경우 학년 집행부와 대의원으로 구성된 학년 학생회의가 효율적으로 진행되지 않는다는 반성이 있었다. 한편 이는 대의원의 역할 변화를 뜻했다. 그동안 대의원이 총학생회를 상대로 하는 대의 기능에 충실했다면 이젠 대의원이 학년 자치에 무게중심을 두고 집행 기능도 일부 담당해야 했다.

둘째, 학생 법정에 대한 판단을 새롭게 구성된 사법부에 위임함으로써 음주,

흡연, 폭력, 도난 등의 현안은 교사 대표와 학부모 대표로 구성된 '학생생활협의회'에서 다루게 되었다. 그리하여 제5기 학생회는 긴박하게 발생하는 현안에 끌려 다니지 않고, 자신들이 설정한 과제를 차분하게 풀어나갈 수 있었다.

1) 새로운 회의문화 만들기: 그동안 하향식으로 운영되었던 학급회의를 상향식으로 운영하고자 했다. 학급회의를, 지금까지와 같이 총학생회나 학교의 공지사항을 전달받고 안건을 토의하고 건의사항을 받는 자리가 아니라 학급 구성원들의 소소한 일상을 바탕으로 서로 나누고 싶은 생각, 각자 갖고 있는 고민 등을 이야기하는 마당으로 바꾸고자 한 것이다. 이를 통해 자연스레 서로에 대한 이해도 깊어지고, 학교에 대한 고민도 나누며, 일상적인 고민이 보다 커다란 담론으로 이어질 수 있을 것으로 기대했다.

학급회의를 이렇게 바꾸기 위해서는 대의원들이 학급회의를 치밀하게 준비해야 한다고 판단해서 임원수련회에서 '대화의 방법'에 관한 강연을 듣기도 했다.

그러면, 실제 학급회의는 어떻게 운영되었을까? 고3의 경우 학생들의 특수한 조건 때문에 잘 운영되지 않았고, 고2와 고1의 경우에도 잘 운영되지 않았다. 대의원들은 나름의 열의를 갖고 학급회의를 진행하려 했지만 다수 학생들이 그에 응해 주지 않았다.

그러다가 1, 2학년 학생들은 1학기 말 학급MT를 계기로 '작은 모임', '큰 모임'[2]을 여러 차례 갖게 되었다. 학생회 이름으로 여는 공식적인 모임이 아니다 보니 아이들은 자신의 고민을 진솔하게 털어놓을 수 있었다.

"어색한 첫 시작과는 달리 시간이 지날수록 분위기는 무르익었다. 학생들은 그동안 힘들었던 이야기, 학교에 가지고 있는 불만, 서로를 향한 격려 등을 아끼지 않았다. 진지하면서도 무겁지 않게, 유머러스하면서도 경박하지 않게."(홍보부, 「고등학교 2학년 학생회 '큰 모임' 출발!」 중에서)

꿈꾸고 도전하고 함께 가다

2) 학교와의 소통: 제5기 학생회장에 당선된 장대환은 이우학교 교사대표자회의에 참관해서 학교사정을 공유하고, 이를 다시 학생들과 나누는 장을 마련하겠다는 것을 후보시절 공약으로 제시했다. 학생은 학부모, 교사와 함께 학교의 가장 중요한 주체로서 학교가 벌이고 있는 사업이나 프로젝트에 대해 알 권리가 있는데, 지금까지 학교는 이런 노력을 소홀히 했다고 판단했기 때문이다.

과연 장대환의 공약은 어떻게 이행되었을까? 그의 공약은 부분적으로 이행되었다. 교사대표자회의에 학생대표가 항시 참관하는 것은 무리라고 판단한 학교 측은, 교사회에 제안하거나 질의할 사항이 있을 때에만 참관하도록 허락했다. 그리하여 학생회의 의사를 반영하여 동아리 주간이나 축제 일정을 정했고, '좋은수업 만들기'에 대한 학생회의 제안을 받아들였다. 또 행사가 너무 많다는 이유로 작년에 사라졌던 고1의 뮤지컬 활동이 부활되기도 했다. 그러나 새로운 상담담임제도를 도입해 달라거나 각종 보고서에 대한 피드백을 강화해 달라는 건의는 받아들여지지 않았다.

3) 학습: 2006년에 이어 학습 문제를 해결하는 데 많은 힘을 쏟았다. 우선, 학생들에게 학습과 개인 시간을 줄 수 있도록 학교에서 실시하는 크고 작은 행사들을 통폐합하고 각종 과제들을 줄여줄 것을 건의했다. 행사 통폐합은 동아리들의 요구와 상충되는 점이 있어 뚜렷한 진척이 없었지만 학습 리듬이 자주 중단되지 않도록 학사 일정을 조정할 수는 있었다.

둘째, 2006년도에 실시된 스터디그룹 활성화 정책을 계승하는 한편 '좋은수업 만들기'를 위한 간담회를 성사시키려 노력했다. 학습부는 1학기엔 간담회에서 논의할 항목을 정리했고, 2학기엔 간담회 방식에 대한 개선안을 내놓았다. 그리하여 학기당 한 차례씩 교과별 수업 간담회가 이뤄졌다. 1학기엔 교사나 학생들의 이해가 부족해 간담회가 실시되지 않거나 졸속으로 진행되는 경우가 많았지만 2학기엔 대체로 알차게 진행되었다.

4) 학생법정 폐지와 대안기구 모색: 지난해 학생법정을 둘러싸고 벌어졌던 뜨거운 논란을 의식해 학생법정을 유지할 것인지의 여부를 신중히 검토했다. 전체 학생들에 대한 설문조사와 공청회를 통해 학생들의 이견을 수렴한 끝에 학생법정을 폐지하기로 결정했다. 사법부는 학생법정을 유지하기 어려운 이유로 두 가지를 제시했다. 그 하나는 법정이 갖는 폐쇄적이며 권위적인 성격이고, 다른 하나는 학생이 할 수 있는 일의 한계였다.

한편 학생회는 학생법정을 대체할 새로운 학생 자치기구로 '이야기 마당'을 검토하였으며 '작은 모임', '큰 모임' 등에서 그 가능성을 타진했다.

5) 새로운 축제문화 일구기: 그동안의 축제가 텔레비전의 쇼 프로그램을 모방하는 수준에서 진일보하지 못했고 많은 학생들이 축제 과정에서 소외되었다는 반성에서 새로운 축제문화를 일궈보고자 했다. 해마다 축제 때면 문화부가 행사 준비에 집중하면서 학생회 회의에 자주 불참하곤 했다. 그래서 올해는 축제를 어떻게 조직할까에 대해 고1~2 학생들이 참여하는 간담회를 열고, 이를 바탕으로 축제를 기획하고 준비했다. 그 결과 부스는 매우 다채로워졌으나 공연 프로그램은 예전과 크게 달라지지 않았다. 그 이유는 아마도 프로가 아닌 학생들이 의미 있지만 지루하지 않은 문화를 창조한다는 게 쉽지 않은 일이기 때문이리라.

[성과와 과제]
제5기 학생회는 학생회에 대한 학생들의 지지도 떨어지고 집행력도 많이 약화된 조건 속에서 출범했다. 당시 고1~2 학생들은 고3이나 졸업한 선배들과는 매우 다른 성향을 갖고 있었다. 이우중 출신이 다수를 점한 고1~2 학년생들은 고등학교에서 전개되는 학생자치 활동에 대해 별로 신선해 하지도 않고, 흥미 있어 하지도 않았다. 그것은 지난 3, 4년간 학생자치 활동과정에서 누적된 피로와도 관련이 있을 것이다. 반면 입시에 대한 중압감에 일찍부터 시달리며 학습에

대한 불안감, 위기감에 사로잡혀 있었다. 그러다보니, 중학교 시절 보였던 아이들 간의 끈끈한 유대감이나 공동체 의식도 많이 약화되었고, 또 아이들은 변화된 자신의 모습에 대해 깊은 환멸이나 자괴감을 느끼고 있었다. 이런 조건 속에서 제5기 학생회는 불가피하게 자신의 활동 범위를 축소하고 회의 시스템도 간소화하였다.

2학기에 '큰 모임', '작은 모임'을 거치면서 학생회 임원들과 대의원들은 학생들의 고민과 문제를 함께 나누고 그 해결을 위해 함께 노력하는 조직으로 거듭나야 함을 자각해 갔다.

"그동안 학생회가 학생들의 가려운 곳을 긁어주거나 교사회에서 원하는 것을 대행해 주는 기구였다면 이제 학생회는 새롭게 거듭나야 할 것 같아요. 아이들 내부에서 이야기를 끌어내고, 그러다가 공통의 고민과 문제를 발견하면 우리 모두의 힘으로 그 문제를 해결해야 합니다. 물론 우리의 힘이 부쳐 문제 해결이 안 될 수도 있어요. 그렇지만 우리의 문제에 대해 충분히 교감하고 소통하는 것만으로도 성과가 있다고 봅니다."(장대환 제5기 총학생회장)

이렇듯 2007년 학생회는 학생들을 계도하는 학생회 혹은 학생들에게 편의를 제공하는 학생회에서 학생들 속으로 스며들어 서로의 고민을 함께 나누고 풀어가는 학생회로 나가는 데 소중한 징검돌이 되었다. 또한 2007년 학생회는 학생들의 절실한 현안 중 하나인 수업에 대한 고민을 친구 및 교사와 나누고, 그 해법을 함께 모색하는 자리를 만들었다. 한편 2007년 학생회가 남긴 과제는 다음과 같다.

우선, 학급회의 활성화라는 공약이 공약(空約)이 되고 말았다. 이 문제의 핵심은 교사 참여였다. 실제로 학생자치에 대한 교사회의 인식이 부족하여 교사의 참여가 적극적이지 못했다.

둘째, 학년 학생회와 총학생회 간의 관계를 대표자회의를 통해 해결하고자 했지만 여전히 양자는 물과 기름처럼 겉돌았다. 각 단위의 역할에 대한 심사숙고가 부족했던 것이 중요한 원인이었다.

셋째, 2006년도에 제정된 '이우 학생헌장'이 거의 모든 학생들에게 잊히고 말았다. 충분한 설명과 토의가 부족했던 탓이다.

넷째, 각 동아리들이 재생산이 잘 안 되어 쇠퇴기에 접어들었다.

● **따뜻한 정으로 소통하기[제6기 총학생회, 2008년]**

"그 자리에 다녀온 후에, 지금까지의 나를 반성하고 후회하게 되었다. 내가 힘들었던 만큼 똑같이 힘들어 했던 친구들과 선생님들을 알아주지 못해서 너무 미안하고 안타까운 마음을 갖게 되었다. 그리고 생각을 거듭하던 끝에, 지금까지 내가 지녔던 학교에 대한 회의와 불만, 불신 등은 진짜 학교를 싫어해서가 아니라 변하는 학교에 대해 섭섭하고 아쉬워서라는 판단을 내리게 되었다.

나는 말도 잘 못하고 상황이나 문제도 빠릿빠릿하게 이해하지 못한다. 하지만 나는 다른 사람의 얘기를 듣고, 대화를 나누는 것은 정말 좋아한다. 지금 우리학교에 가장 부족한 건 '사람과 사람 간의 소통'이다. 때문에 나는 가장 많은 사람들과 대화를 나누고, 가장 다양한 사람들의 의견을 수렴할 수 있는, 학생들의 다양한 목소리를 모아 한 목소리로 만들 수 있는 학생회장이 될 것이다."(이수경 제6기 총학생회장, 「6기 학생회의 출범을 앞두고」 중에서)

제6기 총학생회의 핵심모토는 '정답고 정겨운 학교 만들기'였다. 총학생회장인 이수경과 총학생회 구성원들은 2006년과 2007년에 학교가 심각한 위기에 처했다고 생각했다. 이들의 문제의식은 다음과 같았다.

– 각 학년 안에서 학생들의 관계가 밀접하게 연결되어 있지 않고 대화가 줄

었다.

– 학생들이 자신의 고민이나 어려움을 토로할 사람, 기회가 거의 없다.

– 서로 배려하고 이해하는 따뜻한 모습을 찾기 어렵다.

– 대학입시가 고등학교 학생들을 압도하면서 학교의 가치와 입시라는 현실 사이에서 갈등하고 혼란스러워 하는 학생들이 늘어났다.

– 학생과 교사의 관계가 서로 이야기를 나눌 수 있는 편한 관계가 아니다.

총학생회는 이우학교의 특성상 학생들이 이러한 고민을 겉으로 드러내지 못하면서 학교에 점점 냉소적으로 되어가고 학교로부터 멀어지고 있다고 생각했다. 따라서 무엇보다 소통이 절실하며 총학생회가 학생과 학생, 학생과 교사 사이에서 소통의 장을 기획하고 만들어가는 주체가 되고자 했다. 이들은 당시 학교의 상황이 더 악화될 수 없을 만큼 어려웠다고 고백한다.

총학생회는 장기적 프로젝트나 사업보다는 '만남과 소통의 장'을 만드는 데 주력했다. 1, 2학년 선후배간의 만남이나 학년별 만남 등 작고 크게 자주 만나야 서로 알게 되고 알게 되어야 고민을 나누고 위로받을 수 있다고 생각했다.

[MUST HAVE 정(情)]
"말하지 않아도 알아요~~?!
너와 나의 정.
학생과 선생님의 정.
학교와 학생의 정.
말하지 않아도 모두 통하는,
정(情)이 철철철 넘쳐나는 학교 만들기!

– 제6기 총학생회 브리핑 자료 중에서

학생들을 대상으로 한 당시 학생회 브리핑자료를 보더라도 이들이 얼마나 정과 소통을 중요하고 절실하게 생각했는지 알 수 있다.

각 부서별로는 문화부에서 축제, 체육대회, 동아리 등의 활동을, 환경생활부에서 분리수거, 청소, 개념잡기 등의 활동을, 학습부에서 좋은수업 만들기, 문제집 바자회, 학습동아리 등의 활동을, 관계부에서 학생과 선생님의 관계, 선후배 관계 등을 개선하기 위해 선후배 반미팅 등의 활동을 추진했다.

중요한 활동 중 하나인 '좋은수업 만들기'는 '수업의 주체인 학생과 선생님들이 수업개선 방향에 대해 함께 이야기하며 수업의 질을 높이고 학생들의 수업 참여도도 높인다'는 목적 아래 진행됐다. 상담제도를 개편해 학생들이 선생님과 교감하며 고민을 털어놓을 수 있는 새로운 상담제도를 제안하기도 했다. 제6기 총학에서 처음으로 시도되었던 간디학교와의 교류는 '이우학교와 간디학교 학생들 간에 학교 철학이나 사상 등을 공유하고 학교 내부적인 문제 혹은 서로의 고민 등에 대해서 공유하자'는 취지에서 시작됐고, 일시적인 교류를 넘어 하나의 문화로 자리 잡아가기를 희망했다. 이우학교를 넘어선 타 학교와의 교류가 그 뒤에 지속되지 못한 점은 아쉬움으로 남는다.

제6기 총학생회는 학생들의 생활 문제에 대해서도 다양한 활동을 기획했다. 히치 문제를 해결하기 위해 '아침에 다 같이 걸어서 등교하기' 등을 추진하고 이우생활백서, 청소실명제, 분리수거 등을 운영했다.

[성과와 과제]

제6기 총학생회는 교사나 학부모보다 먼저 학교의 문제를 감각적으로 인식하고 소통의 장을 마련해 지지와 격려, 위로와 공감이 살아 있는 공동체를 모색했다. 전반적인 학생문화가 냉소나 비관, 비판과 평가로 흐를 때("학교가 우리에게 해준 게 뭔데?") 진심을 가지고 상황을 반전시키고자 노력했다. 또한 일반 학생들과 유리된 학생회가 아니라 함께 호흡하고 함께 고민을 나눌 수 있는 동료로 다가가려고 노력했다.

다만, '소통과 만남의 장'의 횟수가 전반적으로 많지 않았고 부서 고유의 업무들도 총학 전체가 함께 논의하고 해결책을 찾음으로써 일의 효율성과 체계성이 떨어지기도 했다. 또 학년회장들과의 소통이 중요하다고 생각해 총학생회 안에 학년 담당을 두고 학년회장과의 소통을 주도했으나 역부족인 측면이 있었다. 총학생회의 문제의식이 학년 학생회와 서로 소통되지 못한 아쉬움이 있다.

● 학생들의 삶으로 스며들기, 소통하기[제7기 총학생회, 2009년]

"난 절대로 어렵고 커다란 학생회가 되고 싶지 않다. 대표가 되기보다는 또래가 되어주며, 말만 잘하는 것이 아닌 그 사람의 말을 잘 이해하며, 공약들에 흔들리는 것이 아닌 조금 더 진실된 의견이 나와야 하고, 서로를 탓하기보단 자신을 자책하며 반성하고 또 다시 실천할 수 있어야 하고, 뭐 하는지 모르겠는 것이 아니라 없으면 허전한 그런 학생회를 만들고 싶다."(신은비 제7기 총학생회장, 「학생회장에 대한 고찰」 중에서)

제6기 총학생회가 학생들의 관계회복과 건강한 공동체 문화를 만드는 시도를 했다면 제7기 총학생회는 소통의 질을 더욱 심화시키고자 했다. 이들의 문제의식은 다음과 같았다.

- 아이들 간의 진심어린 소통이 전혀 이뤄지지 않고 있다. 결국 다 같은 고민을 가지고 있기 때문에 서로에게 관심과 다가갈 용기가 필요하다. 총학생회가 그런 역할을 해야 한다.
- 아이들이 서로에게 관심이 없어지면서 개별화되고 있다. 점점 마음의 문을 닫으면서 '해도 안 되겠지'하는 무기력함이 늘어나고 있다.
- 학습 스터디가 부족하다. 스터디그룹을 형성할 수 있는 시간 확보와 선생님들의 관심이 필요하다.

'좋은 수업 만들기'에서 제시된 의견들(2010)

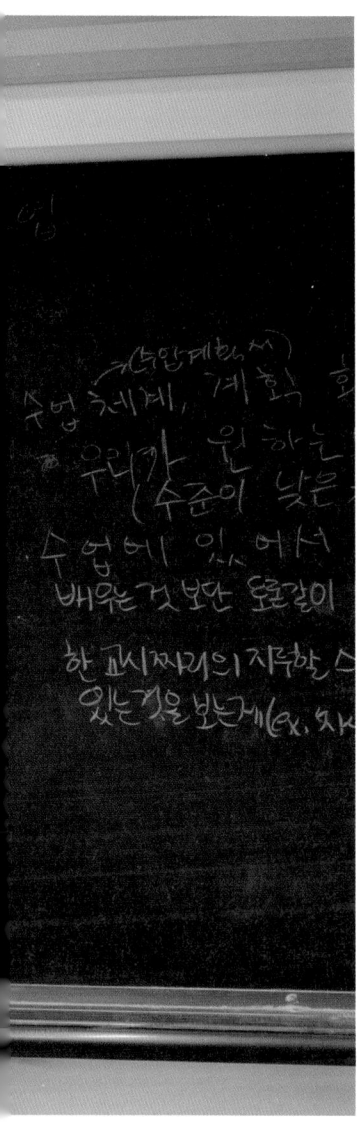

– 학생과 교사의 전반적인 소통이 이뤄지지 않고 있다. 교사들의 적극적인 관심과 참여가 필요하며, 교사들 사이의 소통도 적극적으로 이뤄져야 한다.

– 선·후배 간의 친밀도가 적은 편이다. 설령 있다 하더라도 제한적이다.

– 시설 사용의 원칙과 규칙이 필요하다. 자전거 거치대 활용, 복도, 게시판 활용, 학생회관 지하, 화장실 등의 무질서한 공간사용 문제를 해결하기 위한 시설사용 규칙 마련이 시급하다.

– 음식물 낭비 정도가 심하다. 급식과 관련된 고민을 적극적으로 홍보하고 공유할 필요가 있다.

이러한 문제의식을 바탕으로 제7기 총학생회는 다음과 같은 주요사업을 진행했다.

1) 좋은 수업 만들기: 이미 운영된 방식을 바탕으로 대의원, 과목 담당선생님과의 공유 수준을 더 높이는 방식으로 진행하고자 했다.

2) 좋은 학생회 만들기: 일반 학생들의 건의 내용에 대한 구체적이고 자세한 피드백과 학생회 사업의 일반학생들과의 공유를 시도했다. 오프라인 및 온라인 게시판을 활성화하고 학부모와의 만남 사업도 전개했다.

3) 학부모와의 만남: 학부모와의 적극적인 소통을 위해 온라인 및 오프라인 모임을 활성화하고 고등학교 임원과 학부모 대표 중심으로 만나되 희망자에게 개방하는 방식으로 진행했다. 그 시기의 중요한 쟁점이나 문제를 주제로 선정했고 분기에 한번 이

상 간담회 형식으로 진행했다.

4) '선배들의 노하우': 고등학생이 되면서 혹은 매 학년 올라갈 때마다 생기는 학생들의 공통 고민을 학교 차원에서 함께 풀어가기 위해 마련된 사업이다. '나만 느끼는 게 아니었구나', '선배들은 이렇게 풀어나갔구나' 하는 위로와 지지, 구체적인 도움을 받을 수 있도록 기획했다. 고1은 학교적응, 생활관련 이야기를 중심으로 진행하고 고2는 진로, 진학 및 입시와 관련된 이야기를 중심으로 진행했다.

5) 선배들과의 멘토링: 학습 부분에서 발생하는 고민을 선배들의 도움을 통해 해결하고자 기획되었다. 멘토링 설문조사를 바탕으로 목록을 정리하고 선배들을 섭외해서 실질적인 도움을 주고자 했다.

6) 공간 사용: 음악실의 무분별한 사용을 해결하기 위해 학생회 주도로 사용 원칙과 규칙을 마련했다.

[성과와 과제]

제7기 총학생회는 소통에 있어서 학부모까지 그 영역을 확대하고, 단순한 만남의 장을 넘어서 참여하는 학생들이 실질적인 도움을 받고 의미 있게 소통이 이루어질 수 있도록 구체적인 활동을 기획하고 실행했다.

또한 다소 무거운 총학생회의 이미지를 탈피하고자 노력하면서 더 친근하게, 더 쉽게 다가갈 수 있는, 더 간결하면서도 편안한 느낌의 총학, 누구나 언제든 하고 싶은 총학의 모습을 학생들에게 보여주었다.

학년 자치회와 총학생회 사이의 불통 문제를 해결하기 위해 처음으로 학년 대의원과 학년회장, 그리고 총학생회가 함께하는 임원총회를 진행했다. 이로 인해 학년 자치회와 총학생회가 공동의 문제의식을 갖고 함께 문제를 해결할 수 있었다.

이에 반해 제7기 총학생회가 남긴 과제는 이렇게 정리할 수 있다.

첫째, 고3 학생들이 진학 문제로 학생회에 집중할 수 없어서 중간에 학생회 활동을 그만 두는 경우가 있었다. 사업의 배경과 원칙을 제안하고 견지했던 주체

꿈꾸고 도전하고 함께 가다

들이 학생회를 나가면서 사업의 철학이나 방향이 모호해졌고 이로 인해 총학이 중심을 잃고 다소 흔들리게 되었다. 또한 임원총회 시 고3은 수업이 진행되어 참여하지 못하게 되면서 고1과 고2가 주축이 되었고 준비되지 않은 상황에서 여러 가지 일을 진행하면서 힘에 부치게 되었다.

둘째, 총학 간의 인수인계 문제다. 매년 지향과 모토가 다른 학생회를 꾸려야 하는 이우학교의 총학은 1년마다 인수인계가 자연스럽게 이뤄야 한다. 그러나 인수인계가 제대로 되지 않아 비슷한 사업이 비슷하게 진행되고 같은 어려움과 고민을 계속 반복하는 문제가 발생했다. 이것은 비단 제7기 총학생회만의 문제는 아니었다. 경험이 축적되고 지혜가 쌓여야 전통이 되고 문제해결의 힘이 생기기 마련인데 1년간 열심히 일한 성공과 실패의 노하우가 다음 학생회에 전달되지 않는 문제는 조금 더 적극적으로 해결할 필요가 있었다.

● 학생의 목소리 찾기, 주체로서의 역할 찾기[제8기 총학생회, 2010년]

"학생회장 선거가 있는 날이면 항상 제시되던 비슷한 이야기가 있다. 주로 대상은 학생이고, 동아리나 청소에 대한 소소한 공약들이 오고간다. 나는 그런 것이 아닌 좀 더 본질적이고 근본적인, 새로운 무언가를 위한 이야기를 하고 싶다. 거창하게 얘기하자면 개혁을 하고 싶다. 내가 생각하는 목표와 가치는 적어도 학생을 위한 학생회가 아닌 학생을 위해 학교를 바꾸는 학생회이다. 그 대신에 내 이야기들은 모두 추상적이고 위험하고 공격적이다. 하지만 어떻게 충돌과 모험 없이 답답함을 풀어나갈 수 있겠는가?"(이은지 제8기 총학생회장)

제8기 총학생회는 '소통'과 '관계'의 관점에서 벗어나 학생들이 자신들의 고민과 생각을 적극적으로 드러내고 함께 해결책을 모색하고 움직여야 한다고 생각했다. '학교운영, 교육과정, 수업 등을 주어진 대로 당연하게 받아들이지 말자!',

'학생들이 고민하는 근본적이고 본질적인 생각과 감정을 가감 없이 있는 그대로 드러내고 해결해보자!'는 것이었다.

학생의 생각을 좀 더 주체적으로 드러내고 학교에 대해 보다 근본적인 문제를 제기하고자 했다. 이러한 생각은 앞선 학생회와는 맥락을 다소 달리하는 것으로 '솔직하게 드러내어 진솔하게 이야기하자.', '상처 받기를 두려워해서 적당한 선에서 타협하지 말자'는 것은 보다 적극적인 학교 주체로서의 역할 찾기였다.

학생회장 이은지와 부학생회장 최정호의 후보토론회 연설문을 보면 이러한 문제의식이 두 학생에게 얼마나 간절한 것인지 알 수 있다.

"자신의 가치와 소중함을 찾는 것. 그것이 가장 중요한 교육 목표여야 한다고 생각합니다."

"학생이 다가가야만 답을 내려주는 것이 아니라 학교는 학생이 당연하게 자신의 가치에 맞춰 자신의 자유와 미래에 대해 생각할 수 있도록 해야 합니다."

"저는 이제 사이렌을 울리고 '이제 나는 이렇게 생각한다'며 문제제기를 하고 싶습니다. 그 소통을 위한 물꼬를 트고 싶습니다."(이상 이은지의 후보 연설문 중에서)

"우리는 컨베이어 벨트 위에 있습니다. 우리에게는 선생님들과 학부모님들로부터의 끊임 없는 통보나 가르침이 들어옵니다. 우리가 여기서 치열하게 고민하지 않으면 컨베이어 벨 트는 계속 작동됩니다. 결국 우리는 마지못해 학교의 운영과정이나 수업 운영, 여러 가지 문제해결의 결론을 인정해버립니다. 하지만 그게 과연 마음으로 이해한 것일까요? 이제 간절히 고민해야 합니다."(최정호의 후보 연설문 중에서)

또한 이들의 문제의식 중에는 ─ 이전 학생회에도 내재되어 있던 고민이지만 ─ 이우학교의 정체성이 무엇이냐는 질문도 있었다. 제8기 총학생회는 이 문제를 보다 직접적으로 적극적으로 공론화하고자 했다. 학교의 정체성에 대한 학생들의 고민이 본격화되었다는 점에서 제8기 총학생회는 중요한 분수령이 되었다.

제8기 총학생회의 주요 사업은 다음과 같았다.

1) '프로젝트 그룹': 제8기 총학생회는 학생들의 다양한 상상과 고민을 제도적인 틀로 해결하지 않고 자유롭게 실천으로 옮길 수 있도록 돕고자 했다. 프로젝트 그룹이 결성되면 학생회는 홍보를 돕거나 재정을 지원하는 등의 활동을 했다. 프로젝트 그룹에 학생들이 능동적으로 참여함으로써 소수가 아니라 함께 문제를 해결해가는 좋은 경험을 할 수 있었다. 컨테이너 박스를 개조해서 밴드실을 만드는 프로젝트, '시선: 다르게 보기'라는 주제로 예술주간을 기획한 프로젝트, 자발적으로 아침에 학교에 나와 쓰레기를 줍는 프로젝트 등이 진행되었다.

2) '온라인 아고라'와 '온라인 매거진': 온라인 아고라는 학생들의 자유로운 토론 공간으로 기획되었다. 문제를 숨기지 말고 적극적으로 드러내 공론화하고 토론하자는 문제의식에서 출발했다. 온라인 아고라는 부분실명제로 진행되었으며 다양한 토론주제들이 등장했다. '휴일에도 학교에 나오고 싶어요. 방법이 없을까요?', '방학 중에 영어캠프를 가는 것도 사교육인가?', '더불어 사는 삶은 무엇인가?' 등과 같은 주제들로 토론했다.

온라인 매거진은 아고라에서 화제가 된 문제 혹은 프로젝트 그룹의 성과 등 학교에서 일어나는 다양하고 많은 일들을 전달하고 공유하는 역할을 했다. 가령, '교내 흡연을 말하다'와 같은 주제를 통해 흡연과 관련된 다양한 관점을 드러내 소통할 수 있게 했다.

온라인 아고라와 온라인 매거진은 학교 홈페이지의 교사와 학부모카페에도 개설되어 3주체의 소통을 시도했다.

3) '진로특강 시즌2 다르게 사는 사람들(뿌셔뿌셔 대학맛)': 학생들의 진학에 대한 불안을 함께 나누고 자신의 삶을 근본적으로 돌아보고 생각할 수 있는 장을 마련하기 위해 '뿌셔뿌셔 대학맛'을 기획했다. 입시에 대해 출처를 알 수 없는 다양한 말들이 학생들을 불안하게 하고 자신의 처지를 비관하게 만드는 상황을 함께 해결하고자 이야기장을 기획한 것이다. '다르게 사는 사람들'을 초빙해 그들

의 직업이 아니라 그들의 '삶'에 대해 경청하고자 했다. '뿌셔뿌셔 대학맛'은 학생들이 겪고 있는 가장 큰 어려움이자 가장 모호한 주제인 입시를 정면으로 다루고자 한 것에 큰 의의가 있었다.

[성과와 과제]

제8기 총학생회는 학생들의 주체적 역할을 중요한 모토로 삼았으며, 문제이긴 하되 문제로 부각되지 않은 채 묻혀 있던 것들을 솔직하게 드러내고 과감하게 이슈화했다. 그동안 학생들이 겪고 있는 내밀한 고민과 문제의식, 학교 교육과정을 통과하면서 겪게 되는 어려움 등을 그들의 언어와 목소리로 드러내고자 했다는 데 그 의의가 있다.

또한 학교가 변하기 위해서는 결국 구성원 스스로 변화해야 한다는 의식을 가지게 된 점도 성과라고 할 수 있다.

다만, 문제의식은 깊었으나 실천력이 부족하여 각종 활동이 의미 있게 지속적으로 연결되지 못했다. 문제를 제기하는 것에 그치지 않고 활동이 끈기 있게 유지되고 다소 어려움에 봉착하더라도 넘을 수 있는 힘이 부족했다는 아쉬움이 있다.

● **학생들의 목소리 드러내기, 유쾌하게 실천하기[제9기 총학생회, 2011년]**

"우리 이우학교 학생들에게는 듣기만 해도 거부감이 들고 인상을 찌푸리게 되는 말들이 있습니다. 예를 들어보면, '소통', '공동체', '입시와 대안적 삶', '더불어 사는 삶'… 끝도 없습니다. 이런 현상들을 너무 많은 말들만 있었고, 고민만 있었고, 실천과 행동이 없었기에 그렇다고 말하고 싶지만 불편합니다. 도대체 실천은 뭐고 행동은 뭔데? 치열하게 고민하는 건? 모르겠다는 말조차 모르는 나와 우리는 무력해지고 지치고 힘들다는 것을 느끼지만 왜인지는 아무도 모릅니다.

(…) 물총놀이 같습니다. 서로를 공격하고 있지만 모두가 즐거울 수 있는 그런 놀이 말입

니다. 이제는 마냥 눈물을 흘리고 앉아서 이야기하다가 종이 치면 모두 끝나버리는 힘 빠지는 고민이 아니라 스스로에게 더 많은 힘을 불어넣을 수 있으면 좋겠습니다. 자, 그럼 지금부터 여러분은 여기 저와 많은 고릴라들과 함께 물총놀이를 시작해봅시다!"(최정호 제9기 총학생회장의 후보 연설문 중에서)

제9기 총학생회는 제8기 총학생회의 기조를 크게 바꾸지 않고 그것에 내실을 기하는 방향으로 움직였다. 이는 총학생회장 최정호가 그 전해에 부학생회장이었기 때문이기도 했다. 이들의 문제의식은 다음과 같았다.

－'소통'이나 '더불어 사는 삶'이란 것이 직접적으로 학생들에게 와 닿지 않음.
－학생자치 때 서로의 사소한 고민을 털어 놓지 못하고 변질되어 가고 있음.
－학교의 수업에서 우리가 말하는 가치관이 구체적으로 반영되지 못함.
－구체적이고 실천적인 부분이 부족함.

제9기 총학생회는 전 학생회의 기조를 유지하는 가운데 실천력을 강화하고자 했다. 그리고 그 실천은 무거운 방식이 아니라 유쾌하고 즐거운 놀이 같은 것이어야 한다고 생각했다. 그래야만 부담 없이 참여하고 함께 할 수 있다고 생각했다. 이들의 모토는 'FUN-FUN(뻔뻔)한 학교'였다. '서로 솔직해지고, 뻔뻔해짐을 통해 등교하는 마음이 하교하는 마음과 같은 즐거운 학교를 만들자'는 취지였다.

제9기 학생회에서도 학생들이 스스로 자신의 목소리를 과감하게 내고 문제의식을 정당하고 공식적인 방식으로 표출하고자 하는 방향은 유지되었다. 이때의 주요사업은 다음과 같았다.

1) '뿌셔뿌셔 이우맛' : 기존의 '뿌셔뿌셔 대학맛'을 '뿌셔뿌셔 이우맛'으로 개편하면서 이전의 대학과 진로라는 주제에 국한하지 않고 학교생활의 다양한 고민을 시의 적절하게 선정해서 이야기하거나 강의를 듣는 방식으로 진행했다. 학생

회가 학생들 사이의 고민을 듣고 이슈를 선정하여 다양하고 재미있는 방식(연극, 발표 등)으로 주기적으로 진행하며 끝난 후에는 멘토링이나 모임을 통해 후속작업을 진행했다.

2) '넘사벽(넘을 수 없는 사이의 벽)': 학생들이 학교 운영의 중요한 주체임에도 불구하고 학교 운영에 있어서는 소외되는 경우가 많다는 문제의식에서 출발했다. 3주체를 연결하는 이야기장을 새로이 만들거나 기존의 장에 참여했다. 큰 틀에서는 '학교운영위원회 참여'와 '교장선생님과의 대화', '좋은수업 만들기'의 개편이었다. 학생생활규정, 학사일정 등에 대한 논의를 학운위에서, 학교 정체성에 대한 논의를 교장선생님과의 대화에서 각각 진행했다. '좋은수업 만들기'도 매너리즘을 극복하고자 좀 더 다양한 이야기 주제를 선정해 대화를 나누는 방식으로 진행했다. 학생들의 삶과 밀접한 관련이 있는 주제를 학운위에서 함께 논의하고, 학교의 정체성이나 제반 문제를 교장선생님과의 만남에서 밀도 있게 논의함으로써 소통의 질을 높이고자 한 것이다.

3) '솔까말(솔직히 까놓고 말하기)': 학생회의 여러 가지 사업을 통해 진전된 이야기들을 학교 구석구석에 전달할 수 있는 매체가 필요했지만, 그렇다고 해서 새로운 매체를 만들기보다는 직접 아이들 속으로 들어가는 방식을 취했다. 각 학년의 소통지에 글을 싣기도 했고, '학생회 블로그'를 만들어 운영하기도 했다. 학생회 블로그는 독립적으로 제작하지 않고 이우학교 홈페이지 안에서 운영되었다. 회의록을 공개하고 학생회 임원들이 자유롭게 글쓰기를 하며 좀 더 원활하고 유쾌하게 학생들과 소통하려고 노력했다.

이 외에도 '졸업식 씨앗부스', '작은 실천', '타 학교 학생들과의 교류', '한 여름밤의 꿈 멘토링', 도서관 도난 사건을 계기로 '학생사서제도 운영' 등 다양한 활동이 전개됐다.

꿈꾸고 도전하고 함께 가다

[성과와 과제]

　제9기 총학생회는 문제가 생기고 나서 수습하는 방식이 아니라 사전에 학생들의 고민을 귀담아 듣고 발 빠르게 이야기장을 만들고 소통의 연결고리 역할을 했다. 학생들이 자신들의 목소리를 낼 수 있도록 보다 현실적인 방법을 택해 운영했다. 결과적으로 학교와 교사의 입장에 서기 보다는 학교에 학생들의 목소리를 풍부하게 전달하는 성과를 이루었다. 이러한 학생의 주체선언은 제10기 총학생회에서 보다 진전된 문제의식과 방법으로 표출되기도 했다.

　그러나 제9기 총학생회도 학생들과의 거리감을 극복하지는 못했다. 학생회 활동의 결과를 학생들과 공유하는 수준을 넘어서서 학생회의 역할이 무엇이며 학생들과 어떻게 협업하며 문제를 해결해가야 할지 깊은 수준에서 공감대를 이루지는 못했던 것으로 보인다.

● 격동하는 학생회, 'power up' 학생회[제10기 총학생회, 2012년]

2003 : 도시형 대안학교 '이우학교' 설립
-
-
-
2010 : 혁신학교 지정
2011 : 동아리 시간 증발
2012 : 학자시간 축소
2013 : 고3 통합기행 증발
-
-
-
2018 : 이우학교, '자사고'가 되다

내가 변했다. 우리가 변했다. 그리고… 학교가 변했다.

학생의 소리가 사라진 지금,
대화가 필요해!!!

'역당'의 후보로 나와서 제10기 총학생회를 맡게 된 김태홍과 임원들은 학생회를 어떻게 운영했을까? 이들이 벌인 한 건의 이벤트가 아주 시사적이었다. 2013학년도 입학식이 한창 진행되고 있을 때 김태홍과 몇몇 학생이 갑자기 입학식장 옆의 교실 난간에 나타나 준비한 문건을 뿌리고 글을 읽어나갔다. 그 내용의 일부가 위의 문건이다.

　문건 내용의 사실 여부를 떠나 이 장면은 제10기 총학생회가 어떤 문제의식을 가지고 어떻게 학생회를 운영하려고 했는지 상징적으로 보여준다. 이우학교 최초로 공식행사 중에 자신들의 의견을 일종의 '퍼포먼스'로 표현했던 사건에서 이우는 무엇을 읽어내야 할까?

　제10기 총학생회는 '역당'의 구성원들을 중심으로 운영되었다. 역당이 내세운 비전에서 '바꾸다', '거스르다' 등의 표현을 볼 때 이들은 학생회를 적극적이고 역동적으로 운영하려고 했다. 이들은 '잘못된 것을 바로잡으려는' 노력, '스스럼없이 흐름을 거스를 줄 아는' 용기를 희망했다. 그리고 과감하게 문제를 드러내고 적극적으로 소통하고 힘 있게 해결하려는 움직임이 학생회를 보다 역동적으로 만들어 주었다.

<VISION>
易　바꿀 역(바꾸다, 새로워지다) – 더욱 새로워진 총학
役　부릴 역(일을 시키다) – 시키는 일도 마다하지 않을 성실한 총학
逆　거스를 역(어기다, 거스르다) – 잘못된 것을 바로 잡고 스스럼없이 흐름을 거스를
　　　　　　　　　　　　　　줄 아는 총학
力　힘 역(부지런히 일하다, 힘을 쓰다) – 학생들에게 힘이 되어줄 수 있는 총학
譯　통변할 역(통변하다, 뜻을 품다) – 학생들을 대표해서 뜻을 이루는 총학

　제10기 총학생회는 적극적으로 학생이 학교의 공동주인이 되어야 한다고 생각했다. 학교의 가치와 정체성에 대해 학생, 학부모, 교사들의 논의를 촉발하면서, 학생들 스스로 변화하려는 노력이 필요하며 결국 한 명 한 명이 이우를 만들

어 가고 바꾸어 나가야 한다고 역설했다.

제10기 총학생회의 주요 사업은 다음과 같았다.

1) 총학생회가 하는 일을 좀 더 잘 알리기 위해 '공감의 시대'란 게시판을 만들었다. 일반 학생들이 학교의 중요한 일을 알아야 자치회의 시간에 학교에 대한 건의나 토론을 활발히 할 수 있다고 생각했다. 학생들의 직접적인 참여와 소통에 많은 노력을 기울인 셈이다. 하지만 동료들과 문제의식을 공유하는 데에 한계가 있었고 게시물을 붙여 놓는 것만으로 소통이 이뤄지지는 않았다.

2) '학생 POWER UP'이라는 공약에 따라 학생회 임원들이 대표자회의 등에 참여하여 학생들의 생각과 의견을 전하는가 하면 선생님들과 함께 고민을 나누는 자리도 자주 만들었다. '학교에서 학생은 3주체 중의 하나'라는 말이 구두선에 그치지 않게 하려고 제10기 총학생회는 실질적인 노력을 기울였다. 학부모총회, 각종 대표자회의 등에 자주 참여하여 소통하는 가운데 학생들의 의사가 반영되도록 노력했다. 교사대표자회의에서 이들이 제기한 문제의식을 몇 가지 소개하면 다음과 같다.

첫째, 선생님과 학생들 사이의 관계가 원만하지 않은 것 같습니다. 1학년의 경우 개인적 상담을 담임선생님이 아닌 특정 선생님과 해결하려는 경향이 있고, 2학년은 일상적인 경우에도 대화나 상담을 잘 하지 않습니다. 또 3학년은 대학진학 등 문제와 더불어서 학생들과 선생님 사이에 드러나진 않지만 불화가 있다고 보입니다. 다른 학교와는 다른 이우학교만의 선생님과 학생들 간의 돈독한 소통이 이루어지지 않고 있다는 의견이 전반적이에요. 왜 학생들과 소통이 이루어지지 않는다고 생각하세요? 저희는 선생님들께서 좀 더 적극적으로 나서주어야 한다고 생각합니다.

둘째, 선생님과 학생들 사이에서 학급자치 시간에 무엇을 할 예정인지 준비과정에서 공유가 잘 이루어지지 않고 있는 것 같아요. 현재 '문고리 수리해주세요', '화장실에 휴지가 없

어요' 등의 수준의 건의사항밖에 나오고 있지 않는데 고등학생의 수준 혹은 이우학교가
바라는 수준에 비해 좀 부족하지 않나 생각됩니다. 지금보다 더 발전된 학자 시간을 이
끌어 내리려면 선생님과 학생 모두가 같이 고민해봐야 한다고 생각합니다.

3) 총학생회와 학년 학생회가 상호 피드백을 하는 '나를 쌈 싸 먹어라'를 진
행했다. 임원총회에 총학과 학년 학생회가 참여해서 학자시간 운영, 사교육문제
등 중요한 학생생활에 대해 함께 고민하고 의견을 나누었다. 또 매 분기에 1회
씩 총학과 학년 학생회가 각자 한 일을 나누고 피드백하는 모임을 진행했다.
　　총학생회와 학년 학생회가 각자의 주제와 문제의식을 바탕으로 활동하는 것

은 바람직하다. 하지만, 그동안 학교 전체
가 함께 고민해야 하는 것들에 대해서 공유
나 토의가 잘 되지 않았다. '나를 쌈 싸 먹
어라'는 이러한 문제를 해결하기 위해 운영
되었고 공유와 소통의 질을 높이는 데 일정
정도 기여했다.

4) '좋은수업 만들기'의 의미를 다시 공유하고 의미 있게 운영될 수 있도록 돕
는 역할을 했다. '좋은수업 만들기'는 취지와 의미가 좋음에도 불구하고 운영
상 문제로 인해 학생과 교사 양쪽 모두의 신뢰를 잃어가고 있었다. '좋은수업 만
들기'의 의미, 운영원칙, 진행방법 등을 담은 안내지를 제작하고, 시작 전 학년
학생회, 교사회 등이 여러 차례 내용을 공유했다. 총학생회가 제작한 '좋은수업
만들기' 가이드라인은 다음과 같았다.

■ 수업의 목표나 의도대로 수업이 진행되고 있는가?
　　수업목표와 의도에 맞게 수업이 진행되고 있는가? 그에 따른 수업 방식은 적절했는
　　가? 목표에 대한 생각이나 수업을 들으면서 느꼈던 것들에 대해 함께 이야기해보

자. (수업 전반에 대한 총체적 이야기)

■ 선생님이 가져오시는 수업도구(텍스트, 영상물 등)는 적절한가?

학습지와 같은 텍스트, 영상, 실험도구 등에 대한 이야기. 예를 들어 텍스트의 경우에는 난이도(어휘, 질문, 내용 자체)가 적절했는지, 양이 너무 많지는 않았는지, 혹시 추가되거나 수정되었으면 하는 부분이 있는지 등에 대해 논의해볼 수 있다.

■ 과제나 쪽지시험은 어떠한가?

너무 부담스럽지는 않은가? 수업내용과 목표와 부합하는가? 다르게 개선할 수 있는 방향이 있는가? 공동의 합의뿐만이 아니라 개인의 고충이나 불만에 대해서도 들어보고 개별적으로 선생님과 해결할 수 있도록 연결할 수도 있었으면 좋겠다.

■ 선생님과 학생, 학생과 학생 사이에 제대로 배움의 관계가 형성되어 있는가?

선생님이 이 수업을 통해 전달하고 싶은 바가 아이들에게 전달되고 있는지, 학생들은 정말 이 공간에서 배우는 일을 하고 있는지에 대해 함께 고민해보자. 서로 수업에 대한 예의를 지키고 있는지, 잠을 잔다거나 떠들 때 학생들 사이에서 서로 이를 지적하고 함께 고쳐갈 수 있는지, 토론이나 질문은 제대로 이루어질 수 있는지.

5) 학급자치의 의미와 원칙, 진행방법 등을 담은 안내지를 제작하고 이것을 통해 학급자치 시간이 의미 있게 운영되도록 노력했다.

[성과와 과제]

제10기 총학생회는 이우학교 본래의 정체성과 가치에 대해 근본적인 물음을 던졌다. 그 속에서 학생들과 총학생회는 어떤 역할을 해야 하는지 진지하게 고뇌했다.

우선, 전통적으로 의미 있던 학생회 일들(좋은수업 만들기, 학생자치 등)에 근본적으로 새로운 의미를 부여했고 구체적인 매뉴얼과 운영방법을 고민함으로써 그 모든 것들이 말에 그치지 않도록 노력했다.

또한 학생들이 이우학교의 3주체 중 하나로서 느끼고 고민하는 내용을 가감

학생들의 요청으로 열린 학교 청문회(2012. 12)

없이 학부모와 교사들에게 전하고 문제를 함께 풀자고 촉구했다. 이런 의미에서 제10기 총학생회는 학생회의 재활력, 생동감, 역동성을 확보하는 데 중요한 역할을 했다.

학생회와는 별개로 벌어진 일이었지만 이 시기에 개교 이후 두 번째 학생 요청 청문회가 열린 것도 학생자치에서 중요한 사건이었다. 이우학교 학생으로서 겪게 되는 고민과 문제의식을 깊이 있게 성찰하며 드러낸 점, 그리고 교사회가 이같은 학생들의 이야기를 경청하고 학교 운영과 학생과의 만남에 반영하려고 노력한 점에서 이는 자치학교 운영의 중요한 사례로 남았다.

3. 학년자치

이우학교는 개교 초기에 한 학년이 '작은 학교(small school)'로 운영되는 구조와 문화를 생각했다. '작은 학교'는 교사와 학생, 학생과 학생 사이의 보다 인간적이고 친밀한 관계 형성에 도움이 되었다. 이우학교는 지시와 명령에 의한 일사불란함보다는 다양한 학생들과 교사들이 서로 소통하고 관계를 맺으며 하나의 의견을 만들어가는 과정, 함께 문제를 해결하는 과정이 중요하다고 생각했다. 이러한 관계의 다양성과 문제해결의 역동성, 주인의식 등이 학년자치를 더욱 풍요롭게 해주었다.

학년자치는 주로 학년에서 해결해야 할 과제나 도드라진 문제점들을 풀어가는 과정이 많았다. 형식적으로는 전체가 모여 이야기 나누는 학년총회, 반 중심으로 운영되는 학급회의, 대의원들의 협의체인 대의원회의, 고민의 주제에 따라 형식에 구애받지 않고 자유롭게 열리는 '작은 모임'과 '큰 모임', 특별히 관심과 고민에 따라 부정기적으로 열리는 기타 모임 등이 있다.

학년자치는 안건을 상정해 한 가지 주제에 대해 토의하고 결정하는 형식의 회의뿐 아니라 서로의 고민을 진솔하게 드러내고 문제를 해결하는 마음 나누기 형식, 각자 좋아하는 물건을 가져와 설명하고 이야기 나누는 방식, 학생들이 돌아가면서 요즘 자신의 관심사나 고민을 발표하고 이야기 나누는 방식, 공통의 고민에 대해 어떻게 생각하는지 이야기 나누는 방식, 학생들 사이의 친밀한 관계 맺기를 위한 음식나누기, 체육활동 등의 형식, 주제에 대해 글쓰기를 하고 함께 나누는 방식 등으로 운영되었다.

틀에 박히고 형식적인 것보다는 이야기의 주제, 학급 구성원의 문화, 당시의 상황 및 분위기에 따라 다양한 방법이 시도되었다.

또한 학년자치를 통해 학년 생활세칙을 정하기도 했다. 학교 전체적으로는 교육활동 중에 음주와 흡연의 금지, 폭력 금지 등의 큰 원칙만 정해져 있고 나머지는 대개 학년 교사와 학생이 토의를 통해 학년의 생활세칙을 정하고 이를 지키기 위해 노력해 왔다. 그동안 각 학년에서 다룬 학년자치의 주제는 다음과 같았다.

― 학생 사안과 관련된 주제: 도난, 폭력(언어적, 물리적 등), 부정행위 등
― 일상생활에서 부딪치는 문제와 관련된 주제: 수업, 청소 등
― 관계에서 오는 문제와 관련된 주제: 끼리 문화, 남·여학생 문화, 왕따 등
― 보다 근본적이고 중요한 문제와 관련된 주제: 입시, 사교육, 배움 등

4. 동아리 활동

이우학교는 개교 초기부터 수업 이외에 학생들이 다양한 욕구와 특기를 발휘할 수 있도록 동아리 활동을 적극 장려했다. 동아리 활동을 통해 학생들이 자신의 흥미와 관심사, 적성과 장점을 발견하고 심화하기를 기대했다. 또한 이러한 활동을 통해 자기기획 능력과 소통 능력, 표현 능력이 신장되고 선후배가 보다 긍정적이고 의미 있는 관계를 맺어가는 학교문화를 만들기를 기대했다.

개교 초기, 동아리는 자연발생적으로 많이 생겨났지만 동아리가 유지되기 위한 기본적인 조건들을 갖추지 못하면서 많이 사라졌다. 그러나 2005년부터는 동아리연합회 결성, 동아리발표회 개최 등 다양한 동아리 활성화 대책이 마련되면서 부흥기를 맞았다.

그러나 그 뒤의 동아리 활동은 여러 해를 거치면서 부침이 심했다. 실제 2007년도에는 동아리 활동의 위축을 경계하는 목소리가 곳곳에서 흘러나오기도 했다. 동아리 활동은 학사일정, 공간문제, 지도교사 문제, 학생들의 자발성과 참여의지 부족 등으로 어려움을 겪었다.

반면에 이런 상황에서도 열정과 의지가 있는 부원들이 자발적으로 헌신하고 지속적인 의지를 발휘한 경우나 지도교사가 꾸준히 학생들을 자극하고 지원한 경우에는 동아리 활동이 매우 활발히 이뤄졌다. 또 동아리 시간을 시간표에 배정해 학생들이 동아리 활동에 집중할 수 있도록 하는 학교의 노력 또한 중요했다.

동아리 활동은 여러 부침에도 불구하고 여전히 학생들에게 학교에 다니는 중요한 의미로, 자신을 성장시켜 준 계기로 여겨지고 있다.

이우학교 학생들의 각종 동아리 활동

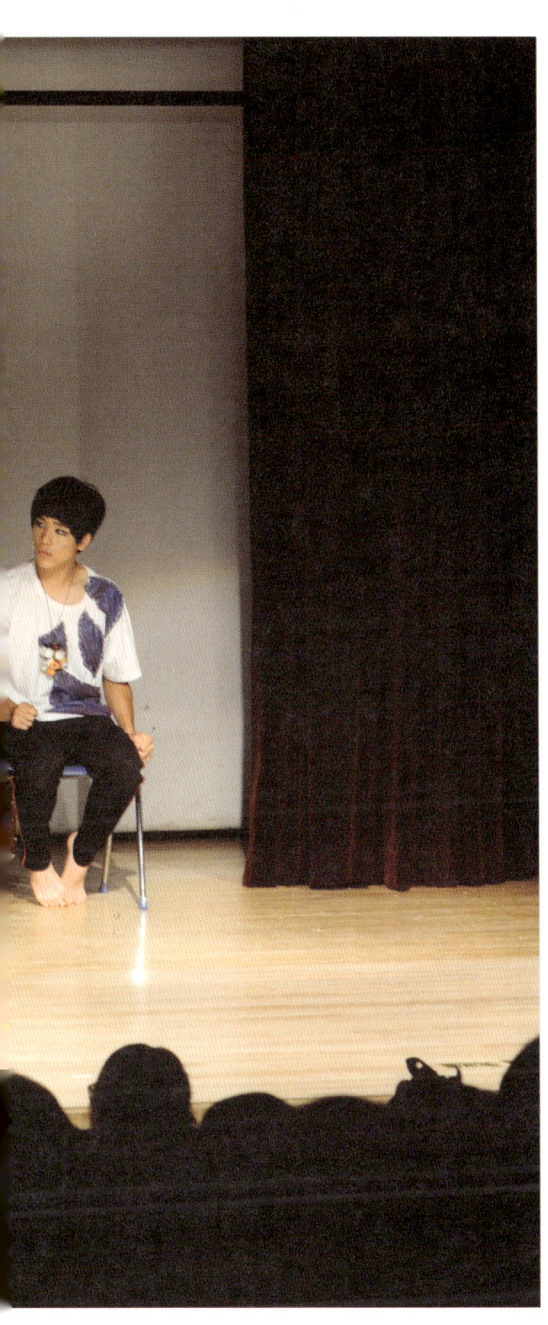

자치 활동(2012)

고등학교 동아리 현황(2013년)			
동아리 성격		동아리 이름	활동 시기
취미활동 (음악)	퓨전음악	이악	2006~2007
	아카펠라	절대음감	2006~2010
	랩	밴펠라즈	2005~2007
취미활동 (스포츠)	야구	카오스	2004~2008
	여자농구	눈바람	2005~현재
	미식축구	미식축구	2009~현재
	축구	축바람	2006~현재
취미활동	풍물	악연	2003~현재
	연극	몸울림	2005~2006
		some	2006~현재
	만화	시나브로	2006
	댄스	마루	2006 ~현재
	사진	시선	2006~현재
	뮤지컬	튀김옷 칸타빌레	2006~현재
	글쓰기	가제	2012~현재
봉사/사회 참여활동	생태환경	살터	2005~현재
	인권	아우름	2004~현재
	인권	앰네스티	2005~2009
	봉사	해비타트	2006~현재
	학술활동	독서세미나	2005~2010
	답사활동	내발디딤	2005~현재

중학교 동아리 현황(2013년)			
동아리 성격		동아리 이름	인원
취미활동	방송	MC	21
	연극	패러디	11
	목공	목공	7
	댄스	프리덤	20
취미활동 (스포츠)	축구	Ewoo United	26
	미식축구	이우 라이거즈	36
	농구	이우 히어로즈	13
사회참여	환경	파코 Paco	9
탐구	과학	과학실험실	9
	건축	하우징	18

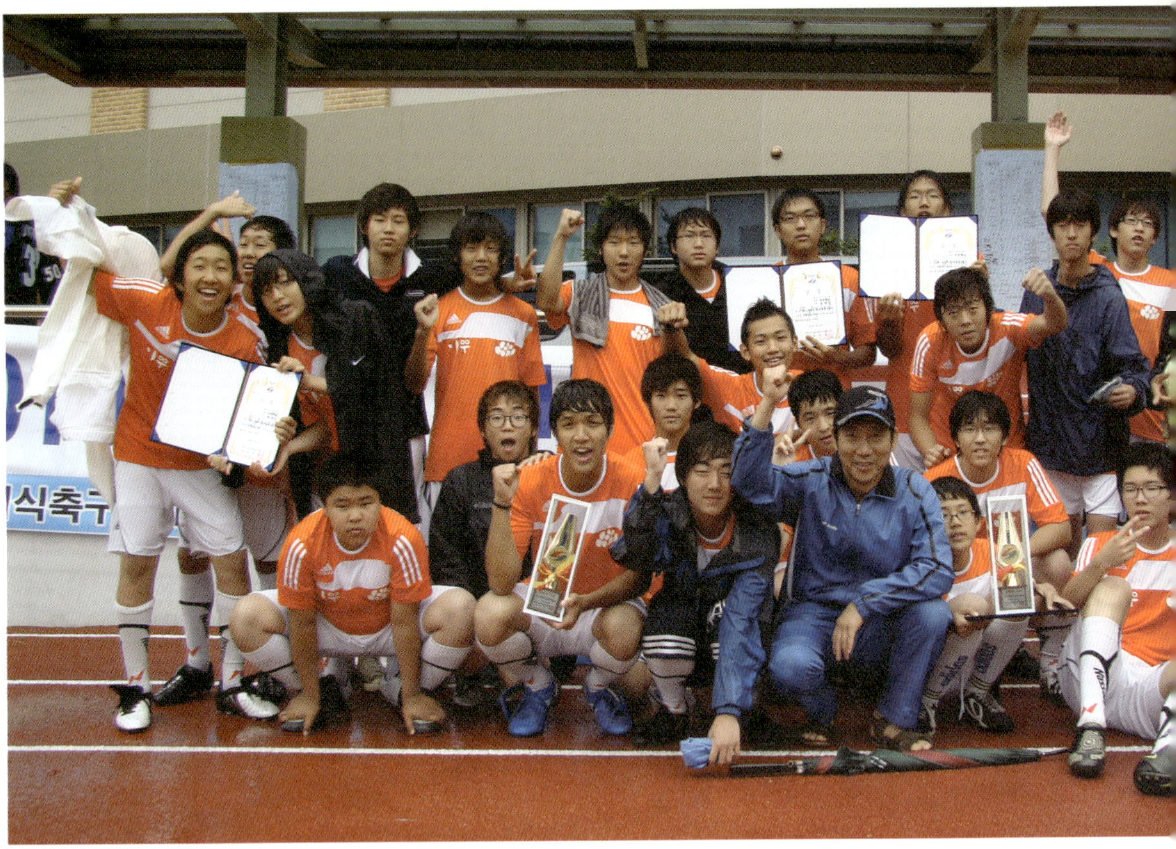

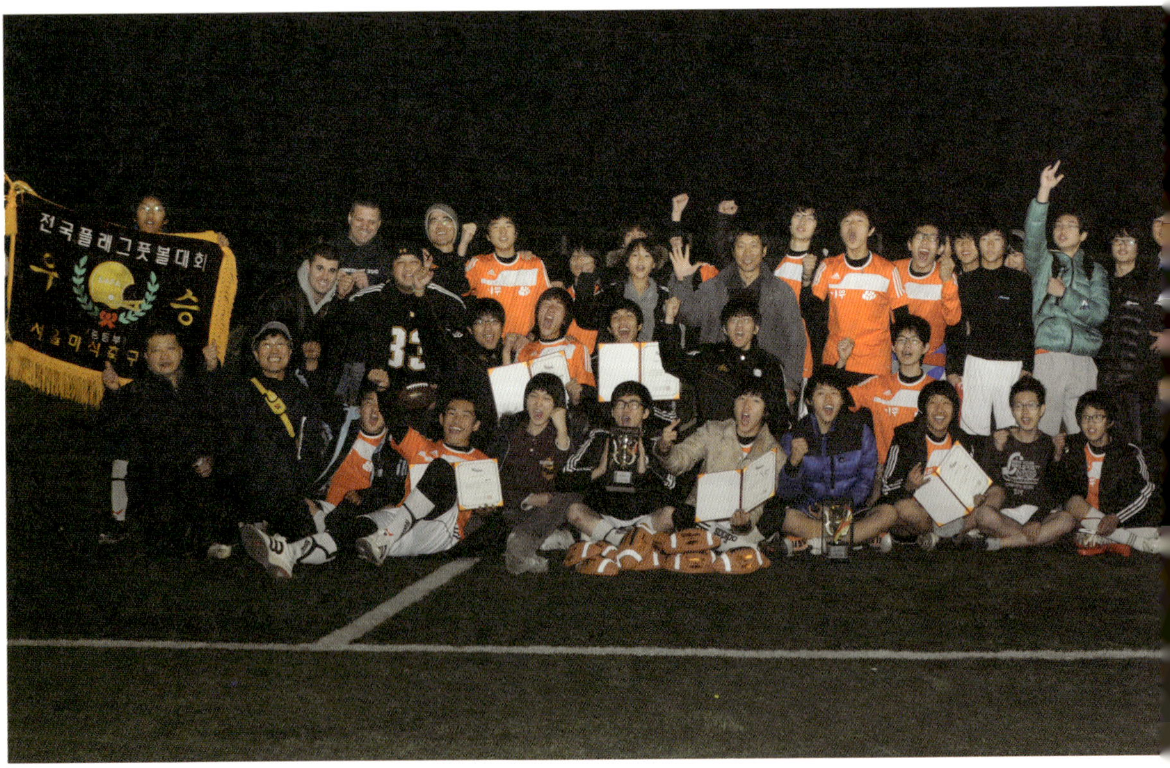
전국플래그풋볼대회
우승
서울미식축구

5. 축제준비위원회, 체육대회준비위원회 활동

이우학교의 모든 행사는 학생들이 주체가 되어 기획하고 실행하고 평가한다. 교사는 약간의 조언과 지도하는 역할만 담당한다. 행사의 주체가 되는 순간 학생들은 행사의 주인이 된다. 이우학교의 모든 행사 혹은 프로그램에는 반드시 '준비위원회'가 구성된다. 크게는 '축제준비위원회', '체육대회준비위원회' 등이 있지만 그 외에도 '농활준비위원회', '반 MT준비위원회', '통합기행준비위원회' 등 다양한 준비위원회가 있다.

준비위원회 활동을 통해 아이들은 무에서 유를 창조하는 기획 능력, 다양한 의견을 조정하고 조율하는 소통 능력, 열정과 인내를 가지고 행사를 진행하는 실행 능력, 그리고 행사를 통해 자신들의 생각과 감정을 표현하는 능력, 평가를 통해 자신들의 활동을 성찰하는 능력 등을 기르게 된다.

준비위원들은 기획 단계에서 1) 행사의 방향과 목표를 설정하고 → 2) 행사의 주제와 concept을 정하며 → 3) 전체적인 기획안을 작성한다. 이 과정에서 다양한 학생, 교사들의 의견을 청취하고 기획안에 반영하기 위해 노력한다.

실행 과정에서는 스텝의 역할을 하며 행사가 원활하게 운영될 수 있도록 노력한다. 이 과정에서 생기는 다양한 변수들을 지혜롭게 해결하기 위해 서로 협동하고 토의한다.

평가에서는 기획과 실행 단계의 모든 과정을 평가하고 향후 행사 기획에 도움이 될 수 있도록 정리한다.

◀ 서울미식축구협회장배 전국플래그풋볼대회 중고 동반 우승(2010. 6)

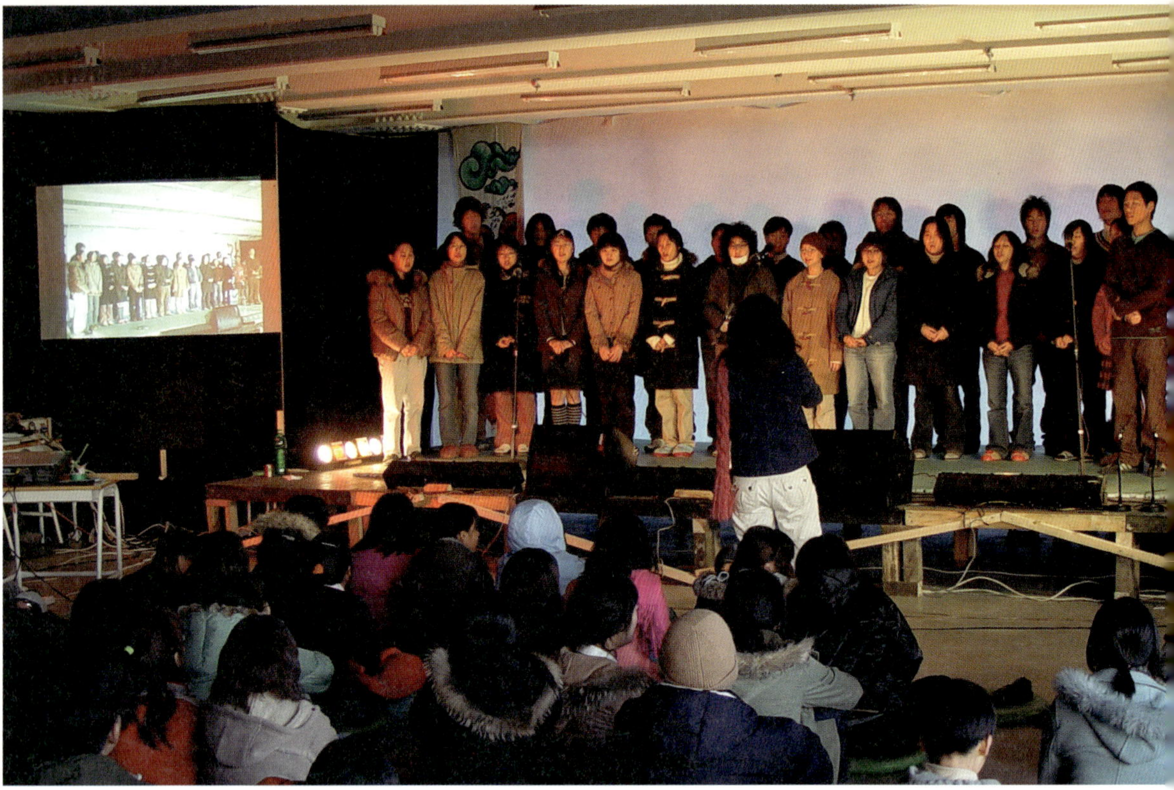

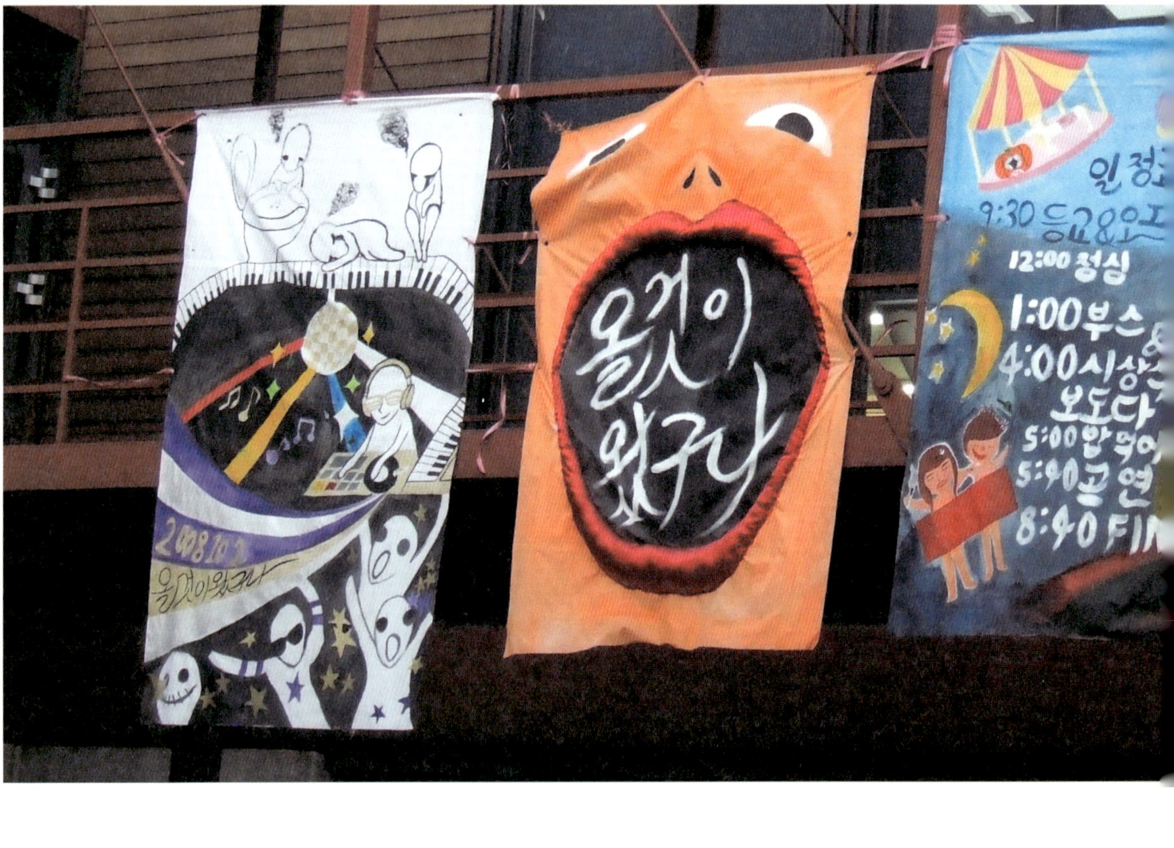
12:00 정심
1:00 부스

● 연도별 축제의 방향과 주제

연도		방향 및 주제
2004년		**구나를 세우다** －대화와 소통, 배려와 사랑으로 나만을 생각하는 이기적인 모습을 극복하고 너와 우리를 생각하자는 의미
2005년		**돌아왔구나** －6개 학년이 서로 소통하고 알아보는 자리를 마련해 다른 학년과의 관계도모 －축제테마: 색(色) 우리 모두 다른 색을 띠고 있지만 함께 모여 또 하나의 색을 낸다는 의미
2006년		**바다 속의 구나** －주위의 것들을 뒤집어 볼 때 일상적인 것들은 우리에게 특별함으로 새롭게 다가온다. '뒤집어보기' 라는 테마로 친구나 선생님께 그동안 표현하지 못한 자신의 마음을 전하고 다른 시각에서 바라보자는 의미
2007년	중학교	**흥나는구나** －학생 전체의 적극적인 참여를 통해 축제의 의미를 되살린다
	고등학교	**오! 느끼는구나** －테마: 오감, 지금까지의 축제는 시각이나 청각(공연)에만 집중한 구성이 많아서 오감을 전부 사용해서 같이 부딪치고 느끼고 즐겨보자는 의미
2008년	중학교	**色다르구나** －색다르게 바라보기, 모두가 함께 즐기고 자신의 색을 찾고 자신을 되돌아볼 수 있는 기회를 갖는 특별한 축제를 만들자
	고등학교	**올 것이 왔구나** －모토: 희(喜)락(樂), 똑같고 지루한 축제는 가라, 기쁘고 즐거운 축제를 만들자
2009년	중학교	**끌리는구나** －학년과 학년 사이를 멀게만 느껴지게 만드는 보이지 않는 벽을, 즐거운 축제를 통해서 허물어보기, 서로 끌리게 만들기
	고등학교	**구나와라 구나가자!** －모토: 일탈. 일탈의 뜻처럼 여태까지 항상 똑같았던 식상하고 지겨운 축제에서 벗어나, 모두가 함께 축준위가 되어 '우리' 가 만들어 낸 일탈한 축제를 즐기자. 모두 함께! 같이! 즐기자
2010년	중학교	**광나는구나** －빛 광(光)과 미칠 광(狂). 빛나는 축제를 미치도록 즐겨보자는 뜻. 1년 동안 묵혀두었던 끼와 그들만의 느낌을 발산하여 축제 때만큼은 개개인의 빛을 발하고 누구든지 정말 미치도록 눈치 보지 말고 즐겨보자는 의미
	고등학교	**구나? 누구나!** －모토: '뚜껑' 열어보기. 서툴지만 자신을 보여주는 기회를 가지자. 지금까지의 모습과는 다르게 열린 마음으로 서로를 바라보자. 이번 축제를 통해 단순한 축제의 의미가 아닌 모두가 함께 어우러지고 자신을 열어보는 것과 더불어 타인을 열어보고 이해할 수 있는 기회를 갖는 특별한 축제를 만들자.

◀ 학생 축제

2011년	중학교	**너… 터졌구나?!** −그동안 쌓아 둔 것을 모두 터뜨리고 신나게 놀자!(웃음, 그동안 쌓아둔 거, 분위기, 잠재력 등을 모두 터뜨리자)
	고등학교	**구나가 활짝** −모토: 활짝 피어나보자! 구나도 우리도!! 가장 꽃다운 나이를 보내면서 정작 우리는 나만의 향기와 아름다움을 마음껏 뽐내고 있을까? 축제만큼은 우리 모두가 활짝−피어나보자는 의미에서 이번 축제의 모토는 꽃이다.
2012년	중학교	**불타는구나** −그동안 마음속에 쌓아두었던 해묵은 감정, 스트레스, 답답함, 단조로움 등을 모두 불살라 버리고 신나게 놀자!!
	고등학교	**구나가 띠용띠용** −모토: '3D', 평면적인 일상에서 일탈하라! 항상 무언가에 얽매여 있는 우리, 축제 때만큼은 그런 생각을 떨쳐버리자!

● **체육대회**

■ 체준위 활동을 통한 학생들의 성장: 체준위 활동을 통해 학생들은 전반적으로 기획력 및 문제해결 능력이 신장되었다. 구체적으로 기획부 활동을 통해 세부 프로그램 기획 및 운영의 역량이, 홍보부 활동을 통해 홍보를 위한 다양한 방법과 형식에 대한 고민과 실행능력이 신장되었다.

체준위는 '교사, 학부모, 학생이 모여 화합할 수 있는 장을 만들기 위한 고민'을 통해 학교의 철학과 현재 상황에 대해 더 풍부하게 이해하게 되었다. 또한 '장애 학생 및 소외되는 학생을 위한 프로그램을 고민'함으로써 타인에 대한 이해와 배려심이 깊어지게 되었다. 더불어, 집단에서 일을 어떻게 기획하고 진행할지에 관한 일 감각, 행사 전체를 보는 안목, 돌발변수에 대한 대응능력, 실제 운영과정에서의 다양한 관계 맺기와 소통능력이 향상되었다.

■ 체준위 활동을 통한 학생들의 생각 변화: 체준위 활동을 통해 학생들의 생각은 어떻게 변화되었을까?

우선, 단순 호기심으로 선택했다가 세심하게 고민하는 과정을 통해 준비과정을 이해하고 자기 역할을 고민하게 되었다.

둘째, 선배들의 활동을 보면서 일을 해나가는 방법, 해결되는 과정의 지혜를 배우게 되었다.

셋째, 어떤 일이 진행될 때, 혼자 힘으로는 할 수 없지만 함께 모여 고민을 나누고 준비하면 무엇이든지 해낼 수 있다는 자신감을 얻게 되었다.

부정적인 변화로는 시간이 지날수록 3주체가 함께 하는 행사에 관한 고민이 적어졌다. 이는 교사와 학부모의 결합도와 호응도가 낮아서 발생한 문제다. 이에 대한 적극적인 해결책 마련이 필요하다.

■ 체준위원장의 역할: 체준위원장의 역량에 따라 체육대회 실제 운영의 질과 내용에 차이가 생길 정도로 체준위원장의 역할은 크다. 체준위원장의 역할은 다음과 같다.

- 매해 운영 모토를 설정하고 체준위를 구성한다.
- 행사 전체 통솔 및 기획운영, 세부기획 점검, 예산 확인, 홍보방법 모색 등 행사 전반을 고민하면서 중간 점검. 행사 당일 전체 운영
- 준비위원회 학생들을 적재적소에 배치하면서 일이 원활하게 진행될 수 있도록 함께 고민하고 점검하면서 부족한 부분을 해결하고 세대로 진행되는 부분은 격려와 칭찬하는 역할
- 기획안 작성 및 예산 편성/집행/정산, 최종 평가 진행
- 전체를 보며 고민하고, 다양한 방면으로 문제점을 해결하려 노력하고, 동료들과 함께 문제를 해결하는 연습

체준위원장의 역할을 통해 학생들은 기획력과 문제 해결력이 향상되고, 새로운 일을 시작하는 단계에서 일에 대한 두려움이 없어졌다고 한다. 일의 진행 과정을 경험해본 체준위원장들은 다른 행사나 모임에서 어떤 역할을 맡게 될 때에

체육대회(2012)

체육대회준비위원회의 등교시간 홍보(2011)

도 일의 순서, 과정에서의 적절한 역할 분배 등이 자연스럽게 떠오른다고 한다.

■ 과제: 체준위 활동은 앞으로 풀어야 할 중요한 과제도 안고 있다.

우선, 체준위 활동에 대한 진지한 자기 고민 없이 단순히 위원회 활동에 대한 기대로 선택하는 학생들의 수가 증가하고 있다는 것이다. 자기 고민 없이 체준위 활동을 하게 되니 체준위 활동을 제외한 다른 일상생활의 균형이 무너지고 활동을 통한 내면화, 의미화가 덜 될 수밖에 없다. 해가 거듭할수록 준비위원회 신청자가 증가하고 체준위 활동에 대한 관심이 많아짐에 따라 '왜 이 활동을 하고 싶은가?', '이 활동을 통해 나는 무엇을 배우고 싶은가?' 등과 같은 진지한 자기 질문이 필요하다.

둘째, 해가 갈수록 체육대회 기획에 있어서 창의적이고 독창적인 내용을 찾아보기 어렵다는 점이다. 이는 학생들이 창의적인 행사 기획에 대한 직·간접의 경험이 부족한 데에서 온다. 그러다 보니 형식적인 프로그램들이 많고 운영에 있어서도 참신함이 보이지 않는다. 학생들이 새로운 영감과 아이디어로 행사를 기획하고 운영할 수 있도록 새로운 접근이 필요하다.

6. 아픔 속에서 찾는 희망을 위하여

도망치고 싶고 그만두고 싶어도 / 이유 없이 나누어주는 저 찬란한 햇빛, 아까워 / 물에 피가 번지듯…… / 희망과 나, / 희망은 종신형이다 / 희망이 외롭다.

— 김승희, 「희망이 외롭다 1」 중에서

절망을 이야기하기는 얼마나 쉬운가! 희망을 얘기하면 철없는 아이처럼 여겨졌고, 꿈을 이야기하면 유치한 사랑고백처럼 받아들여졌다. 하지만 그 철없는 꿈과 그 유치한 사랑으로 이우학교 학생자치의 역사는 지속되어 왔는지 모른다. 더러는 마음의 병도 앓아야 했고 더러는 모진 말도 감수해야 했고 더러는 아무 것도 시작하지 않는 편이 차라리 나았으리라는 허무와도 싸워야 했다. 그들은 왜 그런 어려운 길을 택한 걸까? 그들의 내면 풍경이 궁금했다. 또한 그들의 지난 사랑의 역사를 지지하고 응원하고 싶었다.

이 글은 사실을 기록하는 일과 진실을 말하는 일 사이에서 갈팡질팡했다. 하지만 사실에 제 자리를 찾아주다 보면 진실의 얼굴이 언뜻 드러나지 않을까 하는 소망이 있다.

> 빛은 멀고, 발 앞은 어둡다. / 하지만 나의 친구들과 선생님들은, 그리고 나는 있는 힘을 다해서 달렸다. / 백 미터는 될까. / 어쩌면 겨우 몇 발자국일지도 몰라. / 그래도 우리는 어두운 길에, 우리가 달 수 있는 만큼의 호롱불을 걸었다. (차명식 제4회 졸업생 글 중에서)

무엇보다 멀리 있는 빛을 향해 발 앞의 어둠을 하나하나 지워가며 그들이 내건 작은 호롱불이 얼마나 아름다운 것이었는지 이우와 함께 한 모든 사람들과 눈물겹게 나누고 싶은 마음이 이 글의 행간에 아로새겨졌기를 바란다.

'말의 성찬, 행동의 빈곤'의 공동체는 아무리 뜻이 크고 겉모습이 화려하더라도 공허하다. 그야말로 '벌거벗은 임금님'이다. 학생들은 이우가 지향하는 가치가 현실과 만나는 가장 최전선에 서 있다. 부모와 교사보다 그들은 더 많이 부딪치고 더 깊게 상처받고 더 많이 고민한다. 화려한 수사, 그럴듯한 논리로 무장한 어른들보다 그들은 훨씬 '이우'를 온 몸으로 '체화'하고 있다.

불가능할 것 같은 꿈을 꾸면서도 그들이 온 몸으로 밀고 나갈 수 있었던 이유는 분명하다. 그들은 고뇌하는 사람들이었다. 그들은 더 많이 아파했고 더 많이 도전했고 더 많이 실패했다. 그들이 고뇌할 때, 아파할 때, 남몰래 울며 밤을 지새울 때 이우는 한 뼘 더 성장했고 소중한 가치를 '간신히' 지켜낼 수 있었다.

도망치고 싶고 외면하고 싶고 관심 없는 척 하고 싶지만 그들을 다시 제자리로 돌아오게 한 것은 무엇이었을까? 그들의 희망이 외롭기 때문이었을 것이다.

1) 이 글의 전반부(2007년 제5기 총학생회 부분까지)는 〈함께여는교육〉 제8호(2007. 12. 20.)에 실린 이현영·김철원의 글을 수정·보완한 것이다.

2) 학생들 스스로 자신들의 고민을 진솔하게 나누고 서로 공감하는 모임. 주제가 정해져 있지 않으며 자유롭게 참여할 수 있다. 작은 모임은 소수의 인원이 모여 깊이 있게 이야기하고, 큰 모임은 이것이 보다 확대된 형태다. .

제
5
장

함께 성장하는 학부모

학부모들은 이우학교의 재정과 공간을 유지하고 보수하는 활동에 참여했으며, 각종 전문 영역의 강사와 도서관·급식 등의 도우미로서 아이들 교육에 직간접으로 참여했다. 위원회와 동아리 활동에 참가해 자기 발전과 성숙의 계기를 마련했다. 그뿐만 아니라 이우학교의 틀을 벗어나 지역 및 사회와 함께하는 활동을 벌이기도 했다. 이 모든 활동의 밑바닥에는 이우헌장의 '학부모 약속'에 있는 것처럼 '나 하나쯤이야' 하지 않고, 지혜, 돈, 힘, 재능 등 각자 가진 것을 함께 나누고 실천한 학부모들의 수많은 땀방울이 고여 있다.

학부모와 학생이 함께 한 태안 방제작업 봉사활동(2008)

1. '이우 학부모 되기'의 역동적 과정

이우학교를 거쳐 간 졸업생과 현재 학교에 다니는 재학생들이 이우학교에서 '새로운 학교'를 경험한 것은 두 말 할 것도 없고, 그들의 학부모들에게도 이우학교는 '새로운 인생의 학교'가 되었다. 이우학교의 학부모이기에 일상이 환희로 빛나기도 했고, 때로는 풀리지 않는 매듭과 진 땀 나는 씨름을 하기도 했다.

이우의 학부모가 되는 과정에서는 첫 장면이 상당히 인상적이다. 전형 과정에서 '학부모 자기소개서'라는 대단히 쑥스러운 절차를 거쳐야 하기 때문이다. 입학한 뒤 대부분의 학부모들이 그 통과의례를 전전긍긍하며 지나온 경험들을 얘기한다. 아이들의 미래(적어도 3년 내지 6년!)가 걸려 있는 문제이다 보니 혹시 잘못 써서 아이들에 걸림돌이 되지 않을까 걱정했던 과정이 모두 똑같기 때문이다.

특히 학부모 자기소개서의 항목 중에서 "생업 이외에 이웃과 사회에 기여하고자 노력하였던 점"을 서술하라는 대목에서는 누구나 가슴이 덜컥하게 되고, "개인의 행복이 실현될 수 있는 사회가 되려면 어떠한 조건들이 있어야 하는지" 묻는 대목에서는 학교 졸업 이후 처음 접하는 질문에 한없이 생각의 실마리를 펼쳐가게 된다.

이러한 물음들을 앞에 놓고 도저히 한 줄도 쓸 수가 없어 한밤중에 마당에 나와 담배를 서너 대 연거푸 피웠다는 아버지도 있고, "연탄재 함부로 발로 차지 마라. 너는 누구에게 한 번이라도 뜨거운 사람이었느냐"는 안도현 시인의 시구가 갑자기 떠올랐다는 어머니도 있다. 살아온 과거를 돌아보고 살아갈 미래를 가늠해 보는 절차였던 것이다. 그런가 하면 전형과정에서는 '학부모 서약서'에 서명도 해야 한다.

1. 본인은 귀교 지원자의 보호자로서 위 교육 이념 및 교육적 추구에 동의하며, 다음의 사항을 약속합니다.
   ─ 귀교의 자기주도적 학습 원리와 학교 교육의 정상화를 위해 사교육을 지양하겠습니다.
   ─ '어른의 삶 자체가 곧 교육이다'라는 명제에 따라, 올바른 자녀 교육을 위해 귀교의 이념과 가치관을 존중하는 삶을 위해 노력하겠습니다.
2. 본인은 지원자의 입학 후, 귀교의 교육 이념에 부합하는 학부모 모임에 적극적으로 참여할 것이며, 귀교의 교육 이념과 근본적으로 배치되는 주장을 하지 아니할 것입니다.
3. 이상의 사항에 반하는 경우는, 학부모로서 학교 운영에 참여할 수 있는 권한 및 자녀의 상급학교 진학 등에서 불이익을 감수할 것입니다.

이 서약서의 핵심은 '사교육'을 시키지 않고, 학부모로서 학부모 모임에 적극 참여하겠다는 다짐이다. 2006년에 선포된 '학부모들의 약속'에도 "원서 쓸 때의 마음을 잊지 않는다", "학교와 자녀를 믿고 사교육을 시키지 않는다", "'나 하나쯤이야' 하지 말고 적극 참여한다"는 등의 항목이 설정되었듯이 이러한 다짐은 되풀이해서 확인되고 있다.

이우학교는 '기숙사형 대안학교'가 아니라 '도시형 대안학교'이기 때문에 아이들이 집에서 통학해야 한다. 아이들의 등하교와 학부모들의 공동체 활동이 원활하려면 집이 학교 가까이 있을 수밖에 없다. 그래서 학부모 면접 때는 묻지 않아도 "합격하면 학교 가까이 이사 오겠다"는 대답이 나오곤 한다. 실제 학교에서 먼 곳에 살다가 아이들의 이우 입학 후 분당이나 수지로 이사하는 경우가 한 해 입학생의 80% 정도 되곤 한다.

이우 학부모가 되면 같은 신입생 학부모 모임부터 참석하면서 서로 얼굴을 익힌다. 이내 한두 해 일찍 이우와 인연을 맺은 학부모들과도 만나게 된다. 처음에는 '신입생 학부모답게' 쭈뼛거리기도 하지만 이내 그런 어색함은 사라진다. 왜냐하면 아이들의 학년 순서가 학부모들의 연배 순서와는 별 관계가 없기 때문이다.

그러면서 이우의 분위기 속으로 급속히 동화된다. 학교 설립 당시의 원칙, 즉 "내 자식의 학교로서 이우학교를 만들지 않는다"는 모토에 따라 자기 자식만이 아니라 남의 자식의 학부모도 되어야 한다는 점을 자연스럽게 깨닫게 된다. 아이들만이 아니라 학부모 또한 '스스로 만들어 가는 삶과 더불어 사는 공동체의 구성원'이 되어 '새로운 삶'과 직면하게 되는 것이다.

그렇게 한두 해 지나다 보면 아이들로부터는 "학교는 내가 다니는데 왜 엄마 아빠가 더 바빠?"라는 호기심 어린 질문을 받게 되고, 동료나 친척들로부터는 "학교를 아이들이 다니는지 학부모가 다니는지 모르겠다"는 핀잔인지 부러움인지 모를 지적도 받게 된다. 이렇게 학부모들 가운데에는 '새로운 학생'으로서 '제2의 인생'을 살아가는 사람들이 적지 않다. 그 연장선상에서 학교와 동네에서뿐 아니라 생업 현장에서 '더불어 사는 삶'을 살아야겠다고 판단해 삶의 경로를 바꾼 경우도 없지 않다.

물론 이우 학부모가 되었다고 누구나 다 그런 것은 아니다. 하지만 2003년부터 2013년까지 10년 동안 이우학교 학부모들이 도전과 성취, 좌절과 실망, 그리고 집단지성의 모색과 또 다시 새로운 모색으로 나아갔던 과정은 대안교육과 지역공동체에 관심이 있는 사람들이라면 한번쯤 돌아볼 만한 가치가 있다.

'이우학교 학부모 10년'의 경험들은 그 시간(혹은 그 일부)을 이우와 함께 보낸 모든 학부모들의 기억 속에, 또는 짬짬이 적어 둔 메모와 기록 속에 편편이 남아 있다. 학년·반 모임, 위원회, 동아리, 학교운영위원회 등에서 수없이 주고받았던 보고서와 서류 같은 문서들도 눈길에서 멀어져 어느 구석엔가 쌓여 있을 것이다. 이러한 과거 10년의 기록들은 한 번도 체계적으로 수집·정리된 적이 없다. 지나간 10년이 제대로 정리되려면 우선 학부모들의 기억이 풍부하게 드러나고, 곳곳에 쌓여 있는 자료들이 수집·정리되어야 한다. 그러한 작업을 충분히 하기에는 시간이 너무 짧았다.

우선 이우학교 학부모회를 구성하는 각 단위별 10년의 기록을 수집하는 작업부터 시작했다. 충실하게 자료를 넘겨주거나 기록을 정리해준 단위가 있는가 하면 숫제 자료 자체가 남아 있지 않은 단위도 있었다. 학교법인이나 학교, 학생회나 연구소 등과 달리 학부모 활동은 워낙 갈래도 많고 단일축을 중심으로 통합 조정하기 어려운 자연스러운 성격이 강했기 때문이다.

우선, 수집한 1차 자료들을 10년사의 통일된 구성과 제한된 원고 분량에 맞춰 수정하고 요약했다. 부족한 내용은 이우학교 학부모 카페 등 접근 가능한 소스들을 추적해 보충하고, 그래도 채워지지 않거나 미심쩍은 부분은 관련 학부모들을 직접 찾아가 조언을 구했다. 이런 과정을 거쳐 가까스로 이우 학부모 10년사의 얼개를 하나 만들었다.

모든 역사가 그렇듯이 이우학교 10년사도 10년의 사실들을 모두 담을 수 없다. 게다가 학부모 편은 이우 역사의 일부일 수밖에 없다. 사정이 그렇다 보니 풍부한 내용들이 빠져나가고 선택된 내용도 극도로 압축되어 뼈대만 남게 되었다. 예컨대, 백두대간 동아리는 제7기까지 종주를 마치고 기수마다 두툼한 책자로 자료집을 만들었다. 하지만 10년사에서는 그 모든 활동이 한두 쪽으로 '요약'되었을 뿐이다. 100쪽이 넘는 〈이우급식 이야기〉도 마찬가지다.

학부모들이 아이들과 자전거 여행을 한번 갔다 오는 일만 하더라도 준비부터 마무리까지 얼마나 많은 사건·사고가 일어나는가? 풍부한 사연들을 실감나게 재현하기 위해 관련 자료들을 모두 검토하긴 했지만 결과는 제한된 지면에 '자전거 타기'라는 딱 두 마디로 남았다. 참으로 맨숭맨숭하고 재미없는 일이

　　　　　　　　　　　　　　　　꿈꾸고 도전하고 함께 가다

다. 당사자들은 대단히 서운할 수도 있다.

10년 동안 학부모들 사이에 끊임없이 논란을 불러오고 쟁점이 되어온 '사교육'과 '학교재정' 문제도 그렇다. '사교육을 지양하겠다'는 각서까지 쓰고 입학했음에도 불구하고 대안교육의 원칙에 대한 이견과 대학진학의 팍팍한 현실에 부딪쳐 사교육 문제는 계속 '뜨거운 감자'가 되고 있지만, 그것은 별도의 논의가 필요한 주제라고 보아 여기서는 다루지 않았다. 학교재정 역시 학교의 생존과 사활이 걸린 문제이고 독립성 유지에 핵심적인 과제로서 학부모들 사이에서 큰 관심사가 되고 있지만, 사안의 성격상 이 또한 법인 이사회에서 취급할 문제라고 보아 학부모편에서는 다루지 않았다.

글로 쓰인 10년사보다 글 사이 행간에 숨어 있는 사연과 빠져나간 자료 속에 오히려 풍부한 이우 학부모의 역사가 담겨 있을 것이다. 이 짧게 쓰인 10년의 역사를 풍부하게 읽을 수 있는 능력은 무엇보다도 학부모들 스스로의 경험과 기억과 상상력에 있다고 믿는다.

2. 학부모회의 조직과 활동

'공부'를 제대로 하려면 '도사(道師)', '도량(道場)', '도반(道伴)'이 잘 갖춰져야 한다는 말이 있다. 좋은 가르침을 통해 진리의 길로 이끌어 주는 스승, 공부하기 적합한 공간, 서로 격려하고 자극하며 함께 공부하는 학우 등 3박자를 골고루 갖추는 일이 쉬울 리 없다.

이우학교는 2003년 9월 개교했지만 학교의 꼴이 아직 완전히 갖춰지지 않은 상태였다. 그런 학교의 빈 부문을 학부모들이 채워주었다. 그 무렵 학부모들은 또 다른 교사로서 학생들의 자기탐구 과제와 진로탐색을 도왔고, 도서관을 갖추고 도서를 선정해 각종 독서장려 활동을 했으며, 삶의 본을 보이기 위해 생활협동조합을 만들어 운영했고, 마을 하천을 살리는 운동을 펼쳤다. 그런가 하면

바람직한 교육환경의 조성을 위해 송전탑을 밀어내는 싸움을 벌였고, 학교에 정자를 세웠으며, 운동장에 튀어나온 돌을 자청해서 다듬기도 했다. 아름다우면서도 자연 생태를 거스르지 않는 환경을 조성하려고 경사지에 들꽃을 심고 학교청소를 하는 등의 노력을 했다. 세 끼 가운데 한 끼 또는 두 끼의 식사와 간식을마련하는 학교 급식 계획을 세우는 일부터 음식재료를 감수하고 다듬고 조리후 배식하는 등 도우미 역할까지 자청했다.

종류를 셀 수 없을 정도로 다양한 학부모 활동에는 학부모 개개인의 헌신과희생이 뒤따랐지만, 학부모회 조직이 있었기 때문에 그러한 활동도 가능했다.학부모 총회와 학년·반 모임, 각종 위원회들이 이 일을 담당했다. 학부모회는법적으로는 임의단체지만 이우에서는 실질적으로 학부모들의 활동을 결의하고실행하는 중심단체다.

학교 설립 초기에는 학부모회 공식기구 외에 지역별 학부모 모임도 활발했다. 동천동과 동원동의 '동동훼밀리', 남한산성을 중심으로 송파·북부성남·광주의 '산성훼밀리', 분당의 야탑·이매·서현동을 중심으로 한 '야매현' 등의모임이 그것이었다. 산성훼밀리는 2004~2005년 '남한산성 밟기' 행사를 벌이기도 했다.

학부모들 사이의 활발한 소통과 토론을 위해 2003년 8월 29일 학교 홈페이지에 학부모들을 위한 자유게시판이 만들어졌다. 이우학교 홈페이지와 학부모카페는 학교가 일방적으로 전달사항을 알리는 장이 아니고 학부모가 적극 참여해 학교-학부모, 학부모-학부모 사이의 소통과 교류를 촉진하는 창구 역할을 하고 있다. 홈페이지와 카페를 통한 활동이 중요한 이유는 모든 의견과모임에 대한 기록이 저장됨으로써 기억과 역사의 '보물창고' 노릇을 한다는 점이다.

1) 학부모회 조직

(1) 학부모회 총회

해마다 새 학기가 시작되기 전 2월에 열리는 이우학교 학부모회 총회는 지난해 학부모회 활동을 정리, 검토, 평가하고 새 학년도의 활동계획을 결정하며, 한 해 동안 활동할 임원을 뽑는 학부모회 최고의 의결기구다. 학부모회 규약의 제정과 개폐, 예산과 결산 보고, 학부모회비 징수, 학교운영위원회에 제출할 안건도 총회에서 처리하고 의결한다.

총회는 연도에 따라 조금씩 차이가 있지만 대체로 이후헌장 낭독, 학부모대표 인사, 축사, 학부모회·각위원회·학부모동아리의 운영과 활동보고, 결산 및 회계감사결과 보고, 학부모회 임원과 운영위원 선출, 총학생회장 인사, 사업계획과 예산 편성, 학교장의 운영방침 발표 또는 특강 등의 순서로 진행됐다.

현재 학교에 전체 학부모가 들어갈 만한 강당이 없기 때문에 2006년부터 총회 장소는 학교 인근의 목양교회와 동천동성당을 주로 이용했다. 10년 동안 학부모회의 총회가 열린 날짜와 장소는 다음과 같다.

2003년 10월 12일 임시총회, 학교

2004년 3월 20일 총회, 학교

2005년 1월 29일 임시총회, 학교

2005년 2월 19일 총회, 학교

2006년 2월 25일 총회, 목양교회

2007년 2월 24일 총회, 목양교회

2008년 2월 23일 총회, 목양교회

2009년 2월 21일 총회, 동천성당

2010년 2월 27일 총회, 목양교회

2011년 2월 26일 총회, 동천성당

2012년 2월 25일 총회, 동천성당

2013년 2월 23일 총회, 목양교회

2003년 9월 18일 이우학교 학부모회를 만들기 위한 첫 번째 전체회의가 열렸다. 이우학교를 도시에 설립한 이유, 즉 학부모회가 아이들 교육의 한 축을 담당하는 책임 있는 활동을 하는 조직이어야 한다는 공감대를 확인하고, 학부모회 대표가 학교운영위원회 학부모위원이 되어야 한다고 의견을 모았다. "학교교육 발전을 위한 참여 및 지원 활동과 회원 상호간의 친목을 도모함을 목적으로" 하는 학부모회 규약과 학부모회의 조직체계도 만들었다.

초기 학부모회는 총회, 임원회, 소위원회로 구성되었고, 임원회에는 학부모회장·부회장과 감사, 각 소위원장이 참석했다. 소위원회로는 급식위원회, 도서위원회, 생협위원회, 재정위원회, 학술위원회, 홍보위원회, 환경위원회를 두기로 하고, 중·고등학교 모든 학부모들이 한 개의 소위원회에 의무로 참석하도록 했다. 2003년은 개교년도여서 학급도 중1 3개 학급, 고1 4개 학급뿐이었기 때문에 학부모회의 중심을 소위원회에 두겠다는 구상이 가능했다.

2003년에는 10월 12일 학교에서 '이우중·고등학교 학부모회 임시총회'를 열어 '이우중학교 학부모회 규약'과 '이우고등학교 학부모회 규약'을 확정하고 학부모회 회장단을 구성했다. 당초의 구상대로 학부모회 임원이 학교운영위원도 겸임하도록 했다.

2004년에는 개학 후인 3월 20일에 신입학부모들과 함께 학부모 총회를 열었다. 2004학년도가 되면서 학 학년이 더 입학해 중학교 1~2학년 6개 학급, 고등학교 1~2학년 8개 학급이 되었다. 2003년 9월 개교로부터 겨우 반년이 지났을 뿐인데 학생은 2배로, 학부모도 거의 2배로 늘었다.

대부분 학부모들은 자기 자식을 중심에 놓고 학교 활동에 참가하거나 같은 학년 같은 반 학부모들과 먼저 만나게 된다. 그러다 보니 학년별·학급별 모임에는 관심도 높고 참여도 많이 하지만 소위원회에는 참가하지 않는 학부모가 생기기 시작했다. 소위원회에 참가하지 않으면 학부모회 체계에도 소속되지 않기 때문에 의사전달 체계에서 배제됐다. 그래서 학부모회가 학부모들의 여론을 폭넓게 수렴하고 상호소통하기 위해서는 임원회에 학년대표와 반대표를 포함시키고 학년모임과 반모임이 더욱 활성화되어야 한다는 의견이 대두했다.

이에 따라 2004년 3월 20일 총회는 "모든 학부모는 한 개 이상의 소위원회에 가입해야 한다"는 규정은 그대로 두되 학부모회는 총회, 임원회, 소위원회, 학년 및 반으로 구성하고, 임원회는 회장, 부회장, 소위원회에 더하여 학년 및 반대표가 참가하도록 규정을 바꾸었다. 반면에 일반 업무를 담당하지 않는 감사는 임원회에서 제외했다. 임원회에 '학년 및 반대표'가 참가한다는 규정은 2007년 2월 24일 개정에서 '학년 대표단'으로 그 표현을 바꾸었다.

2005년부터는 2월에 총회를 열었다. 새 학기 학사운영에 대해 학부모들이 미리 의논할 일이 있는 데에다, 신입학부모들도 아이들의 입학 전 오리엔테이션을 통해 이미 학교 사정을 파악하게 되었기 때문이다.

2005년 2월 19일 총회에서는 중학교와 고등학교로 나뉘어 있던 학부모회를 통합했다. 당연히 명칭도 '이우중고등학교 학부모회'가 되었다. 규약 상의 정기 총회 개최 시점은 3월에서 2월로 바뀌었고, 회원들의 '권리'와 '의무' 조항도 따로 설정됐다. '조직' 조항에 "모든 학부모는 한 개 이상의 소위원회에 가입하여야 한다"는 규정이 있는데도 회원의 '의무'에 또 다시 "소위원회에 반드시 참여하여 활동한다"는 항목을 설정하고 있는 것을 보면 학부모회가 활동의 축을 여전히 '소위원회'에 두고 있음을 엿볼 수 있다.

2006년 2월 25일 총회에서는 이우장학회를 신설하고, 각 반에서 급식위원 1인을 의무로 선출했으며, 학부모들의 생협 참여 의무를 결정하고, 교육문화위원회를 신설했다. 이날 총회에서는 중간에 학교와 학부모회를 위해 보이지 않게 헌신한 단체나 학부모를 선정하여 그 동안의 수고에 감사하는 '칭찬합시다' 시간도 가졌다. '칭찬합시다'는 2011년에는 '더불어상'으로, 2012년에는 '이우학부모상'으로 달리 불리다가 2013년 다시 '칭찬합시다—학부모포상'이라는 이름을 얻었다.

2008년 2월 24일 총회에서는 규약을 개정해 학부모회의 목적, 명칭과 임원선출 방법을 바꾸었다. '소위원회'라는 명칭을 '위원회'로 통일하고, '조직'에서 "모든 학부모는 한 개 이상의 소위원회에 가입하여야 한다"고 되어 있던 규정을 없앴다. 하지만 위원회는 학부모 동아리와 함께 학교나 학부모회에서 그 비중이나 필요성을 무시할 수 없었다. 오히려 학년을 뛰어넘어 학부모들의 대안적 활동에 필수적인 요소였다. 따라서 회원의 의무 규정에서 "소위원회에 반드시 참여하여 활동한다"는 항목을 "위원회, 동아리 등의 학부모회 활동에 적극적으로 참여하여야 한다"고 수정하여 그 존재의의를 살렸다.

2012년 2월 25일 총회에는 학생회의 총학생회장이 참가해 자신들의 활동을 알리고 학부모들에게 몇 가지 사항을 부탁했다. 이날 총학생회장이 부탁한 핵심 내용은 "차 태워주지 마세요. 패스트푸드 사주지 마세요. 아이들 뒷담화 하지 마세요"라는 것이었다.

2013년 2월 23일 총회는 이우헌장 낭독으로 회의를 시작했다. 백두대간과 EDL 대표를 임원회에 포함시키자는 안건이 제출되었으나, 회칙은 개정하지 않는 대신 학부모들이 활발하게 참여하고 일정을 원활하게 조정할 수 있도록 EDL과 백두대간의 학년 대표들이 각 학년 임원회의에 참석하도록 하는 선에서 조정이 이뤄졌다. 2013년 총회에도 총학생회장이 참석해 2013년 학생회의 이름이 '고도리'('고등학생의 도전을 이루마'의 준말)라고 소개하면서 이우학교 10주년 행사에 적극 참여하겠다는 결의를 밝혔다. 이우학교 10주년을 맞는 해에 열리는 총회어서 학교장의 학교운영방안 발표에서나 신임 회장단의 결의에서 개교 10주년 준비에 힘을 모으고 이를 새로운 학교 발전의 계기로 삼겠다는 의지가 돋보였다.

(2) 학부모 임원회

이우학교 학부모 임원회는 학부모회를 실질적으로 이끌어 나가는 핵심 운영체

게다. 학부모 임원회는 총회 의결이 필요한 사안 외의 모든 의사를 결정하는 단위이며, 일상 활동을 집행하는 조직이다. 학부모회의 근간 조직인 학년·반 모임과 위원회 사이의 의사소통과 조정도 학부모 임원회의에서 이뤄진다. 총회의 결정으로 총회의 일부 기능을 학부모 임원회가 위임받기도 한다. 또 이 임원회는 학부모회의 주요 구성단위인 위원회의 변경을 결의할 수 있고, 그 결과는 총회의 추인을 받으면 된다.

개교 초기에는 학부모회 활동이 소위원회를 중심으로 이뤄졌기 때문에 임원회도 중·고등학교 학부모회 회장, 부회장, 감사, 각 소위원회 대표들로 구성됐다. 2003년 10월 30일 첫 학부모 임원회가 열렸다. 학부모회 활동 방향을 잡는 일이 무엇보다 시급했다. 논의 끝에 학부모회비, 학교운영비용기금, 소위원회 구성, 도서바자회, 학교설명회 같은 안건을 처리했다. 학부모의 역할뿐 아니라 학교와 학부모의 관계를 설정하는 문제도 쉬운 일이 아니었다. 개교하고 나서 2003년 가을에서 겨울을 거치는 동안 학부모회 임원들은 '출근 회사, 퇴근 이우학교'라는 말을 들을 정도로 빈번하게 모여 학교와 학부모회 일을 의논하였다.

개교 다음해인 2004년에는 총회의 결정과 규약 변경으로 임원회에 학년대표와 반대표도 참가하게 되었다. 그에 따라 2003년 13명이던 임원회의 정수가 2004년엔 최대 28명까지 늘어났고, 중·고등학교 각 3개 학년이 모두 채워지는 2005년부터는 임원의 수가 10여 명 더 늘어 40여 명을 넘나들게 되었다.

2006학년도를 달구었던 가장 뜨거운 감자는 '배움의 공동체'였다. 교사들이 일본에 연수 다녀오고, 일본의 사토 마나부 교수를 비롯한 배움의 공동체 운동 선구자들을 초청하여 강의를 들으면서 이우학교에서도 '배움의 공동체'를 추구하기 시작했다. 이는 소집단 협동학습이 잘 이뤄지고 모든 아이들이 활기차게 배울 수 있는 수업 방법으로 도입한 것이었다. 학부모 임원들은 이를 바탕으로 마련한 첫 수업연구회(공개수업)에 초청돼 수업을 참관하기도 했다.

2006년 10월 학부모 임원회는 교사 11명(교장, 교감 포함), 학부모 대표 15명이 참가한 '학부모 교사 프리워크샵'을 열었다. 그 무렵 이우학교의 교육이념과 가치를 둘러싸고 제기되기 시작한 쟁점들, 즉 '이우학교가 변했다'는 정체성 논란, 배움의 공동체에 대한 이해 부족, 사교육 문제와 대책, 자기주도적 학습, 배움에서 소외되는 학생, 교사와 학부모 사이의 소통 문제 등을 '끝장 토론' 형식으로 논의했다.

학부모 임원회는 대체로 월 1회 모임을 갖고 있으나 두 달에 한 번 열리기도 한다. 임원회에서는 일반적으로 각 학년과 위원회 대표들이 보고하는 활동 내용을 검토하고 조율하며, 학부모회의 연례활동을 기획 추진하고 있다. 또 학교 현안을 공유해 학부모들에게 알리고, 학부모의 의견을 모아 학교에 전달하며, 필요에 따라 학생회와도 교류한다. 학교와 학부모, 학부모와 학생, 학부모들 사이에 끊임없이 발생하는 문제들을 공유하고 조정하고 해결하는 일도 임원회의 중요한 역할이다. 학부모 익명게시판에서 제기되는 사안들을 수렴해 처리하는 일도 물론 학부모 임원회의 몫이다.

월별로 보면 대체로 2월 총회가 끝난 뒤 3월과 4월에는 임원들 사이에 인사를 나누고 한 해 학부모회의 활동 방향을 정한 뒤 임원회의 연간 활동계획, 각 위원회와 학년별 활동계획 및 그에 따른 예산 등을 검토해 확정한다. 학부모회 임원들과 학년 교사팀장, 교장이 참여하는 워크샵에도 참여한다. 봄·가을에는 삼도생협과 함께 하는 단오·가을걷이 행사에 참여한다. 연말과 연초에는 각 단위의 송년회를 지원하고, 1년 활동을 검토해 총회에 보고할 내용이나 바꾸어야 할 규약을 정리하며, 총회를 진행할 준비위원회를 꾸리게 된다. 총회 준비위원회는 보통 전체 학부모회장과 학년별로 1명씩의 임원이 참여해 꾸려진다. 신입학부모 오리엔테이션이나 MT를 준비하고 진행하는 일도 임원회의 중요한 연례행사다. 이 오리엔테이션은 주로 학교의 교육 이념과 방향을 이해하는 데 필요한 교육, 학부모회 활동소개, 친목과 레크레이션, 중1 및 고1 교사와의 대화 등으로 이뤄진다.

학부모 임원회는 2005년까지는 주로 분당에 있는 '민들레영토'에서 열렸다. 그 뒤에는 한때 학교식당을 이용하다가 이우생협이 자리 잡고 나서는 주로 생협 큰 방에서 모임을 갖고 있다.

(3) 반 모임, 학년 모임

학부모의 반 모임, 학년 모임은 같은 반, 같은 학년 학부모들끼리 친목을 도모하고 일상적인 관심사를 논의하며, 학교와 학부모회의 결정사항이나 사업을 공유하고 의견을 모아 학부모회와 학교에 전달하는 학부모회의 기본조직이다.

학년·반 모임은 대체로 매 학기 초(3월, 9월)에 소집돼 학사일정과 각 단위에 대한 안내를 받고, 학기말(6월, 12월)에는 학기를 평가하고 방학 안내를 받는다.

학년 모임에는 교사나 학년 팀장, 때로는 교감, 교장까지 참석해 학교의 현황, 아이들의 학습 또는 교실 분위기와 관련해 궁금한 사항을 학부모들과 상의한다. 반모임은 대개 한 달이나 두 달에 한 번씩 학부모들의 집을 교대로 돌아가며 모이고, 서로 음식을 한 가지씩 해와 나누면서 이야기하는 방식으로 이루어지는 경우가 많다. 반별로 MT나 야유회를 가기도 한다.

학년별 모임은 학부모들끼리 또는 학부모–학생, 학부모–교사 사이에 월례나 연례행사로 이루어지거나 사안에 따라 열리기도 한다. 부모들끼리는 MT, 야유회, 여행, 학년총회, 학년송년회가 열리고, 이우 학부모 축구리그인 EDL에도 학년별로 참가한다. 학부모와 교사 사이에는 필요에 따라 산낚회가 열린다. 학부모와 학생들 사이에는 연합체육대회를 여는 경우가 있고, 그때그때 축구, 야구, 자전거타기를 함께 하거나 여행을 떠나기도 한다. 아이들과 함께 정기적으로 영화를 보는 경우도 있었다. 학습을 위해 아카데미나 강좌를 개최하는 학년도 있고, 학교 기금에 보태기 위해 아나바다 장터나 바자회를 열기도 했다. 그런가 하면 모임을 활성화하기 위해 2010년 중2의 경우는 '4호담당' 모임을 갖기도 했다.

아이들의 학년별 특성에 따라 모임이 이뤄지는 경우도 있다. 중1이나 고1은 신입생이기 때문에 중·고교가 함께 또는 따로 신입생오리엔테이션에 참가하며 얼굴을 익히고 친해지기 위해 더 자주 모임을 갖는 편이다. 특히 고1은 중학교 3년 동안 익숙해진 기존 학부모들과 고1로 새로 입학한 학생의 학부모들이 섞이기 때문에 새로운 유대와 친목을 도모하는 활동이 무엇보다 중요했다.

2010년 중1 학부모들은 '캠핑', '놀이' 같은 5개 소위를 만들어 "이우공동체에 안착하기 위해 노는 데 치중하겠다"는 취지 아래 부지런히 모임을 가졌다. 이 학년은 2013년 고1 학부모가 되어서까지 '제11회(예정) 이우고등학교'를 나타내는 '닐리리우'라는 이름을 쓰면서 여전히 '놀자'는 분위기를 즐겁게 이어가고 있다.

그에 반해 중3과 고3은 고등학교 진학과 대입이 앞에 놓인 학년이다. 따라서 중3, 고3 학부모들은 다른 학년에 비해 학교 및 교사들과 소통하기 위한 모임이 빈번한 편이다. 중2는 '그림자극'을 공연하며, 고1은 '한여름 밤의 꿈'을 발표하고 해외통합기행을 떠나게 된다. 해당 학년의 학부모 학년모임은 그런 활동들을 지원하는 과정에서 더 밀접한 관계를 맺곤 한다.

중학교에서부터 고등학교에 이르기까지 독특한 모임을 유지해 오는 학년도 있다. 2010년 중2 학부모들은 교사, 학생들과 함께 '보임터'를 열었다. 보임터는 학부모, 학생, 교사 3주체의 고민이나 교양을 공유하면서 '보여주고 보는 자리'라는 뜻이다. 이 학년은 고등학교에 와서도 신입학부모들과 함께 4달에 한 번씩 보임터의 열기를 이어갔다. 학년을 상징하는 이름도 '이우고등학교 제10회(예정)'와 '열기(熱氣)'의 두 가지 뜻을 함께 담아 '이우열기'라고 쓰고 있다.

이처럼 학년별, 반별 모임은 학부모들 사이의 가장 일상적인 관계망이자 이우학교 학부모회의 기본 단위로서 그 역할을 충실히 이어가고 있다.

(4) 위원회

개교 초기 학부모 활동의 중심은 소위원회였다. "모든 학부모는 한 개 이상의 소위원회에 가입하여야 한다"는 학부모 규약에 따라 학부모회 기본조직도 소위원회를 중심으로 이뤄졌다.

2003년 10월 24일 도서관위원회가 처음으로 만들어졌다. 생협위원회, 학술위원회, 홍보위원회가 뒤를 이었고, 환경위원회, 재정위원회, 급식위원회의 결성도 추진했다. 각 위원회에는 중·고교 학부모들이 함께 참여하고, 위원장을 중심으로 한 달에 한 번 이상 월례회를 가지면서 특성에 따라 다양한 사업을 벌였다.

개교 초기부터 2005년까지 위원회 활동은 학교에 대한 지원과 소통 중심이었다. 그러나 2006년 2월 학부모회 총회에서는 "학부모들이 반이나 학년을 중심으로 아이들을 위한 활동에 머물지 않고 학부모들 스스로를 위한 활동도 벌일 필요가 있다"는 취지에서 함께여는교육연구소와 함께 학부모의 교육 및 연수를 담당하는 '교육' 업무와 동아리 및 졸업생 학부모와 연계되는 '문화' 업무를 수행할 교육문화위원회를 신설하고 공동체소위원회는 폐지했다.

그리고 2006년에는 위원회들이 주최하는 '공동식사의 날'을 만들어 이우생협에서 학부모들을 대상으로 식사를 나누었다. 특별한 이슈와 부담 없이 한 달에 한 번 밥 먹고 편한 저녁을 보내자는 뜻이었다. 제1차는 5월 26일 도서관위원회가, 제2차는 6월 23일 교과지원위원회가 각각 자리를 마련했다.

개교 5년차를 맞은 2007년에는 위원회 개편이 필요하다는 문제가 제기되었다. 7개 위원회 가운데 교과지원위원회, 도서관위원회, 급식위원회 이외의 활동은 침체되었고 교육분화위원회는 독자적인 활동이 없는 상황이었다. 2008년부터는 모든 학부모가 위원회에 참가해 활동한다는 의무 규정이 없어졌다.

위원회는 개교 이후 학교가 자리를 잡고 안착하는 데 많은 기여를 했다. 그러나 학교의 틀이 잡혀갈수록 학부모들의 관심은 아이들의 생활이나 학습 쪽으로 쏠렸다. 학년 중심의 모임에는 참석률이 60~70%에 이르렀으나 위원회에 참가하는 학부모들은 현저하게 줄어들었다. 초기에는 모든 학부모가 위원회에 참여하는 것을 당연하게 생각했으나, 학생이 중·고교 합쳐 420명 선에 이르게 된 상황에서 학부모들이 모든 위원회에 나누어 참가하기 어려웠고, 위원회들도 학부모들의 다양한 활동을 이끌어 가기에 부족한 점이 많았다.

게다가 학교가 안정화되면서 학부모 활동의 동력이 설립 초기에 비해 떨어지고 있었다. 2007년에는 학교의 틀을 다지던 초기의 집중력에서 벗어나 다양한 생각이 분출했다. 한편에서는 학교의 정체성이 흔들리고 있다고 심각하게 우려하는가 하면, 과연 이우학교의 정체성이 무엇이냐는 회의도 번져나갔다. 대안의 가치를 강조하는 학부모들은 '도시형 대안학교'를 추구하겠다는 개교 초기의 뜻과 의지가 꺾였다고 비판했고, 다른 일부에서는 학교가 아이들을 실험대상으로 삼는 것 같고 학업수준도 떨어진다고 지적하고 나섰다. 서로 다른 의견들이 사적인 공간에서 충돌하면서 불만 섞인 입말들이 여기저기서 돌았다.

이런 논란은 학부모회의 사업 방향과 조직 운영에도 영향을 미쳤다. 아이들의 '학습'에 대한 학부모들의 관심을 인정하여 반모임, 학년모임을 중심으로 삼을지, 아니면 위원회 활동을 통해 학부모의 자기성장과 사회적 실천을 모색하는 '대안'에 더 비중을 둘지 의견이 엇갈렸다.

이런 논란 끝에 학교와 학부모 사이의 소통을 원활하게 하고 민주적인 결합력을 높이며, 학부모들의 주체적이고 자발적인 활동을 이끌어내기 위해서는 일단 기본단위에 해당하는 반 모임과 학년 모임이 더 활성화되어야 한다는 쪽으로 의견이 모아졌다. 그 대신 모든 학부모들이 의무적으로 소위원회에 가입하도록 한 규정은 현실성이 떨어지므로 폐기해야 한다는 의견이 제기됐다.

2009년 2월 총회에서는 그동안 이름만 유지해 오던 홍보위원회가 폐지됐다. 홍보위원회는 학부모 회의록과 회의관련 문서를 작성하고, 학부모의 활동을 기록에 담으며 학부모 소식지를 발행하려고 만든 위원회였다. 재정위원회도 학교 초기에 많은 일을 했으나, 2006년 6월 이우장학후원회가 만들어지자 재정위원회가 할 일은 학부모회비를 관리하는 정도밖에 남지 않았다. 그래서 회비 관리는 임원회의 회계팀이 맡기로 하고 재정위원회도 폐지했다. 그런가 하면 2009년 중에 매점위원회가 새로이 학부모회 위원회로 자리 잡고, 2010년 2월 총회에서 추인을 받았다.

이렇게 시기별로 위원회의 부침이 있었고, 위원회별로 참여율과 활성도가 많이 다르기는 하지만 이 위원회 제도가 이우학교를 지탱하고 작동하게 하는 중요한 근골격에 해당한다는 점에 대해서는 아무도 이론이 없다. 그것은 반모임이나 학년모임과는 기능이 다른 것이다. 또 위원회는 학년을 뛰어 넘어 학부모들 사이의 유대의 폭을 넓히고, 자신들의 성장과 성숙을 위한 교육과 공동체적 활동에도 중심축으로 작동하고 있다.

■ 교과지원위원회

2003년 9월 개교 직후만 해도 중학교와 고등학교 학부모 사이, 학부모와 교사 사이에 교과를 바라보는 시각에 차이가 컸다. 부족한 교사와 한정된 교과를 보충하고 특성화 수업을 지원할 전문가들도 필요했다. 이에 따라 학부모들이 교과 활동을 지원하고 보조하기 위해 교과지원위원회가 만들어졌다.

초기에는 주로 자발적 지원자들로 교과지원위원회를 구성해 활동하다가 차츰 학급별로 추천된 교과지원위원으로 위원회를 구성하게 됐다. 위원들의 임기는 대개 1년으로 했다. 2004년 교과지원위원회 구성을 보면 위원회 전체를 아우르는 위원장, 총무, 기획, 서기가 있고, 실무팀으로는 네트워크구축팀, 진로지도팀, 특기적성지원팀, 특성화교과팀, 동아리지원팀, 견학지원팀 등이 있었으며, 그 밖에 학년별 연락 담당자들이 별도로 있었다. 이 모든 위원들을 합치면 25명이었다.

개교 초기에는 주로 특기적성 프로그램과 인턴십을 지원하고, 논문지도 등의 진로특강을 실시하며, 유용한 방학프로그램을 개발하고 강사를 섭외하는 등 다양한 전문가 인적 네트워크 활동이 주조를 이뤘다. 그러나 학교가 시스템을 갖추고 안정화되어 가면서 좀 더 '교과'와 밀접한 활동으로 중심축이 옮겨갔다.

2004년 교과지원위원회는 특성화 교과, 특기적성 교과, 인턴십 과정, 진로 간담회, 방학 프로그램 등 5개 분야를 개설하거나 진행을 지원했다. 5개 분야의 세부 프로그램을 모두 합치면 10~30여 개에 이를 정도였다. 예컨대, 특성화 교과로는 '흙의 숨결을 찾아서(도예)', '목공', '단소와 함께하는 국악의 향기', '재미

있는 물리의 세계', '질병과 인체의 신비', '수학의 눈', '영어 체력단련', '문학과 영화', '청소년 애니어그램', '요가', '영상제작', '발도르프인형 만들기', '미술', '클래식 기타', '문화유적과 산사 답사' 같은 15과목이 개설됐다. 이 가운데 교사가 담당한 2과목, 외부강사 담당 2과목을 제외한 나머지 과목은 모두 학부모들이 담당했다.

학부모들은 직장에서 월차를 내어가면서까지 수업에 참가했다. 마땅한 학부모 강사가 없을 때에는 인맥을 동원해 무료 봉사자를 찾기도 했다. 다른 곳에선 찾아보기 어려운 이우학교 초기의 문화였다.

2005년 3월부터는 학교에서 실시한 '진로특강' 진행을 보조했다. 진로특강은 중3과 고1의 '진로와 직업'이란 정규과목의 일환으로 매달 분야별 전문가를 초빙해 듣는 강의였다. 방학 중에는 학부모들이 주도하거나 외부강사를 초청해 '생명·평화 청소년캠프', '생태집짓기', '사진으로 세상보기', '수화로 소통하기' 같은 프로그램을 유지했다.

2006년 이후 교과지원위원회의 중요한 사업은 '교과포럼'이었다. 이는 교과지원위원회가 재탄생하는 계기이기도 했다. 교과포럼은 학부모와 교사가 교과의 내용과 진행과정을 이해하고 문제를 공유함으로써 그 양자 사이에 소통의 폭을 넓히려는 의도로 마련되었다.

2006년 4월 포럼준비모임에서 '왜 대안교육인가'(이수광), '새로운 인턴십과 논문연구(박찬학)' 발제를 들은 데 이어, 6월 2일 교과지원위원회 주최로 이우학교 제1차 교과포럼이 열렸다. 주제는 '중학교 국어교과 현황'이었다. 첫 교과포럼은 '소통'이라는 키워드로 시작해서 '감동'으로 끝났다는 평가가 나올 정도로 학부모들의 큰 관심을 불러일으켰다. 그 뒤 해마다 3~4회씩 교과포럼이 열렸고, 2011년 4월 21일 고등학교 수학에 이르기까지 18회에 걸쳐 이우학교에 개설된 모든 교과목이 한 번씩 포럼의 주제가 되었다.

2011년 하반기부터 교과지원위원회는 많은 학부모들이 위원회에 참여할 수 있도록 "얇고 넓게 펴서 조금씩 나누어 맡는 슬림형 활동"을 한다는 원칙에 따라

'자료분과', '교과포럼분과', '활동개발분과'로 나누어 활동을 폈다. 2012년에는 '배움의 공동체 스터디모임', '토요 방과후프로그램지원 강사모임', '자기탐구 멘토모임', '수업연구회 지원모임'으로 나누어 활동했다.

2013년에는 두 해 동안 중단됐던 교과포럼이 국어과 포럼을 시작으로 2년 만에 재개됐다.

이 교과포럼은 교과지원위원회가 지난 10년 동안 해 온 일 가운데 가장 대표적인 사업이다. 초기에는 '교권침해' 가능성이 있다는 우려도 있었으나, 교사들이 먼저 현재 이뤄지고 있는 수업의 내용과 방법에 대해 설명한 뒤 이를 두고 학부모들과 의논하고 대안을 만들어가는 과정은 '교과'를 매개로 교사와 학부모가 직접 소통할 수 있는 중요한 활동이었다. 이는 대외적으로 대안교육의 좋은 본보기가 되어 학교가 자긍심을 갖는 계기가 되기도 했다.

■ 교육문화위원회

교육문화위원회는 이우학교의 교육이념과 철학을 기반으로 학부모 간에 공감대를 형성하고 원활한 소통을 이루기 위해 학부모교육 프로그램을 개발하는가 하면 학부모들 차원의 이우문화도 활성화해가고 있는 위원회다.

교육문화위원회의 전신은 '공동체추진소위원회'였다. 2005년 4월 학부모회 임원회의가 지역공동체사업을 위해 '공동체위원회(가칭)'를 구성할 것을 제안하자 5월 학부모회의는 학부모들이 지역활동에 관심을 기울이도록 하고 그 다음 해부터 생겨날 졸업생 학부모들도 조직하기로 하면서 이를 담당한 조직으로 '공동체추진소위원회'를 설치하기로 했다. 10월 8일 이우생협에서 공동세미나 겸 창립식을 개최하기로 했다. 그러나 이 모임은 성원이 안 되어 임원선출에까지 이르지 못했다.

2006년 2월 17일 학부모 임원회는 이같은 상황을 점검하는 가운데 공동체추진소위원회의 사업내용이 불명확하고 이우생협과 겹치는 부분이 있어 애당초 어려움이 있었다고 판단하고 사업 내용을 재정리했다. 즉, 연구소와 연계된 학부

학부모 교양강좌(2013)

모 교육을 주관하고 백두대간 등 동호회와의 연계 및 지원을 위해 '(가칭)교육문화소위원회'를 신설하자고 총회에 제안할 내용을 수정한 것이다. 결국 2월 22일 공동체추진소위원회 두 번째 모임은 명칭을 '교육문화위원회'로 바꾸고 재출범하기로 했다.

2006년 2월 말 학부모 총회에서 인준 받아 교육문화위원회는 정식으로 출범했다. 이 위원회의 관심대상은 학생이 아니라 학부모 자신이었다. 즉, '학부모 자신의 성숙과 소통을 어떻게 이룰 것인가', '배움과 변혁의 주체로서 어떻게 배움의 공동체를 만들 것인가', '지역공동체들과 교육연대사업을 어떻게 벌여 나갈 것인가', '다양한 학부모 동아리의 활성화와 교육문화 프로그램을 어떻게 마련할 것인가' 등이 관심사였다. 달리 말하자면 학부모들 역시 배움의 주체로서 자기 성장을 이루고 공동체적 관계를 맺어나가려는 모색이었던 것이다.

2006년 5월 20일 신영복 선생을 초청해 '더불어 숲: 나의 길, 우리의 길'이라는 주제로 제1차 교육포럼을 열었다. 6월 4일에는 학부모동아리 가운데 가장 활발한 '백두대간종주팀' 주관으로 '이우교육문화마당'이라는 이름 아래 '이우가족 남한산성 등산대회'를 열었다. 남한산초등학교 → 북문 → (벌봉) → 장경사 → 동문→ 1·2·3옹성 → 남문 → 수어장대 → 연주옹성 → 서문 → 숭열전 → 행궁을 둘러보는 산행 겸 역사기행 프로그램을 진행하고 전보삼 신구대 교수로부터 '남한산성의 과거와 현재' 강의도 들었다.

교육문화위원회의 제2차 포럼은 7월 15일 서정록 선생의 '인디언 교육에 대하여'였으며, 제3차(9월 22일) 원경선 선생의 '먹을 거리를 통한 더불어 살기와 인류의 평화', 제4차(10월 28일) 황대권 선생의 '문명의 전환과 공동체' 등이 이어졌다. 제2차와 제3차 포럼 사이에 해당하는 8월 19~20일에는 교육문화위원회가 학년부대표들과 함께 '더불어 놀고 나누며 함께 가자'라는 주제로 '학부모·교사 더불어 한마당'을 주관했다.

교육문화위원회는 두 번째 해에 해당하는 2007년, '아카데미'라는 이름 아래 신입학부모 교육, 기존 학부모 교육(각 학년 단위 및 전체)의 진행을 맡았고, 7월

16~17일엔 '꿈꾸는 이우공동체'를 주제로 '학부모 교사 더불어 한마당'을 다시 열었다. 그러나 여타의 독자적인 활동은 크게 눈에 띄지 않았다.

2008년에 이르러 교육문화위원회는 위원회의 위상과 역할을 둘러싸고 학부모들 사이에 충분한 공감대를 형성하지 못해 위원장도 뽑지 못했다. 활동을 쉴 수밖에 없었다. 그 동안 교육문화위원회가 담당하던 신입학부모교육은 학년 교사팀과 전년도 학부모 대표단이 함께 준비해 진행했고, 학부모 MT도 각 학년 부대표들로 구성된 MT준비위원회가 맡아 진행했다.

2009년에도 교육문화위원회는 위원장을 선임하지 못했지만, 학부모회장(김재형)이 교육문화위원회가 꼭 필요하다는 신념 아래 위원장을 겸임하면서 위원회 활동을 부활시켰다. 주요 활동으로는 학부모회 임원과 원하는 학부모들을 대상으로 5~6월에 제1차 학부모아카데미를, 6~7월에 2008~2009학년도 신입학부모들을 대상으로 제2차 학부모아카데미를 각 5회씩 실시했다.

2011년에도 교육문화위원회가 학교와 함께 '좋은 부모 되기, 좋은 사람 되기'라는 주제 아래 학부모아카데미를 공동으로 개최했으며, 이우학교 학부모와 지역 학부모들을 대상으로 '배움에서 길을 묻다'는 주제 아래 4차례 '인문학 강좌'를 열었다. 제1강(3월 31일)은 '생각하는 부모, 품격 있는 부모'(김찬호), 제2강(6월 30일)은 '혼돈의 시대, 학부모의 지혜'(이택광), 제3강(10월 12일)은 '삶과 문학, 삶의 문학'(김별아), 제4강(12월 14일)은 '역사 읽기에서 역사 쓰기로'(박준성)였다.

2012년부터는 '인문학강좌'라는 명칭이 너무 무거우니 대중적이고 덜 부담스러운 것으로 바꾸자는 의견에 따라 '학부모 교양강좌'로 간판을 바꿔달고 4차례 강좌를 진행했다. 교육문화위원회의 2012년 특별기획사업으로는 아버지교실(아버지와 아이 간의 관계 맺음)도 있었다.

최근 교육문화위원회의 주된 활동은 학교에서 주관하는 '신입학부모 새로배움터'를 보조하고 '학부모 아카데미'와 '학부모 교양강좌'를 진행하는 일로 정착되었다.

■ 급식위원회

이우학교는 설립 초기부터 생태적 삶과의 연속선상에서 '유기농 급식'을 원칙
으로 했다. 이우학교의 운영원리가 그러한 것처럼 이우급식 또한 학생, 교사, 학
부모의 3개 축으로 운영되고 있다. 학교는 영양사 교사와 '밥선생님'들이 조리
를 담당하고, 학생들은 자치공간인 식당홀 청소, 잔반과 배식지도, 급식모니터
링을 통한 의견수렴 등을 담당하며, 학부모는 음식재료의 검수와 모니터링, 전
처리 보조와 배식 도우미 활동을 통한 모니터링 등을 담당하고 있다.

이우학교의 급식관련 조직으로는 학부모, 교사, 학생, 조리원, 영양사 등으로
구성되는 '학교급식소위원회'와 학부모급식위원으로 구성되는 학부모 자치조직
으로서의 '학부모급식위원회'가 있다. 학부모급식위원장이 학교급식소위원회 위
원장을 겸하고 있다.

급식위원회는 아이들의 급식과 관련하여 영양사가 올린 메뉴의 검토, 식재료
의 검수 및 시식 등 급식과 관련된 다양한 활동을 하고 있다. 각 반별로 2명 정
도의 급식위원이 참여해 꾸려지는 급식위원회는 월 1회 정기모임을 가지며 식재
료팀, 교육홍보팀, 조직관리팀, 모니터링팀으로 구성되어 있다.

식재료팀은 월 2회 정도 검수활동과 식자재 구입과 관련된 일을 담당하고,
교육홍보팀은 학부모와 학생들에 대한 급식교육, 이우학교 급식에 대한 홍보
등을 담낭하며, 모니터링팀은 필요에 따라 연 2회 정도 급식 전반에 대한 모니
터링을 실시하고 이를 집계·분석하며 학부모도우미 일지나 급식게시판에서 식
사 만족도와 개선사항을 파악해 좀 더 나은 이우급식을 만들어 가는 데 필요
한 각종 자료를 수집한다. 조직관리팀은 학부모 도우미의 일정을 짜고 개인사
정에 따라 일정을 변경해 게시판에 올리며 그 뒤에도 릴레이전화 등을 통해 도
우미제도가 잘 운영될 수 있도록 관리한다.

2003년 9월 개교 뒤 1년 동안은 학교에 식당이 없어 성남자활센터에 위탁해
급식을 했다. 일부 친환경재료를 쓰기는 했지만 가격을 맞추기 힘들었다. 또 업
체가 경험이 부족해 음식 맛을 제대로 내지 못하고, 따뜻해야 할 음식이 식은 채

배달되는 일도 있었다. 아이들은 위탁 급식을 '군대 밥' '떡밥'이라고 부르며 불만을 드러냈다.

2004년 5월 30일 급식준비위원회를 구성한다는 공지가 이뤄졌고, 6월 15일 첫 번째 급식준비위 모임이 열렸다. 7월 15일 학부모급식위원회 전체회의에서 급식위원회의 활동내용과 방향이 정해지고 교육, 홍보, 모니터링, 식재료팀의 위원장이 선출됐다.

2004년 들어서도 식당 준공이 늦어져 도시락을 싸는 등 우여곡절을 겪었다. 9월, 드디어 현재의 학생회관 건물이 완공되면서 식당이 생겼고, 이때부터 직영급식을 하면서 완전한 친환경급식을 시작했다. 식당을 열었지만 초창기에는 환경이 열악했다. 전처리실은 2명이 겨우 일할 수 있을 만큼 비좁았고, 조리실도 지나다니려면 서로 비켜주어야 움직일 수 있었다. 학교 식당의 주방이 지금처럼 널찍하고 쾌적한 공간으로 바뀐 것은 2009년 1월 리모델링을 거치고 나서다.

급식위원회는 2006년 6월 28일 학생들과 관심 있는 학부모들을 대상으로 『과자, 내 아이를 해치는 달콤한 유혹』의 저자 안병수 씨를 초청해 '나는 과자가 내게 한 일을 알고 있다'는 제목으로 강연회를 열었다.

2008년 10월 26일 KBS의 '생로병사의 비밀' 프로그램에 이우학교 식당 촬영분이 방영되어 한 동안 학교로 급식에 대한 관심과 문의가 이어졌고, 그 해 12월 10일에는 친환경농업대상 학교급식부문 우수상을 수상하기도 했다. 이를 위해 이우학교는 4년 동안의 급식활동 기록 총 400여 장을 서류로 준비해 제출했다. 실사 방문에서는 이우학교가 1위였으나, 이 상의 상징성 때문에 최우수상은 국공립학교에 돌아간 것으로 알려졌다.

이우학교 급식은 인스턴트 가공식품을 사용하지 않고, 튀김류와 육류는 될수 있으면 제공하지 않으며, 친환경 제철식품을 재료로 써서 전통 조리방식으로 음식을 만들어 왔다. 이를 위해 이우학교에서는 전처리를 모두 조리실에서 직접 하고 있다. 초기에는 생선도 전혀 전처리가 되지 않은 생물을 주로 썼다. 동태나 얼린 오징어가 오는 날은 여러 상자 분량의 식재료에서 내장을 빼내고 토막을 내는 수고를 직접 해야 했다. 생선 처리에 고생이 너무 심하다 보니 지금은 일부 생선을 제외하고는 전처리가 된 상태로 들어오고 있다.

이밖에도 급식위원회는 연간 활동으로 산지 방문, 체육대회 떡 간식 지원, 6월 매실차 담그기, 학부모 엠티 급식체험, 11월 겨울김장 프로젝트, 식재료 공급업체 방문, 급식에 관한 설문조사와 분석, 신입학부모 대상 급식교육, 학교급식소위원회 회의, 삼도생협과 이우급식위원회 간의 정책회의, 입학식 후 신입생과 신입학부모 상대의 급식체험 행사, 밥선생님들과의 만남 주선, 성남시 학교급식 점검단 활동 등을 이어가고 있다.

이 중에서 산지 방문은 이우학교 개교 때부터 학교 식당과 이우생협에 쌀 등의 농산물을 공급해 오고 있는 남한강 삼도생협을 방문하는 행사다. 생산지 방문, 단오제, 가을걷이 같은 교류가 지금까지 계속되고 있다.

매실 따기와 매실차 담그기는 6월과 9월에 이뤄진다. 2007~2009년에는 급식위원들과 참여를 원하는 학부모들이 신재정·김혜장(제4회 신나라, 제5회 신종호의 부모)의 정혜농장(경기도 장호원 소재)에 가서 무상으로 매실을 따온 뒤 이것으로 매실차를 담가 가을부터 학생들에게 제공했다. 2010년부터는 이것으로 수요를 충당하기 어려워 별도로 매실을 구입해 중1 학부모들의 프로젝트로 매실차를 담그고 있다.

2009년 12월부터는 고추장도 직접 담갔다. 또 매년 11월 수능시험 날에는 기술가정 수업의 일환으로 고1과 고2 학생들이 겨울김장을 직접 담가 왔으나, 2011년에는 교사들이 수능감독으로 나가는 바람에 김장을 담그지 못했다.

2012년에는 중3이 반별로 김장을 담갔다.

　이우급식이 제 자리를 잡고 공감대를 확산하는 데에 학부모 도우미 제도가 크게 기여한 것이 사실이다. 처음 몇 년간은 학부모 도우미가 하루 3명이었지만 그 숫자로도 일이 벅찼다. 전처리가 지금보다 훨씬 많았기 때문이다. 1년에 두 번은 도우미를 해야 했고, 이우학교에 다니는 아이가 둘인 집은 1년이면 4번이나 도우미를 해야 했다. 청소까지 하고 나면 오후 4시나 되어야 도우미 일이 끝났다. 그래서 한동안은 재학생 수에 상관없이 모든 학부모가 한 가구당 1년에 1회 도우미를 하도록 했으나, 2013년부터는 재학생 1인당 1회로 바꾸었다. 하루에는 급식도우미가 2명씩 참가하며, 오전 8시 30분에 시작해서 오후 1시 20분에 활동이 끝난다. 급식 도우미 봉사는 이우학교만의 독특한 제도로 학부모들이 급식의 전 과정을 직접 지켜보면서 식재료 상태를 확인할 수 있고, 배식을 하면서는 아이들의 식습관도 파악할 수 있다. 가정에서부터 식생활을 바꾸어 나갈 필요가 있음을 실감하는 기회이기도 하다.

　급식위원회는 자체 행사가 아닌 각종 학교 행사에서도 치킨이나 피자 같은 패스트푸드를 간식으로 제공하지 말고, 일회용 제품은 쓰지 말 것이며 개인용 컵을 가지고 다닐 것, 뒤풀이 음식을 준비할 때 삼겹살을 비롯한 육류 음식은 자제할 것 등을 꾸준히 촉구하면서 이를 앞장서 실천해 왔다.

　이우학교에서는 2012년 11월 제1~7회 졸업생 전원을 대상으로 설문조사를 실시한 일이 있다('부록' 참조). 그 중에 졸업한 뒤 어떤 경우에 이우학교가 생각나는지를 묻는 항목이 있었다. 대학 구내식당 등 다른 식당에서 식사할 때 이우학교 급식이 생각난다는 답이 많았다. 하지만 이우학교 급식에 대해 학생이나 학부모들이 처음부터 좋은 반응을 보였던 것은 아니다. 학생들은 맛이 없다고 불만이 많았다. 학부모들 역시 친환경 급식도 좋지만 아이들이 한창 클 때 많이 먹어야 하는데 그러려면 아이들 입맛을 맞춰줘야 한다고 요구하였다. 이에 대한 급식위원회의 대응은 아주 '쿨'했다. 급식은 환경이나 생태에 대해 학생들이 배운 이론을 직접 실천하는 기회라면서 '아이들의 입맛과 타협하지 않는다', '잔반은 남기지 않는다', '어느 정도는 강제적인 정량배식도 병행한다'는 원칙을 꿋꿋이 지켜 오고 있다. 그 결과 이우학교 급식은 졸업생들이 학교생활을 돌아볼 때 먼저 떠오르는 기억으로 자리 잡게 되었다.

■ 도서관위원회

2003년 9월 15일 도서관 담당교사 김철원이 학교 홈페이지 자유게시판에 "현재 서가와 책상만 도서관을 채우고 있습니다"는 내용의 글을 올렸다. 9월 21일 일요일 오후, 학교의 '1인 10도서 기증운동'에 적극 참여하고 있는 학부모들이 도서관에 모여 도서관 자료 확충과 도서관 운영에 대해 의견을 나누었다. 10월 24일 학부모회 산하의 첫 소위원회로 도서관위원회가 결성되어 활동에 들어갔다.

도서관위원회는 다양하게 책을 기부 받는 작업과 더불어 도서관에 필요한 도서를 마련하는 방안으로 그해 11월 25일 분당 서현역 근처의 카페 민들레영토에서 '도서기금 마련을 위한 일일찻집'을 열었다. 입장권 판매와 함께 이우도서관에서 정한 도서를 기증받아 전시하고 내방객이 이 책을 다시 사서 기증하는 방식이었다. 이우 학부모들과 이우에 관심 있는 이웃 주민 등 모두 900여 명이 참여해 1,860여만 원의 도서기금(민들레영토 50만 원 기부 포함)과 600여 권의 도서가 마련되었다. 이 일일찻집은 도서관위원회가 빠르게 자리 삽는 토대가 되었다.

도서관위원회는 학생들의 정신과 지식을 책임지는 도서관이 잘 돌아갈 수 있도록 돕는 학부모 조직이다. "사람이 책을 만들고 책은 사람을 만든다. 책 읽는 사람이 세상을 바꾼다"는 뜻에 공감하면서 도서관을 이우학교에서 아이들이 가장 가고 싶어 하는 공간으로 만들기 위한 여러 활동을 해 왔다. 설립 초기엔 새로 들어온 도서의 정리, 도서의 대출과 반납, 도서관의 환경개선(환기, 채광, 소음, 냄새) 등의 일을 직접 맡아 했고 사서교사 도우미 역할도 했다.

그 도우미 역할이 컸다. 2004년 1학기에는 사서교사가 배치되었지만 낮 12

시부터 오후 8시까지 근무했기 때문에 도서관위원들이 오전 8시 30분부터 낮 12시까지 그 자리를 지켰고, 2학기에는 사서교사의 근무시간이 오전부터 오후 5시까지로 변경되어 도우미의 활동시간이 오후 5시부터 10시까지로 바뀌었다. 2005년에는 사서교사가 없었다. 도서관 담당교사가 도서관 운영을 총괄하고 도서반 학생들과 학부모 도우미들이 도서관 운영을 보조해야 했다. 학부모들은 월요일부터 금요일까지 오후 2시부터 6시까지 도우미로서 도서관 운영을 담당했다.

2006년에는 서가 구입과 도서 정리, 도서관 리모델링, 방학 중 도우미 참여, 도서축제 기간 엽서전시회 같은 활동을 했다. 6월 17일에는 도서반 학생들과 함께 간디학교를 방문해 도서관의 실태와 운영을 돌아보았다.

2007년에는 도서관과 교과수업의 유기적 연관성을 강화하기 위해 '학부모 도서관위원회'를 '학교 도서관위원회'로 바꾸기로 했다. 그렇게 위상이 바뀐 뒤 도서관위원회의 첫 번째 사업은 과학 교과의 각 단원과 구체적으로 연관이 있는 참고도서를 선정하고 서평을 작성하는 일이었다. '학교 도서관위원회'를 구성할 수 있었던 것은 도서관이 그만한 역량을 갖추었다는 것을 뜻했다.

그 무렵 학교 도서관 소식지 '둥지'도 정기적으로 발간되기 시작했다. 월간지로 발간된 '둥지'는 정기간행물과 신간 소개를 중심 내용으로 하고 도서관과 교사, 학생, 학부모들의 독서활동을 소개하는 정보지로서 학교문집의 성격도 지니고 있다.

2007년 10월 13일 도서관위원회는 강원도 원주와 그 인접지역으로 문학기행을 갔다. 소설가 박경리의 '토지문학관', 신경림 시인의 '목계장터', 허균과 허난설헌의 스승인 손곡 이달 시비 등을 찾아 알차고 유익한 시간을 보냈다. 2008년 11월 15일에는 강원도 춘천 애니메이션 박물관과 김유정 문학촌으로 문학기행을 갔으며, 2011년 5월에는 서울 길담서원, 부암동 환기미술관, 이상 생가터 등을 찾기도 했다. 도서관위원회의 문학기행은 2013년 5월 28일 서울 북촌 문화기행으로 이어졌다.

2008년 도서관위원회는 '이우도서관에서 밤 꼴딱 새기'라는 특이한 행사를 시작했다. '밤 꼴딱 새기'는 도서관에서 학생들이 밤을 꼴딱 새면서 원 없이 책 읽기에 몰두해보는 행사다. 8월 19일(화) 오후 8시부터 20일(수) 오전 8시까지 도서위원회 위원들이 모두 참여해 첫 번째 행사를 진행한 이후 '밤 꼴딱 새기'는 도서관위원회의 중요한 연례행사로 자리 잡았다.

2008년부터 2010년까지는 중1 학생들을 중심으로 2학년까지 참가했지만 2011년부터는 중1 학생 20명만 모집해 운영하고 있다. 해마다 방학 중에 1박2일로 행사를 치렀는데, 2013년에는 날짜를 앞당겨 7월 19일(금)~20일(토)에 열었다. 밤새도록 처음부터 끝까지 책만 읽기가 지루하므로 도서관위원들이 간식을 제공하고, 촛불 켜고 글 읽어 주고, 사서교사와 함께 퀴즈대회를 열고, 영화도 상영했다. 밤 꼴딱 새기는 도서관의 책들과 친숙해지고 친구들과 추억을 쌓는 소중한 경험의 장이 되었다.

2009년부터는 도서관위원회에서 학생들의 활동자료와 학교 관련 자료들을 모아 관리하는 작업에 착수했다. 이를 위해 도서관에 제본기를 설치하고 서가를 확충했다. 2010년에는 자료수집팀이 만들어졌고, 2011년에는 이름을 아카이브팀으로 바꾸었다. 2012년에는 '이우 10주년'과 연동해 학교 행사나 학생들의 프로젝트 관련 자료(그림자극, 졸업작품집, '한여름밤의 꿈' 대본, 해외통합기행, 인턴십, 동아리활동, 문집 등)를 수집 정리하는 작업을 신행했다.

2011년에는 '200클럽'이 도서관위원회로 들어오면서 200클럽팀이 만들어졌다. 2006년 12월 26일 출범한 200클럽은 좋은 책을 중학교 때 100권, 고등학교 때 100권씩 읽자고 만들어진 학부모-학생-교사의 독서동아리다. '배움과 삶의 일치' '자발적인 책읽기 문화활동' '지역사회 외부와 관계 맺기'를 취지로 활성화된 200클럽은 개별적인 책읽기보다는 '집합적 책읽기', 즉 모여서 같이 책을 읽고 토론하고 책을 통한 관계 맺기를 중시했다. 이 동아리는 학생, 학부모, 교사가 자발적으로 소모임을 구성하는 방식이기 때문에 각 단위별로 독서방식이나 활동내용이 얼마든지 다를 수 있었다. 중학생들은 대개 학년별로 몇 개의 소

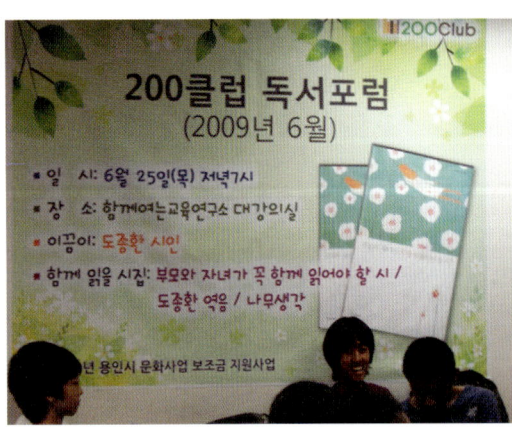

200클럽 독서포럼(2008, 2009)

모임을 구성하고 그 소모임별로 다양한 책들을 망라하는 커리큘럼을 스스로 정해 정기적으로 진행했으며, 고등학생들은 주로 관심 영역별로 별도의 독서프로그램을 구성하거나 이미 구성된 프로그램에 참여했다. '사이언스카페', '이우빅뱅' 같은 과학독서 프로그램이 있는가 하면 '오딧세이', '문학교실' 같은 인문학 프로그램, 체계적인 독서를 지향하는 '독서세미나' 등이 운영됐다.

2011 이우도서관 포럼 포스터

한편 학부모들은 독서포럼이라는 별도의 프로그램을 통해 『희망의 이유』, 『올리버 트위스트』, 『호모 쿵푸스』, 『희망의 인문학』, 『미학 오디세이』, 『왜 80이 20에게 지배 당하는가』, 『새벽의 건설자들』 등 우리의 삶을 되돌아보게 하는 책들을 함께 읽어 왔다. 학부모들은 스스로의 책읽기뿐 아니라 아이들의 독서활동을 헌신적으로 지원했다.

이밖에 200클럽은 독서소모임에서 읽었던 책 가운데 한두 권을 선정해 퀴즈를 내고 팀별로 답을 맞추는 '독서골든벨'이나 '200클럽 책축제'와 같이 새로운 형태의 즐거운 책읽기 방법을 고민하며 여러 가지 독서방식을 시도하기도 했다.

200클럽이 도서관위원회에 들어온 뒤 2012년에는 '학부모와 함께 책 세상읽기'라는 토요 방과후 프로그램 형식으로 멘토풀을 구성해 자발적인 독서 능력을 높일 수 있는 방안도 모색했다.

도서관위원회는 도서관과 위원회의 위상과 활동방향을 새로이 모색하기 위해 2011년 10월 10일 '심장에 새로운 피를 수혈하라'는 주제를 내걸고 독서포럼을 열었다. 국어교사 윤수정의 '교과학습을 돕기 위한 도서관의 방향성', 고3 학생 김선민의 '우리가 생각하는 이우도서관', 사서교사 문지원의 '이우도서관 들여다보기: 현황과 문제점', 도서위원 이희경과 권혜진의 '우수도서관 탐방 및 프로그램 소개'와 '이우도서관 발전을 위한 제안'이 발표됐다. 발표내용들은 아이들이 책을 거부감 없이 손쉽게 접할 수 있고 도서관 이용을 활성화 할 수 있도록 하는 '아이들의 책읽기'로 귀결되었다. 여전히 도서관위원회가 담당해야 할 몫이었다.

■ 매점위원회

개교와 함께 이우 학생들은 학생생협 활동의 일환으로 생태 담당교사 김용우의 지도 아래 쉬는 시간과 점심시간에 매점을 운영했다. 이곳에서는 주로 친환경 간식류와 문구류를 팔았다. 학부모가 운영하는 카페 민들레영토에서 학부모들이 직접 빵을 만들어 납품하기도 했다. 배달은 시간표를 짜서 돌아가면서 했다.

학생들의 특성화 수업의 일환으로 운영되던 학생매점은 2005년 9월 생협이 학교 밖으로 터전을 옮기면서 문을 닫았다. 매점이 없어지자 학생들은 자연스럽게 학교 밖의 구멍가게 등에서 불량식품을 사먹게 되었고, 그러면서 학생들의 간식을 어떻게 해결하느냐는 문제가 다시 제기됐다. 이우학교에서 학생들의 간식 문제는 학교 급식의 원칙과도 관련된 문제였다.

2008년 급식위원회가 학교 매점을 운영해 보자고 나섰다. 이에 따라 6월 23일 이우생협이 200만 원을 출자해 이우매점이 설치됐다. 10여 명의 어머니 도우미들이 하루에 3명씩 근무하면서 오후 1시10~30분, 오후 3시30~50분 사이에 매점을 열고 우리밀 빵, 우리밀 과자, 유기농 우유, 음료수, 빙과류 등을 팔았다.

2009년 매점이 학교 안에 있고 많은 학부모들이 도우미로 참여하고 있으므로 학부모회와 연계되는 것이 효율적이라는 판단에 따라 이우생협이 출자금을 반환받고 손을 떼었다. 그에 따라 학부모회에 매점을 담당하는 매점위원회가 정식으로 설치됐다.

2010년에는 매점 이름을 '달콤샘'으로 정했다. 매점이 자리가 잡혀가면서 매달 한 번씩 매점위원회 회의가 열렸다. 구성원들도 물품, 달콤샘 상품권, 통장관리, 결재, 지역연대 담당 등으로 나누어 역할을 분담했다. 이익금으로는 성남청소년학교를 지원하기로 했다.

학교 매점은 아이들에 대한 애정과 관심이 없다면 운영하기 어렵다. 다른 매점처럼 상업적 이익을 내려고 일하는 곳이 아니기 때문에 학부모 도우미들은 수고비와 활동비조차 없이 아이들을 사랑하는 마음으로 매점에서 활동하고 있다. 매점위원들은 내 아이뿐 아니라 이우학교 아이들이 어떻게 놀면서 또래 문화를 형성해 가고 있는지 지켜보는 재미가 수고에 대한 보답이라고 말한다.

■ 환경위원회

환경위원회는 학교 시설을 쾌적하고 건강한 공간으로 꾸미고, 학교 주변의 자연생태도 친환경적 생활환경으로 조성하고 유지하는 일을 맡는 학부모 위원회다. 이우학교 학생, 교사, 학부모의 생태와 환경 감수성을 키우고 의식을 높이는 생태교육도 환경위원회의 주요한 사업이다.

환경위원회는 2003년에 이름은 설정되었지만 2004년까지 회원도, 활동도 없는 빈 조직이었다. 2005년 비로소 조직이 정비되면서 할 일을 찾아 나섰다. 위원회 안에 녹색학교팀, 생태교육팀, 동막천살리기팀, 잔반처리팀을 구성했다. 녹색학교팀은 경기도교육청에서 2년간 지원받을 5000만 원으로 녹색학교 프로젝트 사업을 수행하는 등 학교 환경개선을 맡았고, 생태교육팀은 환경과 조화롭게 사는 것이 무엇인지 학부모들의 환경·생태 교육을 주도했으며, 동막천살리기팀은 고기리 상류에서 낙생저수지를 거쳐 학교 앞을 지나 동원동과 동천동 사이로 흘러 탄천에 합류하는 동막천 살리는 일을 담당하고, 잔반처리팀은 학교 식당에서 나오는 식재료 부산물과 잔반 등을 처리·관리하는 팀이었다.

2005년 봄, 학교 주변의 절개지 보호와 미관을 위해 환경위원회 주도로 해당 지역에 야생화를 심었다. 절개지의 노출 부위와 바위 사이사이에 뿌리가 튼튼하고 생명력이 좋은 벌개미취, 구절초, 비비추 같은 야생화가 자리 잡았다. 이렇게 심은 야생화를 중학교 생태수업 시간에 아이들이 '잡초'로 오인해 일부 뽑아버리는 바람에 다시 심는 사태가 벌어지기도 했다.

생태교육팀과 동막천살리기팀은 학교 진입로와 학교 주변의 식생을 조사하

동막천 쓰레기 줍기(2007)

이우생협 - 나무 이름 달아주기(2009)

고 학생 및 학부모들과 함께 나무 이름표를 달아 주었다. 동막천, 청계산, 대지산, 남한산성과 신구대 식물원, 한택식물원 등을 답사했으며 중1 학생들과 함께 봄과 가을에 걸쳐 동막천을 탐사했다. '우리 숲 가꾸기'(김제현 교수), '한국의 수서 곤충'(심하식 선생) 등의 강의도 주선했다.

녹색학교팀이 벌인 가장 큰 사업은 학교에 정자를 짓는 일이었다. 학부모들은 자발적으로 정자 짓기 모임('정자팀')을 만들어 2005년 7월 24일 학교 건물 뒤쪽에 정자를 세우는 작업을 시작했다. 2006년 1월 22일 정자 골격의 조립을 마무리하고, 그해 2월 4일 삼도생협의 도움으로 초가 이엉을 엮어 올릴 때까지 반 년 이상의 기간 동안 매주 토·일요일에 10여 명의 아버지들과 학생들이 정자 짓는 작업에 참여했다. 작업 인원은 연인원으로 547명에 이른다.

2006년 2월 10일 이우고 제1회 졸업식이 열린 날 교장과 교사, 제1회 졸업생의 학부모와 작업 학부모들, 학생들, 삼도생협 회원들이 모여 이 정자에 '하늘마루'라는 현판을 달았다.

하늘마루가 완공된 후 평가 모임에서 하늘마루가 작아서 한 반 20여 명이 모여 수업하기 어렵다는 의견이 나왔다. 공연 무대를 겸할 수 있는 정자가 있으면 좋겠다는 주문도 있었다. 2006년 4월 30일 학교 운동장에 하늘마루보다 더 큰 새로운 정자를 짓기 위한 기공식을 가졌다. 새로 지을 정자는 하늘을 상징하는 '하늘마루'와 짝을 이루어 땅과 세상의 소통로를 상징하는 '들마루'라고 미리 이름을 정해 두었다. 들마루는 하늘마루 지을 때보다 더 많은 일꾼을 필요로 했다. 아버지만이 아니라 어머니들도 참여했다. 학부모회에 지원을 요청해 매주 당번 학년 학부모들을 정하기도 했다. 학생들도 CA, 생활체험 특성화 교과를 통해 정자 짓기에 참여했다. 그 중에서도 적극 참여하는 학부모들은 거의 모든 주말과 공휴일을 이 일에 쏟아 부었고 경우에 따라선 휴가를 내기까지 했다. 다른 한편으로 들마루를 짓는 과정에서 운동장을 마음대로 쓸 수 없게 된 학생들의 불만도 적지 않았다.

하늘마루와 들마루를 지으면서 녹색학교에 지원되는 5000만원이 바닥났다.

학교에서 지원된 50여만 원까지 모두 5050여만 원이 들었지만 기와값을 지불하고 나자 더 이상 쓸 수 있는 자금이 없었다. 필요한 자재는 아직 다 준비되지 못했다. 기와에 소망쓰기 행사를 벌여 학부모들이 노동이 아니라도 정자 짓기에 참여할 수 있는 기회를 제공해 부족한 자금을 해결했다. 2007년 1월 25일부터 2월 25일까지 진행된 기금마련 행사에는 모두 85명이 참여해 537만 원의 기금을 모을 수 있었다.

마침내 2007년 3월 2일 들마루를 완공하고, 7월 17일 학부모·교사 MT의 둘째날 오전 신영복 선생이 써준 '들마루' 휘호로 현판을 만들어 걸었다. 이날 현판식은 성대했다. '하늘마루'와 '들마루' 짓기는 '더불어 사는 삶'을 학부모들의 노동과 참여를 통해 보여준 살아 있는 교육이자 피땀으로 세운 증표였다.

그 뒤 정자 만드는 일에 앞장섰던 학부모들은 '마루계'를 만들어 동호회 활동을 하면서 '하늘마루'와 '들마루'를 세우면서 새긴 뜻을 이어나가고 있다. 2013년 4월 들마루 기와와 마루를 보수했고, 바닥과 기둥을 물청소 했으며, 나무가 썩는 것을 방지하기 위해 목재에 기름을 바르는 오일스텐 작업에도 힘을 보탰다.

2006년 환경위원회가 벌인 또 다른 중요한 활동은 2005년에 계획했던 생태 연못 만들기였다. 7월 15일부터 8월 5일까지 다섯 차례에 걸쳐 학교 뒤편 산 아래의 하늘마루 옆에 큰 연못을 만들고 중고등학교 옆에도 작은 연못 두 개를 만들었으며 학교 주변 몇 곳에 습지를 복원했다. 그 연못과 습지에는 수생식물을 심었다. 한여름 폭염 속에 연못을 파내고 그 둘레에 돌아가면서 나무 기둥을 박은 뒤 다시 진흙을 날라 채우는가 하면, 큰 연못의 연꽃을 진입로 쪽의 작은 연못으로 옮기고 그 대신 수련을 옮겨 심는 작업을 진행했다. 이 과정에서 큰 연못에서 키우던 잉어 몇 마리를 잡아 매운탕 파티를 열기도 했다. 개교 이후 3년여 만에 학교 곳곳의 웅덩이와 습지가 모두 정비됐다.

2008년에는 학교 식당 앞 경사면의 아래쪽 운동장 가에 튀어나온 암반을 제거하는 작업을 진행했다. 식당 앞이나 도서관 통로에서 보면 이 바위가 심한 굴

곡을 만들어 좁은 운동장을 더 좁게 만들고, 운동할 때 늘 위험 요인이 되었다. 당초 학교 부지 조성공사를 할 때에도 포크레인으로 깨어 없애려다 실패한 바위였다.

4월 12일 조촐하게 고사를 지내고 암반 제거작업을 시작했다. 몇 달에 걸쳐 토·일요일마다 절삭기로 3cm 정도 간격으로 바위를 자른 뒤 이를 브레이커로 깨어내는 지난한 작업이 계속됐다. 날이 갈수록 절삭기 고장이 잦아져 수리할 곳을 찾아다니는 데에도 많은 힘이 들었다. 때로는 절삭기로 바위를 갈라놓은 뒤 해머로 바위를 때려 떼어내기도 했다. 암반 중에서 운동장의 지표면 이상으로 튀어나왔던 부분은 모두 제거됐으나 암반의 뿌리는 어찌 할 수 없었다. 2010년 5월 2톤 분량의 흙을 반죽해 바위 위에 붙이고 그 위에 잔디씨를 버무려 붙이는 정비작업으로 끝을 맺었다.

2010년과 2011년에 환경위원회는 생태마을과 생태건축에도 관심을 기울였다. 4월 24일 단열재와 '열회수 환기장치'를 이용해 화석연료 없이도 혹한의 겨울을 날 수 있도록 설계된 강원도 홍천군 내촌면 살둔의 '제로 에너지 하우스'를 탐방했고, 12월 11일에는 간디학교 배후 마을인 경남 산청 안솔기 마을을 방문했다. 6월 23일과 7월 16일에는 환경위원인 생태건축 전문가 최영호의 '생태마을과 생태건축 동향' 강좌를 열었다. 2011년 4월 19일에는 한살림의 이근행을 초청해 '생태공동체운동과 공동체적 삶'을 주제로 세미나를 열었다.

2011년 말부터 교장, 이우공동체 대표, 이사장, 학부모회장, 학교 시설담당자 등이 참여해 이우학교 시설물, 건축물 등의 문제를 협의하는 비정기 협의체 '이우공간회의'가 열리고 있다. 이 모임에는 환경위원장과 학교 공사 관련 환경위원들이 참여해 의견을 공유하고 있다.

2012년과 2013년 학교 앞 산업단지 조성이 가시화되면서 통학로 안전사고를 우려한 환경위원회는 1년 6개월여 동안의 조사와 논의를 거쳐 성남시청과 분당경찰서에 대책을 요구하는 민원을 제기했다. 이를 계기로 환경위원회는 학교와 학생들의 안전을 위한 자구책으로 이우학교 학부모 자율방범대(일명 '이우 올빼

1. 들마루 상량식. '점이 모여 길을 이루다' (2006)
2. 하늘마루 짓기(2005)
3. 들마루 완공(2007)

미')를 구축했다. 이우 올빼미는 2013년 7월부터 활동을 시작했다.

　환경과 공간이 변하면 사람 사는 모습도 달라진다. 이우학교의 현재 공간이 처음부터 지금과 같은 모습을 갖춘 것은 아니었다. 제대로 된 학교 모습을 만들어 가는 데 환경위원회가 한 몫을 했다. 수많은 학부모들의 참여가 있었기 때문에 가능한 일이었다. 학교로 올라가는 언덕 길 바닥이나 하늘마루, 들마루에는 학부모들의 몸짓이 서려 있고, 학교 둘레의 풀 한 포기, 나무 한 그루에도 학부모들의 땀방울이 들어차 있다. 이러한 활동들은 이우학교를 포함해 이우학부모들이 살아가는 머내 일대의 생태환경과 공간에 대한 새로운 자각으로 이어지고 있다.

2) 학부모회 활동

(1) 연례 활동

■ 학부모 축제

　이우학교 학부모들이 모두 참여하는 행사로는 매년 2월 열리는 학부모 총회와 여름에 열리는 학부모 축제가 있다. 총회는 주로 재학생 학부모들이 참석하는 공식적이고 의례적인 '회의'인 데 반해 학부모 축제는 졸업생 학부모들까지 참가해 비교적 자유로운 분위기에서 함께 어울리는 문화놀이 한마당이다.

　2004년 7월 10~11일 '이우학교 학부모 연수'라는 이름 아래 학부모 전체가 학교 강당에 모여 1박 하며 어울리는 시간을 처음으로 가졌다. 당시는 중학교와 고등학교에 2개 학년씩만 있었기 때문에 현재 고등학교동 3층 전체를 터서 '하늘터'라는 이름의 강당으로 사용하고 있었다.

　이날 모인 학부모들은 '사랑의 변증법'이라는 애니메이션 영화를 함께 보고, 대안교육의 방향에 대해 강의(이수광)를 들었다. 이어 개인과 위원회 소개를 하고, 반별·학년별로 학교 설립에 관한 질의·응답, 학교의 경제적인 문제, 학교의 비전과 방향, 아이들의 학교 문화와 급식 등에 대해 밤을 새워 이야기를 나누었다. 집집마다 한 가지씩 음식을 만들어와 나누어 먹고, 이야기가 끝난 뒤 학교에서 잘 사람들은 교실과 숙직실을 이용했다.

2005년에는 7월 16~17일 과천 서울대공원 캠프장에서 1박 2일로 '가족과 함께하는 이우학부모 캠프'가 열렸다. 개교 후 3년째가 되면서 중·고교 각 3개 학년이 모두 차고 학년별 모임에 무게가 실리면서 학부모 전체가 모일 기회가 많지 않았다. 그래서 기존 학부모와 신입학부모를 섞어서 조를 짜고 텐트를 배정해 가깝게 어울릴 수 있도록 기획된 자리였다. 야영하면서 조별로 친목을 도모하고 깊이 있는 이야기를 나눌 수 있는 기회였다는 평가와 함께, 전문 진행자를 불렀으나 이우학교의 특성을 이해하지 못해 상업적인 오락회처럼 되었다는 평이 나왔다. 다음해부터는 학부모 내부에서 진행하는 쪽으로 의견이 모아졌다.

2006년에는 8월 19~20일 경기도 퇴촌 청소년야영장에서 '더불어 놀고, 나누며, 함께 가자'라는 기치 아래 학부모-교사 MT가 열렸다. 지난해의 평가를 바탕으로 학부모들이 준비와 진행을 모두 맡았다. 학교장과 '학교의 현황과 과제'에 대해 이야기를 나누고, 사진 동영상으로 학교와 학부모 활동의 이모저모를 보면서 학교를 좀 더 이해하는 시간을 가졌다. 춤 테라피와 캠프파이어, 학년별 밤새 놀기가 이어졌다. 신입학부모들에 대한 배려나 학년을 뛰어 넘는 소통은 다소 부족했다는 평이었다.

2007년에는 7월 16~17일 '꿈꾸는 이우공동체'를 주제로 학교에서 학부모–교사 MT를 가졌다. 여성가족부로부터 '학부모 저녁모임' 프로젝트 지원을 받아 교육문화위원회와 학년 부대표들이 준비위원회를 구성해 MT를 준비하고 진행했다. 교사 25명과 학부모 176가구 227명이 참가했다. 영상을 이용해 학교 평가와 이우헌장의 내용을 돌이켜 지켜보고, 학년별 모둠을 만들어 이우학교 10년의 꿈을 모아보는 자리도 가졌다. 학교 급식으로 저녁을 준비해 학부모들이 학교 급식을 체험하게 한 프로그램, 아이들에게 편지나 소원지를 써서 학교 식당에 매달아 놓고 다음날 읽어보게 한 프로그램 등에 호응이 좋았다. 참여한 교사들의 발을 씻겨 주는 세족식도 있었다. MT 둘째 날 들마루 정자 현판식과 EDL 개막식이 이어졌다. 2007년 MT는 학교 안에서 행사를 치르고 학부모들이 진행한 점에 대해 좋은 반응을 얻었다. 이때부터 '학교에서' '학부모가 진행'하는 틀이 마련됐다.

2008년 MT는 8월 30일 '소통과 웃음'을 주제로 학교에서 열렸다. 공식등록 인원이 287명이었고, 저녁식사 시간에는 360명이 참가해 성황을 이뤘다. 오후시간에는 학부모와 교사가 함께 참여하는 족구·피구 대회를 열었고, 한편에서는 야영 페스티벌을 위해 학년 당 2동씩 텐트를 세웠다. 전체 진행은 2007년과 비슷했다. 저녁 시간에는 실내에서 '노래로 나누는 세상'의 노래 공연, 퀴즈, 학부모 사이 대화와 소통의 시간, 아이들에게 편지 쓰기 같은 행사를 가졌다. 2008년 MT에서는 처음으로 졸업생 학부모들을 초대했다. 반면에 학부모들을 중심으로 놀이와 축제의 성격이 강화되면서 교사들의 참여가 줄어들게 되었다.

2009년 8월 29일, 학교에서 하루 동안 학부모 축제를 열었다. 3년 동안 진행해 온 '학부모 MT'를 '학부모 축제의 날'로 바꾸고 연 첫 번째 행사였다. 1박 2일로 치르던 행사를 '8시간 동안 몰입해서 놀자'는 의도로 하루로 바꾸었다. 준비와 진행은 예년처럼 '축제준비위원회'가 맡았고, 모두 260여 명의 학부모가 참여했다. 학교 구석구석을 소개하는 이야기 책자를 바탕으로 주로 신입학부모와 함께 하늘마루, 들마루, 장승, 텃밭, 운동장 바위 같은 학교 곳곳을 돌며 이야기를 나누는 '숨은 이야기 들춰보기', 역시 신입학부모들을 중심으로 하는 '포도주 담그기' 같은 프로그램들이 새로 생겼다. 저녁 시간에는 학년별로 학부모들의 고민을 드러내는 '학부모 아우성' 프로그램도 신설됐다. 마무리는 운동장에서 강강술래, 돌탑쌓기로 했다. MT를 축제로 바꾸어 과정을 즐기자는 취지에 호응이 컸으나, 그 대신 교사와 졸업생의 참여가 저조해 아쉬움이 남았다.

2010년 8월 27일 열린 학부모 축제는 주제가 '함께 가는 길'이었다. 오후에 학년별로 역할을 분담해 축제주 담그기, 퀴즈마당, 학교 구석 숨은 이야기, 명랑

운동회, 축제 간식 나누기를 진행했다. 저녁식사 후 실내에서 강강술래로 마당을 연 뒤, 정관용(제6회 정재창의 부)이 진행하는 이우공감 코너가 이어져 학년별로 아이들에 대한 걱정을 격정적으로 토의하는 자리가 마련됐다. 한양대 정병호 교수의 초청 강연도 있었다. 노래로 나누는 세상 공연 이후 숨은 가수들의 노래를 듣는 학년별 노래자랑이 진행됐다. 이 해에는 졸업생 학부모로부터는 참가비를 받지 않고 '홈커밍데이' 방식으로 참여를 독려해 재학생 학부모와 졸업생 학부모가 함께 어울리는 한마당을 시도한 축제이기도 했다.

2011년에는 8월 27일 축제의 주제는 '또 함께 가는 길'이었다. 343명이 참가했다. 축제의 제목이 지난해 '함께 가는 길'이었던 점에서 알 수 있듯이 전체 프로그램에는 큰 변동은 없었다. 그동안 축제가 주로 학년별로 팀을 이루어 진행하는 방식이었기 때문에 이번에는 학년 사이의 간극을 없애고자 학년을 섞은 팀을 만들어 진행한 것이 달라진 점이었다. 이 해에는 '애장품 경매'가 새롭게 등장했다. 42개 집안에서 제공한 애장품을 축제 현장에서 경매한 뒤 수익금은 모두 학교법인에 기부했다. 어느 때보다 졸업생 학부모들이 많이 참가한 축제였다.

2012년 학부모 축제는 예년에 비해 빠른 8월 18일에 열렸다. '참여하는 축제, 기부하는 축제, 한마음 되는 축제'라는 캐치프레이즈를 내걸고 1부와 2부로 나누어 진행했다. 1부 '2시의 데이트'(14:00~18:00)는 부스(경품, 벼룩시장, 커피, 맥주, 미용 등) 중심이었고, 2부 '별이 빛났던 밤에'(19:00~22:00)는 영상, 위원회 보고, 경매, 장기자랑 등으로 진행했다. '2시의 데이트' 시간에는 운동장 한쪽에서 손문상 프레시안 화백(당시 고1 손병록의 부)과 김용민 경향신문 화백이 학부모들의 커리커처를 그려주는 행사도 있었다. 경매에는 7명이 21점을 기증했고, 낙찰액은 449만 원이었다. 이를 포함해 벼룩시장, 식음료 판매 등에서 생긴 수익금을 2013년 이우학교 10주년 행사 비용으로 쓰도록 학교에 전달했다.

이렇게 이우학교 '학부모 축제'는 처음부터 '축제의 장'으로 시작된 것이 아니었다. 이름도 10년 사이에 '연수회'에서 '캠프'와 'MT'를 거쳐 '축제'로 변화를 거듭했다. 이는 어떻게 하면 '의미 있게 잘 놀 것인가'를 모색하고 실험하고 실천하

이우더불어리그(2008)

면서 진화해 온 과정이었다.

■ EDL(이우더불어리그)

EDL(이우더불어리그)은 이우학교 학부모들이 학년을 넘어 "더불어 공을 차며 신나게 한판 놀아보자"며 벌이는 축구 리그다. "영국에 EPL이 있다면 이우학교에는 EDL이 있다"는 우스개소리가 나올 정도로 활동이 활발하다.

EDL을 창립한 주축은 운동장 옆 들마루 정자를 짓던 학부모들이었다. 축구를 좋아하던 이들은 엄마들에 비해 상대적으로 학교 일에 무관심한 아빠들을 학교에 끌어들이자는 소박한 뜻을 담아 축구 정기전을 기획했다. 2007년 6월 17일 개막전을 연 이후 2013년 7년차를 맞았다. 원년에는 중·고교의 6개 학년 학부모팀과 졸업생팀, 교사팀 등 모두 8개 팀으로 출범했다. 현재는 각 학년별 6개 팀에 졸업생 학부모의 '졸부팀', 졸업생과 교사로 구성된 '졸교팀'을 더해 8개 팀이 리그를 벌이는 체제다.

초기에는 집행부가 별도로 구성되었으나 해가 바뀔 때마다 새 집행부를 구성하기가 쉽지 않아 '특정 학년 전임제'라는 룰을 만들어 매년 고2 학부모들이 집행부를 맡고 있다. 2007년부터 2009년까지는 이우학교 운동장에서, 2010년과 2011년은 이웃 동천초등학교 운동장에서 경기를 치렀다. 2012년부터는 다시 이우학교 운동장으로 장소를 옮겨왔다. 학교에서 정기적으로 경기를 벌이게 됨에 따라 학교 운동장을 보호하고 관리하는 중요한 몫 또한 EDL이 담당하게 되었다.

EDL은 학부모 활동에 활기를 불어넣었다. 축구를 좋아하는 아빠들만의 관계를 넘어 학부모와 교사, 학생, 졸업생들 사이에, 재학생 학부모와 졸업생 학부모 사이에, 그리고 여러 다른 학년 학부모들 사이에 친교와 결속의 매개가 되었다. 초기에는 엄마들이 부침개도 부치고 어묵탕도 끓여 와서 학년별로 응원하기 시작했다. 점차 응원을 넘어 엄마들도 참여할 수 있는 놀이를 개발해 부모가 함께 즐길 수 있는 장으로 폭이 넓어졌다.

각 학년 안에서 EDL이 주요활동으로 자리 잡았기 때문에 축구로 다져진 끈끈한 인간관계는 다양한 학부모 활동을 지탱하고 이끄는 원동력이 되었다. EDL에 적극적인 학부모들은 해당 학부모회 활동이나 학교 행사에도 열심히 참여하는 양상을 보였다. 특히 EDL은 서로 서먹서먹한 신입 학부모들이 유대감과 결속력을 빠르게 높일 수 있는 기회를 제공하고, 다른 학년 학부모들의 조언을 통해 이우 생활에 쉽게 적응할 수 있게 돕는 디딤돌 노릇도 했다. 한 예로 2009년 중1 학부모들은 EDL을 통해 한 달여 만에 대부분 서로 알게 됐고, EDL 참여자들이 주축이 되어 버스 4대를 대절해 2박3일간 남도기행을 다녀오기도 했다.

EDL은 학교 밖 이웃과의 축구를 통한 교류행사에도 참여하였다. 2013년에는 6월 1일 남한산초등학교에서 열린 수도권 4개 대안학교들의 제6회 '대안학교 더불어 한마당'에 중2 EDL팀이 참가했다. 이 한마당 축구대회는 2008년 이우학교 학부모 축구동아리 '이우FC'의 제안으로 수도권 대안학교들인 성미산학교, 푸른숲학교, 남한산초등학교와 이우학교 사이의 교류와 협력을 도모하려고 만든 모임이다. 매년 돌아가며 대회를 주관하는데 2013년 주관자인 남한산초등학교 측이 한마당의 취지에 맞게 이우학교도 중학교 저학년 학부모와 아이들이 참여해줄 것을 요청해 왔다. 이에 따라 축구동아리 이우FC 회원들 대신 중2 EDL팀이 주축이 되어 참가하게 되었다.

(2) 특별활동 사례들

■ 송전선특별대책위원회 활동

이우학교 설립 초기 학부모 활동에서 가장 '뜨거운' 주제는 단연 '송전선특별대책위원회' 활동이었다. 2003년 9월 개교행사 후 이어진 전 학년(중1, 고1) 첫 학부모모임에서 고압선이 교실에 너무 가까워 전자파가 아이들의 건강을 해칠 수 있으므로 대책이 마련되면 좋겠다는 의견이 제시됐다. 일단 고압선이 건강에 미치는 영향을 밝힌 자료를 구하고, 구미동 등 다른 분쟁지역에서 대응했던 사례를 수집하기로 했다.

그러던 중에 10월 3일 한 학부모가 학교 주변을 산책하다가 송전선 가설공사가 진행되고 있는 것을 보았다. 바로 비상연락망을 통해 학부모들이 모였다. 순식간에 40여 명이 달려왔다. 이때로부터 공사 진행을 막기 위한 24시간 감시체제에 들어가면서 순식간에 지킴이 활동을 위한 시간표가 짜여졌다. '송전탑 지킴이'는 처음에는 중학교 학부모들이 주축이었고, 며칠 후 고등학교 학부모들까지 합류했다. '송전탑 지킴이'는 최소 2인 1조로 낮에는 4시간씩, 밤에는 2시간씩 교대로 불침번을 섰다. 급한 상황이 발생하면 학교에서 가까운 동원동과 동천동에 사는 학부모들이 먼저 달려왔다. '동동패밀리 5분대기조'라는 말이 만들어지기도 했다. 동천동의 '동', 동원동의 '동'을 따서 이름이 만들어진 동동패밀리는 개교 무렵 30여 가구였다.

학교 차원에서도 대책을 강구하기로 하여 한전과 직접 대화를 시도했고, 그 결과 협상 중에는 공사를 중단하겠다는 약속을 받아냈다. '송전탑 지킴이' 불침번은 학교 진입로 왼편으로 컨테이너 박스를 가져다 놓고 밤에는 모닥불로 추위를 견뎌가면서 송전선 공사를 감시했다.

10월 8일 한선 측이 헬기를 이용해 송전탑과 송전탑 사이에 송전신로 공사를 할 수 있게 하는 줄(와이어)을 걸려고 시도했다. 송전탑 지킴이들은 인간방패가 되어 헬기를 막았다. 학교에서는 한전에 강력하게 항의했고, 학부모들은 더욱 힘을 모아 맞서자고 다짐했다.

헬기 사건이 있던 주말(10월 11일)에 학부모총회가 열려 사태의 심각성을 공유하고, '송전선특별대책위원회'(위원장 최정순)를 구성해 좀 더 체계적인 대응을 하기로 했다. 그 전보다 더 많은 학부모들이 분야별로 나섰다. 학부모가 아닌 이우교육공동체 성원들도 동반지킴이로 참여하기 시작했다.

헬기 사건 이후 학교와 한전 측 사이의 협의 결과 한전은 기존에 설치된 철탑을 학교에서 좀 멀리 아래쪽으로 이전하고, 학교는 그 이전비용 일부를 부담하는 선에서 절충이 이뤄졌다.

이 송전선 가설 반대운동 과정에서 누구 하나 약속을 저버리는 학부모가 없었고, 급한 일이 생겨 시간표상의 지킴이 역할을 하기가 어려우면 미리 연락해 이우홈페이지에서 대신할 사람을 구했다. 그럴 때마다 꼭 대타가 나타나곤 했다. 12일 20일 이 운동을 마칠 때까지 이우학부모 자유게시판은 이와 관련된 소식으로 도배가 될 정도였다.

송전탑 지키기 싸움은 학교가 개교한 지 한 달 정도밖에 지나지 않아서 벌어졌다. 학교는 어수선하고, 학부모들은 서로 몇 번 만나지도 못한 상태였다. 학부모들은 송전탑 지킴이를 하면서 서로 얼굴도 익히고 생각도 나누면서 깊게 연대감을 형성했다. 어떤 문제든 해결할 수 있다는 자신감도 커졌다. 송전탑 지키기는 이우학교 설립 초기 학부모들이 공동체성을 확보하는 중요한 계기가 되었다.

■ 이우헌장 제정

2005년은 중학교와 고등학교의 모든 학년이 채워진 '완성년도'였다. 이우학교 준비과정 및 개교 때 학교의 교육 이념과 철학이 분명히 제시됐지만, 그로부터 2년 가까이 시간이 지나면서 구성원들 사이에 인식의 차이가 생겨났다. 학부모들도 이우학교 교육에 대한 이해가 부족하여 자신의 역할과 책임에 대해 혼란스러워했다. 교육서비스 수혜자의 입장에서 학교와 아이에 대한 요구는 늘어났으나 아이와 함께 실천하는 대안적인 삶의 모습은 활발하지 못했다.

그런 상황이 이어지는 가운데 이우의 정체성을 되돌아보고 구성원들 사이의 공감대를 확보하기 위해서는 '이우헌장'의 제정이 필요하다는 의견이 제기됐다.

2005년 8월 6일 이사회 3명, 교사회 2명, 학부모회 2명의 대표가 참가해 이우헌장작성소위원회를 구성했다. 이우헌장을 만드는 작업에는 모든 구성원이 참여할 필요가 있다는 지적에 따라 학생대표 2인도 포함시키기로 했다. 2006학년도 1학기부터 헌장이 발효되는 것을 전제로 작업 일정을 짜고, 헌장에 담아야 할 내용도 마련했다.

1. 학교공동체의 성격, 사회적 의미가 명시되고, 각 주체의 바램이 수렴되고, 구성원들의 교육공동체에서의 생활의 지표, 원리가 표현되어야 한다.
2. 이우가 표방하는 이념을 우선적으로 표현하고, 각 구성원의 역할과 책임(R&R)이 표현되어야 한다.
3. 누구든지 쉽게 이해하고 공감할 수 있도록 짧고 단순한 표현으로 만들어야 한다.
4. 각 구성원이 수용하고 해석한 것이 표현될 수 있어야 한다.
5. 사명서를 기초로 각 구성원에 대한 정관과 구체적인 실행방법 등을 규정하는 실행교범(예, 학부모학습가이드 등)을 만들 필요가 있다.

소위원회는 6차에 이르는 회의를 통해 다른 대안학교, 공동체, 공동육아에서 정해 놓은 약속들을 검토하고, 이우학교 구성원들의 의견도 단위별로 수렴했다. 카피라이터가 참여해 문구를 수정하기도 했다.

학부모들은 최종 약속을 정하는 것 못지않게 자유로운 토론 과정에 참여하는 것이 중요하다는 인식에 따라 학년 모임, 반모임을 거치고, 학부모 임원회의에서도 '이우헌장'과 '학부모의 약속' 내용들을 검토했다. 이러한 과정을 거쳐 '이우헌장'과 학생, 교사, 학부모 등 3주체의 '약속'이 다듬어졌다. 이렇게 마련된 초안은 다시 의견 수렴의 과정을 거쳤다. 공청회도 열렸다.

2006년 4월 29일 성남 제1시민운동장에서 학생, 교사, 학부모가 참가하는 전체 체육대회가 열렸을 때 그 자리에서 이우헌장이 선포되고, 이어 학생 교사 학부모 3단위 대표가 각각 자신의 약속을 낭독했다. 다음은 그 가운데 학부모의 약속이다.

1. 원서 쓸 때의 마음을 잊지 않는다.

2. '나 하나쯤이야' 하지 말고 적극 참여한다.

3. 아이에게 바라는 생활방식을 나부터 실천한다.

4. 학교와 자녀를 믿고 사교육을 시키지 않는다.

5. 잔소리보다는 따스한 말을 한 마디 더 한다.

6. 지혜, 돈, 힘, 재능 등 각자 가진 것을 나누고 기여한다.

7. 모든 아이들을 함께 키운다는 마음가짐으로 대한다.

8. 교사의 자율성, 전문성을 최대한 존중한다.

9. 건강한 시민, 따뜻한 이웃이 된다.

10. 우리의 터전이 많은 생명들을 빼앗은 결과임을 잊지 않는다.

■ 해보내기 행사

2007년 12월 28일 오후 8시 성남아트센터 콘서트홀에서 '2007년 희망더하기 콘서트'가 열렸다. 이날 푸르메재단이 주최하고 이우학교가 주관한 송년회 공연행사에 500명 이상의 이우 가족이 참석했다. 이러한 성황에 푸르메재단은 놀라고 이우학교 학부모들은 스스로 감동했다. 예매 수익금 390여만 원 전액은 학교 내에 장애인관련 시설에 설치하도록 이우학교로, 현장 판매액은 푸르메재단으로 각각 이관했다.

2008년 12월 6일에는 2008년 학부모 송년회 및 장학후원회의 밤인 '이우 나눔의 밤'을 열었다. 학부모회의 1년 되돌아보기와 장학후원회 소개 및 활동 보고, 노래로 나누는 세상과 고2 밴드의 공연, 행운권 추첨 등의 순서로 송년회를 보냈다. 장소는 판매 수익금의 30%를 기부받기로 하고 JJ비어하우스로 잡았다.

2009년 12월 17일에는 희망대 호프에서 이우공동체, 장학후원회와 함께 학부모 전체가 참여하는 송년의 밤을 열었다. 학부모회의 1년을 돌아보고, 친교를 나누고 공연을 즐기며 장학후원회의 활동을 보고하고 감사하는 자리, 이우공동체와 학부모회가 함께하는 자리였다. 이우의 역사를 돌아보고 초기 자료를

꿈꾸고 도전하고 함께 가다

수집하자는 의지를 밝힌 송년회이기도 했다.

3) 학부모 동아리 활동

(1) '백두대간'과 '이백동동'

이우학교에서 학부모와 아이들이 함께 참가하는 동아리로 첫 손에 꼽히는 것은 아무래도 '백두대간'이다. 백두대간 산행 동아리를 만들자는 의견이 처음 나온 것은 개교 다음해인 2004년 3월이었다. 한 해 동안 여러 논의와 준비를 거쳐 백두대간 제1기가 2005년 3월 20일 드디어 첫 산행에 나섰고, 꼬박 1년 8개월만인 2006년 11월 12일 40회로 백두대간 종주를 마쳤다. 2006년 다시 제2기가 백두대간 종주를 시작했고, 그런 식으로 매년 새로운 기수가 두 해 동안 40여 회 전후의 백두대간 종주에 나서고 있다. 2013년 가을 현재, 제8기가 10월 종산식을 앞두고 있고, 제9기는 1년차 산행을 열심히 진행하고 있다.

　백두대간은 백두산에서 지리산까지, 지리산에서 백두산까지 이어지는 이 땅의 가장 길고 중요한 산줄기이지만, 분단에 의해 한반도 쪽 구간의 진부령에서 산행이 중단된다. 게다가 이우학교 백두대간 종주팀은 남쪽 구간 700여km조차 지리산에서 진부령까지 차례차례 밟아가기가 쉽지 않다. 참가자들의 체력 소건, 학교의 학사일정, 백두대간 해당구간의 사정 등을 종합적으로 고려해 일정을 잡아야 하기 때문이다. 산불방지기간은 피해야 하고, 겨울철에는 비교적 쉬운 구간을 잡으며, 암릉 지역처럼 위험한 곳은 날씨 좋은 때 가야 했다. 실제 그렇게 구성된 일정표가 앞선 산행팀으로부터 전승되어 공유되고 있다.

　'대간꾼'들이 산을 타는 것처럼 백두대간 산행을 하지는 못하지만, 백두대간에서의 배움은 크게 다르지 않다. 대부분 산들이 그렇지만 특히 백두대간은 단순한 지리적 지형이 아니라 역사의 공간이다. 일본 제국주의자들의 지하자원 수탈 목적의 조사결과에 따른 '산맥' 체계를 벗어나 우리 국토를 제대로 인식하고,

백두대간 7기 회원들(위 – 피재 댓재 구간, 2012/ 아래 – 지리산 천왕봉, 2011)

문화와 전통과 역사를 바로 세우는 데에 백두대간은 중요한 의미를 지닌다. 작은 도랑이나 가는 실개천을 만날 때는 '산은 스스로 물길을 가르는 고개'라는 뜻의 '산자분수령(山自分水嶺)'의 의미를 되새기며 길을 잃었음을 깨우쳤고, 수없이 헛돌이를 하면서도 길은 두 발로 굳건히 땅을 딛고 걷는 사람들의 발걸음에 의해 만들어진다는 천리를 배웠다. 이런 뜻을 함축해서 제6기에서 산행하던 중2 학생이 "공부는 하는 척 할 수 있지만 산은 타는 척 할 수 없잖아요?" 하는 명언을 남기기도 했다. 힘들게 산행 하는 과정에서 부모와 아이들은 자연과 삶을 배우고, 유대감을 키웠다. 제5기부터는 아이들의 책임감을 기르기 위해 산행에 익숙해질 즈음되면 선두와 후미대장을 맡겼다.

백두대간의 한반도 남쪽 구간만도 한꺼번에 완주하기가 쉽지 않다. 피치 못할 사정으로 빠진 구간은 기간 내에 개인적으로 중간중간 보충할 수도 있다. 제6기는 2년차 방학기간 중에 보충산행을 집중 실시해 '폭풍보충'이라는 말을 만들어 내기도 했다. 이제까지 완주자를 가장 많이 배출한 기는 제4기로서 무려 25명이었다. 제2기의 경우는 중간에 인원이 줄어들어 "어떻게든 살아남아 이어지는 것만으로도 제2기의 존재 이유가 된다"고 되뇌곤 했다.

백두대간 산행을 마치는 종산식에서는 완주자에게 백두대간 제2기 회원이기도 한 장석 이사장이 쓴 글이 담긴 완주증을 준다. 이 완주증은 백두대간 산행의 의미와 염원이 담겨 있는 가슴 뿌듯한 증명서다.

어머니 품처럼 아늑하고 아버지 등처럼 든든한
우리 땅 큰 줄기를 따라
지리산 천왕봉에서 강원도 진부령까지
나무와 꽃, 산새, 그리고 벗과 걸었습니다.
백두산으로 이어지는 나머지 길도
꼭 밟아 가기를 바랍니다.

백두대간 6기, 함백산 정상(2011)

백두대간 산행을 마치고나면 제1기부터 6기까지는 산행자료집을 책으로 만들었다. 기수별 책 제목을 보면 제1기는 〈백두대간 종주 이야기〉, 제2기는 〈토요일이 기다려질 때〉, 제3기는 〈봄 여름 가을 겨울 그리고 아름다운 종주 이야기〉, 제4기는 〈나를 키우는 아름다운 동행〉, 제5기는 〈以友처럼 함께 가라 白頭처럼 우뚝 서라〉, 제6기는 〈공부는 하는 척 할 수 있지만 산은 타는 척 할 수 없다〉이다. 제7기는 책 대신 〈백두는 美親 짓이다〉는 제목의 자료집 달력을 만들었다.

이렇게 무려 두 해에 걸쳐 함께 산행 하며 '생사고락'을 나누다 보면 끈끈한 유대감이 형성되고, 종주가 끝난 뒤에도 자연스럽게 기수별로 만남을 유지하게 된다. 이러한 유대감을 바탕으로 2011년 2월 25일 '이백동동'(이우학교 백두대간 동아리 동문회)이 출범했다.

이백동동은 부모나 사회의 보살핌에서 소외된 주변의 아이들에게도 백두대간을 경험할 수 있는 기회를 주자는 취지로 동천동의 성심원과 성남 청소년학교 아이들을 지원해 제7기부터 산행에 함께 하도록 하고 있다. 또 이백동동에는 매달 한 번씩 명산을 찾아 오르는 '명산순례팀', 역사가 깃든 길을 걷는 '옛길걷기팀', 백두산이나 히말라야를 오르는 '해외원정팀', 지역의 문화행사에 참석하는 '지역문화팀'을 산하에 두고 있다. 이 가운데 옛길걷기팀은 광화문에서 부산 동래까지 이어지는 옛 과거길 '영남대로'를 걸었고, 2013년에는 해남에서 서울까지 이어지는 '삼남대로'를 걷고 있다. 해외원정팀은 2011년, 2012년 백두산 트레킹에 이어 2013년 초 안나푸르나 베이스캠프를 원정했다.

(2) 축구동아리 '이우FC'와 사회활동

이우학교 개교 직후 "아빠들이 '바지바람'을 일으켜야 학교가 잘 될 것"이라는 말이 농담처럼 나왔다. 바지바람을 일으키려면 발길이 빨라져야 했다. 축구만큼 바람을 일으키기 적당한 발길질도 드물다. 2004년 축구동아리가 만들어졌

꿈꾸고 도전하고 함께 가다

으나 2005년 백두대간과 학교에 정자를 짓는 정자팀이 만들어지면서 동아리 회원들이 빠져나갔다. 백두대간 제1기가 종주를 마치고 정자도 완성되면서 한동안 꺼질듯하던 축구동아리에 다시 불이 붙었다.

2007년 12월 15일 학부모와 교사, 졸업생들을 회원으로 하는 축구동아리 '이우축구단(이우FC)'이 창립됐다. 창립 회원은 모두 36명이었으며, 2013년 5월 현재 회원 72명, 명예회원 9명, 휴식회원 14명이다. 처음에는 일요일에 공을 차다가, 주 5일제가 정착되면서 2008년 4월부터 모임 날짜를 토요일로 옮겼다.

졸업생을 제외하고도 1954년생부터 1971년생에 이르기까지 나이 차이가 큰 학부모 회원들이 "공차기로 벗이 되어 함께 어질게 살아가는 사람이 되겠다"는 뜻을 세우고, "하늘에서 돌 떨어지는 날만 빼고" 매주 토요일 오후에 모여 정기전을 갖고 있다. 여태까지 축구공 한 번 제대로 차본 적 없지만 아이가 이우학교에 입학한 것을 계기로 이우FC에 들어와 '축구폐인'으로 살아가는 회원도 있을 정도다. 이우FC 회원들은 이우학교 축구리그 EDL에도 아이들 학년에 해당하는 팀의 주요 멤버로 참여하고 있다.

2008년 2월 1일, 이우FC 회원들은 가족동반해서 경북 영덕으로 1박2일 MT 겸 원정경기를 가졌고, 4월 9일에는 수원 월드컵경기장 보조운동장에서 가스공사팀과 다시 한번 원정경기를 치렀다. 원정경기는 동아리의 기틀이 다지는 중요한 촉매제였다.

그해 10월에는 대안학교 또는 대안교육을 지향하는 남한산초등학교, 푸른숲학교, 성미산마을공동체 학부모 축구동아리 등과 함께 한국정신문화연구원 운동장에서 제1회 축구한마당을 열었다. 이러한 축구 연대모임은 해마다 주관 학교를 달리하면서 이어지고 있다.

2010년 11월 중순부터 2주 동안 이우FC 회원들은 이우생협의 독거노인 지원 사업에 참여해 동천초등학교 인근 비닐하우스 안에 천막을 치고 사는 한 할머니의 주거 개선작업을 벌였다. 비닐하우스 안에 2평 정도의 판넬 주택을 짓고 전기시설을 새로 하는 일이었다. 이우FC가 지역사회를 향해 내디딘 작은 첫 걸음이었다.

2011년에는 축구를 통해 아이들의 인격 성장과 관계 형성에 도움을 주려고 성남청소년네크워크에 축구팀 구성을 제안하는 공문을 보냈다. 이우FC 회원들이 멘토 역할을 맡기로 하고 17명가량의 지원자를 모집했다. 축구팀에 필요한 장비와 유니폼을 마련하기 위해 후원금 400만 원도 모금했다. 2011년 5월 7일 동천초등학교에서 '함께 여는 청소년학교', 신흥동 '푸른학교', 정자동 '푸른학교', 금곡동 '초원교실' 등 4개 팀이 참가해 발대식을 가졌다. 이우FC 회원 멘토들은 매주 1회 2시간씩 인근학교 운동장이나 성남 풋살구장에서 4개 학교 축구팀을 지도했고, 11월에 황송구장에서 한 해를 결산하는 멘티축구대회에 참가했다. 2012년에는 '함께 여는 청소년학교', '성일중학교', '태평중학교'에 축구팀을 구성해 지도했고, 이들이 성남시장배 중고클럽 축구대회에 출전해 경험을 쌓게 했다.

2011년 12월에는 이우FC의 목적 중 하나인 '건강한 사회를 위해 기여한다'는 대목을 어떻게 실현할 것인지 논의하다가 '한미FTA 폐기운동'에 참여하기로 했다. 이우FC가 사회적 책임의식을 가짐으로써 축구동아리에 안주하지 않고 지역사회로 눈을 돌려 우리사회의 현안과 직면하려는 노력의 일환이었다. 이로써 이우FC가, 남들은 집회하고 시위를 벌일 때 주말마다 모여 공만 찬다는 질책에서 벗어난 것은 물론이고, 이때를 계기로 "몇 년은 매주 공 차며 어울려야 동네 집회라도 이끌 수 있다"는 농반진반의 인식을 낳기도 했다.

(3) 노래로 나누는 세상(노나세)

이우학교 재학생 또는 졸업생 학부모들 중에서 노래를 사랑하는 사람들이 2008년 1월 결성한 동아리다. 주 1회 정기모임에서 평소 부르고 싶던 노래를 부르면서 즐거움을 나누는 동시에 노래 실력도 함양해 가고 있다. 회원 수는 창립 이후 15~20명 정도를 유지하고 있다. '노래로 나누는 세상'은 동아리 이름처럼 노래를 매개로 학부모 또는 주민들과 어울리며 노래를 나누는 활동을 하고 있다.

창립하던 해인 2008년 5월 이우학교에서 '노래로 나누는 세상 정기공연' 첫 번째 무대를 선보였다. 2009년 5월에는 제2회 정기공연 '5월의 어느 멋진 날에'(동천성당), 2010년 1월에는 제3회 정기공연 '작고 편안한 음악회'(좋은친구센터), 2011년 4월에는 제4회 정기공연 '봄바람을 꿈꾸다'(용인여성회관), 2012년 6월에는 제5회 정기공연 '시간을 나는 비행기'(용인여성회관), 2013년 3월에는 제6회 정기공연 '다섯 번의 추억, 그리고 다시 봄'(좋은친구센터) 등으로 해마다 한 번씩은 꾸준히 준비한 무대를 선보였다.

정기공연만이 아니라 학부모 축제, 신입학부모 MT, 장학후원의 밤 등 학교 내의 여러 행사에도 참여해 재능기부 차원에서 공연을 해 왔다. 이우학교 행사 외에도 고기교회 음악회, 상현동 도서관 개관기념식, 공동육아와 공동체교육 총회, 성남청소년학교 동아리 발표회, 어린이 어깨동무, 남한산초등학교 축제 등에서도 찬조공연을 했다.

그런가 하면 2011년 12월 한미FTA 폐기를 위한 동천동 집회와 2012년 한미 FTA 폐기를 위한 삼일절 집회에서도 노나세는 문화적 분위기를 형성하는 데에 큰 역할을 했다. 노나세가 없었다면 이 집회들은 시작과 마지막 정리에서 정말 밋밋했을 것이다.

(4) 탁상공론

'탁상공론'은 '탁자 위에서 공을 가지고 논다'는 재미있는 뜻의 학부모 탁구동아리 이름이다. 탁구는 보기와는 다르게 대단히 격렬한 운동이다. 운동량도 상당히 크다. 기초 수준을 넘어서서 랠리를 몇 차례 이상 이어갈 정도만 되면 중년의 건강을 챙기는 데에는 탁구가 아주 안성맞춤이라는 말도 있다. 바로 그런 탁구를 매개로 학부모 자신의 건강도 챙기고, 운동 중간중간에 허접하고 비루한 일상의 세상에 대해 촌철살인의 논평도 가하며, 아이들의 미래를 함께 걱정

'노래로 나누는 세상' 창립 공연(2008)

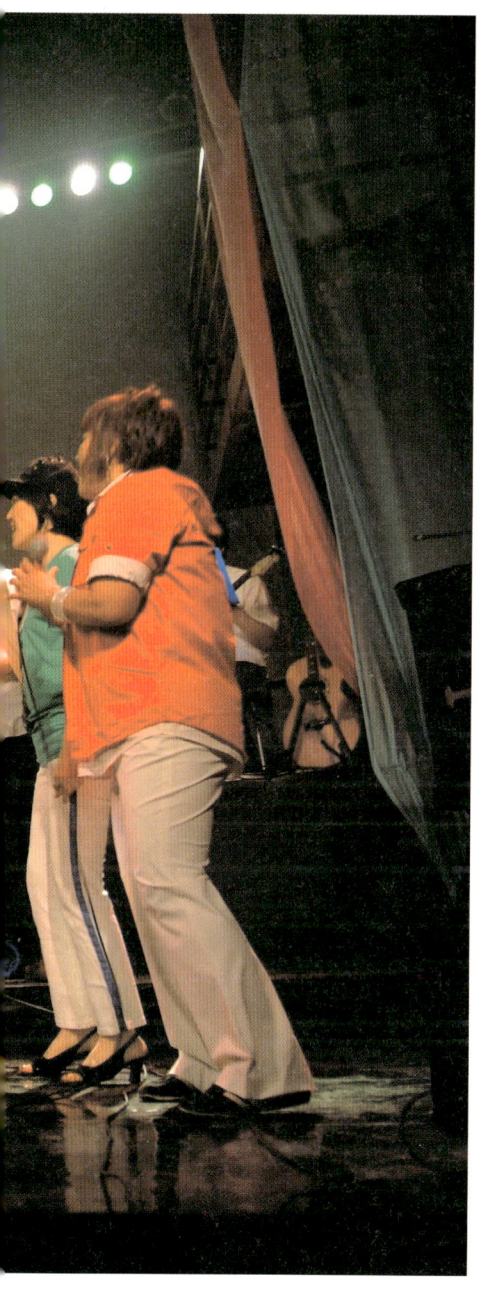

하고 함께 구상해 나가는 동아리다.

2008년 봄에 결성됐으며, 양희범(제2회 양다솜, 제7회 양다빈의 부)이 교인으로 있는 인근 복양교회의 탁구장을 주로 이용한다. 결성 당시 권준섭(제6회 권태희의 부)이 자칭 '임기 30년'의 사무총장을 맡으면서 탁구 동아리의 모양새를 갖추었다.

탁상공논은 1년에 몇 차례 자체 대회를 개최하고 있으며, 이우학부모 축제 때 '탁상공논배 이우탁구한마당'을 열어 동호인들의 친목의 폭을 넓혔다. 2009년에는 제주도, 2010년에는 제천, 2012년에는 통영 등지로 원정을 다녀왔다. 해마다 송년회를 열고, 장학후원회 행사 때 기부를 하고 있으며, 가끔 부부동반 혹은 싱글로 영화 관람도 한다.

2012년 4월 양동일(제3회 양예슬, 제7회 양한슬의 부)이 회장을 맡았으며, 현재 회원 약 20명이 매주 화요일과 목요일 저녁 정기모임에서 구슬땀을 흘리고 있다.

(5) 학이시습

2006년 10월부터 2009년 9월까지 꼭 3년 동안 공동체 마을을 꿈꾸며 모인 회원 20여 명이 공동체에 대한 공부로 시작해서 독서토론, 답사, 초청강연을 이어갔던 학습모임이다.

처음에는 조창근(제2회 조은의 부)이 미금역 근처에 오피스텔을 얻어 이곳에서 격주로 책을 읽으며 공부했다. 주로 지구자원의 고갈과 이상기후 등에 대한 통찰과 환경 생태에 관심을 기울였다. 그 다음에는 '좋은친구센터'를 근거지로 삼아 모임을 가지면서 안성의료생협, 삼도생협을 찾아 귀농자들의 삶을 배웠다. 사이사이에 영화도 함께 보고 연주회를 빌미 삼아 나들이하기도 했다. 이 무렵에는 '비폭력 대화'를 학습하고 이와 관련된 프로그램을 진행해보기도 했다.

모임에는 통상 7~12명이 참여했으며 『새벽의 건설자들』, 『물은 답을 알고 있다』, 『신영복의 강의』, 『천 개의 공감』, 『푸코와 하버마스를 넘어서』, 『세상을 바꾸는 대안기업 80인』 등의 책을 함께 읽으며 앞으로의 세상에 대한 상상력을 키워갔다.

위에 소개한 동아리 외에도 이우학교 학부모들 사이에서는 개교 초기부터 지금까지 독서토론 모임, 영화와 다큐감상 모임, 도예 모임, 등산 모임, 목공동아리 같은 다양한 학부모 동아리와 모임들이 만들어지고 사라졌다. 때로는 학부모들이 자신의 재능을 제공하기도 하고, 관심 있는 학부모들끼리 서로 어울려 취미를 공유하며 친목을 도모했다. 이런 모임을 할 수 있도록 꾸준히 장소를 제공하는 학부모들도 있었다. 동아리들 가운데는 1년을 넘기지 못하는 경우도 있고, 2~3년 넘도록 모임을 유지하는 성실파도 있었다. 이런 동아리들은 공통의 취미와 관심사를 매개로 학부모들 사이에 생기를 불어넣고 생활을 윤택하게 만들어주었다. 이는 공식적인 학부모 관계를 넘어 학부모 한 사람 한 사람이 새로운 삶으로 나아가는 통로였다.

3. 학교와 더불어 지역으로

이우학교가 생태적이고 공동체적인 가치를 공유하고 새로운 삶의 양식을 개척하고자 교육목표로 내세운 '21세기 더불어 사는 삶'은 학교만을 그 영역으로 설정한 것이 아니었다. 더불어 사는 삶의 가치는 가족과 지역 속에서 일상적으로도 실현되어야 하는 것이었다. 실제로 이우학교는 지역과 함께하는 학교가 되고자 노력해 왔다.

이우학교 학부모들은 학교가 자리 잡은 성남과 용인 지역에서 주민들과 함께 공동체적 관계망을 형성하고, 도시에서 가능한 공동체적 실천에 참여해 왔다. 이렇게 학부모들 스스로 진행해 온 지역 활동은 '함께여는교육연구소'가 진행하고 있는 '성남지역 저소득층 아동 지원사업'과 함께 이우학교가 지역사회에 뿌리 내리게 하는 또 하나의 주요한 기둥이 되고 있다.

1) 모임

(1) 이우생활공동체

이우생활협동조합은 2013년 3월 15일 제10차 정기총회에서 명칭을 '이우생활공동체'로 바꾸었다. 이우생협은 2003년 10월 4일 학생 중심의 준비위 발족, 10월 15일 생협 학부모위원회 결성을 거쳐 같은 해 12월 19일 '더불어 사는 삶'을 지향하고 실천하는 이우학교 학생, 학부모, 교사, 공동체 구성원을 포괄하는 협동조합으로 창립되었다.

이우학교가 가르치고자 하는 더불어 사는 삶은 지식의 전수로서만이 아니라 일상의 삶에서 실천하고 배움으로써 체화되는 것이기에, 이우생협은 학교만이 아니라 지역 현장에서 함께 나누며 더불어 신명나게 사는 삶을 어떻게 실현할 수 있을지, 도시중심적인 생활환경에서 대안적인 삶의 방식을 어떻게 구현할 수 있을지 지속적으로 고민하고자 했다.

이우생협은 아마도 학생, 학부모, 교사, 지역의 구성원이 함께 하면서 학생이 위원장을 맡은 최초의 생협일 것이다. 개교 무렵 생협 활동을 위해 학교 3층에 매점이 설치됐고, 학생들이 이를 자율적으로 꾸려갔다. 학부모와 교사들은 이를

이우생협 제2회 정기총회

뒷받침하고 삼도생협과 직접 거래하는 가운데 먹을거리가 얼마나 중요한지 알려나갔다.

2005년 4월 정기총회에서는 생협이 학교 안에 있기 때문에 지역과 연대하여 활동하기 어려우므로 정관을 개정해 지역으로 영역을 넓히기로 했다. 2005년 9월 동천동에 이우생활협동조합 살림터를 열었다. 2011년 말 현재 1인당 3만 원 이상의 조합비를 낸 조합원이 500여 명이며, 총자산 규모는 5000여만 원 정도였다.

이우생협은 이사장과 이사, 사무국장을 중심으로 운영되며, 사무국, 다다선선, 물품위원회, 교육위원회, 작은실천위원회, 사업위원회 등으로 영역을 나누어 활동하고 있다. 이우생협의 살림터에서는 학부모회, 동아리, 학생모임을 비롯한 다양한 모임이 이뤄지고 있다. 이우생협의 주된 활동은 삼도생협을 비롯한 친환경 생산자들로부터 건강한 먹을거리를 공동으로 구매하고 '착한 소비'를 실천하는 것이다.

2005년부터 2012년까지 해마다 어린이날에는 어린이와 어른들이 함께하는 마을잔치를 열었으며, 2006년에는 지역 초등학교와 연계해 '장애아와 함께하는 마을가족 만들기' 사업을 시행하기도 했다. 그 밖에 각종 문화행사, 강연, 도농교류, 지역축제, 나눔 이벤트 등 지속적으로 공동체 활동을 벌여 오고 있다. 많은 프로그램이 이우의 울타리를 넘어 지역 주민들과 함께하는 것이나. 또한 지역 아이들을 대상으로 '무지개방과후교실'을 운영하며, 어려운 이웃들과 나누는 '다다선선' 활동도 하고 있다. 건강한 사회를 만들기 위한 정치적 연대 활동에 동참해 미국산 쇠고기 수입 반대집회, 한미FTA 반대운동 등에도 참여해 왔다. '희망식당'을 열어 그 수익금을 장기투쟁 사업장 노동자들에게 전달한 일도 있었다.

이제 이우생활공동체는 10년의 역사와 경험을 바탕으로 새로운 도약을 모색하는 중이다. 이우생협은 '나'와 '우리'와 '자연'이 경쟁 대신 협력과 연대와 공생의 원리로 만나고, 풍요로운 소비가 주는 안락함 대신 '착한 소비'를 지향하며,

이우생협의 어린이날 공짜먹거리 장터

이우생협의 단오제 부채만들기

나의 성취에 만족하지 않고 뒤처진 사람들의 절망의 소리를 들으며 함께 우정의 관계망을 만들어 가고 있다.

(2) 문탁네트워크

문탁네트워크는 용인시 수지구 동천동에 자리 잡고 있는 인문학 공부 공간이다. 2009년 가을, 이우 학부모들을 중심으로 용인과 그 주변에 거주하는 7, 8명의 학인들이 만든 '마을에서 만나는 인문학공간 문탁네트워크'가 그 출발이었다. 지금 쓰고 있는 공간은 2010년 초, 여러 이우 학부모들과 지역주민들이 관심을 갖고 협력해서 만들었다. 50평의 공간을 강의실, 공부방, 세미나실, 식당으로 나누어 사용하면서 이곳에서 각종 세미나와 강좌, 인문학 축제 같은 다양한 활동을 벌이고 있다.

문탁의 세미나는 누군가 공부하고 싶은 내용을 제안하면 관심 있는 사람들이 참가하고 분기별로 커리큘럼을 짜서 함께 진행한다. 논어강좌에서 시작된 문탁의 인문학 강좌는 계절별로 1~2개가 열리며, 고등학생 이상이면 누구나 참여할 수 있다. 또 현실과 사회의 요구에 맞춰 특강을 열기도 한다.

이러한 학습 활동과 함께 문탁의 특징은 환대와 선물의 원리로 주방을 운영한다는 점이다. 주방지기기 따로 없이 수강생이나 운영지가 밥을 하고 반찬을 만들며, 자기가 먹은 그릇은 스스로 설거지 한다. 식사비는 2000원이며, 점심과 저녁이 준비된다. 집에 식재료가 많으면 선물로 가지고 와서 함께 나눠먹는다.

2012년 초 문탁은 지식(앎)과 삶을 일치시키고, 자본에 예속되지 않는 자급적 경제를 실험하려고 '마을작업장 월든'을 열었다. 월든에서는 회원제 반찬사업인 '노라 찬방', 패브릭 리폼과 가죽공예를 하는 '봄날 길쌈방', 천연재료 화장품 '자누리 생활건강', 건강한 제과사업 '담쟁이 베이커리', '월든 더치커피', 기부와 순환에 의해 운영되는 '월든 중고장터' 등의 사업을 벌이고 있다.

2013년 10월에는 문탁과 마을작업장을 확장하는 한편, 마을 젊은이들이 새로운 문화와 예술을 실험하고, 지역 청소년들과 교감하면서 공부하고 친구를 만들 수 있도록 새로운 공간을 열 계획이다.

(3) 극단 동동

2011년 3월 용인시 수지구 동천동와 풍덕천동, 성남시 분당구 구미동에 사는 이우학교 학부모들이 중심이 되고 이웃 주민들까지 가세해 '마을극단 동동'을 만들었다. 연극은 물론 춤, 뮤지컬, 마당극 등 몸으로 하는 표현에 관심이 있는 주민들이라면 누구나 참여할 수 있도록 문을 열어 두었다. 이우 학부모들은 이우학교의 틀을 넘어 마을에 뿌리 내리겠다는 뜻으로 '마을 주민' 자격으로 참여하고 있다.

2012년 1월 13~14일 첫 번째 공연으로 사랑에 대한 네 가지 에피소드로 구성된 신희준 기획, 김재형 연출의 '소풍 갈까요'를 인근 한빛중학교 시청각실 무대에 올렸다. 동천동, 풍덕천동, 구미동 주민 11명이 출연한 '동네연극'에 600여 명이 관람해 성황을 이루었다. 2013년 1월 17~20일에는 김동한·김희경 기획, 김재형 작/연출 '괜찮으세요'로 첫 번째와 같은 장소에서 두 번째 공연을 했다. 출연자는 고경옥, 김정현, 이하주, 노현식, 윤혜연, 이현영, 한은희, 김희경, 김동한, 김혜란, 박현자, 윤진이었다.

초등학교나 중고교 또는 대학 때 연극반 활동을 한 번도 해본 적이 없는 단원들이 연극을 통해 문화 바람을 일으키며 '마을문화공동체'의 주춧돌을 놓고 있다.

꿈꾸고 도전하고 함께 가다

2) 활동 사례

(1) 낙생저수지 살리기 운동

2004년 여름, 이우학교 학생동아리 '살터' 아이들이 동막천 생태탐사와 청소 활동을 하던 중, 고기리 주민들이 "이곳 낙생저수지에 수상 골프연습장이 생기는데 쓸 데 없는 짓이다"고 이야기하는 것을 듣고 환경위원회 학부모들과 주민들을 설득해 저지운동을 시작했다. 2005년 7월 2일 지역주민, 이우학교 학부모와 학생, 시민운동단체 용인환경정의 등이 참여해 '낙생저수지와 동막천 살리기 운동본부'를 발족하고 저수지 대청소를 실시했다.

이들은 골프연습장의 건설을 막기 위해 먼저 용인시 도시계획과, 성남시 도시계획과, 건설교통부, 환경부, 감사원, 경기도지사, 한국농어촌공사, 군인공제회, 지역구 국회의원, 경기도 일대의 언론사와 중앙언론 등에 잇달아 탄원서와 보도자료를 보냈다. 2005년 8월 9월에는 수상골프연습장 건설반대 서명운동을 벌여 지역주민 6000여 명의 서명을 받았다. 아이들은 '강의 날' 행사에 이 운동을 소개해 2005년 한국내셔널트러스트 보전대상지 시민공모전의 최종 보전대상지 11곳 선정 심사에서 심사위원 특별상을 받기도 했다.

2007년 2월 삼백골프(주)에서 공사를 시작했다. 주민들이 포크레인을 막았지만 터파기는 그대로 진행됐다. 결국 법에 호소하는 싸움에 들어가 원고 자격을 취득하기 위해 행정심판을 청구했으나 기각되고 말았다. 이에 따라 용인시를 상대로 수원지법에 행정소송을 냈으나 이마저 패소하고, 2008년 10월 고등법원에서도 기각됐다. 대법원까지 가서 진다면 저들에게 확실한 면죄부를 주는 꼴이라 항소를 포기했다.

이 싸움에 학교 교직원, 학부모, '살터' 동아리와 학생들, 고기교회가 끝까지 함께했다. 당면한 법적 투쟁에서는 지고 말았지만 그 과정에 함께한 참가자들은 환경과 생태 문제가 멀리 있는 것이 아니며, 우리 주변부터 지켜야 한다는 아주 단순하고 명확한 진실을 알게 되었다. 특히 아이들에게는 법이라는 것이 어떻게 만들어지고 활용되는지, 또 법과 상식이 어떤 관계에 있는지 생생하게 체험하는 산교육의 장이 되었다.

2013년 이우학교 학생들과 학부모들, 고기리 주민들이 그토록 반대했던 수상골프 연습장은 사업성이 없어 경매로 나왔다. 사용 후 기부체납하기로 되어 있던 이 애물단지를 결국은 용인시가 떠안게 될 듯하다.

(2) 광우병 쇠고기 수입반대 촛불시위

한국사회에 광우병 쇠고기 수입반대 촛불시위가 한창이던 2008년 6월 9일 이우 학부모들이 주축이 되어 이우와 이웃 주민, 어른과 아이들이 함께 어울리는 '동천동 촛불문화제'가 열렸다. 서울시내에 100만 명이 모이자는 6월 10일 하루 전날이었다. 일부 참가자들은 자기 집 베란다에 내걸었던 '우리집은 광우병 소 수입에 반대합니다'라는 현수막을 떼어 들고 나왔다. 저녁 7시 반에 동천동 진로아파트 정문 앞 동막천 산책로에 모여 '아침이슬', '헌법 제1조', '뽀뽀뽀' 등의 노래도 배우고 '광우병 소 반대'뿐만 아니라 '등·하교길 덤프트럭 운행 반대' 등의 일상 현안에 대한 피켓도 들었다. 한동안 사용하지 않아 먼지가 쌓였던 기타를 들고 나오는 사람이 있는가 하면, 책상 속에 넣어 두었던 하모니카를 오래간만에 꺼내 들고 나오는 사람도 있었다. 촛불시위는 동네 주민이 함께 참석하고, 음악이 어우러지는 작은음악회 성격으로 진행됐다.

오후 8시경부터는 참가자들이 촛불을 들고 동막천에서 시작해 동천동 에스오일주유소를 지나 현대1차아파트, 현대아이파크아파트, 손곡중학교, E푸른마트를 거쳐 농협 앞에 이르는 거리시위도 벌였다.

(3) 한미FTA 반대 동네 시위

한미FTA에 대한 갑론을박으로 온 나라가 시끄럽던 2011년 12월, 동천동에서

'한미FTA 폐기'를 외치는 동네 시위가 있었다. 서울이나 대도시가 아니라 지방의 '동네 집회'라서 오히려 더 눈길을 끌었다. 하긴, 1919년 3·1운동 때도 서울 탑골공원의 시위가 전국 방방곡곡으로 번져나가 작은 시위들을 형성하면서 역사적 사건이 된 선례가 있다.

처음 동네 집회를 구상한 것은 학부모 축구동아리 '이우FC' 회원들이었다. 이우학교 학부모들뿐 아니라 이웃 주민들이 참여하기 쉽고 지속적인 활동이 가능하려면 굳이 집회 참석을 위해 서울시내까지 갈 필요 없이 동네에서 집회가 이뤄지면 좋겠다는 데에 의견을 모았다. 이렇게 해서 이우FC가 주축이 되어 '한미FTA 폐기를 위한 동천동 주민협의회(한동주)'를 결성했다.

2012년 12월 10일 '한동주'는 이우FC를 비롯해 이우학교 학부모동아리 '노래로 나누는 세상', 집회시간에 맞추려고 산행속도를 빨리해 달려온 백두대간 동아리, 수지 지역의 느티나무 도서관, 이우생협의 다다선선, 동천동성당, 문탁 네트워크, 고기교회 등 여러 단체들과 함께 동천동 농협 앞 네거리에서 '한미FTA 폐기 결의대회'를 가졌다. 150여 명이 참여해 성황을 이루었다. 참가자들은 주로 이우학교 가족들이었지만, 사이사이에 동네 주민들도 보였다. 동네 네거리 한 모퉁이를 가득 채우고 '불법협정 매국조약 한미FTA 폐기하라!', '날치기 전문 한나라당 해체하라!'는 등의 구호가 건물에 부딪쳐 메아리가 되면서 사방으로 퍼져나갔다.

이날 동네 집회가 한겨레신문에 보도되고 지역에서 호응을 얻은 덕분에 며칠 뒤 13개 지역단체 대표자들이 모여 연석회의를 가졌고, 12월 17일과 24일에도 같은 장소에서 시위를 이어나갔다. 제2차 시위에는 80여 명이, 제3차 시위에는 100여 명이 참가했다.

이렇게 동천동에서 시작한 한미FTA 폐기 동네집회가 불씨가 되어 다른 지역에서도 작은 집회들이 이어졌다. 서울 마포 성미산마을에서 세 차례 마중물 시위를 벌였고, 분당 야탑공원에서도 골목시위가 이어졌다.

해가 바뀌어 2012년 3월 1일, '한동주'와 용인진보연대는 용인시 수지구 풍덕천동 로얄스포츠센터 앞 네거리에서 다시 한미FTA 폐기를 위한 3·1절 집회를 열었다. 이우 학부모들을 비롯해 용인시 수지구 동천동, 성남시 야탑동 주민들과 용인진보연대 회원 등 250여 명이 '1%를 위한 한미FTA 폐기하라'고 쓴 손팻말과 태극기를 들고 만세를 부르며 횡단보도를 건너 모여 들었다. 동네극단 '동동'의 아마추어 배우가 '대한독립 만세'를 외치며 한미FTA의 부당함을 알리고, '기미독립선언문'을 본딴 'FTA폐기 선언문'이 이 자리에서 낭독됐다. 참가자들은 3·1운동을 연상케 하는 퍼포먼스 집회를 마친 뒤 풍덕천동 일대를 도는 가두행진을 벌였다.

이 동네 집회는 이우학교 학부모들이 학교 일과 아이들 교육 문제를 넘어 사회 문제에 관심을 가지고 참가한 사회활동인 동시에, 지역 주민들과 함께 어울리는 지역활동이기도 했다.

4. 이우 새로운 10년의 디딤돌

2003년 개교하던 해부터 이우학교는 중학교와 고등학교에 한 학년씩 쌓여 2005년 중·고교 6개 학년을 모두 채웠다. 그때로부터 중학교는 학년별 3개 학급에 모두 180명, 고등학교는 학년별 4개 학급에 모두 240명 등 총 21개 학급에 420명 정도의 학생이 재학 중이다. 10년 동안 배출된 고등학교 졸업생은 600여 명이다.

이 1,000여 명에 이르는 졸업생과 재학생들의 인연에 얽혀 학부모들도 '이우의 역사'를 함께 만들어 왔다. 이 역사는 1,000여 명의 학생이 제대로 된 교육을 받기 위해서는 그만한 숫자의 학부모들이 생업 이외에 학교와 얽혀 온 또 다른 '일상'이 필요했음을 잘 보여준다.

학부모들은 이우학교의 재정과 공간을 유지하고 보수하는 활동에 참여했으며, 각종 전문 영역의 강사와 도서관·급식 등의 도우미로서 아이들 교육에 직간접으로 참여했다. 위원회와 동아리 활동에 참가해 자기 발전과 성숙의 계기를 마련했다. 그뿐만 아니라 이우학교의 틀을 벗어나 지역 및 사회와 함께하는 활동을 벌이기도 했다. 이 모든 활동의 밑바닥에는 이우헌장의 '학부모 약속'에 있는 것처럼 '나 하나쯤이야' 하지 않고, 지혜, 돈, 힘, 재능 등 각자 가진 것을 함께 나누고 실천한 학부모들의 수많은 땀방울이 고여 있다.

그렇기 때문에 이우학교 10년의 역사는 학부모 활동에 적극 참여한 학부모들에게는 부족했던 것이 무엇인지를 돌아보는 거울이 되고, '무임승차'한 학부모들에게는 그 기간 동안 어떤 삶을 살았는지 자성하는 잣대가 될 수도 있다.

강산이 한번 바뀐다는 10년 동안 이우학교에도 많은 변화가 있었다. 겉으로는 학교의 틀과 체계가 잡힌 것으로 보인다. 학교의 틀을 잡아 온 과정에 스스로 참여했기 때문에 그 성과를 바라보며 기뻐할 일들이 헤아릴 수 없을 정도로 많이 쌓여 있다. 하지만 자리가 잡히고 안정되었다는 것은 역동성이 떨어지고 침체되어 보수화될 우려가 있다는 뜻이기도 하다.

대안학교의 존립과 독자성을 유지할 수 있는 수준의 재정 확보와 독립, 대학입시 및 그와 관련된 사교육 문제, 학교 내에서 이뤄지는 각종 학부모 활동의 활력 저하, 지역공동체 운동으로의 확산 부족 등은 학교가 설립된 지 10년이 되었어도 여전히 학부모들 앞에 놓여 있는 미완의 문제들이다.

우리 사회 전체의 문제, 농시대의 과제가 이우학교의 힘만으로 해결될 수는 없는 노릇이다. 모든 것을 우리가 다 해결해야 한다는 강박관념을 가질 필요도 없다. 우리 앞에 놓인 문제를 인식했다면 끊임없이 토론하고 실천하는 과정 자체가 이 땅의 교육 모순을 해결하고 대안을 실천해 나가는 '대안적 삶'일 것이다.

비록 길지는 않지만 그렇게 함께 만들어 온 이우 10년 학부모의 역사가 앞으로도 이우학교의 대안적 삶을 버티는 주춧돌이 되고 한 걸음 내디딜 때 받쳐주는 디딤돌이 될 것이다. 이러한 주춧돌과 디딤돌을 바탕으로 이우 학부모들은 꿈과 희망을 실현하기 위해 매일 새로운 발걸음을 내딛고 있다.

(사)함께여는교육연구소 : '교육희망'의 연대와 확산

2007년 이후 연구소는 기존의 대안교육 연구 중심에서 벗어나, 공교육 전반의 혁신을 위한 연구와 실천을 확대했다. 대안교육의 발전과 확대만으로 우리 교육의 문제를 해결할 수 없다는 판단, 특히 제주 평화학교 추진의 경험에 따라 제2의 이우학교 설립이 현실적으로 불가능하다는 인식에 기초한 것이었다. 개방형 자율학교 정책참여 경험도 공교육 혁신에 보다 집중하게 된 계기였다.

수업연구회(2007)

1. 2004년, '이우교육연구소'를 설립하다

'이우학교'는 국내에서 처음 시도되고 있는 도시형 대안학교로서 자연과 인간이 상생할 수 있는 지혜를 가르치고 나쁜 아니라 남과 더불어 살아가는 방법을 제시함으로써 21세기 현실에서 진정한 공동체적 삶을 꾸려갈 수 있는 인간을 키우려는 염원으로 출발했습니다.

우리 교육의 문제를 극복하기 위한 방안으로서 새로운 학교의 설립을 통한 실험적 시도는 많은 사람들의 '꿈'이었습니다. 그 '꿈'을 '현실'로 만들기 위해 지난 1997년부터 교육운동가들이 모여 새로운 학교 설립운동을 시작했고, 2001년 학교 설립의 뜻을 모은 공동설립자들로 '이우교육공동체'를 결성했습니다. 그리고 마침내 2003년 9월, 이우학교가 첫 수업을 시작했습니다.

뜨거운 열정으로 다양한 아이들이 가진 내면의 목소리에 귀 기울이는 선생님, 적극적으로 학교를 지원할 뿐 아니라 스스로 이우의 이념과 가치를 실현하는 학부모님, 이우교육공동체와 수많은 후원자들의 열정으로 빚어낸 이우학교의 1년은 새로운 교육적 실험의 성공 가능성을 조심스럽게 내다볼 수 있는 확인의 시간이 되고 있습니다.

이에 이우학교는 이 '실험'의 '가능성'과 '성과'를 보다 널리 확대해나가고자 합니다. 그리하여 우리나라 학교 교육의 '대안'을 마련하는 데 초석이 되려고 합니다.

2004년 만들어진 이우학교 소개 자료의 일부분이다. 9년이 지난 지금 읽어보면, 드문드문 낯 뜨거운 표현이 발견된다. 아마도 힘겨웠던 학교 설립과정과 개교 후의 '전쟁 같은' 1년을 무사히 지나온 뿌듯함이 무의식적으로 드러난 것이리라.

더구나 이우학교 실험의 가능성과 성과를 확대하겠다는, 그리하여 우리나라 학교 교육의 대안을 마련하는 데에 초석이 되겠다는 '의지'를 다시 한 번 강조하고 있다. 그 '의지'는 학교 설립의 최초 구상 단계부터 천명한 것이었고, 그것을 실현하기 위한 연구소 설립은 이우교육공동체의 중요한 사업계획 중 하나였다.

2004년, 개교 1년차의 '어수선함', 특히 재정적 어려움이 가중되는 상황에서 '이우교육연구소'가 출범했다. 교육청의 재정결함지원을 받지 못하는 조건 아래에서 학교 설립 당시 내건 '일반학교 두 배 수준의 등록금'으로는 턱없이 부족한 운영비를 후원금으로 어렵게 충당하는 상황이었다. 그런 상황에서 새로운 재원을 마련해 연구소를 출범한다는 것은 매우 어려운 결정이었다.

하지만, 이우교육공동체에서는 상반기 수차례의 논의를 거쳐 이우교육연구소 설립을 결정했다. 현실적 조건으로 더 이상 연구소 설립을 늦출 수 없다는 판단이었다. 특히, 2003~2004년 교사를 모집하는 과정에서 이우학교의 철학에 적합한 교사들의 자체 양성 필요성이 제기되었다. 2005년은 이우학교의 완성년도이기 때문에 이즈음 마지막으로 다수의 교사를 새롭게 모집해야 하는 상황이었다. 연구소가 개설하는 아카데미 강좌를 통해 이우학교 교사를 모집하기로 한 것이다. 2004년 7월 30일, 이우학교는 다음과 같은 보도자료를 배포했다.

[이우교육연구소 설립 및 대안교육아카데미 개설]

1. 2003년 9월 경기도 성남시 분당구 동원동 산 13-1번지에 개교한 도시형 대안학교 以友學校(중·고 과정, 특성화학교)가 '이우교육연구소'를 설립하고, 대안교육아카데미 강좌를 개설합니다.

2. 이우학교의 설립 주체인 이우교육공동체는 학교설립 준비단계부터 이우학교의 교육적 실험과 그 성과의 일반화를 고려하고, 그 핵심 과제로서 대안적인 교육과정의 개발과 제2, 제3의 이우학교 설립을 추진하여 왔습니다. 지난 몇 년간 이우학교의 설립·운영에 총력을 쏟아 부었던 이우교육공동체는 이우교육연구소의 설립을 기점으로 새로운 사업 단계에 돌입하였습니다.

3. 이우교육공동체의 총회와 학교법인 이우학원의 의결을 거쳐 설립되는 '이우교육연구소'에서는 교육과정 개발 및 각 교과연구, 교사 연수 및 대안교육 인력풀 운용, 교육 정책 연구, 대안교육기관 협력 및 지원, 새로운 대안학교의 설립 추진 및 지원 등을 주요한 업무로 설정하고, 실제 그러한 업무를 담당할 수 있도록 대안교육의 실천적 경험이 풍부한 연구진을 중심으로 인력을 구성한다는 원칙을 수립하였습니다.

4. 이러한 계획에 따라 연구소장에는 최영준(43세, 전 간디학교 및 이우학교 교감, 서울대 입학처 전문위원), 부소장에는 이수광(40세, 교육사회학 전공, 현 동양대학교 교수), 연구1국장에는 한석주(39세, 전 동덕여중 교사, 서울역사교사모임 및 마포 성미산학교 교사 대표 역임), 연구2국장에 김혜영(이우교육공동체 부대표) 씨를 선출하였습니다. 그리고 양희규(간디학교 교장), 이종태(교육부 정책 자문), 정광필(이우학교 교장), 박영훈(나온교육연구소 대표) 등을 자문위원으로, 이명현 서울대 교수(전 교육부 장관)를 고문으로 위촉하였습니다.

5. 이우교육연구소는 첫 번째 사업으로 '이우·대안교육 아카데미'를 개설하여, 대안학교의 교사를 희망하는 예비교사, 대안교육 및 대안학교 설립에 관심이 있는 시민을 대상으로 강좌를 개설합니다. '이우대안교육 아카데미'는 일반과정과 심화과정으로 나누어 개설되며, 심화과정은 이우학교의 교사 선발을 위한 인턴십 과정으로 진행됩니다.

2004년 9월 8일에 개강하는 제1기 이우대안교육아카데미 일반과정에는 정광필(이우학교 교장), 주형로(홍성 환경농업관장), 강수돌(고려대 교수), 이근행(생태공동체운동센터 사무국장), 양희규(간디학교 교장), 김찬호(서울시 대안교육센터 전문위원), 송순재(감신대 교수), 최영준(이우교육연구소 소장) 등이 강사로 참여하며, 간디학교와 이우학교의 현직 교사 및 대안학교 졸업생들도 참여하여 대안학교의 실제적인 경험을 공유하는 자리를 마련하였습니다.

당시 이우교육연구소의 홈페이지를 보면 연구소가 무엇을 지향했는지 알 수 있다. 교사연수, 교육과정 개발, 학교평가, 정책연구 등을 통해 이우학교의 질적 성장을 지원하는 사업을 진행하면서, 동시에 그 성과를 바탕으로 제2, 제3의 이우학교 설립을 추진하겠다는 것이다.

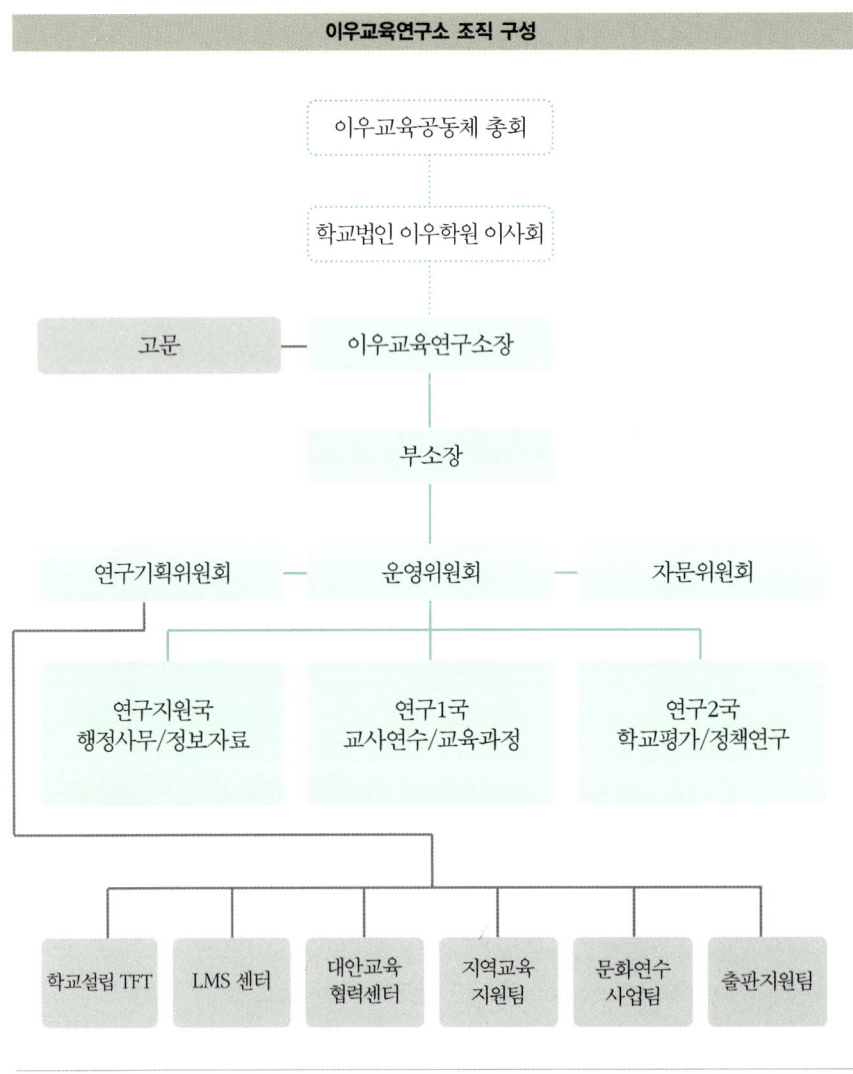

이우교육연구소 조직 구성

비전 공유

· 제2, 제3의 이우학교 설립을 위한 첫 발걸음
· 대안 사회를 만들어 나가고자 노력하는 사람들의 인력풀 구성
· 새로운 교육시스템을 현실화시킬 각 분야의 전문적 연구와 준비

주요 업무 영역

■ 교사 연수 및 인력풀 – 대안교육아카데미 강좌 개설 (일반과정, 예비교사(인턴쉽) 과정)
■ 교육과정 개발 – 학교 교육과정 설계 / 교과 설계, 내용, 방법의 교과별 연구팀 활성화
■ 학교 평가 – 법인 운영 학교의 실질적 평가 레포트 (매년 백서 발간 및 피드백)
■ 교육 정책적 연구 – 자체 기획 연구, 홍보 및 외부 연구 과제 대응

   [산하 전문 과제]
    – 학교설립 전담 대응: 태스크포스팀 가동
    – 대안교육기관 간 협력 사업: 대안교육협력센터 운영, 홈페이지 서비스
    – 비인가 대안교육기관 교류 지원: 빌리지스쿨링 지역공동체 지원
    – LMS 개발, 운용: LMS 플랫폼 운용, 사이버가정학습체제, 디지털 방송국
    – 도서 출판 사업: 연구자료, 교과교재 발간

이우교육연구소는 설립과 동시에 '대안교육아카데미'를 개설했다. 이 아카데미에는 대안교육에 관심을 가진 현직 교사뿐 아니라, 교직 희망자(사범대 혹은 교육대학원생 등), 학부모, 일반시민 등이 다양하게 참여했다. 아카데미는 일반과정을 거쳐 심화과정까지 진행되었고, 그 과정을 통해 2005년 이우학교 교사를 충원했다.

2005년, 연구소는 대안교육아카데미를 확대하여 교원 직무연수, 학부모 아카데미, 청소년 캠프 등으로 분화하여 진행했다. 대안교육의 실천적 경험에 기초한 체계적인 연수 프로그램이 부족한 상황에서, 연구소가 개최하는 연수는 항상 신청자가 넘쳐났다.

제5기 대안교육아카데미

또한 연구소는 전국의 특성화 대안학교 교사들의 교류를 추진했다. 2005년 8월과 2006년 1월 전국 대안학교 교사들의 연합연수를 기획하고 진행했다. 당시만 해도 '전국대안학교협의회'를 중심으로 특성화 대안학교들의 연대와 교류가 활발했고, 연구소가 교사연수를 주로 담당했다.

대안교육아카데미 외에 이우학교 평가도 연구소의 초기 핵심과제였다. 연구소는 2004년 가을, 학교법인 이우학원으로부터 이우학교 평가를 위탁받고 외부 전문가를 초빙해 학교평가를 진행했다(평가위원 명단은 제3장 참조).

당시 안병영 부총리 겸 교육인적자원부장관은 대안교육에 특별한 애정을 가진 분이었다. 2004년 여름, 이우학교를 방문한 안병영 장관은 이우학교뿐 아니라 이우교육연구소에 대해서도 깊은 관심을 보였다. 그리고 2004년 12월 23일, 교육인적자원부 홈페이지에 '부총리 서한'을 통해 〈대안교육 연구센터〉 설립의 필요성을 제기했다.[1] 세간에는 안 장관의 서한이 간디연구소와 이우교육연구소 등을 염두에 둔 것이라는 이야기가 널리 퍼졌다. 하지만 2005년 1월 교육부장관이 교체되면서 안 장관의 서한은 현실에서 실현되지 못했다.

2. 2006년, '사단법인 함께여는교육연구소'가 설립되다

이우교육연구소는 법적 형식이 없는 임의단체였다. 비영리 사단법인 설립을 염두에 두었지만, 창립 당시에는 그러한 법적 형식을 갖출만한 조건(특히 안정적인 재원 마련)을 갖추지 못한 상태였다.

연구소는 취약한 재정구조 속에서, 애초에 설정했던 사업목표를 안정적으로 추진하기 어려운 조건이었다. 더구나 연구소의 설립과 운영을 주도했던 최영준 소장이 2005년 3월 대구 달구벌고등학교 교장으로 취임하면서 리더십의 공백도 발생했다. 연구소의 위상과 목적, 사업방향 등에 대한 진지한 성찰이 시작됐다.

"뜻이 있는 곳에 길이 있다"는 말이 있다. '뜻'이 분명하면, '길'은 어떻게든 보이게 된다. 스스로 발견하기도 하고, 아니면 누군가 길을 만들어주기도 한다. 2005년 가을, 향후 조직의 방향에 대한 논의를 거듭하는 연구소 앞에 전혀 새로운 '길'이 만들어졌다. 고(故) 한관수 님(한동헌 이사장 부친)의 유족들이 연구소에 거액의 재산을 출연하기로 한 것이다. 유족들은 고인이 남긴 유산의 상당 부분을 공익사업에 기부하기로 했고, 그 중 하나의 대상으로 이우교육연구소를 선택한 것이다.

2006년 1월, 유족들이 출연한 5억원을 바탕으로 '사단법인 함께여는교육연구소'가 설립됐다. 연구소의 명칭만 바뀐 게 아니다. 법적 지위가 없는 임의단체에서 교육인적자원부 산하의 공익법인이 된 것이다.

이우교육공동체 회원, 학교법인 이우학원 이사, 이우학교 교사 등이 참여한 설립총회에서는 이경재(이우교육공동체 대표)를 이사장으로, 이광호(이

고 한관수님 유족의 연구소 기금 출연식(2005)

우학교 기획실장)을 연구소장으로 선출했다. 또한 한동헌(유족 대표, '노래를 찾는 사람들' 대표, 현재 이사장), 조한혜정(연세대 교수), 이건행(변호사), 장석(학교법인 이우학원 이사장), 정광필(이우학교 교장) 등이 이사로 선출됐다.

또한 이광호 소장 외에 이우교육연구소의 유봉인 연구1국장(현재 이우고 교감), 김혜영 연구2국장, 박성종 총무 등으로 상근 인력을 구성하고, 이수광 이우학교 교감(현재 이우학교 교장)을 연구위원으로 위촉했다.

함께여는교육연구소는 창립과 함께 회지 〈함께여는교육〉을 이우학교와 공동으로 창간했다. 〈함께여는교육〉은 현재 18호까지 발간되었다. 또한 연구과제 공모를 통해 5개 주제의 연구에 5,000만 원을 지원했다. 연구과제 공모에는 이우학교 교사들이 다수 참여했다.

꿈꾸고 도전하고 함께 가다

이우학교 개교 전부터 구상해 온 '제2의 이우학교 설립'도 함께여는교육연구소 설립과 함께 본격화됐다. 평화의 섬 제주도에 이우학교 모델을 복제한 '제주 평화학교' 설립에 나선 것이다. 제주 평화학교는 제주시민 100인이 공동 설립하는 학교로, 2006년 3월 제주시 봉개동에 1만 5,000평의 부지를 매입하고 본격적인 설립을 추진했다.

하지만 제주 평화학교는 현실의 높은 벽에 부딪혀 좌절했다. 당시 국제학교 유치에 집중하던 교육청의 비협조적인 태도, 일부 시민단체의 '귀족학교' 비판 등으로 공동설립자 모집과 자금 마련의 어려움을 극복하지 못한 것이다.

새로운 대안학교 설립과 함께 공교육 개혁 정책에도 참여했다. 때마침 교육인적자원부는 공교육 개혁 모델로 '공영형 혁신학교'[2]를 추진하고 있었는데, 이우학교가 중요한 모델학교로 주목받았다. 이광호 소장은 교육부 추진위원의 자격으로 정책 도입부터 학교 선정, 교사연수 기획 등에 참여했다.

공익법인 설립과 함께 정부기관의 각종 공모사업에 참여했다. '가족참여형 사회적 네트워크 구축을 위한 학부모의 밤'(이하 '학부모의 밤') 사업은 여성가족부 공동협력사업으로 연구소가 처음 참여한 공모사업이었다. 일반적으로 교육법인은 교육청의 설립인가와 법원의 법인설립허가를 거쳐 세무서에서 사업자등록증을 받으면 마무리된다. 연구소의 사업자등록증 발급일은 여성가족부 공모사업의 신청마감일과 일치한다. 그만큼 첫 번째 공모사업 참여는 촉각을 다투는 과정이었다.

'학부모의 밤' 사업은 2008년까지 3년 동안 진행됐다. 학교와 가정의 소통, 학부모의 학교 참여 등과 관련한 정책 방향을 제시하고, 충남교육연구소, 부산교육연구소 등 지방의 역량 있는 교육연구소 등과 함께 전국 16개교에서 '학부모의 밤'을 시행했다. '학부모의 밤'은 우리 연구소가 최초로 제시한 학부모 학교 참여모델인데, 현재는 '학부모 저녁모임'이라는 이름으로 널리 확산돼 있다.[3]

'학부모의 밤' 사업에는 이세용(삼성사회건강연구소 연구원), 윤지희(당시 '교육과 시민사회' 공동대표, 현재 '사교육걱정없는세상' 공동대표), 신동희('참교육을위한전국학부모회'

'학부모의 밤' 준비 워크숍(2007) 및 평가토론회(2008)

용인지회장) 등 외부 전문가들이 참여했다. 연구소에서는 김혜영, 유봉인, 김혜장 등이 중심적으로 참여했다.

학교명	주요 프로그램
용인 동천초	자녀와 함께하는 문화예술체험(교육연극, 북아트)
용인 백암중	급식체험, 담임교사와의 대화, 편지쓰기
성남 이우중고	급식체험, 부모-교사 편지낭독, 학부모 문화행사
서울 용화여고	급식체험, 담임교사와의 대화, 학부모 문화행사
양평 조현초	가족축제(공연, 대동놀이)
진천 초평초	가족문화행사(떡메치기, 목걸이 만들기)
목포 신흥초	아버지학교(의사소통 워크숍)
대구 북동초	급식체험, 학부모 문화행사(노래교실 등)
거창 샛별초	4회의 학부모 아카데미 진행
서울 구로중	급식체험, 문화행사(마술공연, 편지낭독)
고양 덕양중	급식체험, 학급별 대화, 문화행사(사물놀이공연, 마술과 편지낭독, 캠프파이어)
인천 부일중	급식체럼, 학급별 대화, 문화행사(소망길 만들기, 과일차 만들기, 촛불의식)
대전 가수원중	대화의 시간(특별한 관심이 필요한 학생의 부모 중심)
부여 석성중	문화행사(가족목걸이만들기, 소원지쓰기)
전북 장수중	문화행사(인절미 심사), 담임과의 상담
구미 선산중	자녀와 함께하는 캠프(행복한 가정만들기)
부산 남산중	급식체험, 학급별 대화(웃음치료, 편지쓰기, 촛불의식)
동해 북평고	학부모 아카데미
광주 전남여고	급식체험, 학급별 대화, 문화행사(토론연극)
울산 대송고	학부모 아카데미, 담임교사와 대화의 시간

또한 교육인적자원부가 주최한 '대안교육 국제심포지엄 및 대안학교 한마당'을 하자센터 등과 공동으로 주관했다. 2006년 10월 21일 숙명여대 백주년기념관에서 개최된 국제심포지엄에는 독일, 덴마크, 일본 등의 대안교육 전문가들이 초청됐다. 또한 그 다음날 하자센터에서 개최된 대안학교 한마당에는 전국의 30여개 대안학교가 참여했다.

정책연구 사업도 본격적으로 진행됐다. '태백시 교육환경 개선과 경쟁력 강화 방안 연구'가 강원랜드의 지원으로 진행됐고, 국가인권위원회 정책공모사업으로 '인권친화적 학교 운영모델 개발연구'를 진행했다. 정책연구는 주로 이수광 연구위원을 중심으로 진행됐다. 교육청, 대학 등에서 다양한 연구를 경험했고, 연구소 구성원 중 유일한 박사학위 소지자였기 때문이다.

이러한 공모사업과 정책연구들은, 공익법인으로 새롭게 태어난 연구소가 스스로의 역량을 강화하고 자신의 존재를 세상에 알리는 것이었다. 이러한 과정을 통해 함께여는교육연구소가 이우학교의 범위를 넘어 우리 교육계에 조금씩 알려지게 됐다.

함께여는교육연구소의 초창기 사업 내용 중에는 '교육용 통합웹솔루션 개발'이라는 생경한(?) 사업이 들어 있었다. 연구소는 창립 직후 웹프로그래머(방민창)를 채용하고, 웹 솔루션을 자체적으로 개발했다. 당시 이우학교는 리눅스 기반의 홈페이지와 마이크로소프트 기반의 사이버 학습방, 블로그와 웹진을 사용하고 있었다. 사용자의 입장에서는 각기 다른 서비스에 접속할 때마다 로그인을 새롭게 해야 하고, 학교교육과 관련한 정보들이 산재하여 쉽게 찾기도 어려웠다.

소통의 편리함이 소통의 양(量)을 확대하고, 그런 양적 확대가 질(質)적 발전을 낳는다. 특히 학교에는 학생, 학부모, 교사들의 다양한 의견과 정보가 마음껏 소통되어야 한다는 게 당시 연구소의 판단이었다. 그런 면에서 이우학교의 웹 환경은 정보와 의견의 자유로운 소통을 가로막고 있었다. 그래서 홈페이지와 블로그, 카페, 캘린더, 쪽지, 사이버학습방 등이 통합된 웹솔루션을 개발하게 된 것이다. 또한 새롭게 개발하는 웹솔루션은 어떤 인터넷 환경에서도 구현될 수 있도록 국제 표준에 맞게 제작됐다. 그리하여 이우학교의 온라인 소통망은 인터넷 익스플로러 외에 구글 크롬이나 파이어폭스, 스마트폰 등에서도 원활하게 작동되게 되었다.

연구소가 새롭게 개발한 웹솔루션은 2007년 이우학교에 적용되어 현재까지 사용되고 있다. 새로운 웹솔루션 적용 이후 이우학교 홈페이지의 정보량은 놀랄 정도로 늘어났다. 연간 수십 기가바이트의 정보가 생성되고 유통되었다. 때마침 삼정데이타시스템의 도움으로 서버호스팅을 무료로 사용하게 되었다. 그렇지 않았다면 아마도 이우학교는 매년 1000만 원이 넘는 호스팅 비용을 지불했어야 할 것이다.

교육용 통합 웹솔루션 '배움과 소통'(ENC) 교육과 미래를 모색하는 창조적 연구 공간 함께여는교육입니다.

배움과 소통(ENC)은
(사)함께여는교육연구소가 2년여에 걸쳐 개발한 교육기관용 통합 웹솔루션으로,
이우학교를 비롯한 학교, 교육 관련 단체에서 사용 중입니다.

'홈페이지 + 블로그 + 쪽지 + 캘린더 + 카페 + 사이버학습방'
통합된 웹솔루션

· 기존 홈페이지 외에 개인 블로그 개설 및 운영 가능
· 쪽지 기능을 통한 구성원간 정보 교환
· 개인별, 카페별 캘린더 운영으로 일정 공유 가능
· 강력한 마이 페이지 기능 : 쪽지, 일정 공유, 블로그 상태, 공지사항, 카페리스트 및 최신 글,
  사이버 학습방 최신 자료 및 과제 제출 등 개인별 정보를 한 눈에 확인 가능
· 쉽고 자유로운 카페 개설 및 관리 기능
· 웹표준화에 따른 코딩으로 정보접근성 확대
· 웹으로 제공되는 관리 페이지로 간편한 홈페이지 관리 기능

■ **ENC 설치 사례**
이우학교 http://www.2woo.net   공동육아와공동체교육 http://www.gongdong.or.kr
전인고등학교 http://www.jeonin.hs.kr   기윤실교사모임 http://www.eduhope.or.kr
함께여는교육연구소 http://www.ceri.re.kr

웹솔루션 개발은 이우학교 홈페이지의 개편만을 목표로 하지 않았다. 일반학교, 공공기관 등에도 보급하여 내부 구성원의 민주적 소통을 확대하겠다는 분명한 목표를 지니고 시작한 사업이었다. 그리하여 연구소는 새롭게 개발한 웹솔루션을 '배움과 소통'이라고 이름 짓고, 본격적인 보급을 준비했다.

하지만 본격적인 보급에는 한계가 발생했다. 당시만 해도 대부분의 학교에서 홈페이지는 형식적 운영 수준에서 머물고 있었다. 많은 관리자들은 인터넷을 통해 학교 구성원들의 자유로운 의견이 소통되는 것 자체를 두려워했다. 소통 확대를 긍정적으로 보는 경우, 늘어나는 호스팅 비용에 대한 대책이 없었다. 학교 예산에서 연간 1000만 원이 넘는 비용을 홈페이지 호스팅 비용으로 사용할 수 없었던 것이다. 이 문제를 해결하기 위해 기존 포털 사이트의 카페를 웹솔루션과 연계하여 호스팅 부담을 줄이는 방안을 NHN 등과 협의했지만 만족할만한 합의를 이끌어내지 못했다. 그리하여 '배움과 소통'은 일부 학교와 교육단체에 보급하는 수준에 머물고 말았다.

2007년 연구소는 학교법인 이우학원으로부터 이우학교 정기평가를 위탁받았다. 2004년에 이은 두 번째 학교평가였다(평가위원 명단은 제3장 참조). 연구소에서는 2007년 새롭게 부임한 나선미 연구국장이 실무를 담당했다. 여론조사 전문가인 나선미 국장의 결합으로, 정교한 설문지에 기초한 조사가 광범위하게 진행됐다. 설문조사 결과는 이우학교 각 영역의 성과와 한계, 향후 방향 등에 대한 구성원들의 의식을 체계적으로 보여주었다.

평가단은 설문조사 결과, 이우학교 구성원 인터뷰, 각종 문서자료 등을 평가하여 이우학교의 향후 과제로 1) 고등학교 교육과정의 개선, 2) 학생의 자기주도적 학습의 안내와 지원, 3) 교사의 성장 지원 체제 구축, 4) 재정의 안정성 확보 등을 제시했다.

3. '대안교육'을 넘어 '공교육 혁신'에 뛰어들다

2007년 이후 연구소는 기존의 대안교육 연구 중심에서 벗어나, 공교육 전반의 혁신을 위한 연구와 실천을 확대했다. 대안교육의 발전과 확대만으로 우리 교육의 문제를 해결할 수 없다는 판단, 특히 제주 평화학교 추진의 경험에 따라 제2의 이우학교 설립이 현실적으로 불가능하다는 인식에 기초한 것이었다. 개방형 자율학교 정책참여 경험도 공교육 혁신에 보다 집중하게 된 계기였다.

학교 혁신을 위한 연구소의 1차적인 역할은 정책연구였다. 연구소는 2006년의 경험을 바탕으로 2007년 이후 학교 혁신과 관련한 다양한 정책연구를 진행했다. 2007년 이후 연구소가 진행한 정책연구는 다음과 같다.

연도	연구 주제	발주처	연구 참여자
2007	대안학교 교과통합 (인문사회계열) 교육과정 운영모형 연구 개발	교육인적 자원부	연구책임자: 이수광(함께여는교육연구소) 공동연구자: 이광호(함께여는교육연구소 소장) 정미숙(간디학교 교사) 박복선(성미산학교 교장) 연구조원: 황순예(함께여는교육연구소 연구원) 연구협력관: 이정우(교육인적자원부 연구사)
2008	대안학교 교육과정 편성 및 운영 실태에 관한 연구	교육과학 기술부	연구책임자: 이수광(함께여는교육연구소) 공동연구자: 이광호(함께여는교육연구소 소장) 정미숙(간디학교 교사) 박복선(성미산학교 교장) 김진우(좋은교사운동 정책위원장) 연구조원: 김소영(함께여는교육연구소 연구원) 연구협력관: 김진규(교육과학기술부 연구사)
2009	고한교육 재활력화 전략 및 실행방안 연구	고한읍 번영회 (강원랜드)	연구책임자: 이수광(함께여는교육연구소) 공동연구자: 이광호(함께여는교육연구소 소장) 연구조원: 황순예(함께여는교육연구소 연구원) 연구자문: 이종각(강원대 교수) 허대영(영월교육장) 송도영(고한중·고등학교 교장) 최동순(고한읍 번영회) 손영진(고한중고 동문회)
2010	미래형 학교운영 방안 연구	경기도 교육청	연구책임자: 이수광(함께여는교육연구소) 공동연구자: 정민승(한국방송통신대 교수) 서길원(보평초 교장) 연구협력관: 이성대(경기도교육청 정책담당 사무관)

2011	경기교육 중장기 발전방안 연구	경기도 교육청	연구책임자: 이수광(함께여는교육연구소) 공동연구자: 이광호(함께여는교육연구소 소장) 　　　　　 이중현(조현초 교장) 　　　　　 서길원(보평초 교장) 　　　　　 이　성(정왕고 교사) 　　　　　 오재길(불곡초 교사) 　　　　　 서용선(충의중 교사) 연구조원: 설민욱(함께여는교육연구소) 연구협력관: 이성대(경기도교육청 기획예산담 　　　　　 당관)
2011	강원도 미래학교 모형 연구	강원도 교육연구원	연구책임자: 이수광(함께여는교육연구소) 공동연구자: 이광호(함께여는교육연구소 소장) 　　　　　 우경윤(함께여는교육연구소 연구국장) 　　　　　 최　탁(조현초 교사) 연구조원: 정승훈(함께여는교육연구소 연구원) 연구협력관: 최광익(강원도교육연구원)
2011	참여협육에 기초한 민주적 학교공동체 구현 방안 연구	경기도 교육청	연구책임자: 이세용(함께여는교육연구소 연구원) 공동연구자: 유봉인(이우중 교감) 　　　　　 정민승(한국방송통신대 교수) 연구조원: 설민욱(함께여는교육연구소 연구원)
2012	배움중심수업 지원과 창의학력평가 방안 연구	경기도 교육청	연구책임자: 하준미(와부초 교사) 공동연구자: 김병선(탄현초 교사) 　　　　　 윤수현(심석중 교사) 연구협력관: 이성대(경기도교육청 기획예산 담 　　　　　 당관)
2012	혁신학교 성과분석 및 확산방안 연구	경기도 교육청	연구책임자: 이광호(함께여는교육연구소 소장) 공동연구자: 우경윤(함께여는교육연구소 연구국장) 　　　　　 김성천(수원정보과학고 교사) 　　　　　 김혁동(신장초 교사) 　　　　　 서우철(서정초 교사) 연구조원: 설민욱(함께여는교육연구소 연구원)
2012	광주 빛고을 혁신학교 컨설팅	광주광역시 교육청	연구책임자: 이광호(함께여는교육연구소 소장) 공동연구자: 이혁규(청주교대 교수) 　　　　　 김성근(충주여고 교사) 　　　　　 서용선(경기도교육연구원 파견교사) 　　　　　 이우영(서정초 교장) 　　　　　 박성만(조현초 교사) 연구조원: 정승훈(함께여는교육연구소 연구원)
2013	학교 밖 학습자 지원을 위한 정책개발 연구	경기도 교육청	연구책임자: 이광호(함께여는교육연구소 소장) 공동연구자: 김정옥(동안고 교감) 　　　　　 이치열(대안교육연대 사무국장) 　　　　　 이환규(매탄초 교사) 연구조원: 고성호(금남초 교사)

고한교육 재활력화 전략 및 실행방안 연구보고회(2009)

경기교육 중장기 발전 방안 정책토론회(2011)

2013	화성시 창의지성교육과정 Framework 개발 연구	화성창의지성 교육지원센터	연구책임자: 이수광(함께여는교육연구소) 공동연구자: 김경관(문원초 교감) 김진만(수원중촌초 교감) 우경윤(함께여는교육연구소 연구국장) 윤숙현(소사벌초 교사) 황순예(미국 네브라스카―링컨대) 황현정(비룡중 교사) 연구조원: 정승훈(함께여는교육연구소)

　　정부 조직에서 공모 형태로 진행하는 정책연구는 대부분 정부 정책의 논리적 근거를 제공하는 데 그치거나, 아니면 실제 '현실 정책과 무관한 논리의 잔치'에 머무는 경우가 많다. 실제 그동안 우리가 진행한 정책연구 중 일부는 후자의 한계를 크게 벗어나지 못했다.

　　하지만 2009년 이른바 '진보교육감' 등장 이후 경기도교육청 정책연구로 진행한 대부분의 연구 결과물들은 실제 경기교육청의 혁신학교와 혁신교육 정책으로 현실화된 게 많다. 그런 면에서 학술적, 논리적 완성도보다는 현장 적합성이 높은 연구였다고 할 수 있다.

　　공교육 혁신은 정책만으로 이루어지지 않는다. 실제 학교 현장을 혁신하는 교사들의 조직화와 훈련이 요구된다. 연구소는 2007년 여름부터 스쿨디자인

교사 리더십 성장을 위한 공동워크숍(2008)

21(대표 서길원), 좋은교사운동(대표 송인수), 전교조 새로운학교연구모임(대표 정영배) 등과 함께 '학교혁신을 위한 교사 리더십 연구회'를 구성하고, 정기적인 모임을 운영했다. 2008년 1월에는 천안 나사렛대학에서 2박 3일간 '학교 혁신을 위한 교사 리더십 워크숍'을 진행했다. 워크숍에는 전국의 교사 100여 명이 참석해 학교 혁신의 철학과 방향, 실천 등에 대해 심도 있는 토론을 진행했다. 이러한 과정을 통해 학교 혁신을 실천하는 전국의 교사들과 연대와 협력을 확대하게 되었다.

2009년 4월, 경기도에서 처음 치러진 주민 직선 교육감선거에서 무상급식과 혁신학교 등을 핵심 공약으로 내건 김상곤 한신대 교수가 당선됐다. 이른바 '진보교육감' 시대가 열린 것이다. 진보교육감의 등장은 진보적인 교육운동진영, 특히 학교혁신을 위한 연구와 실천을 지속해 온 집단에게 새로운 역할을 부여했다.

2009년 5월, 혁신학교 추진을 위해 구성된 경기도 혁신학교추진위원회에는 이광호 소장을 비롯해 2007년 이후 지속적으로 혁신운동을 전개해 온 현장의 교사들이 다수 참여했다.

2010년 6.2지방선거에서는 서울과 경기도를 비롯한 6개 지역에서 이른바 '진보교육감'이 당선됐다. 진보교육감들은 공통적으로 혁신학교를 핵심공약을 제시했고, 경기도 혁신학교의 실천 경험들이 전국적으로 확산되기 시작했다. 연구소에 각종 강연과 컨설팅, 정책연구 등 요청이 늘었고, 연구소의 사업 역시 학교혁신에 초점을 맞추게 됐다.

정책연구와 참여 외에도 연구소는 공교육 혁신과 관련된 교사 연수와 학부모 연수를 꾸준히 진행했다. 현재 6기까지 진행된 교원 직무연수는 2007년을 기점으로 내용과 형식의 전환이 이뤄졌다. 2006년까지는 주로 대안교육과 관련된 내용이 중심을 이루었다. 이우학교를 비롯한 대안교육 현장의 경험들을 일반학교 교사들과 공유한다는 의미가 강했다고 할 수 있다.

그러나 2008년 1월에 진행된 제4기 직무연수부터는 대안교육을 넘어, 학교

꿈꾸고 도전하고 함께 가다

일반의 혁신과 관련된 내용으로 연수가 구성됐다. 이는 당시 연구소의 전반적인 사업 방향 전환과 연관된다. 또한 2007~2008년 연구국장으로 근무했던 우경윤 교사의 역할도 새로운 교사연수 프로그램 실행의 중요한 원천이었다.

제4기 직무연수 주제는 "수업이 바뀌어야 학교가 바뀐다"로서 일본의 사토 마나부 교수를 직접 초청해 강의를 진행했다. 제4기 직무연수의 전체 강좌는 다음과 같다.

강좌날짜	강좌명	강 사
1월 14일(월)	'배움의 공동체'를 통한 학교 혁신	사토 마나부(일본 동경대 교수)
	'배움의 공동체' 실천사례 1(구로중학교)	박준영(구로중 교사)
	'배움의 공동체' 실천사례 2(이우학교)	김현아(이우학교 교사)
1월 15일(화)	협동 학습의 원리와 의미	김현섭(대림중 교사) 외 3인 (협동학습연구회)
	협동학습의 실제적 적용(워크숍)	
1월 16일(수)	교과의 벽을 뛰어넘은 통합교과수업	권영부(동북고 교사) 외 3인 (동북고 통합교과연구회)
	교실 밖 배움의 새로운 가능성	이희경(연구공간 수유 + 너머)
	통합 논술 교육의 방향	송재희(초암논술아카데미)
1월 17일(목)	전인적 성장을 위한 인성교육 사례(대건고 PESS 프로그램)	이옥희(대건고 인성교육부장)
	자율성 향상을 위한 멘토링 프로그램	우경윤(함께여는교육연구소 연구국장)
	학급 경영을 통한 인성 교육	이범희 (송정중 교사)
1월 18일(금)	학교 수업에 대한 재인식	이수광(이우고등학교 교감)
	21세기 학교 모델과 학교 개혁의 방향	서길원(번천초 교사) 이광호(함께여는교육연구소 소장)

2009년 1월에 개최된 제5기 직무연수는 "교사가 성장해야 수업이 바뀐다"를, 2011년 1월의 제6기 직무연수는 "배움의 공동체를 통한 수업혁신"을 각각 주제로 했다. 주로 수업 및 학교혁신, 교사의 성장 등에 초점을 맞춘 직무연수가 진행되었다고 할 수 있다.

제6기 교원 직무연수(2011)

학부모 아카데미(2010)

연구소는 지난 2년간 직무연수를 진행하지 않았다. 김상곤 교육감 취임 이후 수업혁신 혹은 학교혁신과 관련된 연수들이 도처에서 진행되어 연구소만의 고유한 컨텐츠를 제시하기 어렵다는 점, 강원도 폐광지역 교사 대상의 연수를 진행하느라 여력이 부족했다는 점 등을 그 이유로 꼽을 수 있다. 이제 기존의 학교혁신 담론을 뛰어넘는, 연구소의 새로운 내용으로 직무연수를 새롭게 구상할 때가 되었다.

현재 제9기까지 진행된 학부모 아카데미는 '청소년의 이해', '자녀와의 소통법' 등 이른바 부모력(父母力)을 높이는 강좌 외에 '미래사회와 교육혁신의 방향' 등 교육학적 주제가 포함된다. 대략 5~6주에 걸쳐 진행되는 학부모 아카데미의 마지막 강좌는 이우학교 학부모, 재학생, 졸업생 등이 강사로 참여한다.

2007~2008년에는 수강자가 넘쳐, 상반기와 하반기로 나누어 진행하였다. 이우학교 대강의실은 최대 50명의 수강생만 받을 수 있기 때문이다. 2009년부터는 한국방송통신대학교와 MOU를 체결하고, 방통대 학습관(미금역 인근에 위치)에서 아카데미를 진행하고 있다. 방통대 학습관은 한꺼번에 100명의 수강이 가능하여, 매년 80~100명의 학부모들이 아카데미를 수강하게 되었다. 학부모 아카데미는 매년 5월에 개강해 7월까지 강좌가 진행되며, 주로 이우학교에 관심을 가진 학부모들이 수강생으로 참여한다.

교원 직무연수와 학부모 아카데미에 참석하기 어려운 일반시민 혹은 예비교사 등을 대상으로 하는 아카데미 일반과정도 제6기까지 진행됐다. 2009년 9월 개강한 제6기 아카데미 일반과정의 주제는 "21세기 한국, 새로운 학교는 가능하다"였다. 국내외 교육혁신모델을 소개하고, 새로운 학교혁신을 위한 실천방향을 논의하는 자리였다.

날짜	주 제	강 사
9월 2일(수)	21세기 한국사회와 학교 현실	이광호
9월 9일(수)	교육개혁 정책과 단위 학교 혁신의 딜레마	이수광
9월 16일(수)	해외 교육 사례 ①-북유럽(핀란드, 스웨덴) 교육 이야기	안승문
9월 23일(수)	해외 교육 사례 ②-프레네 학교 이야기	김세희
10월 7일(수)	해외 교육 사례 ③-일본의 '배움의 공동체'	손우정
10월 10일(토)	'이우학교 수업 공개 및 워크샵' 참관	
10월 14일(수)	한국 대안교육의 현황과 전망	이광호
10월 17일(토)	21세기, 새로운 학교는 가능하다	서길원
	우리가 꿈꾸는 학교(모둠별 토론 및 발표)	다함께

하지만, 아카데미 일반과정은 그 이후 강좌를 개설하지 못했다. 참가자들의 구성이 워낙 다양해 공통의 요구를 수렴하기 어렵고, 무엇보다 연구소의 늘어나는 업무로 인해 차분하게 새로운 연수 컨텐츠를 마련하기 어려웠기 때문이다.

아동·청소년 캠프도 진행했다. '배움과 나눔'이라고 부르는 이 캠프에는 주로 이우학교에 입학을 희망하는 아동·청소년이 참석했고, 이우학교 학생들이 멘토 혹은 프로그램 진행자로 참여했다. 연구소의 입장에서는 일손이 가장 많이 들어가는 연수 프로그램이었다. '배움과 나눔' 역시 2009년을 마지막으로 더 이상 진행되지 못하고 있다.

연구소는 2010년부터는 배움의공동체연구회, 에듀니티 등과 함께 '한국 배움의 공동체 워크숍'을 공동 개최해 오고 있다. 2010년 용인 흥덕고에서 400여 명의 전국 초중고 교사들이 참석해 워크숍을 열었고, 2011년에는 서울교육연수원에서, 2012년에는 전북교육문화회관에서 각각 개최됐다. 2011년에는 900여 명의 교사들이, 2012년에는 1200여 명의 교사들이 참석했다.

워크숍에는 배움의 공동체 운동의 창시자인 일본 사토 마나부 교수가 매년 참석해 수업 컨설팅을 진행하고, 워크숍 개최 공간을 제공한 교육감(2011년 곽노현 서울시교육감, 2012년 김승환 전북교육감)이 함께 했다. 워크숍은 매년 8월 16~17일 개최되며, 장소를 매년 바꾸어 전국을 순회하며 개최되고 있다.

'배움과 나눔' 캠프(위와 아랫줄 왼쪽 사진), '한국 배움의 공동체 워크숍'(아랫줄 가운데와 오른쪽 사진)

4. 교육과 복지가 결합된 새로운 모델을 모색하다

이우학교는 설립준비 단계부터 많은 사람들의 관심과 지지를 받았지만, 일부에서는 '중산층 학교', 심지어 '귀족학교'라는 비판을 듣기도 했다. 특성화 대안학교가 갖는 학생 선발권, 그리고 개교 직후의 비싼 등록금 등이 비판의 근거로 제시됐다. 우리는 나름의 논리로 그러한 비판에 대응해 왔다. 학생 선발권이 우수한 학생을 선별하는 게 아니라는 점, 교육청의 재정결함 지원이 없는 조건에서 불가피하게 높은 등록금을 받을 수밖에 없었던 점 등을 설명했다.

하지만 우리의 '타당한' 설명에도 비판은 지속됐다. 연구소는 이우학교의 교육적 경험 혹은 자산들을 우리 사회의 소외된 계층과 나눔으로써 우리의 '교육적 진심'을 알리는 게 필요하다고 판단했다. 아니, 그보다도 갈수록 심화되는 교육 격차를 해소하는 것이 교육혁신의 중요한 과제라는 점을 인식했다.

2008년 연구소는 성남 구시가지(중원구 성남동)에 공간을 마련하고, 함께 여는청소년학교와 성남청소년지원네트워크(www.snnet.kr)를 설립했다. 때마침 삼성 고른기회장학재단(현재는 삼성꿈장학재단)의 지역네트워크 공모사업에 선정되어, 매년 2억~3억 원씩 사업비를 지원받게 되었다.

이우학교와 전혀 다른 조건, 전혀 다른 학생들과 함께 교육과 복지가 결합된 새로운 교육모델의 실험이 시작된 것이다. 당시 이광호 소장은 '한겨레 21'(2008년 10월 10일자)과의 인터뷰에서 다음과 같이 새로운 교육모델을 설명했다.

"양극화에 상처받은 아이들 끌어안아야"

"지금 중학생들은 서너 살 때 외환위기가 왔고, 부모의 이혼 등 급속한 가정 해체 속에서 방치된 아이들이 적지 않습니다. 양극화가 심화되면서 일부 지역을 빼면 서울·경기 지역 중학교에서 한 반에 대여섯 명은 이런 아이들인데, 이건 수업을 제대로 진행할 수가 없다는 얘깁니다. 교실 안에서 아이들과 소통하고, 정서적인 치유가 이뤄져야 합니다."

이광호 함께여는교육연구소장은 '도시형 대안학교 1호'로 꼽히는 경기 성남시 이우학교를 만든 중심인물이다. 이 소장은 경기도 안에서 기초생활수급권자가 성남 지역에 가장 많고(2006년 경기도청 조사 결과 20만173명 가운데 1만8063명), 2005년 경기교육청 조사 결과 학업 중단 중고생 비율이 도 전체 평균인 1.01%보다 높은 1.43%(1158명)에 이른다는 점에 주목해 이 지역 중학생을 위한 지역아동센터를 구상하게 됐다.

이렇게 만들어진 '함께여는청소년학교'는 지역의 다양한 기관·단체들과 유기적으로 네트워크를 형성하고 있다. 이곳에 올 학생들을 추천해주는 성남 지역 중학교들, 초등학생을 대상으로 하는 지역아동센터들, 교사·졸업생들이 학습을 지원해주는 이우학교, 생태 체험과 예술 치료를 도와주는 성남환경운동연합·이야기숲 등 지역 시민단체, 학생과 가족들을 정기적으로 무료 검진해주는 우리술·밝은덕 한의원…. 이 소장이 운영하는 연구소는 이 모든 네트워크를 구성·관리하고, 교육 프로그램을 개발하는 베이스캠프 역할을 한다.

이 소장은 "청소년 학교는 지역사회와 시민단체, 학교 등이 네트워크를 만들어 도움이 필요한 아이들을 돌보는 일종의 실험"이라며 "이런 모델은 장기적으로 공교육 안에 흡수돼야 한다"고 강조한다. 그는 "학교의 자율성과 교육의 수월성을 강조하는 이명박 정부의 교육정책 방향이 사회 양극화 현상을 더욱 심화시킬 수 있다"고 우려하면서 "공교육이 이런 아이들의 복지 문제를 끌어안지 못하면 무너질 수밖에 없다"고 말했다.

이 소장은 핀란드 교육 모델을 예로 들면서 "핀란드에선 맞벌이 부부가 챙겨주지 못하는 아이들 아침식사를 YWCA 등 시민단체가 제공하고, 방과후 돌볼 사람이 없는 아이들은 지역 시민단체가 위탁받아 공부와 놀이를 함께 해준다. 학교에선 중학교까지 수월성 교육을 하지 않는다. 핀란드가 세계 최고의 교육 강국이 된 힘은 이렇게 교육과 복지가 결합된 데서 나왔다"고 주장했다.

함께여는청소년학교는 중학생 전용 지역아동센터로, 풍생중·성일중·성남여중 등에서 추천을 받은 저소득 가정의 학생들이 입학한다. 매년 20명을 모집해 3년간 다양한 교육프로그램을 진행한다. 학습지도뿐 아니라, 급식, 동아리, 체험활동 등이 이뤄진다. 중 1~3학년 60명 학생들의 학습지원과 돌봄을 위해 5명의 상근교사 외에 수많은 개인과 단체의 자원봉사활동이 조직되어 있다. 이우학교 학생, 학부모들 역시 자원봉사자로 많이 참여하고 있다. 최근에는 늘푸른고, 영덕여고 등 성남지역의 고교생 봉사단체들뿐 아니라 경찰대 학생, 지역 시민들의 자원봉사 참여가 늘어나고 있다.

현재 전국에는 4,000여 개의 지역아동센터가 저소득 위기 아동·청소년을 지원하고 있다. 하지만 대부분의 지역아동센터는 초등학생을 대상으로 운영된다. 일정한 교과 전문성이 요구되는 중학생 학습지도에 대한 부담, 그리고 상근 교

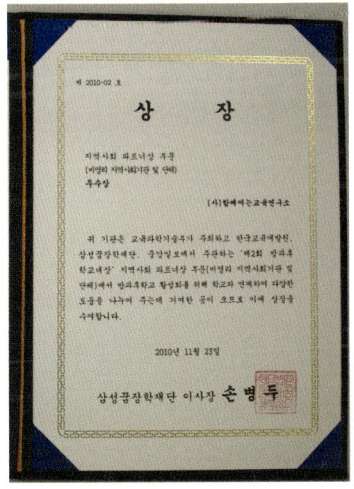

2010년
방과후학교 대상

사의 낮은 급여 등 열악한 조건으로 인해 늦게까지 운영하기 어렵기 때문이다. 그런 면에서 함께여는청소년학교의 사례는 매우 드문 경우다. 함께여는청소년학교는 2011년부터 성남지역의 지역아동센터 3곳을 중학생 전용으로 전환하는 사업을 지원하고 있다.

성남청소년지원네트워크는 함께여는청소년학교를 중심으로 성남 지역의 학교, 지역아동센터, 문화단체, 시민운동단체 등이 결합한 네트워크조직이다. 2013년 현재 31개 기관이 네트워크에 참여하고 있으며, 네트워크가 주관하는 다양한 프로그램에는 1,200여명의 아동·청소년이 참여하고 있다.

2008년 이후 5년간의 사업을 통해 함께여는청소년학교와 성남청소년지원네트워크는 성공적인 도시형 지역교육복지모델로 널리 알려지게 되었다. 2010년에는 교육과학기술부가 주최하는 '2010년 방과후학교대상'의 '지역사회 파트너상 부문' 우수상을 받았다.

하지만 새로운 교육모델로의 정착은 아직 요원한 상태다. 무엇보다 자체 수익구조를 갖기 어려운 복지사업의 특성상 안정적인 재원 확보의 어려움이 있다. 또한 열악한 조건에서 근무하는 상근교사, 자원봉사자들의 전문성 신장도 중요한 과제 중 하나다. 무엇보다 성남지역의 보다 광범위한 네트워크 조직과 체계적인 운영시스템이 필요하다.

현재 성남청소년지원네트워크는 연구소에서 독립된 교육복지법인의 설립을 모색하고 있다. 독립적인 교육복지법인을 설립하는 과정에서 현재의 과제들을 해결하고, 보다 전문성과 체계성을 갖춘 교육복지모델로 성장할 수 있을 것이다.

도시 저소득 계층의 교육문제 못지않게 심각한 것은 농산어촌 교육문제다. 급격한 산업화, 도시화 과정에서 농산어촌의 교육생태계가 붕괴하고, 학교 교육이 공동화된 것은 오래된 일이다.

연구소는 2006년 태백지역, 2009년 정선군 고한읍 연구를 계기로 강원도 폐광지역의 심각한 교육문제를 인식하게 되었다. 폐광지역은 기존의 농산어촌 교육의 문제점에 더해, 사행산업(카지노)으로 인한 정신적·문화적 위기가 겹쳐진 곳이다.

연구소는 2009년부터 하이원리조트(강원랜드) 사회공헌위원회가 진행하는 폐광지역 교육지원사업을 맡았다. 하이원 해피스쿨(www.happyschool.or.kr)이라고 부르는 이 사업은 폐광지역(영월, 정선, 태백, 삼척 도계읍 등)의 초중고 100개 교를 대상으로 하는 사업으로, 학교공모사업 및 교사연수 등으로 진행됐다.

특히 연구소가 집중한 것은, 폐광지역 교육을 재생시킬 교육 주체를 형성하는 사업이었다. 여름방학 중 폐광지역 교사 대상의 직무연수(2박 3일)를 개최하고, 교사연구회를 조직하여 예산을 지원하고 강좌를 개최했다. 또한 직무연수 참가자 중 일부 교사를 선발해 해외 선진교육(일본, 싱가포르, 북유럽 등) 탐방을 진행했다. 이 과정을 통해 폐광지역 학교혁신의 의지와 열정을 가진 교사들이 조직됐고, 그들을 중심으로 자발적인 교사 학습모임이 구성되고 '행복더하기학교'(강원도교육청 혁신학교)에 지정되는 등 폐광지역에 새로운 분위기가 형성됐다.

"작년 1급 정교사 자격증을 획득했으나 매너리즘에 빠진 제 모습이 안타깝게 느껴지는 방학이었습니다. 연수를 들으면서 이 지역에서 내가 교사로서 무엇을 할 수 있는가를 알게 되었고, 작은 실천부터 시작해보려고 합니다. 학교에 돌아가서도 아이들과 소통 협력하는 교사가 되도록 노력하겠습니다. 올해는 창의적 체험활동으로 아이들과 교감을 나누었는데, 내년에는 주변 전문가, 지역 단체와 협의하여 폐광지역을 새롭게 바꾸어 갈 수 있는 아이디어를 생각해 보겠습니다. 우리나라 교육을 위하여 이렇게 많은 선생님들께서 함께 하신다는 생각에 마음이 든든합니다."

"이제 개학이 며칠 남지 않았다. 발트해에서 꾼 꿈은 이루어진다고 스스로 희망을 다졌던 순간을 기억한다. 북유럽 탐방에서 벤치마킹한 일부의 교육활동이라도 교실 안에서, 학교 안에서 실천해보려고 한다. 학생도, 교사도 더 이상 상처받지 않고 존중받으며 신뢰할 수 있는 좋은 학교를 만들어야겠다."

하이원 해피스쿨 여름 교사직무연수(2010)

연수에 참가했던 교사들의 소감문이다. 연구소가 주최한 직무연수와 해외교육탐방에 대한 폐광지역 교사들의 만족도는 매우 높았다. 강원도교육청에서는 폐광지역 밖의 교사들에게도 참여 기회를 달라고 요청해 왔다. 하지만, 하이원리조트의 사회공헌사업이 폐광지역을 대상으로 진행되는 까닭에 타 지역 교사들은 연수에 참여할 수 없었다. 그리고 연수 기회를 확대해 달라는 폐광지역 교사들의 요구도 모두 수용하지 못하는 상황에서 연수 대상을 확대할 수는 없었다.

또한 학교공모사업은 폐광지역 학교에 새로운 교육적 실험의 기회를 부여했다. 무기력한 학생들을 일깨우는 다양한 동아리 활동, 방과후 활동이 진행됐고 점차 수업과 교육과정을 혁신하려는 노력이 이뤄졌다. 특히 하이원 해피스쿨 모델학교로 지정되어 3년간 연속 지원을 받은 영월의 봉래중학교는 학생수가 급증하고 학력이 신장되는 등 놀라운 성과를 보여주었다.

하이원 해피스쿨 사업은 2013년부터 보다 확대되어, 학교와 교사뿐 아니라 학부모, 지역주민 대상의 프로그램을 구상하고 있다. 또한 문화예술교육 인프라가 절대적으로 부족한 폐광지역의 조건을 반영하여 학교내 문화예술교육을 확대하기 위한 방안도 모색 중이다.

현재 연구소는 도시 저소득 위기 학생 지원, 농산어촌 학교 지원 등 우리사회의 가장 핵심적인 교육복지사업을 동시에 진행하고 있다. 사실 연구소의 인력과 재원, 규모 등을 감안하면 거의 불가능에 가까운 사업을 진행하고 있는 셈이다. 하지만, 우리 사회의 가장 절실한 교육 문제 해결을 위해 노력한다는 점에서 스스로 자부심을 느끼기도 한다. 이 힘겨운 사업을 통해 교육과 복지가 결합된 새로운 교육모델이 만들어진다면, 우리로서는 더할 나위 없는 뿌듯함을 느낄 것이다.

5. 함께여는교육연구소의 현재, 그리고 미래 비전

2012년 연차보고서(Annual Report)를 발간하면서 연구소의 사업영역과 유관기관 등을 정리해 보았다. 연구소의 사업은 크게 정책연구, 교사연수 및 워크숍, 폐광지역 교육지원(하이원 해피스쿨 사업), 청소년 교육복지(함께여는청소년학교 및 성남청소년지원네트워크 사업), 장학사업 등으로 구분된다. 그리고 각 사업 영역마다 협력 파트너, 혹은 지원 기관들이 있다.

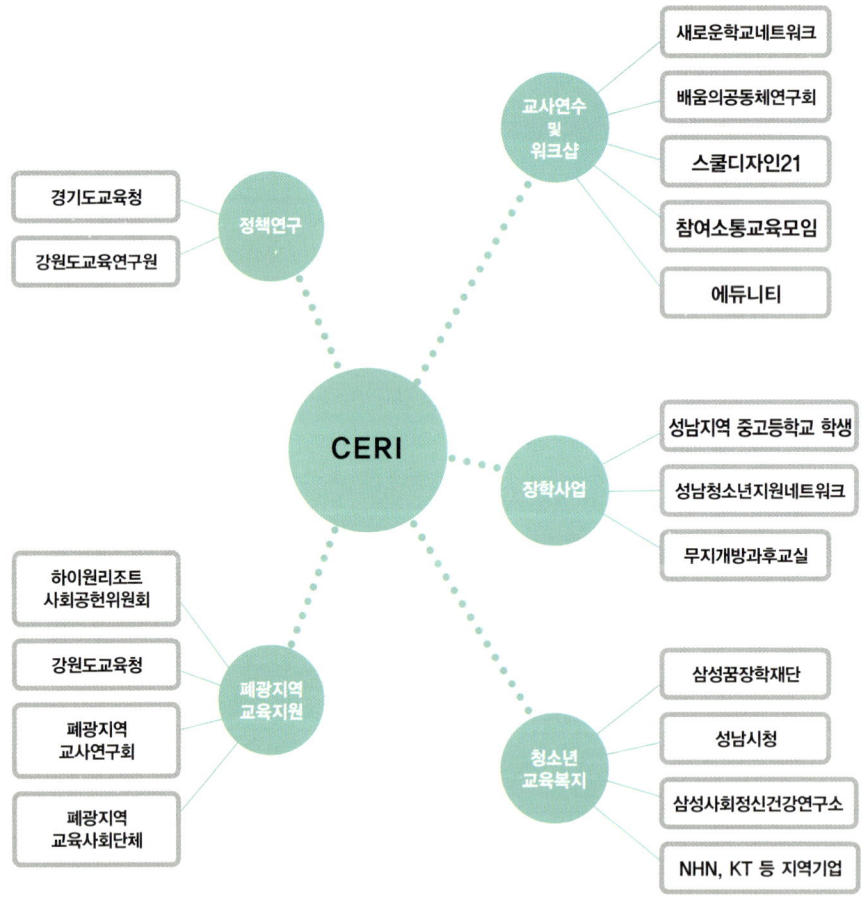

사업 영역과 규모를 보면, 연구소에 수십 명이 연구원이 상근하는 것처럼 보

인다. 하지만 연구소에 4~5명, 성남청소년지원네트워크에 5~6명의 상근 인력이 근무하고 있을 뿐이다. 현재 연구소와 성남청소년지원네트워크의 조직 현황은 다음과 같다.

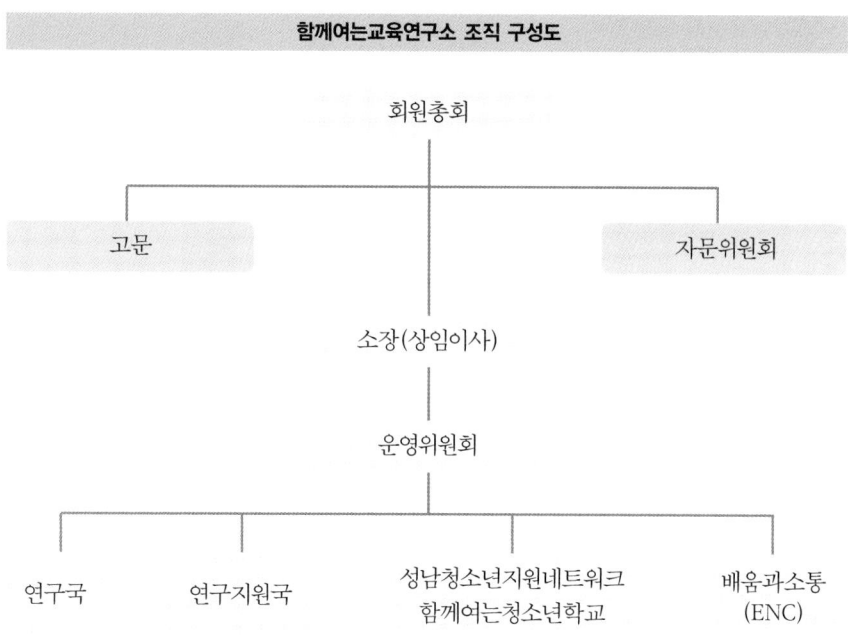

이사 및 감사, 고문, 자문위원		
이사장	한동헌	노래를 찾는 사람들 대표
이사	장 석	힉교법인 이우학원 이사장
	정광필	전 이우학교 교장
	이수광	이우학교 교장
	이경재	전 한국리더십센터 소장
	양용준	(사)공동육아와공동체교육 이사
	이광호	상임이사, 소장
감사	민재기	회계사, 정일회계법인 부대표
	김혜장	여성학 강사
고문	이명현	전 교육부 장관
	이종태	전 한국청소년정책연구원장
자문위원	양희규	금산간디학교 교장
	이수일	전 전교조 위원장

* 이사진 변동

이경재 이사장(2006~2011년 이사장 역임) → 한동헌(2012년 이사장 취임)

조한혜정(2006~2011년 이사 역임) → 양용준(2012년 이사 취임)

상근 연구원 및 전문 인력 현황			
소속	직책	성명	업무내용
연구소	소장	이광호	업무 총괄, 대외 업무
	연구국장	박찬학	내부 사업 총괄
	연구원	정승훈	하이원 해피스쿨 사업 총괄
	연구원	설민욱	교육사업 및 홍보, 회계 업무
	인턴 연구원	한승목	마을만들기 등 협동조합 관련 업무
배움과 소통 (ENC)	–	방민창	웹 마스터(비상근)
	–	김주현	기획 및 운영(비상근)

* 국장급 연구원 변동 사항

· 김혜영 (2004~2007년 근무)

· 한석주 (2004~2005년 근무)

· 유봉인 (2005~2007년 근무)

· 우경윤 (2007~2008, 2011~2012년 근무)

· 최병호 (2008년 근무)

· 박찬학 (2013년 ~현재)

* 연구원 변동

· 방성종 (2006~2007년 근무)

· 황순예 (2007~2008년 근무)

· 김소영 (2008~2009년 근무)

· 설민욱 (2009~현재)

· 정승훈 (2011년~현재)

· 강한나 (인턴, 2012년)

· 한승목 (인턴, 2013년)

* 웹 프로그래머

· 방민창 (2006~2007년 근무, 현재 비상임)

성남청소년지원네트워크 상근 인력 현황		
성명	직책	업무내용
오일화	지역아동센터 시설장	센터실무 책임자, 성남청소년지원네트워크 사무장
김갑숙	교육지원팀	교육, 프로그램 개발, 상담, 학부모관리, 동아리활동 담당
유제훈	행정지원팀	행정, 사무, 개별상담, 팔짱 담당
김진양	네트워크사업팀	네트워크 사무, 위기지원사업담당(한울교실), 회계 업무
허은정	지역아동센터	지역아동센터 사무
김영숙	급식교사	급식 담당, 급식지도

현재 연구소의 연간 예산은 8억 원 내외다. 연간 6000만~7000만 원의 회비를 제외하면, 대부분 외부 공모사업 지원금으로 충당된다. 외부 지원금이 대부분 매년 공모를 통해 지원된다는 점을 고려하면, 안정적인 자체 수입 구조를 확보할 필요가 있다.

함께여는교육연구소가 앞으로 어떻게 진화할지는 누구도 선뜻 예상하기 어렵다. 교육 정책 환경의 변화, 내부 구성원의 변동 등에 따라 전혀 새로운 조건이 만들어질 수도 있기 때문이다. 하지만, 지금껏 연구소가 걸어온 길, 대한민국 교육의 문제를 실사구시적으로 연구하고 그 문제의 해결을 위해 끊임없이 실천하는 사업은 지속될 것이다.

1) "저는 대안학교를 법제화한 장본인으로서 결자해지(結者解之)의 각오로 공동의 해법을 찾는 데 도움을 드리고자 합니다. (…) 이제 우리는 이들 선구자들의 경험과 전문지식을 체계적으로 축적하고 이를 토대로 대안교육에 관한 새로운 철학과 지식, 이론, 필요하면 정책대안까지도 창출하는 소위 〈대안교육 연구센터〉를 설립하는 방안도 필요하지 않나 생각합니다. 이곳을 거점으로 하여 우수교사 확보라든가, 교육과정과 관련한 현안을 파악하고 공동의 해법을 찾기 위한 노력이 일어날 수 있겠습니다."(안병영, '대안학교 이야기')

2) '공영형 혁신학교'는 뒤에 '개방형 자율학교'로 명칭을 바꾸어 2007년 전국의 4개 고교를 시범운영하게 되었고, 2008년 이명박 정부에서는 '자율형 공립고'로 또다시 명칭이 변경됐다.

3) '학부모의 밤'은 'Parent's Night'를 번역한 용어인데, 'Night'라는 말이 불필요한(?) 오해를 불러일으킨다 하여 '학부모 저녁모임'으로 명칭을 바꾸었다. 2008년 교육과학기술부는 학부모 학교 참여 사업을 확대하면서 '학부모 저녁모임'을 중요한 모델로 제시했다.

'이우학교 10년'의
의미와 과제

이우학교 10년의 성취는 결코 간단하지 않다. 모든 구성원들이 힘을 합치고 애써 빚은 결과다. 설립자들의 자기희생, 교사들의 열정과 헌신, 학부모들의 참여와 나눔, 그리고 학생들의 상상력과 실험정신 등이 한 데 어우러졌기에 가능한 일이었다. 이제 이우학교는 새로운 역사를 열어가야 할 시점이다. 이우학교의 설립정신과 가치를 한층 더 다지고, 미완의 과제들을 정리하면서, 이를 토대로 교육혁신의 길을 더욱 넓고 깊게 확장해 가야 한다. 그러기 위해서는 솔직한 자기고백과 재활력화를 위한 '과감한 모험'이 요구된다.

민들레 홀씨 불기(2012)

1. '이우학교 10년'의 교육사적 의미

1980년대의 교육 담론은 '변혁 지향적'이었다. 그에 반해 1990년대의 교육 논의에서는 '체제내 개혁론'이 주류를 이루었다. 그 주제들은 주로 중앙정부·지방자치단체 등 교육주체들 간의 교육권력 균형화, 교육구성원의 권리, 교육관련 시민운동의 활성화, 학부모·시민단체의 교육 참여, 학생의 교육권·학습권·인권 등에 대한 논의와 담론들이었다. 즉, 교육개혁 담론이 강화되었던 것이다.

이러한 논의들과 맞물려 새로운 교육실천운동도 본격화되었다. 바로 대안교육 운동이 그것이었다. 학교교육의 제도적 폭력성(획일화, 비인간화, 방법적 후진성 등)에 절망하면서 새로운 교육을 갈망하는 데에서 출발한 대안교육 운동이 하나의 흐름을 형성하기 시작한 것이다. 소그룹 단위로 대안교육을 모색하던 실천가들이 1990년대 중반부터는 상호연대 모임을 만들어 실천사례를 발표(예컨대, 1996년 8월 16일의 '대안교육 한마당')하는가 하면, '대안교육 소개서'를 발간하는 연구자도 등장해 대안교육에 대한 사회적 관심을 확산시켰다.

이러한 대안교육 운동가들의 노력과 탈학교생의 급증이라는 시대상황이 맞물려 1998년 대안학교가 제도화되기에 이르렀다. '대안교육 특성화중고등학교'란 이름 아래 학교의 설립이념이나 교육철학에 따라 교육과정을 다양화 할 수 있는 정규 중등학교가 등장한 것이다.

2000년대에 들어서서 대안교육 운동은 크게 두 가지 방향으로 전개되었다. 하나는 이같은 특성화학교 설립 노력이었고, 다른 하나는 초등학교 영역에서의 대안교육 확산 노력이었다. 이러한 일련의 대안교육운동 흐름 속에서 2003년 9월 이우학교가 등장했던 것이다.

'이우학교'는 개교 이전부터 대안교육 진영은 물론이고 사회 일반에서도 관심을 모았다. 설립자들의 면면이 갖는 명성, 설립 형식의 독특함, 표방하는 설립이념과 학교철학의 명징함, 계획하는 교육과정의 차별성, 그리고 대도시 지역에서 시도하는 첫 대안교육 특성화학교라는 조건적 특이성 등의 요소가 중첩되면서 세간의 관심대상이 되었던 것이다. 이와 같은 주목 요소들은 이우학교 설립의 동력인 동시에 다른 한편으로는 개교 이후 단기간에 괄목할만한 성장을 이룬 배경이기도 했다.

이우학교는 '압축성장'을 이뤘다는 평가를 받는다. 교육 영역에서 이른바 퀀텀점프(Quantum Jump) 사례로 묘사되기도 한다. 이런 평가는 대개 학교혁신 담론의 선점·개발 및 주도, 기존 교육체제에서 고정화된 교육형식을 대체할 콘텐츠(counter contents)의 개발, 그리고 학교구성원을 주체화하는 운영방식 등에 기인한다. 이우학교의 다양한 실험과 실천 사례는 여타 학교들, 특히 학교 교원들에게 의미 있는 참고요소로 인식되어 왔다. 이는 교육계 일반의 혁신 노력에도 불구하고 대개의 교원들이 자신의 신념과 가치를 오롯이 추구할 수 없는 안타까운 현실조건이 밑바닥에 깔린 반응이었다.

이처럼 이우학교는 개교를 전후한 시기부터 태생 과정의 신선함과 교육담론 개발 능력, 이를 교육활동으로 구체화하는 실행 노력, 그리고 민주적 학교운영 등으로 인해 교육계에서 크게 주목됐다. 이에 더해 교육혁신에 대한 사회 일반의 기대감이 더해지는 과정(2008년 진보교육감의 등장 및 이명박 정부의 경쟁교육 강화 등)을 거치면서는 학교혁신의 아이콘(icon)으로 급부상하기까지 했다.

꿈꾸고 도전하고 함께 가다

이와 같은 이우학교 10년의 역사는 한국 교육계에서 전례를 찾아보기 어려운 일이다. 그런 만큼 여기에는 몇 가지 중요한 교육적 함의가 있다. 이우학교 10년의 역사가 함축하고 있는 교육사적 의미를 정리해 본다.

1) 대안교육의 지평을 넓히다: 민교육(民敎育)과 공교육(公敎育)의 접목

'이우학교는 대안학교다.' 이 명제는 적확하다. 이우 교육은 분명히 '대안성'을 강조한다. 학습자를 주체적이며 자율적인 존재, 즉 스스로 사물을 판단하고 그에 따라 결정을 내릴 수 있는 존재로 본다. 따라서 학교운영에 참여할 수 있는 주체로 상정한다. 그리고 생태주의를 중시한다. 자연과 인간의 공존은 물론 인간과 인간 사이의 평화적 관계도 동일한 가치 범주로 본다. 이에 함께 '더불어 사는 삶', 즉 공동체의 가치를 중시한다. 경쟁하는 개별자가 아니라 이웃과 손잡고 함께 삶을 구성할 수 있는 '이우하는 존재(以友人)'를 육성하고자 한다. 그밖에도 다양한 체험활동을 통해 지식과 일상의 연관성을 강조하는 전인교육을 지향한다. 이런 점에서 이우학교는 틀림없는 대안학교다.

형식적인 면에서도 그렇다. 이우학교는 법제도 상으로 '대안교육 특성화 중고등학교'(초중등교육법 시행령 제76조, 제91조 참조)에 속하며, 이 범주의 학교들은 보통 '대안학교'로 통칭되기 때문이다.

그러나 '대안학교'라는 정체성만으로는 이우학교를 온전히 이해할 수 없다. 이우 교육 가운데 대안교육 프레임으로 포섭되는 내용은 일부분일 뿐이고, 많은 부분이 제도학교의 맥락에서 이해될 수 있기 때문이다. 실제 개교 때부터 지금껏 이우학교는 '공교육 정상화 모델의 창출'을 비전으로 설정하고 공표해 왔다. 즉 '대안성이 충만한 좋은 학교'를 넘어서서 공교육 전반에 의미 있는 변화를 촉진할 수 있는 '미래형 모델학교(Pilot School)'로 자리 잡겠다는 의지를 밝혀 온 것이다.

이런 맥락에서 보면, 이우학교가 '대안교육 특성화 중고등학교(대안학교)'라는 법적 정체성을 취한 것은 다분히 전략적 고려에 따른 것이었다. 일반 제도학교로의 진입장벽이 워낙 높은 현실을 감안해 새로운 학교모델을 창출해낼 제도적 공간으로 '대안교육 특성화학교'라는 틀을 선택한 것이다. 따라서 이우학교는 내용적으로 '대안성'을 견지하면서도 형식과 운영의 측면에서는 '호환성'(여타 학교에서도 운영이 가능한 대중성)을 중시하는 양면을 갖게 된 것이다. 이러한 양면성은 간혹 이중 비판의 근거가 되기도 한다. 즉 대안교육 진영에서는 이우학교에서 제도학교의 면모를 확인하고 '대안학교가 아닌 학교'로 판단하는가 하면, 제도학교 측에서는 교육내용의 '대안성'을 근거로 공교육과는 근본부터 다른 학교로 보기도 한다.

아무튼 이우학교는 공교육 혁신을 위한 '전략적 주도자(strategic initiatives)'의 역할을 자임하고, 나름대로 그에 부합하는 실천을 하려고 노력해 왔다. 그것은 민교육(民敎育)과 공교육(公敎育)을 접목시키는 새로운 시도라고 할 만한 것이었다. 이우학교의 설립형식 및 과정은 민교육(民敎育)의 필요충분조건을 충족한다. 즉, 뜻을 같이 하는 다수가 학교의 설립주체로 참여하고 이들이 공론 과정을 통해 교육철학과 학교상을 정립한 점, 교육의 공공성에 걸맞는 교육과정을 기획한 점, 다수의 집단적 참여에 의한 학교운영 구조를 시스템화 한 점, 그리고 지역과 함께 하는 삶의 공동체로서의 학교생태계를 구성하고자 노력한 점 등이 그렇다.

물론 민간 영역에서 공적 요소를 충족시키는 민교육(民敎育)의 실천 사례가 과거에 없었던 것은 아니다. 그러나 과거의 사례는 대개 공교육을 대체 또는 보완하는 수준에 머무르거나 공교육과는 무관하게 실천된 경우였다. 이우학교의 사례는 여타의 민교육(民敎育) 사례와 확연히 구분된다. 공교육 혁신을 촉진하기 위해 그에 걸맞는 콘텐츠와 시스템을 개발하고, 실제 학교운영을 그렇게 해 왔기 때문이다. 이는 국가가 학교제도를 디자인하되, 학교 운영의 실질적인 콘텐츠는 민간 부문(대안교육 진영)에서 제공하는 새로운 형식의 교육 가능성을 보여

꿈꾸고 도전하고 함께 가다

주는 것이었다. 모름지기 민교육(民敎育)이 공교육(公敎育)의 혁신을 추동하는 대표적 사례라고 할 수 있다. 이런 점에서 이우학교는 민교육과 공교육의 창조적 접목 가능성을 보여주는 하나의 교육학적 텍스트(text)라고 할 만하다.

2) 새로운 '학교문법'을 체계화하다 : 학교혁신의 콘텐츠 및 시스템 개발

학교는 대단히 복잡한 사물이다. 인적 구성도 복잡하거니와 업무 또한 구성원 간의 매우 복잡한 협업과정을 통해 진행된다. 따라서 학교 운영의 근간이 되는 '학교문법'도 그만큼 복잡할 수밖에 없다. 즉, 학교는 다양한 차원의 관습, 문화적 규범, 그리고 명문화된 규칙 등에 의해 운영된다.

대개의 제도학교들은 전통적인 학교문법을 중시한다. 거칠게 살펴보자면, 학교 운영은 행정관료적 업무프레임과 그런 조건에서 형성된 관행을 근간으로 한다. 교육주체에 대한 인식도 완고하다. 즉, 교사는 '가르치는 존재'이고 학생은 '지도받아야 할 존재'로 인식된다. 학부모 역시 '불편한 존재' 혹은 '필요에 의해 동원할 수 있는 존재' 등으로 대상화되기 일쑤다. 그리고 무엇보다도 '학교'라는 공간은 그저 '공부하는 장소'로 인식되거나 '상급학교 진학준비기관'과 등식화되었다. 따라서 대개의 학교들은 참 '건조'할 뿐이다.

이러한 교육 현실을 개선하기 위해서는 새로운 학교문법이 필요한데, 이우학교는 이를 개발하고 지난 10년간 실천을 통해 그 가능성을 입증하고자 노력해왔다. 많은 교육학자들이 이우학교를 의미 있는 참조 사례로 거론했던 이유도 바로 이 '학교문법'에 있다. 그렇다면 이우학교가 보편화하고자 하는 '학교문법'이란 과연 무엇인지 몇 가지로 나눠 정리해 본다.

● '학교'에 대한 재해석

이우학교는 '학교'라는 개념을 확장하고자 한다. 학교를 단순히 '공부하는 장소'로 이해하기 보다는 학생들의 '삶의 공간'으로 본다. 즉, 공부뿐 아니라 일상의 다양한 관계를 경험하고 그 과정에서 학생들이 자신의 꿈과 이상을 찾아갈 수 있도록 안내하는 공간으로 재해석하는 것이다. 조금 사전식으로 표현하자면, 학교란 '관계의 인연으로 긍정적 자아를 빚는 공간'이라고 다시 정의하는 것이다.

이러한 재해석과 재정의 위에서 이우학교는 세 가지 즐거움이 넘치는 학교를 지향한다. 하나는 '관계의 즐거움'이다. 모든 삶의 생기는 관계에서 비롯된다는 점에 착안해서 주체 간에 긴장감 없는 관계맺기, 그리고 상호 돌보기를 중시한다. 그리고 '나눔의 즐거움'도 강조한다. 이는 삶을 나누는 즐거움을 뜻하며, 그런 즐거움을 실현하기 위해서는 대화(수다)가 살아야 하기 때문에 소통을 강조한다. 마지막으로는 '배움의 즐거움'을 강조한다. 즉, 몰랐던 것을 알아가는 기쁨, 새로운 것을 깨닫는 기쁨, 도전하고 실패하는 과정에서 자기 자신을 확인하는 즐거움을 중요시하는 것이다. 이런 점에서 교실 넘어서서 배우기, 주체 간 함께 배우기, 삶의 장면에서 배우기 등이 강조되고, 제한적이긴 하지만 제도적으로 실천되고 있다.

● '학교의 3주체' 제대로 세우기

이우학교에서 학교의 3주체, 즉 학생, 교사, 학부모는 실질적으로 학교 주인의 지위를 갖는다. 법률상 혹은 교육학적 이론상 언급되는 '학교의 3주체'란 개념이 온전히 실현되고 있는 것이다. 학교의 구성원 모두가 '공동주인'의 지위를 갖고 그에 부합하는 권리와 책임을 분담하는 것이다.

'공동주인'의 지위가 구체적으로 어떻게 행사되고 있는가? 우선 교사회는 이사회 권한의 대부분을 위임받아 행사한다. 그리고 학생들에게는 자치권 및 학교

운영 참여권이 폭넓게 보장된다. 따라서 학교정책에 대한 청문권까지 발동할 수 있다. 그리고 학부모들은 학교 운영에 '집단적 참여'가 가능한 구조를 갖고 있다. 즉, 학부모회 임원이 고스란히 학교운영위원회에 참여하는 일원구조를 갖고 있는 것이다. 이는 교사에게 자율권이 보장되어야 한다는 '교사 자율성' 원리와 학생과 학부모가 교육권의 주체라는 '학생·학부모의 교육권' 원리를 실질적으로 구현하는 것들이다.

이렇게 단위학교 차원에서 교사를 '자율하면서 책임지는 존재'로, 그리고 학생과 학부모를 '교육권의 본질적 주체'로 인식하는 것은 의미 있는 전환 사례라고 할 수 있다.

● 공동운영의 '협치 시스템'

이우학교에는 회의가 많다. 일의 절차도 복잡하다. 그 모든 것들이 너무 지나치지 않나 싶을 정도다. 그럼에도 불구하고 누구도 회의를 없애자거나 일의 절차를 단순화하자고 이야기하지 않는다. 이우학교의 장점이자 동력이 바로 그와 같은 협치 시스템(Governance)에 있다고 믿기 때문이다.

앞에서 말한 대로 이우학교의 모든 구성원은 공동주인의 지위를 갖는다. 따라서 각 주인이 자기 역할을 할 수 있는 협치기구 또한 잘 발달돼 있다. 예컨대, 학사운영에 관한 내용은 대개 교사회를 중심으로 한 각종 협의회에서 다루어지고 결정된다. 물론 학생이나 학부모가 교사협의체에 직접 참여하기도 하고, 또 간접적으로 이들의 의사가 교사회에 전달되는 일도 빈번하다. 학생 자치활동이나 학부모 자체활동 또한 크게 다르지 않다. 학생이나 학부모 다중이 참여할 수 있는 협의체가 입체적으로 조직돼 있다. 이렇게 3주체가 공동주인의 지위를 나누어 갖고 각자 자기 역할을 하는 동시에 상호침투하기도 한다는 점에서 이우학교는 분명히 '자치학교'(自治學校)다.

이렇게 이우학교가 다중이 참여하는 학교운영 시스템을 구축한 것은 크게 두 가지 이유에서다. 하나는 학교 구성원 한 명 한 명의 의견이 등가(等價)라고 보기 때문이다. 그리고 다른 하나는 '결정은 집단적으로 내리되 결정된 사항의 집행은 리더가 책임지는 방식'의 학교민주주의가 이뤄져야 다수가 공동주인의 지위를 누릴 수 있다고 보았기 때문이다.

이우학교가 구축한 이 입체적 거버넌스(Governance)는 학교민주주의의 새로운 모형으로 꼽히고 있다.

● '삶의 설계'를 위한 교육과정

일반적으로 제도학교에서는 교육과정을 '교과 (목)의 합리적 배열체계'로 인식한다. 즉, 국가 차원에서 설정한 교육목표, 지향점, 가치관 등을 학교와 학년 차원에서 합리적으로 배열하면 그것으로 그만이다. 그러나 이우학교의 해석은 다르다. 학교 교육과정을 단순히 '전달해야 할 내용들이 잘 짜여 있는 체계'로 보기보다는 '학생들이 자신의 삶을 설계할 수 있도록 고민을 자극하는 체계'로 확장해서 이해한다.

학교 교육과정을 '삶에 대한 고민을 자극하는 체계'로 이해하는 경우, 문제의 차원이 상당히 달라진다. 예컨대, 학생 개개인이 성장단계 상의 특성에 따라 자기 스스로에게 어떤 질문을 해야 하는지, 그런 질문을 촉진하기 위해 학교 교육활동 과정에서는 어떤 자극이 필요한지, 또 이런 활동을 시스템화하기 위해서는 교육과정의 편성과 운영이 어떤 원리에 의해 이뤄져야 하는지 등이 새로운 문제로 대두한다.

이우학교는 이런 문제의식에 따른 교육과정을 갖고 있다. 우선 다른 학교에서는 쉽게 찾아볼 수 없는 교과목을 편성하고 운영한다. 예컨대, 학생들의 가치 감수성을 강조하는 교과목(사회체험), 삶에 대한 실존적 고민을 자극하는 교과목(철학), 자기주도성과 실천역량을 신장하기 위한 교과목(자기탐구보고서), 진로

개척 능력의 함양을 위한 교과목(인턴십), 개인의 특기와 자질을 개발하기 위한 프로그램(특기적성) 등이 그것이다. 특히 교육과정 편성에서 주목할 점 중 하나는 진로탐색과 관련된 교과목의 비중이 높다는 점이다. 직업세계에 대한 단순한 안내를 넘어서서 삶의 가치를 숙고하고, 나아가 직접 직업 체험을 할 수 있는 교과목, 예컨대 '진로와 직업', '진로 특강', '인턴십', '직업 멘토링', '사회체험' 등의 교과목이 운영되고 있다.

이우학교의 교육과정에서 또 다른 특징들 중의 하나는 앎과 삶의 결합을 강조한다는 점이다. 현재 삶의 조건인 생활세계와 그 세계에서 벌어지는 사회적 현상들을 중요한 교육 소재로 활용하는 것이다. 따라서 사회참여 교과와 자연체험 활동, 즉 NGO, 지역사회탐구, 사회참여 프로젝트는 물론 현장체험, 봉사활동, 주제기행, 해외통합기행 등을 중요한 교육활동으로 강조한다.

그밖에도 이우학교는 개교 초부터 몇 가지 의미 있는 실험을 해 오고 있다. 예를 들면, 분기 집중식, 블록제, 그리고 고등학교에서의 학점제, 무학년제, 수업연구회와 같은 시도를 진행하고 있다. 처음에는 매우 낯선 시도로 보이기도 했지만 2013년 현재 이미 많은 제도학교들이 도입해서 운영하고 있을 정도로 보편화된 방식들이다. 이런 관점에서 이우학교 교육과정은 '낯설게 보일 수도 있지만 호환성이 대단히 큰 미래형 교육과정'이라고 할 수 있다.

이와 같은 이우학교의 '학교문법'은 2009년을 기점으로 전국적인 관심대상으로 부상했다. 일부 시도에서 학교혁신 정책을 추진하면서 이우학교를 모델학교로 제시하고, 이우학교의 문법체계를 그들이 추구하는 혁신학교의 철학과 원리로 삼았기 때문이다. 2013년 현재 여러 시·도 교육청에서는 학교혁신 정책의 정당화 근거와 사례로 이우학교를 직간접으로 거론하거나 이우학교의 문법체계를 각색·변용해 활용하는 추세다. 이는 이우의 학교문법이 보편성을 갖추고 있음을 보여주는 대목이다.

농촌 봉사활동(2011)

3) 도시공동체의 가능성을 열다: 학교와 지역에서 '이우(以友)하기'

이우학교는 '학생들만의 학교'가 아니다. 그 이상이다. 학부모들도 함께 배우는 '학부모학교'다. 학부모들도 공동주인으로 학교 운영에 참여하면서 '우리 자녀 함께 키우기'의 지혜를 나누고 배우게 된다. 학교 밖에서 '내 자식 교육'을 위해 온갖 자구책을 강구하는 일보다 학교 안에서 '우리 자녀 함께 키우기'가 힘이 덜 드는 것은 물론이고 재미도 있으며 무엇보다도 아이들의 성장에 유익하다는 점을 알게 되기 때문이다. 부모 자신이 성장하는 것이다. 개교 초부터 지금껏 지켜 온 '사교육 금지 규정'은 그런 점에서 학생뿐만 아니라 학부모의 교육적 성장을 위한 제도적 장치이기도 하다.

학부모들의 자체 활동도 학부모의 '성장판' 구실을 한다. 학부모들은 공식·비공식적인 만남을 통해 삶의 동력과 생기를 얻고 나아가 삶의 문제를 함께 고민하고 실천을 모색한다. 실제로 학부모들은 다양한 모임을 조직하고 운영한다. 학년별·반별로 다양한 형태의 모임을 주기적으로 갖고 취향이 비슷한 부모들은 동아리를 조직해서 함께 즐긴다. 또한 공부모임을 만들어 함께 배우기도 한다. 이처럼 학교를 중심으로 다양한 '이우(以友)하기'가 진행되고, 이런 과정을 통해 자연스럽게 삶의 유기적인 관계를 형성해 가는 것이다. 많은 학부모들은 '이우학교 생활을 통해 나 자신이 많이 성장했다'고 고백한다. 이는 이우학교에서의 '함께하기'(以友하기) 실천을 통해 새로운 삶을 열어가고 있음을 증언하는 것이라 할 수 있다. 이우학교는 분명히 학부모의 삶을 새롭게 하는 '학부모학교'다.

'이우(以友)하기'는 이우학교 내부에만 국한되지 않는다. 학교 밖에서도 다양한 형태로 '이우(以友)하기'가 실험되고, 그 원심력을 확산해 가고 있는 중이다. '이우생협'을 통해 지역민과 함께하는 마을사업이 추진·모색되고, '함께하는교육연구소'가 운영하는 '함께하는청소년학교'에서는 돌봄이 필요한 지역학생들을 대상으로 교육복지사업을 진행하고 있다. 그뿐만 아니라 학부모 동아리 중에서도 지역의 소외계층을 위한 구호사업을 다양한 형태로 추진하고 있다. 이웃 구호기관의 학생 돌보기, 독거노인 살피기 등이 그 예가 될 것이다. 이러한 학교 밖에서 '이우(以友)하기' 사례들은 '즐기면서 함께 배우기', '삶의 문제 공유하기', '재능과 지식 함께 나누기', '연대하기'의 원리에 기반을 둔 생활밀착형 활동이란 점에서 지역운동의 성격을 띤다고 할 수 있다.

이우학교 안팎에서의 '이우(以友)하기' 혹은 '함께하기'는 독특한 함의를 갖고 있다. 이는 바로 새로운 도시공동체의 가능성을 열었다는 점이다. 학부모들이 자신의 공간에서 생활상의 요구를 실현하면서도 공적 참여 및 공동체적 교류를 활성화해 가고 있다. 즉, 자녀교육과 관련한 요구를 함께 해결하면서 그와 동시에 시민적 책무를 수행하는 다양한 연대활동을 일상적으로 추진하고 있는 것이다.

이러한 이우학교 안팎에서의 일상적 연대 활동은 계속 확산되는 추세다. 느슨하지만 지역의 각 영역이 유기적으로 연결되어 가고 있는 것이다. 이런 맥락에서 볼 때 이우학교를 중심으로 진행되는 다양한 형태의 '이우(以友)하기' 사례들은 새로운 형식의 도시공동체를 구성해가는 과정이라고 할 수 있다.

2. 미완의 과제, 10년의 교훈

이우학교 10년의 실천을 되짚어 볼 때, 빛나는 성취와는 별개로 아쉬움도 적지 않다. 개교 초기에는 준비 부족으로 인한 시행착오가 있었고, 해를 거듭하면서는 구성원 간의 교육적 신념 차이로 인해 나타나는 학교운영상의 불협화음이 있었다. 과도하게 설정된 목표와 실천 역량의 격차로 인한 '미세한 교육적 갈등'도 나타났다. 물론 교육활동 기획과정에서의 오류로 인한 구성원 간의 '반목'도 없지 않았다. 이러한 여러 요인들로 설립 당시 설정되었던 핵심 목표 중 몇 가지는 아직 '미완의 과제'로 남아 있다. 간단히 정리해 보자.

이우 10주년 광장토론(2013. 9)

첫째는 이우학교 교육철학의 현실화를 위한 시스템과 로드맵이 정교하지 않다는 점이다. 이우학교의 비전은 '21세기 더불어 사는 삶'이다. 이를 위해 '더불어 사는 사람', '자주·자율적인 사람', '창조적 지성인', '지·정·의·체가 발달된 전인적인 사람'의 육성을 목표로 한다. 즉 지성과 인성이 겸비된 학생상을 표방한다. 이러한 공표가 세속적으로는 '두 마리 토끼를 다 잡는 이우학교'로 해석되기도 한다(물론, 지성과 인성을 겸비하는 것은 모든 교육기관의 본질적인 목적이자 목표라는 점에서 새로울 것은 없다). 그러나 이우학교의 현실을 놓고 볼 때, 표방하는 비전과 목표의 실현 정도가 높은 수준이라고 획언하기는 어렵다.

비전과 목표를 실현하기 위해서는 학교교육과정을 학생들의 성장경로에 적합하게 편성하고, 교육내용은 지성과 인성을 자극할 수 있는 요소들로 정교하게 조합해야 한다. 그리고 이를 실천할 수 있는 제반 물적·인적 조건이 갖춰져야 한다. 그럼에도 아직까지 교육과정에는 불안정성 요소가 남아 있고, 교육과정을 운영하기 위한 인적·물적 조건은 여전히 미흡한 실정이다. 따라서 차제에 '학생 삶의 역동성을 살리되 배움의 동력을 이어갈 수 있는 교육과정'을 구성하고 이를 안착시키기 위한 노력이 필요하다. 이에 더하여 이사회 차원에서는 교육과정 운영의 조건을 확보하기 위한 지원 방안을 구체화할 필요가 있다.

둘째는 '6년 통합 교육과정'의 미완성이다. 설립 초기 공표한 '6년 통합 교육과정'이란 말은, 여러 의미로 해석된다. 우선 중학교와 고등학교가 '하나의 학교'라는 의미로 읽힌다. 따라서 '이우중학교 입학은 바로 이우고등학교 진학까지 포함한다'고 확대해석 되기도 한다. 실제 이러한 해석은 지금도 부분적으로 남아 있다. 그러나 '6년 통합 교육과정'이란 말의 본디 의미는 '중·고 간 교육 내용의 연계성'에 있다. 즉 이우중학교와 이우고등학교는 학교급의 특성에 맞게 '지성과 인성을 겸비할 수 있는 전인적 교육과정'을 운영하겠다는 의지를 명시적으로 표현한 것이다.

그렇다면, 2013년 현재 이우중학교와 이우고등학교 간 교육과정의 연계 수준은 어떠한가? 중학교 학생들의 성장 단계와 고등학생들의 그것 간에 차이가 있음을 감안하더라도, 이우중학교 학생들의 고등학교 교육과정에의 연착륙은 쉽지 않다. 여전히 많은 이우중학교 출신 학생들은 이우고등학교 진학 후 큰 혼돈을 겪는다. 그 요인은 복합적이지만, 그 중의 하나는 역시 '중·고간 교육 내용의 연계성' 문제다. 이런 점에서 학교급의 정체성을 명확히 하고, 각 학교급의 고유성을 유지하되 상호간에 내용적 연계성을 높이기 위한 실천적 노력이 필요하다. 특히 이 이중과제를 해결하기 위해서는 '교육적 냉정함'에 기반을 둔 현실 진단이 선행되어야 한다.

셋째는 진로교육 콘텐츠의 부족이다. 학교에서는 학생들의 진로개척 능력 함양을 위해 다양한 교육과정을 운영한다. '진로와 직업', '인턴십', '사회체험활동' 등이 정규교육과정으로 운영되고, 필요에 따라서는 '진로특강' 및 진로관련 자치활동도 활발하다. 그럼에도 일부 학생 및 학부모들 사이에서는 '대안적 진로 콘텐츠의 부재'를 지적하는 목소리가 높다. 이러한 지적에 주목할 필요가 있다. 대학진학을 희망하지 않는 학생들을 위한 학교 차원의 조력이 부족한 것이 현실이다. 이런 현실적인 문제를 개선하기 위해서도 진로교육 콘텐츠를 좀 더 풍부하게 구성할 필요가 있다. 특히 이우학교 맥락에서 '대학진학'이 어떤 의미인지, 대학 진학을 하는 경우 선택의 준거는 무엇인지(실제로 이우고등학교 졸업생의 재수 선택 비율이 점차 증가하는 추세다) 등에 대한 학교 차원의 설명체계를 개발하는 것도 필요하다.

　마지막으로 언급하고 싶은 미완의 과제는, 바로 지속가능한 교사성장 시스템의 부재다. 이우학교의 도약은 지속적인 교사 성장이 담보되어야 가능한 일이다. 지성과 인성을 겸비하는 교육활동을 실천하려면, 높은 수준의 전문성은 말할 것도 없고 헌신성이 있어야 한다. 따라서 적절한 교사 재교육 과정과 재충전의 기회가 보장되어야 한다. 그러나 애석하게도 현재 조건에서는 교사성장과 관련한 학교 차원이나 이사회 차원의 정책은 미흡하다. 교사의 인적 구성(특정 연령대 집중형 구조)도 애로 사항으로 작용하고 있다. 이런 조건을 고려할 때, 향후 이우학교 도약을 위한 핵심과제 중 하나는 바로 지속가능한 교사성장 시스템의 구축이다.

　이상에서 살펴본 미완의 과제가 해결되기 위해서는 크게 두 가지 노력이 필요하다. 하나는 재정적 기반을 튼튼히 하는 일이다. 다른 하나는 학교구성원 간의 교육신념 차이를 좁히는 일이다. 전자가 설립자 및 이사회가 주도해야 할 문제라면, 후자는 학교구성원들이 협치(協治)하는 과정을 통해 합의를 이끌어내야할 문제다. 특히 후자의 관점에서 볼 때, 경쟁하는 몇 가지 쟁점들(대안학교론 대 모델학교론, 체험활동 확대론 대 교과학습 균형론, 성장도약론 대 성장단계론, 기다림의 미학 대 개입의 교육정치학, 협치론 대 민주과잉론, 행정 필요론 대 행정 무용론, 대입 학교통제론 대 대입 유연화론)은 결코 녹록치 않은 것들이다.

3. '초심'으로 돌아가서 '다시 10년'을!

이우학교 10년의 성취는 결코 간단하지 않다. 모든 구성원들이 힘을 합치고 애써 빚은 결과다. 설립자들의 자기희생, 교사들의 열정과 헌신, 학부모들의 참여와 나눔, 그리고 학생들의 상상력과 실험정신 등이 한 데 어우러졌기에 가능한 일이었다.

이우학교 10주년 기념 축제(2013. 9. 14)

이제 이우학교는 새로운 역사를 열어가야 할 시점이다. 이우학교의 설립정신과 가치를 한층 더 다지고, 미완의 과제들을 정리하면서, 이를 토대로 교육혁신의 길을 더욱 넓고 깊게 확장해 가야 한다. 그러기 위해서는 솔직한 자기고백과 재활력화를 위한 '과감한 모험'이 요구된다. 몇 가지 고민해 볼 문제를 제시한다.

우선, 이우학교 구성원들은 학교의 설립이념과 철학의 근간이 되는 가치를 일상적 삶의 원리로 구체화할 필요가 있다. 그것은 '이우(以友)'의 가치다. 교육과정에서는 '더불어 삶의 지혜'라고 표현되기도 한다. 그런 삶이 구현되고 그런 교육이 가능하기 위해서는 학교구성원의 일상에서 '참여', '공의(公義)', '배움' 등의 기본적인 가치들이 말로만 무성한 것이 아니라 일상에서 실천되는 것이 중요하다. 살아 있는 학교가 되기 위해서는 교사와 학부모가 그렇게 살아 보이는 방법이 가장 우선시되어야 한다는 말이다. 이 단순한 원리를 되짚어 볼 시점이다.

또한 이우학교가 학교구성원들이 공동운영하는 자치학교의 길을 더욱 심화시켜 나가기 위해서는 학교구성원들의 민주성(民主性)이 더욱 고양되어야 한다. 이우학교는 협치(Governance)에 의해 운영되는 학교다. 이미 다양한 차원의 참여장치가 제도화돼 있다. 일의 절차도 그만큼 복잡하다. 문제는 이들 제도가 민주적으로 운영되고, 그 결과가 다수 구성원들에게 권위를 인정받을 수 있어야 한다는 점이다. 다른 말로

2013년 2학기 개학을 맞아 교사와 학생 전원이 한자리에 모였다(2013. 8).

이우학교 개교 10주년 기념 엠블럼

하면, 학교구성원 각자의 민주성이 높은 수준으로 고양되어야 한다는 얘기다.

민주성이란 무엇인가? 이는 집단의 이념과 정신을 존중하는 마음, 교육활동 과정에서 자기책임을 다하려는 성실성, 토론과정에의 적극적인 참여, 조직의 명예를 자신의 일부분으로 생각하는 행동양식, 동료 및 구성원에 대한 배려, 직업적 존엄을 지키기 위한 교육적 양심 등을 의미한다. 그 하나하나일 수도 있고, 그 모든 것의 총체일 수도 있다. 새로운 차원의 학교 혹은 그 이상의 교육세계를 창조하고자 한다면, 학교 구성원들은 그에 걸맞는 품성을 고민해야 한다.

나아가 이우교육 방식이 질적으로 탁월하다는 점을 입증하는 의미 있는 사례들을 축적해 가는 것도 필요하다. 이우학교는 상상력과 실험정신이 풍부한 교육과정을 운영한다. 그리고 학생들의 성장을 자극하는 프로그램들도 다른 학교에 비해 많은 편이다. 이런 장점에도 불구하고, '지식학습의 누수' 문제에 대한 지적도 반복되고 있다. 다른 학교교육과의 '호환성'에 일부 장애물이 있다는 말이다. 특히 고등학교 단계에서의 '호환성' 문제는 진학이나 진로 문제와 연결돼 있는 만큼 진지한 고민이 필요하다. 따라서 이우학교 교육목표에 대한 정교한 설정, 그 목표의 달성에 적합한 교육과정의 편성과 운영, 그리고 중·고등학교 간의 연계성 확보 문제가 해결되어야 한다.

이에 더하여 지역사회와의 연대사업도 더욱 넓혀가야 한다. 이우학교의 철학과 가치가 지역사회에 두루 안착되지 못하고 학교와 직접 관련이 없는 지역민들

꿈꾸고 도전하고 함께 가다

에게까지 연결되지 못한다면 이우학교는 소수의 자기만족적인 집단으로 비춰지고, 10년 동안 어렵사리 쌓은 성과조차 건사하기 어렵게 될지도 모른다. 이우의 공동체성을 지역사회로 확산하는 방법과 경로의 문제, 이우 문화의 문턱을 낮추는 문제 등에 대한 점검과 성찰이 필요하다.

마지막으로 가장 중요할 수도 있는 남은 과제는 이우학교의 지속가능성을 보장하는 재정적 토대를 마련하는 일이다. 이우학교는 2010년 3월부터 교육 당국으로부터 재정결함보조금을 받고 있지만, 시간이 흐를수록 학교법인이 감당해야 할 재정수요는 증가하는 추세다. 이우학교의 인적 구조, 시설, 교육과정 특성 등에 의해 학교법인이 부담해야 할 전입금 규모가 누적적으로 증가하고 있는 것이다. 이런 상황에서 학교가 안정적으로 운영되기 위한 재정건전성의 확보가 시급하다.

경계해야 할 일도 많다. 이우학교의 사회적 책임감에서 비롯되는 것들일 수도 있지만 '현실타협적 점증주의'(Incrementalism), 보여주기식 성과주의, 창조적 마찰(creative abrasion)을 두려워하는 매너리즘, 특정한 개념으로만 우리 모습을 진단하는 인지부조화 등은 자칫 이우학교의 정체성을 훼손할 수도 있음을 잊어선 안 될 것이다.

그럼에도 불구하고 이우학교의 미래는 밝다. 모든 구성원들이 힘을 합쳐 지난 10년의 역사를 만들어 온 것처럼 앞으로의 10년도 그렇게 만들어 갈 것이기 때문이다. 초심으로 돌아가 다시 첫 걸음을 떼자.

부록

_____

강지원 김영란/구자형 이철희/김도현 김명옥/김종규 김영숙/나기삼 서석순/민혜경 이규인/박문태 고미숙/박성호 박지영/박해균 이정선/변갑한 윤경선/심명채 이태성/유채윤 이영희/이광호 이유순/이동호 이지수/이상윤 이지원/이석환 김정옥/이세용 한종선/이종현 김원중/전호근 김혜선/정성희 노창준/정지혜 권용식/정찬용 조미령/정현숙 정무혁/조수정 임무영/조정현 김동양/차형근 김보영/채상묵 윤주희/최창원 하명성/허성윤 김정규/김미숙 신상진/김장권 이미라/김지연 김재우/박미선 권오선/백희봉 김은주/이석계 홍현님/이재철 원현숙/조상행 김윤경/조성재 정명옥/조영만 서성미/하동근 김효남/김명철 전숙례/김효정 안병기/노복희 최병조/민재기 남궁숙/박상분 이관희/박영애 임철순/송원기 민병숙/승홍배 김정현/신명철 김숙영/신상철 오지영/심수연 오광수/우해준 진옥희/이균원 전원영/장지혜 김영묵/전명진 민순기/전은주 박창준/현용호 안민경/배삼희 박형영/이상원/강병희 정광춘/김광옥 최정순/김영진 오미희/김용우/김혜영 김 현/김혜장 신재정/나선미 신상열/박균배 권서양/박정기 신단섭/배선희/배인정 최원석/백정훈 조후남/신미용 김도영/심명화 이근원/오종수 윤유경/윤옥빈 임덕수/이경재 이희경/이수광 임미심/이유라 박명규/이창구 민경옥/이희란 이호곤/장 석 윤경자/정광필 이현영/정지은 한승수/최영준 황소영/최화순 조진환/하정숙 임영탁/한애규/홍인표 박현숙/곽두영 황의숙/김란경 윤덕호/김인현 문선희/김재욱 김은정/김희경 권준섭/남미경 이석봉/류방란 안현기/박배영 손단영/신희준 이재영/안소미/이광진 고현숙/이상호 오미남/이용국 정윤희/한동건 곽형찬/이병준 장경애/조미영 이건묵/허 홍 김혜란/남궁은 이은경/박현진 김미경/김광범 김경은/문상관 김미경/유영란 박성인/윤경수 황난수/이기영 송관영/이병준 장경애/이종태 민병숙/한정화 나대승

—총 115가구

[현재의 임원(2013년 11월 현재)]

직위	성명	직업	임기	비고	
이사장	장 석	중앙씨푸드(주) 대표이사	2001. 12. 16~2002. 08. 30	이사 (2002. 6. 21. 이사장직무대행)	설립임원
			2002. 08. 31~2004. 08. 30		
			2004. 08. 31~2006. 10. 12		
			2006. 10. 13~2008. 10. 12		
			2008. 10. 13~2010. 10. 12		
			2010. 10. 13~2012. 10. 12		
			2012. 10. 13~2014. 10. 12		
이사	민혜경	주부	2012. 09. 07~2014. 09. 06		
이사	장지혜	약사	2012. 09. 07~2014. 09. 06		

꿈꾸고 도전하고 함께 가다

이사	이수광	이우중고등학교 교장	2011.06.18~2013.06.17 2013.06.18~2015.06.17	
이사	윤덕호	㈜코난테크놀로지 상무이사 한남대 부교수	2013.06.18~2015.06.17	
이사	배삼희	법률사무소 디케 변호사	2013.06.18~2015.06.17	
이사	이희란	교육문화공동체 이야기숲 대표	2013.06.18~2015.06.17	
이사	민순기	주부	2013.06.18~2015.06.17	
개방이사	서덕영	경희대학교 전자정보대학 교수	2012.10.31~2014.10.30	
개방이사	최영주	용인정신병원 약제과장	2012.10.31~2014.10.30	
개방이사	이세영	한신대학교 인문대학 국사학과 교수	2010.10.31~2012.10.30. 2012.10.31~2014.10.30	
감사	이상원	㈜잉크테크 경영지원팀장	2010.10.04~2012.10.03 2012.10.04~2014.10.03	
감사	김인현	㈜한국공간정보통신 대표이사	2013.06.18~2015.06.17	

[과거의 임원]

직위	성명	직업	재임기간	비고
이사장 (이사)	이종태	한국교육개발원연구원	2001.12.16~2002.07.03	설립 임원·이사장
			2004.08.18~2006.08.17	이사
이사	김광옥	상일초등학교 교사	2001.12.16~2003.06.03	설립 임원
			2003.06.04~2005.06.03	
이사	조미영	문원초등학교 교사	2001.12.16~2003.06.03	설립 임원
			2003.06.04~2004.08.18	
이사	박문태	코세로직스(주) 회장	2001.12.16~2002.05.28	설립 임원
			2002.05.29~2004.05.28	
이사	이동호	서울대 의대 부교수	2001.12.16~2002.05.28	설립 임원
			2003.06.04~2005.06.03	
이사	신영수		2001.12.16~2003.05.28	설립 임원
이사	정광춘	잉크테크(주) 대표이사	2001.12.16~2002.05.28	설립 임원
			2002.05.29~2004.05.28	
개방이사			2006.10.31~2008.10.30	
이사	정광필	이우교육공동체 공동대표 (전)이우중고등학교 교장	2001.12.16~2002.05.28	설립 임원
			2002.05.29~2004.05.28	
			2006.09.07~2008.09.06	
			2008.09.07~2010.09.06	
			2010.09.07~2012.09.06	

이사	차형근	차형근법률사무소 대표	2001.12.16 ~ 2003.06.03	설립 임원
			2003.06.04 ~ 2005.08.18	
이사	하동근	성남문화연구소 대표 성남환경운동연합 공동대표	2001.12.16 ~ 2002.05.28	설립 임원
			2002.05.29 ~ 2004.05.28	
이사	한애규	조소 작가	2001.12.16 ~ 2002.05.28	설립 임원
이사	백정훈	서울배재고등학교 교사	2003.06.04 ~ 2005.06.03	
			2007.06.14 ~ 2009.04.24	
이사	신희준	하쿠호도제일 광고팀장	2003.06.25 ~ 2005.06.24	
이사	김희경	과천중학교 교사	2004.09.07 ~ 2005.06.03	
			2005.06.04 ~ 2007.06.03	
이사	조수정	변호사	2004.09.07 ~ 2005.06.03	
이사	허홍	엔씨소프트 이사	2004.09.07 ~ 2006.09.06	
이사	노창준	바텍(주) 대표이사	2004.09.07 ~ 2006.09.06	
			2006.09.07 ~ 2008.09.06	
			2008.09.07 ~ 2010.09.06	
이사	김미숙	민들레영토 점장	2004.09.07 ~ 2006.09.06	
개방이사		성남인간교육실현학부모연대	2008.10.31 ~ 2010.10.30	
이사	윤경수	남양(주) 상무이사	2004.09.07 ~ 2006.09.06	
이사	전명진	세명대학교 교수	2005.06.04 ~ 2007.06.03	
			2007.06.14 ~ 2009.06.13	
감사			2009.06.18 ~ 2011.06.17	
이사	최영준	달구벌고등학교 교장	2005.06.04 ~ 2006.06.27	
이사	연혜경	이사동작중학교 교사	2005.06.04 ~ 2007.06.03	
이사	박명규	엠엔에스월드 이사	2005.06.25 ~ 2007.06.24	
			2007.06.25 ~ 2008.06.28	
감사		하이델피클 대표	2010.06.18 ~ 2011.06.17	
			2011.06.18 ~ 2013.06.17	
이사	한승수	서울인헌고등학교 교사	2006.06.28 ~ 2007.06.03	
			2007.06.14 ~ 2009.06.13	
개방이사	이경재	한국성과향상센터 대표	2006.10.31 ~ 2008.10.30	
개방이사	윤두건	MVP창업투자 대표	2006.10.31 ~ 2008.10.30	
			2008.10.31 ~ 2010.10.30	
이사	안기영	서울종암중학교 교사	2007.06.14 ~ 2009.06.13	
이사	나선미	함께여는교육연구소 연구지원국장	2008.10.01 ~ 2009.06.24	
개방이사	장성은	유신고등학교 교사	2008.10.31 ~ 2010.10.30	
이사	안소미	한솔고등학교 교사	2009.06.18 ~ 2011.06.17	
이사	이은경	프리랜서(자녀교육상담)	2009.06.18 ~ 2011.06.17	
			2011.06.18 ~ 2013.06.17	

꿈꾸고 도전하고 함께 가다

이사	이상호	법무법인 원 변호사	2009.06.18 ~ 2011.06.17	
			2011.06.18 ~ 2013.06.17	
이사	김혜장	함께여는교육연구소 감사	2009.06.18 ~ 2011.06.17	
			2011.06.18 ~ 2013.06.17	
이사	신상열	성남산업진흥재단 본부장	2009.06.25 ~ 2011.06.24	
			2011.06.25 ~ 2013.06.24	
이사	이세용	인간교육실현학부모연대 이사장	2010.09.07 ~ 2012.09.06	
개방이사	이상일	울산대학교의과대학 예방의학교실 교수	2010.10.31 ~ 2012.10.30	
개방이사	정성욱	출판기획사감꽃미디어 개발이사	2010.10.31 ~ 2012.10.30	
감사	민재기	공인회계사, 정일회계법인 대표	2001.12.16 ~ 2002.05.28	설립 임원
			2002.05.29 ~ 2004.05.28	
감사	전호근	한양증권 과천지점장	2001.12.16 ~ 2002.05.28	설립 임원
			2002.05.29 ~ 2004.05.28	
감사	박정기	안건회계법인 회계사	2005.06.04 ~ 2007.06.03	
감사	신명철	참산부인과소아과의원 원장	2007.06.14 ~ 2009.06.13	
감사 개방감사	권오선	대성회계법인 회계사	2004.05.29 ~ 2006.05.28	
			2006.10.04 ~ 2008.10.03	
개방감사	기중서	국제대학교 세무회계정보과 부교수	2008.10.04 ~ 2010.10.03	

학교운영위원회 역대 운영위원

이우중학교 학교운영위원회(2003-2013)

[2003년]

학부모위원	교원위원	지역위원
김미숙	강병욱	이상락
박세원	노길상	
	정광필	

[2004년]

학부모위원	교원위원	지역위원
김지영	노길상	
박명규	조경선	
박성용		
이성옥		

[2005년]

학부모위원	교원위원	지역위원
박명규	김소희	지운근
신상열	노길상	
이승룡		
이영진		

[2006년]

학부모위원	교원위원	지역위원
김혜장	김철원	지운근
안기영	조경선	
김미현		
양용준		
나선미		

[2007년]

학부모위원	교원위원	지역위원
장의현	정광필	김동기
김영회	김철원	
심명화	엄지선	
박현정		

[2008년]

학부모위원	교원위원	지역위원
최영주	조경선	김완중
장성은	한광수	
이철희	정광필	
박창호		

[2009년]

학부모위원	교원위원	지역위원
김재형	정광필	박영철
박명규	유봉인	
김장권	임명수	
조경훈		
최희선		

[2010년]

학부모위원	교원위원	지역위원
박강호	이수광	한동건
손해윤	유봉인	
정미혜	장기혁	
정선태		
박광현		

꿈꾸고 도전하고 함께 가다

[2011년]

학부모위원	교원위원	지역위원
박강호	유봉인	한동건
김인현	김진원	
유재혁	한광수	
안주리		

[2012년]

학부모위원	교원위원	지역위원
윤덕호	장기혁	김재형
박상준	김진원	
조규범	한광수	
오홍민		

[2013년]

학부모위원	교원위원	지역위원
정선태	김진원	김재형
김영균	백남희	
이상원	한광수	
이 욱		

이우고등학교 학교운영위원회(2003-2013)

[2003년]

학부모위원	교원위원	지역위원
고미숙	강병욱	서희경
최종해	노길상	
	정광필	

[2004년]

학부모위원	교원위원	지역위원
연혜경	강병욱	이태순
조창근	우경윤	
한승수		
허성윤		

[2005년]

학부모위원	교원위원	지역위원
김명호	이광호	김평호
김정인	우경윤	
김혜선		
신동근		

[2006년]

학부모위원	교원위원	지역위원
김성일	최병호	김평호
김영화	이선영	
이상일		
최영주		
조창근		
민혜경		

[2007년]

학부모위원	교원위원	지역위원
양용준	정광필	김동기
최화순	이선영	
배순애	김주현	
이상일	박찬학	
노우숙		
민순기		

[2008년]

학부모위원	교원위원	지역위원
최영주	정광필	김석용
윤태일	임명수	김대진
이영진	이선영	
박미자	김원우	
김재형		
신동희		
민순기		

[2009년]

학부모위원	교원위원	지역위원
김재형	정광필	김석용
김용길	김철원	
맹주호	강병욱	
오홍민	이선영	
이병수		
전숙례		

[2010년]

학부모위원	교원위원	지역위원
박강호	정광필	김재형
손해윤	김철원	김형준
서재림	우경윤	
안기영	최병호	
신희준		
김명하		

[2011년]

학부모위원	교원위원	지역위원
박강호	이수광	김석용
윤덕호	김철원	김형준
정숙경	조경선	
신상철	이성미	
이영희		
김삼수		
전소현		

[2012년]

학부모위원	교원위원	지역위원
윤덕호	이수광	김석용
정길배	김철원	김형준
박선민	전용석	
이수구	김정래	
이미라		
양용준		
유정희		

[2013년]

학부모위원	교원위원	지역위원
정선태	이수광	김석용
손해윤	전용석	양홍석
정성미	김정래	
장지혜	김주현	
박정원		
신희준		
길정선		

(사)함께여는교육연구소 역대 임원

[현재의 임원(2013년 11월 현재)]

직위	성명	소속	임기	비고
이사장	한동헌	노래를찾는사람들 대표	2006. 01. 20-2010. 01. 19	이사
			2010. 01. 20-2012. 03. 07	이사
			2012. 03. 08-2014. 01. 19	이사장
이사	이광호	함께여는교육연구소 소장	2006. 01. 20-2010. 01. 19	
			2010. 01. 20-2014. 01. 19	
			2010. 01. 20-2014. 01. 19	

이사	이경재	전인교육연구소 소장	2006. 01. 20-2010. 01. 19	이사장
			2010. 01. 20-2012. 03. 07	이사장
			2012. 03. 08-2014. 01. 19	
이사	장 석	이우학원 이사장 중앙시푸드(주) 대표이사	2006. 01. 20-2010. 01. 19	
			2008. 01. 20-2012. 01. 19	
			2012. 03. 08-2016. 03. 07	
이사	정광필	전 이우중고등학교 교장	2006. 01. 20-2010. 01. 19	
			2010. 01. 20-2014. 01. 19	
이사	양용준	(사)공동육아와공동체교육 이사	2012. 03. 08-2016. 03. 07	
이사	이수광	이우중고등학교 교장	2012. 03. 08-2016. 03. 07	
감사	민재기	정일회계법인 부대표	2006. 01. 20-2008. 01. 19	
			2010. 01. 20-2012. 01. 19	
			2012. 03. 08-2014. 03. 07	
감사	김혜장	여성학자	2006. 01. 20-2007. 01. 19	
			2009. 01. 20-2011. 01. 19	
			2011. 03. 31-2013. 03. 30	
			2013. 03. 31-2015. 03. 30	

[과거의 임원]

직위	성명	소속	임기	비고
이사	이건행	법무법인에이팩스 변호사	2006. 01. 20-2008. 01. 19	
			2008. 01. 20-2012. 01. 19	
이사	조혜정	연세대학교 문화인류학과 교수	2006. 01. 20-2008. 01. 19	
			2008. 01. 20-2012. 01. 19	

이우중고등학교 역대 교사

[2003학년도]

교장	정광필	
교감	중	고
	최영준	
교무팀	교무: 백희봉	교무: 우경윤
1학년	팀장: 노길상 김진희, 김형신, 김철원	팀장: 강병욱 이현영, 조경선, 강상미, 한문정, 김용우
행정실	행정실장: 홍인표 윤영석, 한규연	
법인실	기획실장: 이광호, 공동체 사무국장: 이재철	

꿈꾸고 도전하고 함께 가다

[2004학년도]

교장	정광필	
교감	중	고
	최영준	
교무팀	교무: 조경선	교무: 강병욱 학생: 김용우 정보: 김주현
1학년	팀장: 백희봉 김영임, 김형신, 노길상	팀장: 우경윤 임명수, 엄지선, 박예지, 한지영, 박소연, 임수진
2학년	팀장: 김철원 김소희, 정미옥, 최동원	팀장: 이광호 임선영, 이선영, 박준호, 양희권, 이현영
이우교육연구소	김혜영, 유봉인, 한석주	
행정실	행정실장: 홍인표 윤영석, 한규연, 정선미, 도서실-김태연	
급식실	영양사 송덕희, 조리원-변경임, 이영선, 정영자, 박정화, 송경옥, 임경희	

[2005학년도]

교장	정광필	
교감	중	고
	이수광	
교무팀	교무: 김진희	교무: 우경윤 학생: 조경선 연구: 이현영, 김주현 정보: 강병욱 도서실: 임수진
1학년	팀장: 김철원 김현아, 김영임, 임수경	팀상: 최병호 박소연, 임명수, 안정민, 민경석
2학년	팀장: 김형신 윤수정, 노길상, 백남희	팀장: 백희봉 박찬학, 김대관, 임선영, 엄지선, 양희권
3학년	팀장: 김용우 김소희, 유승화(2학기 김진원),장기혁	팀장: 이광호 박혜영, 김진수, 이선영,
함께여는교육 연구소	김혜영, 유봉인	
행정실	행정실장: 홍인표 윤영석, 한규연, 김미숙, 정선미, 당직-나필용, 보건실-김영숙	
급식실	영양사 송덕희, 조리원-김춘화, 이종현, 윤경숙, 이영선, 정영자, 송경옥, 임경희	

교장	정광필	
교감	중	고
	김철원	이수광
교무팀	교무: 김진희 학생: 김소희 연구: 이현영	교무: 최병호 , 전용석 학생: 김소희(고 겸임) 연구: 이현영, 김대관, 김형신, 백희봉 정보: 강병욱
1학년	팀장: 장기혁 엄지선, 민경석, 김현아	팀장: 노길상 박소연, 백남희, 양희권, 이성미, 김원우
2학년	팀장: 이재철 임수경, 안정민, 한광수	팀장: 김주현 임수진, 박찬학, 이선영, 김진수
3학년	팀장: 조경선 운수정, 김진원, 김영임	팀장: 우경윤 임명수, 임선영, 방지현, 김나리
함께여는교육 연구소	이광호, 유봉인, 박성종, 방민창	
행정실	행정실장: 홍인표 윤영석, 김미숙, 정선미, 박진아, 당직-나필용,서창원 보건실-김영숙, 도서실-성기연	
급식실	영양사-송덕희, 조리원-김춘화, 윤경숙, 정영자, 송경옥, 임경희, 이수정, 양승연	
법인실	법인사무국장: 민순기	

교장	정광필	
교감	중	고
	김철원	이수광
교무팀	교무: 조경선 교무계: 김진희 연구: 김현아	교무: 이선영 학생: 임수진 연구: 이현영 정보: 강병욱 특성화: 김영호, 이재철, 민경석 상담: 문임숙
1학년	팀장: 임선영 한광수, 임수경, 엄지선	팀장: 임명수 강성희, 황성희, 김영임, 김원우, 이성미, 양희권
2학년	팀장: 장기혁 김나리, 김소희, 백남희	팀장: 김주현 전용석, 박소연, 노길상, 김형신, 장미
3학년	팀장: 백희봉 윤수정, 안정민, 김진원	팀장: 최병호 방지현, 박찬학, 김진수, 김대관, 양희권

함께여는교육 연구소	이광호, 우경윤, 유봉인, 방민창, 나선미, 황순예
행정실	행정실장: 홍인표 윤영석, 김미숙, 정선미, 박진아, 당직-나필용, 서창원 보건실-김순옥, 도서실-성기연, 특수교육실무사-김혜숙
급식실	영양사-송덕희, 조리원-김춘화A, 정영자, 임경희, 이수정, 양승연, 김미경, 김춘화B
법인실	법인사무국장: 민순기

[2008학년도]

교장	정광필	
교감	중	고
	이수광	
교무팀	교무: 조경선 학생: 김진원 연구: 노길상	교무: 이선영 학생: 임수진 연구: 이현영, 방지현 정보: 강병욱 특성화: 김영호, 백남희, 이재철
1학년	팀장: 김현아 김지예, 장미, 김형신	팀장: 박찬학 김진수, 김영임, 임명수, 안정민
2학년	팀장: 김주현 한광수, 김소희, 박윤정	팀장: 백희봉 유봉인, 전용석, 김원우, 양희권, 황성희
3학년	팀장: 장기혁 임수경, 임선영, 민경석	팀장: 김철원 김나리, 강성희, 김대관, 김정래
함께여는교육 연구소	이광호, 우경윤, 최병호, 나선미, 방민창, 황순예	
행정실	행정실장: 홍인표 윤영석, 김미숙, 이갑선(정선미-육아휴직대체), 박진아, 당직-나필용, 서창원 보건실-김순옥, 도서실-성기연, 특수교육실무사-김혜숙	
급식실	영양사-송덕희 조리원-김춘화A, 김미경, 김춘화B, 박은숙, 김영숙, 강정희, 이정숙, 고금숙	
법인실	법인사무국장: 민순기	

[2009학년도]

교장	정광필	
교감	중	고
	우경윤	김철원
교무팀	교무: 임명수 학생: 김진원	교무: 이선영 학생: 임수진

교무팀	연구: 노길상	연구: 방지현, 이재철 정보: 전용석
1학년	팀장: 장기혁 전희경, 김형신, 윤수정	팀장: 이현영 민경석, 김원우, 안정민, 김정래
2학년	팀장: 김현아, 김진희, 한광수, 백남희	팀장: 박찬학 이성미, 박소연, 정혜찬, 최병호, 김진수, 양희권
3학년	팀장: 유봉인, 김소희, 김영임, 동윤정, 다니엘 리	팀장: 백희봉 김나리, 강병욱, 김대관, 조경선
함께여는교육 연구소	이광호, 이수광, 나선미, 김소영	
행정실	행정실장: 홍인표 윤영석, 김미숙, 정선미, 박진아, 이창열, 당직-나필용, 서창원 보건실-김순옥, 임숙현, 도서실-성기연, 특수교육실무사-김혜숙	
급식실	영양사-송덕희 조리원-김춘화A, 김미경, 김춘화B, 박은숙, 김영숙, 이정숙. 고금숙	
법인실	법인사무국장: 민순기	

[2010학년도]

교장	정광필	
교감	중	고
	우경윤	김철원
교무팀	교무: 임명수 학생: 김영임	교무: 조경선 학생: 안정민 연구: 방지현, 김주현, 이재철 정보: 전용석
1학년	팀장: 김진원 한광수, 이보솜, 임수경	팀장: 이선영 임수진, 김소희, 김원우, 이윤경, 진리 유
2학년	팀장: 유봉인 윤수정, 백남희, 김형신	팀장: 이현영 김나리, 박찬학, 김유리, 김정래, 김진수
3학년	팀장: 김현아 김진희, 노길상, 장기혁, 다니엘 리	팀장: 강병욱 이성미, 박소연, 임선영, 최병호
함께여는교육 연구소	이광호, 이수광, 백희봉, 설민욱	
행정실	행정실장: 홍인표 윤영석, 김미숙, 이보미(정선미-육아휴직대체), 박진아, 당직-나필용, 서창원 보건실-임숙현(1학기), 안수진(2학기), 도서실-신윤섭, 교무실-김혜정, 전현주, 과학실-양세근, 특수교육실무사-김혜숙	
급식실	영양교사-송덕희 조리원-김춘화A, 김미경, 김춘화B, 박은숙, 김영숙, 이정숙, 고금숙	
법인실	법인사무국장: 민순기	

교장	이수광	
교감	중	고
	유봉인	김철원
교무팀	교무: 김진원 학생: 장기혁	교무: 조경선 학생: 임선영 연구: 최병호, 방지현, 이재철 정보: 김영진
1학년	팀장: 김현아 윤미영, 김유리, 임명수	팀장: 강병욱 김원우, 이지선, 김주현, 박희진, 김두식
2학년	팀장: 백남희 한광수, 다니엘 리, 김지원, 문임숙	팀장: 박찬학 김소희, 선혜영, 임수경, 김명선, 진리 유
3학년	팀장: 윤수정 김진희, 이보솜, 노길상	팀장: 이현영 김정래, 김진수, 김나리, 전용석, 이성미
함께여는교육 연구소	이광호, 우경윤, 정승훈, 설민욱	
행정실	행정실장: 홍인표 윤영석, 김미숙, 정선미, 박진아, 최선영, 장민환, 당직-서창원, 임달철 보건실-안수진, 도서실-문지원, 특수교육실무사-김혜숙 교무실-전현주, 최인영, 조명진, 과학실-이현희	
급식실	영양교사-송덕희 조리원-김춘화A, 김춘화B, 박은숙, 김영숙, 이정숙. 오은주, 장은자, 정은미	
법인실	김다혜	

교장	이수광	
교감	중	고
	유봉인	김철원
교무팀	교무: 김진원 학생: 장기혁 연구: 김현아	교무: 전용석 학생: 임수경 연구: 최병호(2학기-정현정), 이성미(2학기-김선기), 이재철 정보: 김정래
1학년	팀장: 임명수 윤수정, 김영진, 김유리	팀장: 강병욱 김두식, 김은주, 조경선, 이지선, 김수현
2학년	팀장: 백남희 윤미영, 노길상, 김지원, 알렉시스	팀장: 이현영 이유정, 이보솜, 김원우, 박희진, 김주현
3학년	팀장: 한광수 신아연, 김은선, 강성회	팀장: 박찬학 이지현, 김진수, 선혜영, 김명선

행정실	행정실장: 홍인표 윤영석, 김미숙, 정선미, 박진아, 최선영, 장민환, 당직−서창원, 임달철 보건실−임수연, 도서실−문지원, 특수교육실무사−김혜숙 교무실−전현주, 최인영, 조명진, 과학실−이지현
급식실	영양교사−송덕희 조리원−김춘화, 박은숙, 김영숙, 이정숙, 장은자, 정은미, 공연주
법인실	김다혜

[2013학년도]

교장	이수광	
교감	중	고
	김철원	유봉인
교무팀	교무: 김진원 학생: 백남희 연구: 김현아	교무: 전용석 학생: 안정민 연구: 우경윤, 정현정 정보: 김정래
1학년	팀장: 김영진 강병욱, 최승희, 김유리	팀장: 조경선 강성희, 김은주, 권수연, 김다위, 김수현
2학년	팀장: 임명수 신아연, 한광수, 김영임	팀장: 김진수 김두식, 김나리, 유경아, 김철우
3학년	팀장: 장기혁 김은선, 노길상, 김지원, 알렉시스	팀장: 이현영 방지현, 김신기, 김원우, 김명선, 김주현
상담실	김선우	
함께여는교육 연구소	이광호, 박찬학, 정승훈, 설민욱	
행정실	행정실장: 홍인표 윤영석, 김미숙, 정선미, 박진아, 최선영, 장민환, 당직−서창원, 임달철 보건실−김민경, 도서실−박지선 교무실−최인영, 조명진, 서수정, 과학실−이지현	
급식실	영양교사−송덕희 조리원−김춘화, 박은숙, 이정숙, 장은자, 정은미, 공연주	
법인실	김다혜	

꿈꾸고 도전하고 함께 가다

총학생회 역대 임원

[중학교 학생회 임원]

구분	연도	총학생회장	1학년 회장	2학년 회장	3학년 회장
1	2005	이종은	이재현	남순아	한상민
2	2006	백수연	신주협	이수진	이수혁
3	2007	차민주	최정윤	김나연	김민주
4	2008	한지훈	오예슬	김태훈	박하림
5	2009	황명현	정기훈	이석준	채주환
6	2010	김보경	서동윤	김호수	황한결
7	2011	김호수	정단우	조승연	유도영
8	2012	홍세희	김지호	김현진	유지우
9	2013	정단우	박건영	최서혜	윤수한

[고등학교 학생회 임원]

구분	연도	총학생회장	1학년 회장	2학년 회장	3학년 회장
1	2003~2004	박성진	진태욱	김정현	
2	2005	하정	장대환	김현명	정지윤
3	2006	김현명	이해성	김형기	전단비
4	2007	장대환	양세진	한상민	박소미
5	2008	이수경	유재용	서재욱	차명식
6	2009	신은비	이우균	서중원	박나라
7	2010	이은지	이지용	김지아	서중원
8	2011	최정호	김나로	박주혁	한지훈
9	2012	김태홍	윤여원	임선우	신서경
0	2013	남윤아	성현우	권오연	김보경

학부모회 역대 임원

[이우학부모회 임원 명단(2003-2013)]

	회장	부회장	중1대표	중2대표	중3대표	고1대표	고2대표	고3대표
2003	최종해	김미숙	김미숙			최종해		
2004	한승수	연혜경	박성용	박명규		연혜경	한승수	
2005	신상열	김영호	이영진	이승용	신상열	신동근	김영호	김정언
2006	조창근	김혜장	나선미	이광호	김혜장	김성일	최영주	조창근
2007	양용준	심명화	장의현	이영희	심명화	최화순	한승수	이상일
2008	최영주	윤태일	장성은	이철희	박창호	이영진	김재형	윤태일
2009	김재형	박명규	조경훈	김장권	박명규	김혜영	전숙례	오홍민
2010	박강호	손해윤	박광현	정선태	정미혜	박준영	안기영	손해윤

2011	박강호	윤덕호	안주리	유재혁	김인현	김삼수	신상철	윤덕호
2012	윤덕호	양용준	박상준	조규범	오홍민	정길배	이수구	양용준
2013	정선태	신희준	김영균	이상원	이 욱	손해윤	장지혜	신희준

* 2003년은 개교 첫 해라 한 개 학년, 2004년은 두 개 학년이 있었음

이우생활공동체(이우생활협동조합) 역대 간부

[이우생활협동조합 · 이우생활공동체 역대 간부]

총회 날짜	이사장	사무국장	이사	감사
2003. 12. 19 (창립 총회)	구준성 (학생)		고등학생: 박나래(부이사장), 오상희, 임정택 중학생: 석자은(부이사장), 홍지혜, 한상민 학부모: 김선엽(부이사장), 조연옥 교사: 김용우	
2005. 4. 30	박영주		박영주, 김선엽, 김지영, 민태순, 박현실, 윤유경, 조창근, 최화순, 김용우(교사), 전단비(학생), 유새하(학생)	윤선미(학생), 김도영, 김혜영
2006. 3. 8	박영주		박영주, 박현실, 김지영, 최성희, 정혜숙, 신동근, 윤경자, 백남희, 윤선미(학생), 윤여재(학생)	김도영, 전소현, 남순아(학생)
2007. 3. 29	김도영	박현실, 김지영	최영주, 최성희, 김도영, 배순애, 임윤희, 정혜숙, 김영호, 석자은(학생), 남순아 (학생), 김란경, 박혜성, 이경아, 김중성, 윤소영, 김영호, 신재정, 심명화, 양용준, 김혜영	김혜영, 박영주
2008. 3. 14	김혜영	김지영	김혜영, 박혜성, 김영호, 양용준, 김중성, 신재정, 이경아, 심명화, 김란경, 윤소영	기중서, 박영주
2009. 3. 7	김혜영	김미호	김혜영, 김중성, 신재정, 심명화, 김란경, 윤소영, 이경아, 유진희, 최영주, 우경윤, 허장	민재기, 민혜경
2010. 3. 19	최영주	김미호	최영주, 윤정란, 신성애, 황연주, 오수형, 박종경, 유봉인, 정태진, 최미경, 정미혜, 김은희, 김태겸	김혜영, 민재기
2011. 3. 11	윤정란	김미호	신성애, 박종경, 오수형, 황연주, 윤정란, 유봉인, 최미경, 정태진, 김은희, 정미혜, 김태겸	최영주, 민재기

꿈꾸고 도전하고 함께 가다

| 2012. 3. 16 | 윤정란 | 김미호 | 윤정란, 오수형, 정미혜, 박종경, 유봉인, 정태진, 장석, 신명철, 이선우, 정경자, 김은주, 심명화, 안기영, 백철안, 이미라, 조경훈 | 최영주, 민재기 |
| 2013. 3. 16 | 윤정란 | 김미호 | 윤정란, 오수형, 윤덕호, 정경자, 황영미, 심명화, 김은주, 이미화, 윤미경, 신명철, 장 석, 유봉인 | 최영주, 민재기 |

이우중학교 졸업생 명단

● **제1회(2006년 02월 10일 졸업)**

김가영 김남경 김누리 김다현 김대호 김동민 김민석 김민주 김 산 김석영 김세영 김정현
노선덕 도경현 민현선 박 결 박석준 박종겸 박현근 박 훈 백소영 백지수 석자은 성다영
송한솔 신나라 신민정 신한슬 안효윤 양새봄 양지연 우명식 유아름 윤가람 윤서연 윤해영
이 경 이수경 이승준 이윤수 이종민 이종은 이주영 이채문 이해성 이희수 임주연 장다해
전종찬 전호윤 정재일 조 인 지승연 차경훈 차명식 최동석 최지호 한상민 한상준 홍지혜
황대연

● **제2회(2007년 02월 10일 졸업)**

강한얼 권수민 권신욱 권연구 김다진 김대건 김미리 김민수 김상록 김수영 김어진 김 정
김지원 김지원 김찬울 김한길 김한길 김한비 김현혁 남규환 남순아 노윤선 류재홍 민경현
민선홍 박가원 박경민 박나라 박상우 박선아 박유리 박현빈 박혜미 백수연 서재욱 신은비
신종호 양세진 오인영 유태관 윤병집 이상규 이상익 이수나 이수혁 이승효 이예지 이윤경
이 정 이정하 이지민 이호경 임지빈 임진경 전종윤 정세기 조규영 조현준 채보영 채윤배
최세진 최지은 한승희 한정인

● **제3회(2008년 02월 16일 졸업)**

공준서 권정현 권태희 김덕영 김민주 김민형 김병찬 김서현 김성민 김윤희 김지원 김지현
김지호 김태여 노현덕 도미경 류경원 박지원 반세희 배정민 백이영 서리나 승희정 신경민
안지현 오민주 오상엽 유병호 유재용 윤수영 이경서 이도경 이슬기 이연수 이예림 이윤지
이은지 이재현 이진영 이창호 이현주 이혜인 이훈규 장서원 정호연 조해람 차민주 최용진
최유정 최진영 최창용 최현빈 한상은 한수민 한혜지 함석영 허 영 홍석윤 홍성주

● **제4회(2009년 02월 14일 졸업)**

권새봄 권지용 김경현 김나연 김민영 김선민 김이삭 김자혜 김지수 김태익 김해완 남진우

맹진솔 민지현 박미리내 박성은 박소연 박용진 박유림 박하림 박한규 박한배 박현운 백민주
백수민 변혜진 설고은 손아용 신경섭 신의규 신주협 신창하 안정균 양다빈A 양다빈B 양한슬
여권영 왕지의 우현식 유채원 윤동은 윤수한 윤영무 이가은 이도이 이동은 이민희 이상희
이석후 이소민 이우균 이충희 장현기 전수윤 정지영 조영채 지석정 최정호 최태식 한영조
한지훈 허준영 황호연

● 제5회 (2010년 02월 06일 졸업)

곽승재 곽지원 권은서 권태훈 김기찬 김민주 김 인 김차리 김태중 김태홍 김태희 김해슬
김호연 김효진 노경래 류가언 문재영 박신영 박종범 배정수 송형섭 승영진 신지환 안토일
안혜빈 양동현 유승부 유지연 윤희수 이경민 이단후 이동언 이 빈 이새봄 이선구 이선주
이소연 이소영 이재훈 이정수 이지용 이지윤 이현구 이형준 이효주 임효진 임희조 장지명
장한빛 장해수 전예은 정준민 정진우 채주환 최정우 최정윤 최준호 하채영 한승목 홍석인
황명현

● 제6회 (2011년 02월 12일 졸업)

곽태현 김나로 김보경 김시진 김이향 김태현 김호빈 김희연 남도연 남윤아 류지우 민준용
박소연 박소은 박윤수 박재현 배시은 배재현 손지민 송하영 신언규 신은경 심진수 오상헌
오예슬 오유민 유경현 윤수지 이미솔 이석준 이세은 이소윤 이승철 이승철 이은정 이인하
이재연 이종석 이준희 임성빈 임주연 장민기 전수주 전재영 전종서 정재원 지혜준 진영진
최다진 최세실리아   최인근 한선우 한승훈 한예린 현영태 홍석주 홍석희 홍인표 황한결
황회진

● 제7회 (2012년 02월 11일 졸업)

권세라 권영서 김담하 김도은 김민영 김민주 김우린 김윤수 김윤진 김재현 김지연 김채운
김하윤 김호수 김희재 맹사름 박나음 박민표 박영민 박영신 박예린 박용진 박의현 박인걸
박재우 박진국 박태민 박효경 박효주 백주찬 백지희 서혜준 송인혜 신유하 신정효 신주원
안서하 안형균 염아란 오상혁 오소연 유도영 윤여원 이승수 이영재 이용준 이진우 이창훈
이호중 장성희 정기훈 정윤서 조 선 조성률 조 영 조예린 조은나리 조재연 최윤혁 하재원
한주현

● 제8회 (2013년 02월 16일 졸업)

구하경 권도희 김경일 김대인 김동하 김민우 김보경 김보인 김성혁 김주원 김준형 김차민
김채영 김해나 김혜진 남지민 도연희 모정현 박건우 박승현 박영우 박예원 배수혁 배준혁
변우석 서동윤 서보나 서상필 성시영 성현우 손지호 신지아 심지섭 안성하 오영환 유건종
유지우 유 진 유창선 윤영섭 이가연 이강원 이경민 이규현 이상헌 이석효 이솔희 이승은
이유림 이종혁 이충연 정민경 정찬동 조승연 최인우 최재원 한용욱 한지혜 현민음 홍세희
황한울

꿈꾸고 도전하고 함께 가다

● 제1회 56명(2006년 2월 10일 졸업)

강선형 구재호 구준성 구현진 김경훈 김민석 김민제 김영록 김유나 김유선 김정현 김주은
김지현 김해니 마지아 박나래 박성진 박현선 배성림 백영경 서 희 석대범 손석완 송민근
송정훈 안서영 안 숙 양경아 오상희 윤준혁 이민지 이선영 이신애 이연주 이영진 이오림
이윤영 이은정 이일환 이지호 임정원 임정택 전수연 정권민 정지윤 조새하 조아라 조희승
차성원 최성수 최예미 최은혜 하 정 한상길 함다은 황지원

● 제2회 69명(2007년 2월 10일 졸업)

강동헌 강해은 곽정환 김민경 김 산 김선혜 김솔지 김수연 김수진 김예은 김지하 김지현
김한상 김현명 노승현 도재현 민은홍 민정현 박가현 박지민 백지영 서재형 서진교 송원준
안소현 안효진 양다솜 염종윤 오상윤 유새하 이동경 이동웅 이세희 이수륜 이승용 이 안
이윤복 이정우 이제호 이지연 이지은 이한준 이해원 임기호 임예지 장동남 장은경 장준호
장해인 전단비 정경진 정민준 정유빈 조민석 조 은 진태욱 진현아 채지은 최선률 최원석
최은별 최은혜 하현종 한민영 한이지 한혜성 허한중 홍석기 홍지은

● 제3회 69명(2008년 2월 16일 졸업)

구상희 기현주 김상윤 김상협 김은진 김중용 김진주 김형기 김형원 김혜인 나안수 남석종
노대원 도진영 류선혜 박다솜 박상미 박소미 박소정 박예모 박인해 변정민 봉요한 성원준
송유화 송호정 신세현 양세근 양예슬 양희람 유성미 유혜인 윤경민 윤선미 윤여재 이길동
이민기 이산하 이상원 이상윤 이소중 이영준 이유경 이정원 이종선 이주현 이준용 이태환
이혜지 이황수 이희연 임창영 장대환 전수환 정조영 정준웅 조성민 조한새나 주영립 지연지
차새날 최정호 최종숙 최지희 허정은 현예솔 홍민기 홍석영 황한찬

● 제4회 77명(2009년 2월 14일 졸업)

고예린 김가영 김남경 김다현 김동민 김민석 김민영 김민주 김 산 김석영 김재원 김준엽
김한솔 노선덕 도경현 민현선 박 결 박경래 박상호 박석준 박소정 박종겸 박시수 박현근
백소영 백승우 석자은 성다영 성유진 송한솔 신나라 신민정 신한슬 안효윤 양새봄 양지연
엄유진 여다영 우명식 유아름 윤가람 윤기훈 윤서연 윤지애 윤해영 이건호 이 경 이동규
이석화 이수경 이승준 이종민 이종은 이주영 이채문 이해성 이희민 이희수 임세연 임원택
임주연 장다해 전다화 전종찬 전호윤 정재일 정지수 차경훈 차명식 채희연 최동석 최준환
최지호 한상민 한상준 홍지혜 황대연

● 제5회 76명(2010년 2월 6일 졸업)

강수희 강영준 강한얼 고영은 권신욱 김강산 김경재 김경진 김대건 김민수 김민호 김범석

김법진 김병준 김상록 김성민 김솔누리 김수영 김어진 김 정 김지원 김지윤 김지환 김한길
김한비 김현혁 남규환 문종화 민경현 박경민 박나라 박동희 박상우 박유리 박지수 박혜미
백수연 서재욱 신소연 신은비 신종호 심새별 양세진 오인영 오치우 유해리 윤병집 이경륜
이상규 이상익 이수나 이수빈 이수혁 이예지 이윤경 이 정 이정하 이태영 이하늘 이현우
이호경 임지빈 임진경 장수희 전종윤 정세기 조규영 조용민 조현준 채보영 채윤배 최은진
최지은 최호진 추성훈 한승희

● 제6회 78명 (2011년 2월 12일 졸업)

공준서 권정현 권태희 김덕영 김문정 김민주 김병찬 김서현 김성민 김재경 김준석 김지원
김지원 김지호 김진영 김찬솔 김태연 김현중 김휘진 남아란 노푸름 노현덕 도미경 류경원
민관우 박민규 박소연 박정민 박정인 박지원 반세희 배정민 서리나 서중원 성지윤 손예지
승희정 신경민 안지현 오민주 오상엽 오수은 오주원 우주현 유병호 유재용 윤수영 이경서
이도경 이 룩 이상준 이수빈 이슬기 이예림 이은지 이재민 이재현 이정혁 이진영 이창호
이현주 이혜인 이훈규 장서원 전 한 정재창 조해람 차민주 최영민 최용진 최주영 최진영
최창용 최현빈 한수민 한혜지 허 영 홍석윤

● 제7회 77명 (2012년 2월 11일 졸업)

구연수 권새봄 권성은 권지용 김동은 김민영 김선민 김윤희 김이삭 김지수 김지아 김지윤
김태익 노우란 노준열 맹진솔 민지현 박규원 박다현 박미리내 박세은 박수민 박유림 박주연
박한배 배세아 백수민 변상훈 변혜진 손아용 손유나 송현구 신경섭 신의규 신주협 신창하
안정균 양다빈A 양다빈B 양한슬 양해민 여권영 우현식 유채원 윤동은 윤수한 윤영무 이가은
이도이 이동민 이동엽 이상희 이석후 이소민 이승현 이우균 이유정 이정원 이정현 이충희
이한별 장현기 전수윤 정미나 정수홍 정지영 정하림 조영채 조예준 조우림 주영헌 지석정
최정호 최태식 한지훈 홍승택 황호연

● 제8회 81명 (2013년 2월 16일 졸업)

강다운 강민석 곽승재 곽지원 권태훈 김고은 김명진 김민주 김민지 김민지 김 인 김재석
김정환 김차리 김창환 김태중 김태홍 김태희 김해슬 김호연 김효진 노경래 류가언 문승현
박신영 박예지 박종범 박주혁 박하나 박현선 박현수 배정수 송승연 승영진 신서경 신지환
안혜빈 양다솔 양동현 유승부 유지연 윤기영 윤상원 윤희수 이경민 이단후 이동언 이 빈
이새봄 이서현 이선구 이선주 이소연 이소영 이예림 이재훈 이정수 이주혁 이지용 이지윤
이태관 이현구 이형준 임효진 임희조 장한빛 장해수 전미영 정소빈 정준민 정진우 주 별
채주환 최정우 최정윤 최준호 하채영 한승목 한우주 홍석인 홍유니

오늘 우리는 힘을 모아 이우교육공동체를 창립합니다. 교육은 한 나라의 백년지대계라 했습니다. 하지만 오늘날 우리 교육의 현실은 암울하기만 합니다. 많은 학생들이 학교 생활에 넌더리를 내고 부모들은 학교 교육보다는 사교육과 해외 유학을 선호하고 있습니다.

더욱이 지금의 학교 교육이 과연 21세기 새로운 사회가 요구하는 인간을 길러낼 수 있는가에 관해서도 심각한 의문이 제기되고 있습니다. 21세기는 자기 주도적인 학습력을 바탕으로 세계에 대한 폭넓은 안목을 가짐과 동시에 이웃과 자연까지도 더불어 살 수 있는 인간을 필요로 하기 때문입니다.

90년대 초부터 뜻있는 분들이 공교육의 위기를 극복할 대안을 마련하자는 취지에서 대안 학교 운동을 전개해 왔습니다. 그 결과 전국 11곳에 대안 학교가 설립되어 교육계에 새 바람을 불러일으키고 있습니다. 하지만 재정 문제 등의 장벽으로 인해 정작 교육 문제가 가장 심각한 대도시 지역에 문을 연 곳은 아직 없습니다.

이에 우리는 공교육이 개혁되기만을 넋 놓고 기다릴 수 없다고 판단한 끝에 각계각층의 뜻있는 이들의 힘을 모아 '이우교육공동체'를 창립합니다. 새로운 교육을 통해 내일의 희망을 일구고자 하는 염원에서 이곳 성남 지역에 도시형 대안 중 · 고등학교인 이우학교를 열고자 한 것입니다.

우리는 21세기의 시대적 과제를 해결하는 데 한 몫을 해낼 수 있는 학생을 선발하여, 그들을 성 · 계급 · 인종 · 종교 · 장애 여부를 뛰어넘어 인간을 존중하고, 생명과 환경을 소중히 여기며, 21세기의 현실 속에서 나와 다른 '남'과 더불어 살아갈 수 있는 상생(相生)의 지혜를 터득한 사람으로 기르고자 합니다.

이를 위해 이우학교에서는 중등 과정 6년간을 일관된 철학과 방법으로 교육하려 합니다. 21세기에 걸맞는 전인격적 인간 형성을 목표로 다양한 삶의 체험을 통해 온몸으로 학습하기, 서로 돕고 협동하는 방법을 익히기, 학생 중심의 열린 교육을 통해 창의력과 개성을 신장시키기, 철학교육과 명상을 통해 마음의 착한 싹을 틔우기에 주력할 것입니다.

아울러 우리는 성남 지역에 더불어 사는 문화를 창달하기 위해 노력하겠습니다. "가장 훌륭한 교육은 어른들의 아름다운 삶 그 자체"라고 믿기 때문입니다.

이런 우리의 시도가 결실을 맺어 대안 학교 설립 운동이 도시 지역에 널리 확산되는 한 계기가 되기를 희망합니다. 그렇게 되면 지금까지 교육에서 소외되었던 시민들이 교육의 한 주체로 거듭나는 한편 흔들리는 공교육이 정상화되는 데에도 크게 기여할 수 있을 것입니다.

이우교육공동체 성원 여러분! 오늘 우리가 심은 '이우학교'라는 묘목이 넉넉한 그늘을 지닌 아름드리 나무로 자랄 수 있도록 우리 모두 벗으로써 최선을 다해 봅시다. 그리고 앞으로 닥칠 여러 시련과 난관들을 열린 사고와 대화로써 하나씩 헤쳐 나갑시다.

'더불어 사는 삶'을 배우고 익힌 청소년들만이 21세기의 희망을 연다고 믿는 분들, 공동체 문화를 널리 확산시키길 원하는 분들! 모두 저희의 대열에 함께 해 주시기 바랍니다.

2001. 12. 2

이우교육공동체 회원 일동

우리는

배움을 통해 변화와 성장을 이루어가는 공동체이다.

배움과 가르침이 학교 안에 머무르지 않고

변화와 성장이 가정과 마을의 경계를 넘어

온 누리로 퍼지도록 노력한다.

우리는

내면의 빛을 밝혀

이기심과 조바심의 지름길을 좇지 아니하고

창조적인 지성과 따뜻한 마음으로

새로운 삶의 희망을 일구어내는 데 함께 하고자 한다.

그리하여

성, 계급, 인종, 종교가 다른 사람들이 더불어 살아가고

하늘과 땅 그리고 그 안의 뭇 생명체들과 조화롭게 공존하는

우리 모두의 아름다운 미래를 열어 나가고자 한다.

이를 위해, 우리 모두는

1. 내면의 소리에 귀 기울이며 살아갑니다.
2. 상대방의 입장에서 먼서 생각합니다.
3. 말하기 전에 남의 이야기를 겸허하게 듣습니다.
4. 우리가 가진 것을 함께 나눕니다.
5. 큰 뜻을 이야기 하는 것 못지않게 작은 실천을 중시합니다.
6. 묵묵히 궂은일을 수행하는 사람을 존경합니다.
7. 새로운 일에 기꺼이 도전합니다.

● 이우 학생의 약속

〈몸과 마음〉
1) 나만이 낼 수 있는 색을 찾자!
2) 환경의 소중함을 알고 실천하자!
3) 지금 이 순간에 충실하자!
4) 다양한 눈으로 보고 느끼자!

〈사이맺음〉
5) 우린 서로 달라서 소중해. 서로를 존중하자!
6) 약속을 잘 지키자!
7) 진심으로 듣자!

〈배움〉
8) 배움은 일방통행이 아니다. 서로에게 배우자!
9) 마음의 양식, 책을 맛있게 읽자!
10) 말만 앞서지 말고 배움을 실천하자!

● 이우 교사의 약속

1. 약속은 소중하다. 수업 시간, 회의 시간 엄수하자!
2. 성숙한 대화가 성숙한 교사 문화를 만든다.
   1) 직접: 뒷말하지 않는다.
   2) 솔직히: 빙빙 돌리며 말하지 않는다.
   3) 부드럽게: 인상을 찌푸리거나 화를 내며 말하지 않는다.
   4) 끝까지: 상대방의 말을 끝까지 귀 기울여 듣는다.
3. 고른 업무 분담, 책임 있는 업무 수행 속에 동료애가 싹튼다.
   1) 업무를 고루 나눈다.
   2) 내가 맡은 일은 내가 책임진다.
   3) 업무 기한을 지킨다.
4. 교사는 전지전능한 평가자가 아니다.
   1) 조심스럽게: 우리의 한 마디가 아이에겐 버팀목이 될 수도 있고, 비수가 될 수도
      있다.

2) 찬찬히: 아이의 내적 성숙을 보는 마음의 눈을 기른다.

3) 경계를 넘어: 이우스런 아이와 非이우스런 아이를 가르는 기준은 없다.

5. 학부모는 우리의 동반자다.

1) 경계심을 풀고: 열린 마음으로 대화한다.

2) 감사히 여기며: 본교 교육의 질은 상당 부분 학부모들의 노고 덕분이다.

3) 부모의 심정을 헤아리며 : 그분들의 말씀에 귀 기울인다.

6. 배움은 멈추지 않는다.

1) 운동을 하나씩!

2) 서로의 수업을 통해 함께 배운다.

3) 쉴 때는 확실히!

● **이우 학부모의 약속**

1. 원서 쓸 때의 마음을 잊지 않는다.
2. '나 하나쯤이야' 하지 말고 적극 참여한다.
3. 아이에게 바라는 생활방식을 나부터 실천한다.
4. 학교와 자녀를 믿고 사교육을 시키지 않는다.
5. 잔소리보다는 따스한 말을 한 마디 더한다.
6. 지혜, 돈, 힘, 재능 등 각자 가진 것을 나누고 기여한다.
7. 모든 아이들을 함께 키운다는 마음가짐으로 대한다.
8. 교사의 자율성, 전문성을 최대한 존중한다.
9. 건강한 시민, 따뜻한 이웃이 된다.
10. 우리의 터전이 많은 생명들을 빼앗은 결과임을 잊지 않는다.

학교법인이 '베가스튜디오'에 의뢰해 제작하고 2003년 6월 확정한 '학교 아이덴티티 디자인 설명서'다. 이 아이덴티티 디자인은 지금도 그대로 사용되고 있다. '베가스튜디오'는 이밖에도 책상, 의자, 교탁 등의 교구와 사인 시스템 등 학교에 필요한 광범위한 디자인 작업을 담당했다.

로고타입

씨앗과 벗

1 한글은 소리글자이다. 한글이라는 기호는 소리 형태소로서 의미가 분리된 표상, 즉 양식으로서 존재한다. 문자가 그림으로 읽혀질 수 있다면, 보다 구조적인 입장에서 한글이라는 문자를 형성하고 있는 소리 기호로서의 체계를 그림 기호로서의 체계와 결합시켜 새롭게 사용할 수 있다면 그 과정은 언어의 규칙을 놀이를 통해 다시 구성하는 작업일 것이고 그럼으로써 형식과 내용이 하나의 몸으로 나타날 수 있는 가능성을 보게 될 것이다.

2 '이우'는 '벗으로써'라는 한자어 의미를 지니고 있으며, 이우학교는 공동체 속에서 자신을 발견하고 생태라는 시각 속에서 그 공동체의 미래를 설계할 수 있는 아이들을 길러내고자 한다. 이우라는 글자에 이런 뜻을 함축하여 ●ㅣ우라는 문자 형식을 만들어 내었다. 두 사람의 벗이 서로 기대어 더욱 큰 힘을 형성하자는 의미의 우와 처음 시작은 작은 씨앗, 점의 형태로부터 만물이 시작됨을 의미하는 ●ㅣ이다. '씨앗과 벗'이라는 이 뜻과 모양으로 이우학교가 지향하는 생태와 공동체라는 가치를 담아 낸다.

모두어 자라남

1 그래픽 심볼은 문자가 통하지 않는 상황에서도 통할 수 있는 시각 언어를 의미한다. 그러나 시각적 상징의 체계에는 공식이 아니라 질서가 있을 뿐이다. 그 질서의 원리는 자연으로부터 습득한 어휘들로부터 올 것이다. 사물과의 대화를 통해서, 동시에 사물들의 원리를 재조직화 함을 통해서.

2 유기적인 공동체, 이우학교의 시각적 표상을 이렇게 정의할 수 있다. 그것은 새싹들의 모둠일 수도 있고 꽃일 수도, 또는 녹색의 불꽃이거나 사람들일 수 있지만 한편으로는 상생과 생장, 변화, 형성이기도 하다. 그리고 그 모두를 추상화하는 하나의 기호로서 '모두어 자라남' 이다.

3 이상적인 공동체는 아마도 다양한 개인의 존재를 포용할 것이다. 다르지만 함께 성장한다는 것, 조화로운 관계의 흐름을 만들어 가면서도 독자성을 잃지 않도록 배려한다는 것을 의미할 것이다. 다수와 소수, 그들과 우리, 너와 나, 더불어 살아갈 수 있도록.

이문회우 이우보인

글로써
벗을 모으고
벗으로써
어짐을 돕는다

시사적 성격의 글씨체

1 일반 지정서체로 선정한 폰트는 '윤신문' 이다. 가로쓰기가 보편화되기 전 오랫동안 신문에서 사용되었던 서체는 세로 높이가 짧고 가로의 폭이 길어 세로 행을 기준으로 자형의 돌출 없이 빠른 속도로 읽어내려갈 수 있도록 디자인된 납작한 네모틀 서체였다. 90년대 이후 대부분의 신문이 가로쓰기로 전환되면서 등장한 윤신문은 글자의 양식에 있어서는 기존의 신문 서체를 따르면서 고전적인 네모틀의 공간 구조를 복원시켜 재해석함으로써 새로운 방식의 가독성과 장식성을 신문에 부여했다.

2 신문용 서체를 일반 지정서체로 사용한다는 것은 공공적인 관심, 사회적인 연대의식을 나누어 갖는다는 의미이다. 그리고 지금 시대의 보편적 기준을 수용함으로써 로고타입이 가진 파격성을 보완하고 일반적 소통을 열어 놓기 위함이다. 한편 글자의 공간 구조에 있어서도 로고타입이 가진 고전적인 네모틀의 성격을 공유하므로 어울림이 있는 조합이 될 수 있다.

자연의 색을 기초로, 특히 갓 피어나는 느낌의 색상으로 사용한다. 생태를 상징하는 녹색 계
열에서도 싹이나 떡잎을 연상시키는 연두색을 주된 색상으로 하고, 땅을 상징하는 흙색 계열
에서도 연하고 맑은 색상을 사용한다.

아래는 색상의 명칭과 색상값이다. CMYK / RGB / Web Safe RGB

1 연두색　　C:55 Y:80 / R:115 G:192 B:69 / #73C035

2 황토색　　C:20 M:20 Y:60 / R:203 G:187 B:93 / #CBBB5D

3 하늘색　　C:30 M:10 / R:179 G:205 B:227 / #B3CDE3

4 분홍색　　M:20 Y:15 / R:253 G:205 B:195 / #FDCDC3

5 계란색　　M:10 Y:50 / R:254 G:230 B:121 / #FEE679

6 검은색　　K:100 / R:0 G:0 B:0 / #000000

시그니처 이우학교의 모토 '21세기의 더불어 사는 삶'을 포함하여 공식적인 문서 등에 학교의 명칭을 표기해야 할 때 위와 같이 적용할 수 있다.

표기 구체적인 명칭이 적용된 경우 지정서체 윤신문으로 심볼 및 로고타입과는 별개의 제목을 부여해 준다. 이우중학교/ 이우고등학교/ 이우중고등학교 및 이우교육공동체, 뿐만 아니라 다른 지역에서 또다른 이우학교가 생길 수 있다는 점까지 고려한다면 많은 수의 하부 명칭을 지닐 수 있으므로 적용성을 감안할 필요가 있다.

하지만 적용을 할 때는 일률적인 기준에 의해서가 아니라 시각적 원리를 기초로 다시 각 조건에 맞게끔 조정할 수 있다. 예를 들어 만일 춘천이라면 모두어 자라남의 표상을 흘러오는 호수의 물결에서 발견할 수도 있을 것이다. 이와 같이 지역별로 정체성을 부여하면서도 통합성을 유지하고 싶다면 로고타입을 통일적으로 사용하면서 심볼마크를 모두 다르게 제작하여 각각 별도의 엠블렘을 가지도록 할 수 있다. 물론 정체성을 규정하는 관점에는 지역의 특성 이전에 각 학교의 특성을 어떻게 정의하는가가 일차적인 요인이 될 수 있으므로 위의 사례는 제안에 불과하다.

한자와 영문으로 로고타입을 표기해야 할 경우에는 以友, ewoo와 같이 학교명에 해당하는 부분만 강조하여 學校, school은 지정서체인 윤신문으로 써준다. 따라서 中學校/高等學校, middle school/ high school, 또는 校育共同體 등의 추가 표기가 필요할 때에도 뒷부분만 윤신문으로 고쳐 사용할 수 있다. 이는 한국어의 경우 '이우학교' 자체가 이미 하나의 단어로서 어느 정도 고유성을 띠게 된 반면 외국어의 경우에는 아직 그렇지 않을 것으로 예상되어 한 개의 분절된 단위인 '이우'만을 돋보이게 하는 방향이 바람직할 것으로 보이기 때문이다. 그러나 '이우학교'라는 한국어 로고타입이 있는 상태에서 외국어를 병기하는 경우에는 한국어 로고타입만 공식적으로 사용하며 외국어 이름은 전체를 윤신문으로 표기하여 시각적으로 정돈해 준다. 즉 외국어로 된 로고타입을 사용하는 경우는 그것만 독자적으로 사용해 줄 필요가 있는 때에 한한다. 영문 표기는 향후 2woo에서 ewoo로 옮겨갈 것이라는 정책에 기초하여 후자의 경우로 제안하였다.

맺음말 이 작업은 이우학교의 정체성을 만들어가는 데 하나의 밑그림을 제시하고 여러 사람이 같이 그릴 수 있도록 공통의 개념을 제안하는 일이었다. 이제 이 작업을 완성하는 일은 이우학교 모든 분들의 힘에 달려 있다.

디자인 과정은 매순간 예측하기 어려운 강도 높은 대화이다. 많은 요인들과의 대화가 필요하다. 내가 나누었던 대화가 이우학교의 풍요로운 자산이 되어 어디선가 새로운 사람들과 새로이 대화를 시도할 수 있는 계기로써 스스로의 삶을 시작하길 바라며 비로소 많은 분들의 보살핌 속에 자라나길 바란다. 씨앗과 벗이라는 그 뜻과 같이.

강도 높은 대화의 장에 함께하셨던 모든 분들께 감사의 말씀을 전합니다.

○ **연구부 발간물**

· 「이우학교 교육계획」(2005~2012)
· 『함께 여는 교육』(함께여는교육연구소 발행, 창간준비호, 1호~ 18호)
· 『탐구하는 공동체를 향해』(후쿠이중학교 실천사례), 이우학교 연구부 번역 및 편집(2011)
· 『공립중학교의 도전』(수업을 바꾸면 학교가 바뀐다, 후지시 가쿠요중학교의 실천), 사토
  마사아키, 사토 마나부 편저, 민순기 역(2010)
· 『아이와 교육 수업연구 입문』(이우학교 연구부 번역 및 편집)(2011)
· 『 교사라는 아포리아』(2009)
· 「함께 하는 수업, 활기찬 탐구」(2006), 수업 및 수업연구회 공개의 날 자료집
· 『이우학교 수업 이야기』(2010)
· 『이우학교 수업 이야기』(2011)

○ **해외통합기행, 통합기행, 인턴십**

· 『이우인의 세상읽기』(2005)
· 『아시아의 평화, 한반도의 평화』(2005)
· 『내 삶의 나침반을 찾다』(2005)
· 『아시아의 평화, 한반도의 평화』(2006)
· 『 21세기 동아시아와 더불어 삶』(2007/2008/2009)
· 『진로탐색, 내 꿈을 위한 첫걸음』(2007)
· 『우리가 동아시아다-21세기 동아시아와 더불어 삶』(2008)
· 『인턴쉽, 세상을 향해 날갯짓하다』(2009)
· 『해외통합기행 보고서』(2010)
· 『해외봉합기행 보고서』(2011)
· 「제주 역사 기행: 4·3항쟁을 따라서」(고2 통합기행, 2006)

○ **국어 철학 문집 등**

· 「우리 집은 무적의 솔로부대다」(중1·2 국어과 문집, 2012)
· 「우리 할머니는 참 아픈 굼벵이다」(중1 국어과 문집, 2012)
· 「맨 흙보다 똥 있는 게 좋지」(중1 국어과 문집, 2011)
· 「저마다의 아픔, 저마다의 진실」(중학교 국어과 문집, 2006/2009)
· 「그날 떡볶이는 아주 매웠다」(중1·2 국어과 문집, 2007)

- 「저마다의 아픔, 저마다의 진실」(중학교 국어과 문집, 2006)
- 「삶의 균형이 무너진 주인공들, 그리고 그림자극」(그림자극 문집, 2011)
- 「삶의 균형이 무너진 주인공들, 그리고 그림자극」(그림자극 문집, 2012)
- 「한여름 밤의 꿈」(연극 문집, 2012)
- 「삶.이.글」(중학교 글쓰기 동아리 문집, 2009)
- 「꽃닢파리 읽기」(고등학교 국어과 문집, 2007)
- 「이문회우(以文會友)」1호~3호(철학과 문집, 2004, 2005, 2008)
- 「우리들의 철학 이야기」(중1·2 철학과 문집, 2007)
- 「빨간 우체통」(중2 국어과 문집, 2010)

○ **수업 교재**
- 「대안교육 위탁 프로그램: 청소년의 감성 함양을 위한 도예」(이우고, 2005)
- 「국사 배움책」(2006)
- 「논리와 논술」(2004)
- 「MIC 교재 분석을 통한 수리논술의 기초교재」(2004)
- 「철학(문학, 예술을 통해 본 근대)」(2008)
- 「글 읽기, 삶 읽기(이우 독서노트)」(2006)
- 「도덕2」(고1, 2008)
- 「시민 윤리」(2008)
- 「삶과 철학」(2008)
- 「삶과 철학2」(2008)
- 「문학(고전문학의 이해와 감상)」(2004)
- 「영어과 교재(our voices)」(2006, 2007, 2010)

○ **학생 동아리 작품**
- 「English Journal Our Voice」(중3 영어B, 2005)
- 「English Journal Our Voice2」(중3 영어B, 2006)
- 「English Journal Our Voice」(중1, 2010)
- 「오손도손 봉사 첫걸음」(2005)
- 「활동을 아우름」(2005)
- 「분기방학답사: 전북지역 답사」(내발디딤, 2005)
- 「과거, 현재, 미래를 넘어서」(내발디딤, 2006)
- 「악연 여름방학 전수 캠프」(2006)
- 「살텨, 안 살텨?」(살터, 2005)

· 「삶을 이야기하는 글쓰기」(글쓰기 동아리, 2009)
· 「아우름」(동아리, 2010)
· 「힘들어도 함께 도전한 우리들의 이야기, 62-1=0」(이우중 8기, e-book 문집, 2012)

○ **기타 발간물 및 DVD**
· 『함께여는교육』(함께여는교육연구소, 창간 준비호~18호)
· 「이우 급식 이야기」(2010)
· 「이우 급식 이야기」(2011-2012)
· 「이우도서관 소식지 둥지」(2007~)
· 「이우중학교 졸업 작품집」(2006~2013)
· 「이우고 1기 졸업 논문집」(2006)
· 「이우학교 수업 이야기 DVD」(2011)
· 「이우중학교 그림자극 DVD」(2011)
· 「이우중학교 그림자극 DVD」(2012)
· 「Story Book 활용 수업을 통한 영어 능력 신장 방안」(2005)
· 「함께 하는 수업, 활기찬 탐구」(제1회 수업 및 수업연구회 공개의 날, 2006)
· 「평화적 학생문화 정착을 위한 인권감수성 신장 프로그램 개발」(2008)
· 『중학교 창의지성 더불어 나누는 철학 교과서 및 지도서』(2013)
· 『고등학교 창의지성 철학 교과서 및 지도서』(2013)

제1호(2006년 7월)

창간사 | 교육의 정상화를 향해 한 걸음씩 · 정광필

연구소 논단

· 우리는 왜 '새로운 방식의 수업연구회'를 시작했는가 · 김혜영

특집

· 사토 마나부 교수에게 듣는 배움의 공동체

· 강연_ 배움의 공동체를 위한 수업혁신, 학교혁신 · 김혜영

· 사토 교수와 함께한 수업연구회 · 김형신

· 학부모 눈에 비친 '배움의 공동체' · 장성은

이우학교 수업이야기

· 영어_ 턱을 깨고 얼음을 깨서 함께 만들어가는 질문 · 유봉인

· 특성화_ 인턴십–이우, 그 이후를 위하여 · 박찬학

해안음칼럼

· 배움의 공동체에 대한 단상–제자리 찾기 · 이수광

· 다시 보는 서머힐 · 이현영

학교 소식

연구소 소식

제2호(2006년 9월)

여는글 | 구석구석 읽어보기 · 이경재

연구소 논단

· '배움' 그리고 '공동체'란 무엇인가 · 유봉인

이우학교 수업이야기

· 수학– 이우 아이들의 수학공부 · 신상열

· 수학_ '수학교육'워크숍 · 회지 편집팀

· 영어_ 중1 영어 수업연구회를 마치고 · 엄지선

· 음악_ 음악과 프로젝트 수업 · 안정민

· 생태_ 새만금을 다녀와서 : 중1 생태 통합기행 보고 · 민경석

특집 | 교사연수

일본연수 후기

· 멈추지 않는 배움, 우리 스스로 도전적 과제를 찾아내야 할

수업연구 · 김혜영

전체 교사연수 발제문

· 본교 학생들의 배움을 돌아보며 · 이현영

학교 소식

연구소 소식

제3호(2006년 11월)

여는글 | 돌아보고 새롭게 출발하기

이우학교 수업이야기

· 영어_ 90분의 핵심 · 양희권

· 수학_ "수학교과"를 사이에 두고 교사, 학부모가 마주하다 · 김미현

쉬어가는 코너 | 어처구니의 雜學그림辭典 · 노길상

특집 | 자기주도학습

· 자기주도 학습능력 계발을 위한 교사간담회 · 나선미

학습동아리취재기

· 가르치는 자가 더 많이 배운다_고1화학동아리 · 정성욱

· 중1학년과 2학년이 함께 만드는 수학동아리 · 김혜영

방학 탐구과제와 자기주도학습

· 2006년 중1들의 여름방학과 자기 주도 학습 · 장기혁

· 방학과제를 통한 자기 주도 학습 돌아보기 · 나선미

· 탐구과제를 끝내고_중1 학생들

· '논문연구' 교육과정의 효율적 운영 방안 고찰 · 김우진

공동체와 문화

· 이우 학생 자체를 말하다 · 이현영

학교 소식

연구소 소식

제4호(2007년 1월)

여는글 | 모진 비바람에도 꿋꿋이 자라는 나무는… · 김영호

특집 | 제1회 수업 및 수업연구회 공개의 날

첫 수업공개일 스케치

· 함께 꾸는 꿈이 현실을 만든다 · 우경윤

제안수업 참관기

· 학생들과 선생님의 마음의 향기가 넘치는 수업 · 김희경

수업연구회 참관기

· 아이들은 서로 어떻게 배우는가 · 나선미

간담회 참관기

· 서로 배우는 관계 형성과 모둠 학습으로 높은 수준에 도전하
고, 점프하기 · 정성욱

쉬어가는 코너 | 어처구니의 雜學그림辭典 · 노길상

인터뷰

· 내가 보는 수업연구회

공동체와 문화

· 더불어 밟은 우리 능선−백두대간 1기 종주를 돌아보며 · 김우진

학교 소식

연구소 소식

제5호(2007년 5월)

여는글 | 이우의 道 · 김혜영

특집 | 함께 꾸는 꿈

· 이우학교 2기 교장을 만나다 · 민순기

· 이우학교는 나의 큰 배움터 · 김원우

· '꿈'이라는 단어에서 힘빼기 · 한광수

· 나의 학창생활, 아이들의 이우생활 · 양용준

· 이우를 사랑하면서 보낸 1년 · 안기영

· 수학으로 만들어가는 나의 꿈 · 송한솔

· 이우학교에 관한 나의 소망 · 김해완

· 다시 온몸으로 배움의 희열을 · 이희민

· 이제 다시 시작이다 · 이동웅

연구소 칼럼

· 이우학교를 평가한다고? · 이광호

쉬어가는 코너 | · 어처구니의 雜學그림辭典 · 노길상

이우학교 수업이야기

· 음악−리듬과 박자를 '몸타'를 통해 익히는 수업 · 안정민

· 수학−2007 이우중학교 수학 수업의 변화 · 김소희

고1 학부모 세미나_ 손성은 원장 강의록

· 아이를 건강하게 키우려면 부모의 공감과 기다림이 필요하다 · 서덕영

공동체와 문화

· 졸업생과 재학생이 함께한 배움의 공동체 · 오상희, 이선영, 김정현

학교 소식

연구소 소식

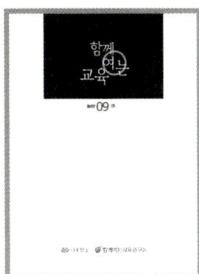

교사는 무엇하고 사는가

· 꿈꾸던 교육 하고자 이우에 왔지만 · 장미

특집 | 수업을 돌아보다

· 2년째 접어드는 '배움의 공동체' 운동 · 이현영

· 살아있는 글쓰기 수업 · 한광수, 윤수정, 김철원

· 학생들과 함께 만들어가는 함수 · 김현아

· 모색…ing · 최병호

· 우(愚)선생의 수업 길찾기 여행 · 우경윤

· 맛을 찾아가는 특성화 철학수업 · 장기혁

· 초원에서 펼쳐진 배움 · 김영호

· 교과의 장벽을 넘어 함께 배우는 수업연구회 · 김소희

쉬어가는 코너 | 어처구니의 雜學그림辭典 · 노길상

· 수광샘의 스냅시평 · 이수광

이우인의 세상보기

· 낙생저수지를 어이할꼬? · 신상열

릴레이 글쓰기

몸매는 배형, 알고보니 그의 삶은 가슴형 · 윤수정

메아리

· 자, 감주 한 잔 · 차명식

· 내 삶을 돌아보며−복탄리 농부아저씨의 이야기 · 김의충

공동체와 문화

· 새로운 축구 문화, 학부모 문화를 만들어가는 EDL · 조진환

학교 소식

연구소 소식

제8호(2007년 12월)

포토 에세이 | 배움이란 자유를 욕망하는 것 · 최병호

여는글 | 겨울입니다 · 이광호

교사는 무엇하고 사는가

· "삶에서 가장 의미있다고 생각하는 그것을 즐기란 말이지" · 김진희

특집 | 학생 자치 이야기

· 이끄는 학생회에서 함께 하는 학생회로 · 이현영

· 누군가를 위해 누군가와 함께 무언가를 했다 · 김현명

· 삶과 철학 : 수업! 교사의 영원한 화두 · 이현영

· 수업 참관기 : 슬기샘과 함께하는 슬기로운 과학 수업 · 정성욱

교육활동리뷰

· 나와 너 그리고 학교, 통하였느냐? · 김진원

쉬어가는 페이지 | 표지설명

스냅시평

· 초경쟁사회에서의 대안교육 : 위기와 과제 · 이수광

Over the Rainbow

· 이란에서 여자로 살아간다는 것 · 김지원

· 영화 〈아무도 모른다〉를 보고 · 서라나

· 『이우학교 이야기』를 읽고 · 박길제

하산기

· 계절을 지난 편지 · 박다솜

메아리

· 당신에게 죽음은 의무인가, 권리인가 · 김용길

학교 소식

연구소 소식

제12호(2009년 5월)

포토 에세이 | 성격 · 강병욱

여는글 | 〈꽃남 시즌2〉를 기다린다 · 한광수

연구소 칼럼

· 북유럽의 교육에서 배운다 · 이광호

· Who are U? · 방지현, 유봉인

어처구니의 일본 기행

· 日本, 그들의 街道에서…· 노길상

특집 | **수업연구회, 소통과 배움의 장(場)으로 거듭나다**

· 수업연구회가 달라졌다!? · 이현영

· 일본의 학교에서 무엇을 배울 것인가 · 방지현

· 김진원 선생님의 영어 수업 참관기 · 김형신

· 활력과 웃음이 있는 영어 수업 · 우경윤

· 수학공부의 새로운 길을 모색하다 · 김소희

· 아이들과 함께 만들어가는 수학 수업 · 방지현

· 이우의 수학 수업을 보고-수업 및 수업연구회 참관기 · 김동원

스냅시평

· '아이들을 살리는 가장 확실한 길'찾기의 상상력 · 이수광

Over the Rainbow

· Mother4, 그들이 왔다! · 나선미

하산기

· 꿈꾸는 선생님 · 김수진

교육활동 리뷰

· 중학교 3학년 팀의 '소통, 경합, 횡단'이 있는 이야기 · 유봉인

학교 소식

연구소 소식

제14호(2009년 12월)

포토 에세이 | 그 때는 · 강병욱

여는글 | 또 한 해를 보내며 · 이재철

· Who are U? · 이광호

· 어처구니의 일본 기행

　日本, 그들의 街道에서……(3) · 노길상

특집 | 함께 만들어가는 배움의 공동체-제 4회 수업공개의 날

· 교사의 길을 묻다 · 방지현

· 수업, 신뢰를 바탕으로 엮어내는 작은 이야기 · 지홍원

· 이우의 영어교육에 관한 소묘 · 김치원

· 아이들은 어떻게 텍스트를 넘어 서는가 · 김소희, 나선미

· 이우학교 수업 공동체 활동의 의미 · 이혁규

쉬어가는 페이지 | 표지설명

교육활동 리뷰 Ⅰ

· 씨밀레, 이뭐꼬? · 이현영

교육활동 리뷰 Ⅱ

· "학교는 자발성이다!" · 김소영, 유봉인

이우학교 수업이야기

· 그저 그런 교사이고 싶다-수업공개 후기 · 한광수

· 세상을 새롭게 바라볼 수 있으려면

　-한광수선생님 수업참관기 · 윤수정

· 수업이 무엇인지 배움이 무엇인지 배워보고싶다. 지금 당신이 필요하다!!!!! · 김진희

Over the Rainbow II

· "교육기행"이야기 · 백남희

혁신학교와 함께

· 제3회 경기도 중등 혁신학교 교사 워크숍 · 최병호

· ?를 !로 바꿔주는 혁신 학교 교사 워크숍 · 김은시

· 희망을 발견한 수업 · 이경하

하산기

· 공무원으로 세상과 만나기 · 김주은

학교 소식

연구소 소식

제17호(2011년 가을호)

포토 에세이 | 의자 · 강병욱

여는글 | '무엇을 배우고 가르칠 것인가?' · 이경재

Who are U? · 김두식, 김주현

연구소 기획

· 역량기반 교육과정의 의미와 중등학교 교육과정 혁신 방향 · 소경희

· 역량기반 교육과정 실현을 위한 교사전문성 신장 방안 · 함영기

· 역량기반 교육과정 실현의 조건 탐색 · 이광호

특집

· 통합 과학 수업을 통해 과학적 소양 기르기 · 이선경

· '철학함'을 통한 사유능력 함양 · 이현영

· 나의 언어 찾기, 나의 언어로 타인과 만나기 · 방지현

쉬어가는 페이지 | 표지설명

Over the Rainbow I

· 인사동 마님이 영국에서 드럼친 이야기 · 박희진

Over the Rainbow II

· 저는 요즘 두 아이를 건너 세상과 만나고 있어요 · 안정민

이우학교 수업이야기

· 마음을 움직이는 체육 수업 만들기 · 임명수

· '마음'을 움직이는 체육수업 · 유봉인

꿈꾸고 도전하고 함께 가다

	산행기간	참가연인원	산행대장 및 기획·총무 담당
제1기	2005. 3. 20~2006. 11. 12	2,210	윤태일(해영 부), 이규인(종민 부), 윤태일(해영 부)
제2기	2006. 3. 12~2007. 11. 10	1,334	박미선(권새봄 모), 김태신(덕영 부), 박영애(임지빈 모)
제3기	2007. 3. 24~2008. 11. 8	1,773	김삼수(어진 시진 부), 장의현(지명 부), 이재영(신의규 언규 모)
제4기	2008. 3. 8~2009. 11. 14	2,457	윤태준(희수 부), 김동욱(준석 부), 한선희(이정혁 모)
제5기	2009. 3. 14~2010. 10. 23	1,971	정태진(하림 부), 신석범(정효 부), 최희(이수빈 모)
제6기	2010. 3. 13. ~2011. 10. 22	2,274	김화일(수린 부), 이경수(호중 부), 강현분(이태관 모)
제7기	2011. 3. 12. ~2012. 10. 27	1,839	소문상(담 부)/권해천(지환 부), 김상용(윤범 부), 이미자(이재하 모)
제8기	2012. 3. 10. ~2013. 10. 12	2,476	이무섭(민규 부), 이운범(정인 부), 김수련(종훈 부)/김재린(지연 부)
제9기	2013. 3. 9. ~		장순길(동비 부), 허 당(예진 부), 고은경(김가연 모)

차수	일자	요일	구간	산행코스				
				구간외	들머리	경유1	경유2	경유3
1차	2010-3-13	토	4		고기리	주촌리	수정봉	여원재
2차	2010-3-28	일	5	권포리	통안재	매요리	사치재	새맥이재
3차	2010-4-10	토	6		복성이재	치재	봉화산	광대치
4차	2010-4-24	토	7	지지계곡	중재	백운산	영취산	깃대봉
5차	2010-5-08	토	9,10		신풍령	대봉	지봉	귀봉
6차	2010-5-21	금	8		육십령	할미봉	서봉	남덕유산
	2010-5-22	토	9	황점	삿갓골재	무룡산		
7차	2010-6-06	일	3		성삼재	작은고리봉	만복대	정령치
8차	2010-6-20	일	19	갈령	갈령삼거리		비재	봉황산
9차	2010-7-10	토	20	갈령	갈령삼거리	형제봉	천황봉	비로봉
10차	2010-7-24	토	21		늘재	청화산	갓바위재	조항산
11차	2010-8-14	토	23		버리미기재	장성봉	악희봉	
	2010-8-15	일	18-2		화령재	윤지미산	무지개산	
12차	2010-8-29	일	25		이화령	조령산	신선암봉	
13차	2010-9-12	일	26	고사리	조령3관문	마패봉	부봉	평천재
14차	2010-9-25	토	24		이화령	황학산	백화산	
15차	2010-10-10	일	22		버리미기재	곰넘이봉	불란치재	대야산
16차	2010-10-23	토	13		우두령	화주봉	밀목재	삼마골재
17차	2010-11-13	토	1	중산리	천왕봉	제석봉	장터목	촛대봉
	2010-11-14	일	2		벽소령산장	연하천	삼도봉	임걸령
18차	2010-11-27	토	11		신풍령	삼봉산	소사고개	삼도봉
19차	2010-12-11	토	12		덕산재	부항령	백수리산	
20차	2010-12-25	토	14		우두령	바람재	황악산	운수봉
21차	2011-1-08	토	15		괘방령	가성산	눌의산	
22차	2011-1-22	토	16		추풍령	난함산	작점고개	용문산
23차	2011-2-13	일	17		큰재	개터재	윗왕실재	백학산
			18-1		지기재			
24차	2011-3-12	토	33		도래기재	옥돌봉	박달령	선달산
25차	2011-3-26	토	42		대관령	선자령	곤신봉	동해전망대
26차	2011-4-10	일	28		저수령	문복대	벌재	황장산
27차	2011-4-23	토	36		피재	건의령	덕항산	환선봉
28차	2011-5-07	토	31		죽령	비로봉	국망봉	상월봉
	2011-5-08	일	32	좌석리	고치령	마구령	갈곶산	
29차	2011-5-28	토	34		화방재	태백산	깃대배기봉	신선봉
30차	2011-6-11	토	37		댓재	두타산	청옥산	고적대
	2011-6-12	일	38		원방재	1022봉	전망대	
31차	2011-6-25	토	40		삽당령	석두봉	화란봉	
32차	2011-7-09	토	39		백복령	자병산앞	생계령	석병산
	2011-7-10	일	41		닭목재	고루포기산	능경봉	
33차	2011-7-23	토	29,30		저수령	시루봉	묘적령	도솔봉
34차	2011-8-06	토	35		화방재	함백산	두문동재	금대봉
35차	2011-8-21	일	43		진고개	동대산		
36차	2011-9-04	일	45	진동리	조침령	875봉	북암령	
37차	2011-9-24	토	46		한계령	서북릉	끝청	중청봉
	2011-9-25	일	47	중청대피소	희운각대피소	1275봉	공룡능선	나한봉
38차	2011-10-09	일	44		구룡령	갈전곡봉		쇠나드리
39차	2011-10-22	토	48	창암	대간령			

경유4	날머리	구간외	도상거리(km)		산행시간(시간)		참석인원(명)		
			마루금	구간외	선두	후미	당일	보충/지원	계
고남산	통안재	권포리	14.0	2.0	9.1		63	12	75
시리봉	복성이재		14.0	2.0	7.0		60	11	71
월경산	중재	지지계곡	12.0	1.0	8.0		50	16	66
	육십령		19.0	1.0	9.2	11	61	9	70
백암봉	동엽령	용추계곡	12.5	4.3	10	11	57	7	64
삿갓봉	삿갓골재	황점	12.8	3.2	12.2		64	6	70
	동엽령	용추계곡	8.5	7.5	7.8		64	6	70
큰고리봉	고기리		11.8		6.7		52	14	66
	화령재		12.8	1.2	8.5		50	8	58
	문장대	화북탐방센터	11.7	3.9	10.8		41	12	53
고모령	밀재	용추계곡	11.7	4.2	11.7		49	6	55
	은티재	은티마을	9.5	2.9	9.5		36	10	46
	신의터재		10.6	0.0	3.7		37	11	48
	조령3관문	고사리	9.0	2.3	8.5		48	6	54
탄항산	하늘재		9.4	4.3	7		42	4	46
	지름티재	은티마을	18.3	2.5	13.4	13.8	36	3	39
	밀재	용추계곡	7.8	4.1	7.8	9.4	49	3	52
	삼도봉	해인동	11.5	3.0	8		42	8	50
세석산장	벽소령산장		10.9	5.2	12.5	14.5	55	13	68
노고단	성삼재		17.2		8.1	8.8	55	13	68
대덕산	덕산재		15.2		7.4	8	38	2	40
	삼도봉	해인동	12.8	3.0	7	8.2	39	5	44
여시골산	괘방령		13.0		6	6.8	32	7	39
	추풍령		10.9		6	6.8	36	12	48
국수봉	큰재		19.7		10		26	9	35
개머리재	지기재		17.7				36	11	47
	신의터재		4.6		9.3	9.5	36	11	47
	늦은목이	남대리	12.5	4.0	7.7	8.1	33	4	37
매봉	대관령		26.3		9.3	9.7	30	8	38
작은차갓재	차갓재	안생달	14.2	1.5	9	9.5	26	5	31
자암재	댓재		26.1		12		27	6	33
마당치	고치령	좌석리	24.8	4.0	11		22	10	32
	늦은목이	남대리	13.5	7.0	7		22	10	32
구룡산	도래기재		24.2		11.5	12.5	29	7	36
갈미봉	원방재		18.1	1.5	12.3	12.8	26	11	37
	백복령		11.0	1.5	3.1	4	27	9	36
	닭목재		14.2		5.5	5.5	27	2	29
	삽당령		18.5		8	9.7	35	5	40
	대관령		13.0		5.4	6.7	35	5	40
삼형제봉	죽령		20.2		10.7	13.2	26	9	35
매봉산	피재		21.5		10.3	10.8	28	4	32
	두로봉	오대산, 상원사	8.6	8.6	8.8	10.2	36	2	38
	단목령		10.7	1.6	5.5	6.5	57	3	60
	대청봉	중청대피소	10.0	1.2	15.5	17	35	3	38
	마등령	설악동	5.2	8.5	11.3		35	3	38
	조침령	진동리	21.4	1.0	9.3	10.5	31	6	37
마산	진부령		9.3	5.0	6.5	8	63	23	86

[이우더불어리그(EDL) 역대 우승팀 및 운영진]

	2007	2008	2009	2010	2011	2012	2013
우승팀	졸업생	졸업생	졸업생B	고3	졸부/중3	중3	중2
회 장	신재정	조진환	안시영	신상열	류종호	정태진	정길배
운영위원장	조진환	맹주호	박강호	윤덕호	홍기탁	한동희	조상기

이우 탁상달력 표지 모음

교과포럼 포스터 모음

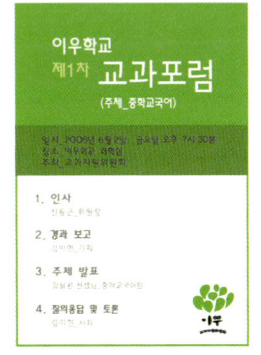
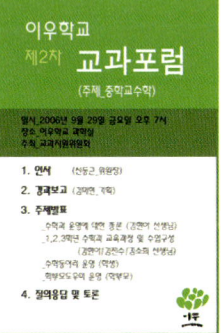
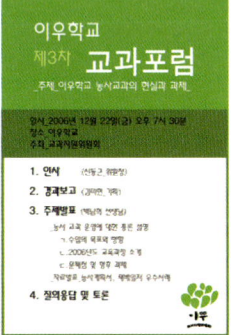
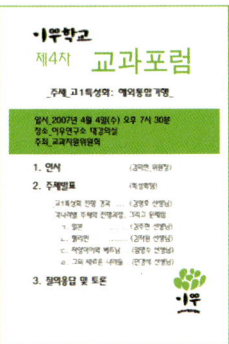

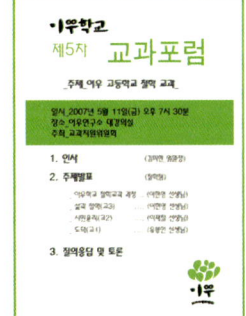
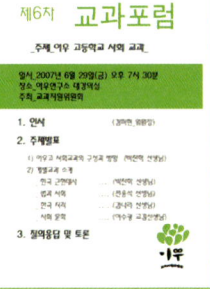
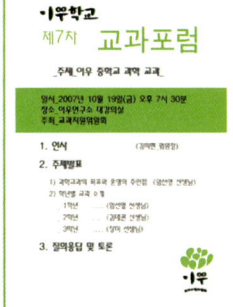
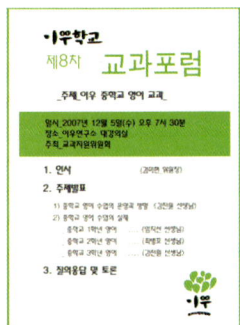

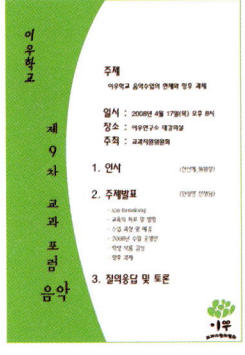
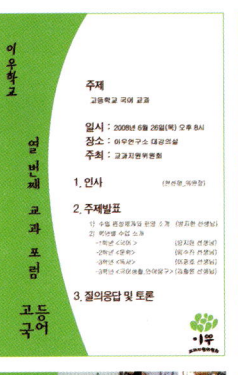
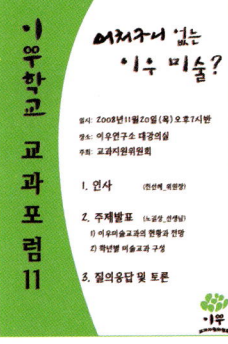
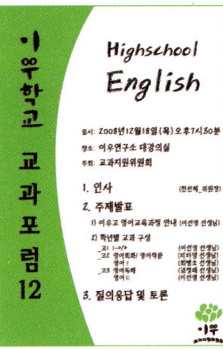
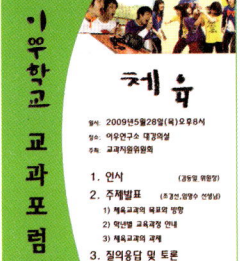
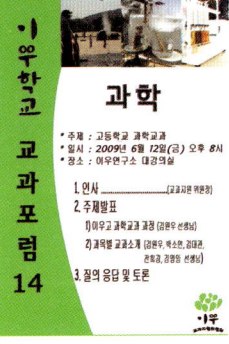
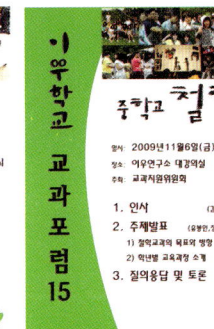
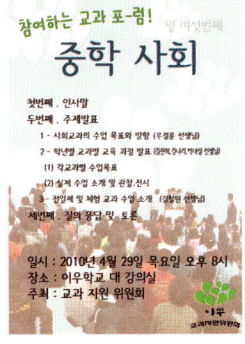
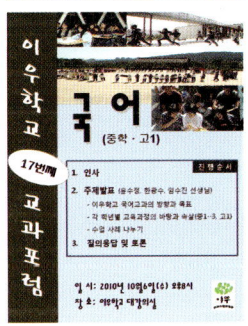
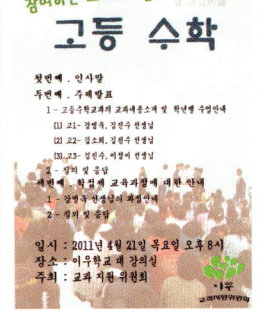
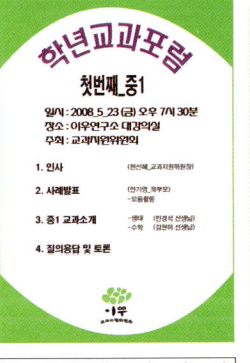
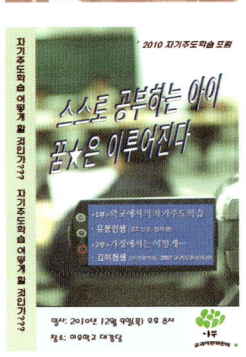

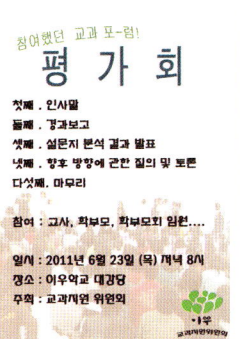
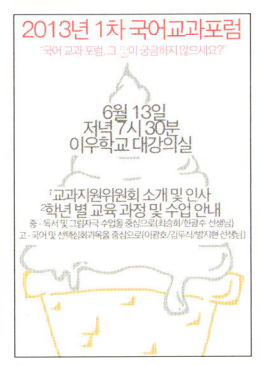

꿈꾸고 도전하고 함께 가다

2005년에 이우학교 학부모회 환경위원회는 성남시교육청에 생태정자만들기 사업을 신청하여 사업비를 지원받았다. 이 사업은 학부모들이 자발적으로 만든 정자 짓기 모임('정자팀')이 추진하였는데, 정자팀은 2005년 7월부터 2006년 1월에 걸쳐서 '하늘마루'를 지었고, 그 옆에 생태연못을 만들었다.

이어 정자팀은 '들마루'를 짓기로 계획하였다. 땅과 세상의 소통로를 상징하는 '들마루'라는 이름은 하늘을 상징하는 '하늘마루'의 짝으로 선정된 것이었다. 2006년 2월 말, 감독 유홍종은 정자의 고유한 기능도 가지면서 무대와 식장 단상으로도 사용할 수 있도록 고건축박물관의 익공 공법을 응용하여 초익공법으로 지금의 들마루를 설계하였다.

4월 30일에 기공식을 하고, 학교건물 뒤에 작업장을 설치하여 본격적인 치목작업에 들어갔다. 일꾼들은 들마루를 완공하기까지 거의 모든 주말과 공휴일, 심지어는 휴가마저도 이 일에 바치게 되었다. 그들은 참으로 성실하고 믿음직하고 아름다운 일꾼들이었다. 틈틈이 학생들과 교사 그리고 학부모들이 작업에 참여하였으며, 특히 어머니들은 점심과 새참을 챙겨줌으로써 일꾼들의 힘을 더욱 북돋우어 주었다. 9월 2일에는 넉 달 동안의 지난하고 고단했던 치목작업을 마무리한 후, 들마루 터를 잡고 지신제(地神祭)를 올렸으며, 터 닦기와 주춧돌 만들기에 들어갔다.

10월 29일, 마침내 들마루의 동남쪽 귀퉁이에 첫 기둥을 세우고 입주식(立柱式)을 거행하였으니 그것은 천신제(天神祭)였다. 기둥, 그것은 땅과 하늘을 잇는 다리였으며, 천기(天氣)와 지기(地氣)가 만나는 곳이다. 8개의 기둥을 세우고, 하방을 끼워 맞추고, 들보와 주심노리를 올리는 일은 일꾼들의 몸을 늘 땀으로 절여 내었다. 종도리를 올리기까지의 조립작업은 각각의 자리와 가치를 지닌 자재들을 서로 맞물리고 어울리게 함으로써 또 다른 하나이자 전체를 이루게 하는 일이었다. 자기만의 생각과 개성이 넘치는 이우학교의 구성원들로 하여금 서로를 이해하고 존중하는 가운데 함께 어울려서 조화를 이루게 하는 '以友'('以文會友 以友輔仁'), 바로 그것이었다.

12월 9일, 들마루 골격의 완공을 알리는 상량식(上梁式)을 거행하였다. "점이 모여 길을 이루다"라는 상량문은 김학연 님이 짓고, 서예가인 강찬모 님이 썼다. 그리고 이 '들마루記'는 종도리 등속에 안겼다. 이 날은 이우학교장의 2기 임기가 시작되는 첫 날이었다. 장석 이사장, 정광필 교장, 조창근 학부모회장, 선생님들, 그리고 많은 학부모들과 학생들이 참석하여, 들마루의 상량식을 기점으로 그 동안의 실험과 논란을 일단락 짓고 한 단계 도약하는 '들마루시대'로 나아가기를 희망하였다. 정자팀의 땀과 노력 속에서 그리고 장마와 불볕더위 속에서 껍데기가 벗겨져 흰 속살을 드러내 보인 84개의 서까래는 종도리와 주심도리 위에 놓였고, 너무나 예뻐서 그대로 두어도 좋을 성싶은 서까래 위에는 학부모들 학생들의 소망과 기원을 담은 기와들이 놓였다.

2007년 3월 2일, 들마루를 완공하고 '들마루'라는 이름을 달아 올렸다(懸板式). '들마루' 글씨는 신영복님이 썼다. 들마루는 기존의 건물들이 서북쪽에만 치우쳐 있어 상대적으로 비어 있는 동남쪽에 서서 백두대간의 기(氣)를 받아 내어, 그 기운을 학교 안에 고이게 함으로써 '금계포란형'(金鷄抱卵形)의 지세(地勢)를 이루게 하고 있다. 또한 한옥인 들마루는 철제 건물들과 어울려 학교 전체가 전통과 현대, 음과 양을 아우르게 하고 있다. 기존의 틀에 박힌 교육 내용과 방식을 뛰어넘어 대안적 교육 철학과 방법론으로 '더불어 사는 삶'을 위한 '산교육'을 실천하고 있는 이우 가족들은 처음 학교를 세울 때의 생각과 의지를 늘 상기해야 할 것이다. 또한 학생과 학부모는 생산적 입장에 서서 교사와 함께 이우 교육에 적극적으로 동참해야 할 것이다. 우리는 이러한 자세와 의지를 '들마루' 짓기를 통하여 시험하고 확인해 보고자 하였다.

2007년 3월 2일

장 석 이사장, 정광필 교장, 유흥종 감독, 김영호 부감독,김영수, 김학연, 남재용, 도광오, 박강호, 박명규, 백운엽, 봉만종, 신상열, 신의주, 신재정, 안시영, 양동일, 양해중, 양희범, 오흥민, 윤일찬, 이세영, 이영진, 임철순, 조두연, 한재현 外 연인원 2천여 명의 학부모, 교사 그리고 학생들이 참여하고, 이세영이 글을 짓고 鴻影 나광채가 쓰다.

꿈꾸고 도전하고 함께 가다

제1장 총칙

제1조 (명칭) 이 회는 이우 중고등학교 학부모회라 한다.

제2조 (목적) 이 회는 학교 교육 발전을 위한 참여 및 지원 활동과 회원 상호간의 친목을 도모함을 목적으로 한다.

제3조 (사무소) 이 회의 사무소는 이우고등학교에 둔다.

제2장 회원

제4조 (회원)

1. 회원은 이 학교에 재학하는 학생의 보호자로 한다.

2. 회원 외에 명예회원을 둘 수 있으며, 명예회원은 학교 발전에 기여한 인사로 한다.

제5조 (권리) 회원은 다음의 권리를 갖는다.

1. 학부모회의 사업과 운영에 관한 발의, 건의, 문의, 참여할 권리

2. 회의 의결권과 임원, 감사의 선거권 및 피 선거권

3. 기금 운영에 관한 발의, 건의, 문의, 참여할 권리

제6조 (의무)

1. 학부모회의 화목과 발전에 주체적으로 참여한다.

2. 정해진 회비를 납부한다.

3. 총회와 그 밖의 회의에 참석하고 활동한다.

4. 학부모회의 규약을 성실히 지킨다.

5. 위원회, 동아리 등의 학부모회 활동에 적극적으로 참여하여야 한다.

6. 학부모의 교육활동에 성실히 참여한다.

제3장 조직

제7조 (조직)

1. 학부모회는 총회, 임원회, 위원회, 학년 및 반으로 구성한다.

2. 임원회는 회장, 부회장, 위원회 대표, 학년 대표단으로 구성한다.

3. 총회의 결정으로 총회의 일부 기능을 임원회에 위임할 수 있다.

4. 위원회의 변경은 임원회의 결의로써 하고 총회의 추인을 받는다.

제8조 (임원의 선출 등)

1. 본 회의 회장과 부회장은 총회에서 선출한다. 학부모회장, 부회장으로 추천된 사람은 총회 일주일 전에 학교 홈페이지를 통해 공고하여야 한다. 단 회장은 학부모회에 1년 이상 소속한 사람이어야 한다.
2. 각 학년 대표, 부대표 반대표는 해당 학년 단위에서 선출한다.
3. 각 위원회 대표는 해당 위원회에서 선출한다.
4. 감사 1인은 총회에서 선출한다.
5. 선출된 임원의 궐위 시의 후임자에 관한 제반사항은 임원회의에서 결정한다.

제9조 (임원의 임기)

1. 임원의 임기는 1년으로 하고(정기총회 직후에서 다음 정기총회까지) 연임할 수 있다.
2. 임원의 궐위 시에는 임원회의에 위임하여 선출하고 선출된 임원의 임기는 전임자의 잔여기간으로 하다.

제10조 (임원의 직무)

1. 회장은 이 회를 대표하고 회의를 총괄한다.
2. 부회장은 회장을 보좌하며, 회장이 사고로 인하여 직무를 수행할 수 없을 때에는 그 직무를 대리한다.
3. 회장은 행정업무를 위하여 임원 중에서 지원받을 수 있다.
4. 감사는 회계 업무를 연 1회 이상 감사하여 총회에 보고한다.
5. 위원회 위원장은 각 단위별로 자유로운 활동을 하되 임원회에서 활동을 보고한다.

제11조 (총회)

1. 총회는 정기회와 임시회로 구분하고, 정기회는 매년 2월에, 임시회는 회장이 필요하다고 판단할 경우 또는 회원 1/4 이상의 요구로 회장이 소집한다.
2. 회의의 안건은 출석 회원 과반수 찬성으로 의결한다.

제12조 (총회의 기능) 총회는 다음의 사항을 의결한다.

1. 규약의 제정 및 개폐
2. 예산 및 결산 보고
3. 학부모회 임원 선출
4. 학교운영위원회의 학부모 위원 선출
5. 학부모 회비의 징수에 관한 사항
6. 학교운영위원회에 제출할 안건
7. 기타 학부모회의 활동에 관한 사항

제 4 장 재 정

제13조 (재정) 이 회의 활동에 필요한 재정은 학부모 회비, 찬조금 및 기타 수입금으로 충당

한다.

제14조 (회비)

1. 회비는 연회비로 납부하며 학생 1인당 10만원으로 한다.

2. 회비의 사용은 임원회에서 결정하여 총회의 승인을 받는다.

제15조 (재산의 귀속) 이 회의 청산 시 사업으로 조성된 일체의 재산은 총회의 의결로 처리한다.

제16조 (사업 년도) 이 회의 사업 년도는 학년도로 한다.

제5장 포상과 징계

제17조 (포상) 학교 및 학부모회 발전에 공이 큰 회원 및 명예회원에 대해서는 포상할 수 있다.

제18조 (징계) 학부모회의 정상적인 운영을 현저히 방해하거나 명예를 훼손한 회원은 징계할 수 있다.

제6장 기타

제19조 (해산) 목적 사업의 완수나 이 회가 존속할 필요가 없을 때에는 총회의 의결로 해산 한다.

제20조 (청산) 이 회를 해산할 때에는 임원이 청산 사무를 담당한다.

제21조 (업무 협조) 이 회의 활동과 관련하여 필요한 사항에 대하여는 학교장과 협력하여 처리한다.

부칙

제1조 (시행일) 이 규약은 2003년 10월 12일부터 시행한다.

제2조 (시행일) 이 개정된 규약은 2004년 3월 20일부터 시행한다.

제3조 (적용) 제6조 제1항에서 2003학년도 학부모회는 1년으로 본다.

제4조 (시행일) 이 개정된 규약은 2005년 2월 20일부터 시행한다.

제5조 (시행일) 이 개정된 규약은 2006년 2월 25일부터 시행한다.

제6조 (시행일) 이 개정된 규약은 2007년 2월 24일부터 시행한다.

제7조 (시행일) 이 개정된 규약은 2008년 2월 24일부터 시행한다.

"정체성 유지하며 더욱 체계화 되어야"

1. 개요

이우고등학교는 2012년까지 모두 7회에 걸쳐 515명의 졸업생을 배출했다. 그들은 지금 어디에서 무엇을 하고 있을까? 이우10년사 편찬소위원회는 졸업생 전체를 대상으로 설문조사를 실시했다. 이를 위해 우선 전체 졸업생의 이메일 주소와 이동전화 번호를 파악한 뒤, 파악된 졸업생들을 대상으로 이메일을 통한 온라인 조사를 실시한 것이다. 이 조사는 2012년 말에 실시되었기 때문에 2013년 초에 졸업한 제8회 졸업생은 자연히 포함되지 않았다.

제1회부터 제7회까지 연락처가 확인된 졸업생은 총 436명. 그 중 반송된 이메일을 제외하면 실제 조사대상자는 390명이었다. 그들에게 먼저 문자메시지로 조사에 대해 안내한 뒤 온라인조사 전문업체인 (주)엠비존씨엔씨의 이메일 조사 시스템[1]을 통해 설문조사를 실시했다. 조사기간은 2012년 11월 15일부터 28일까지 2주간이었다. 그 기간 동안 무응답자들에게 몇 차례 문자메시지로 협조를 구하여 최종적으로 232명이 조사에 응했다.

응답자는 여자가 131명으로 남자 101명보다 약간 많았고, 졸업 회수별로는 제2회 졸업생이 43명으로 가장 많았다.

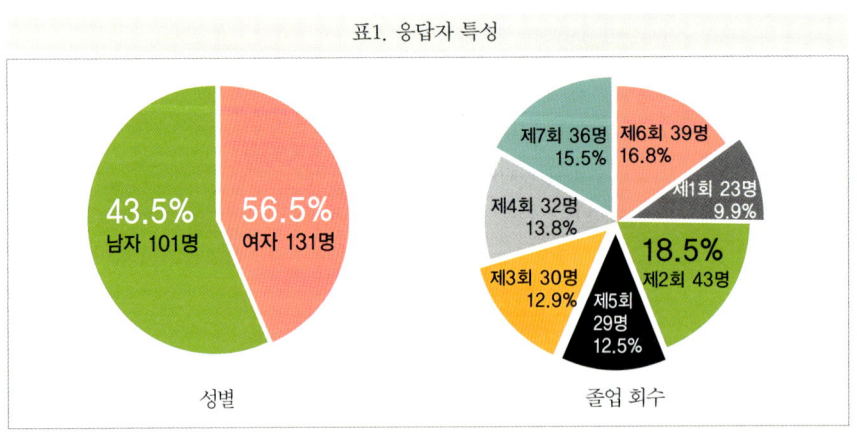

표1. 응답자 특성

---

1) 조사회사에는 졸업생의 이름 없이 이메일 주소와 이동전화 번호만을 제공했다. 조사회사의 온라인조사 시스템은 이동전화 문자메시지로 설문조사를 안내하고 이메일을 발송한 뒤 응답자가 조사에 응하면 그 응답이 조사회사의 통계시스템에 바로 입력되는 방식이었다.

2. 졸업생 현주소

응답자를 기준으로 졸업생들의 현주소를 살펴보았다.

우선 대학 재학 여부를 살펴볼 때, 대학생이 대세였다. 10명 중 7명(70.3%)이 대학생이고, 학교에 다니지 않는 졸업생은 4.7%였다. 학교에 다니지 않는 졸업생이 제6회와 제7회에 많은 것(10.7%)은 2012년 말 현재 재수나 삼수를 하는 졸업생이 포함되었기 때문으로 보인다. 18.1%는 대학을 이미 졸업했으며, 6.9%는 군복무나 휴학 중이었다.

대학 졸업이 가능한 제1~3회 졸업생을 중심으로 살펴보면, 대학을 마친 사람은 29.2%였고, 3명 중 2명(64.6%)은 아직 학교에 다니고 있었는데, 이는 군복무나 휴학 등으로 인해 졸업이 늦어진 것으로 볼 수 있다. 제1~3회 졸업생 중 취업한 사람은 19.8%였다.

제1회 졸업생만 보면 절반 정도(52.2%)가 대학을 졸업했으며, 47.8%가 취업을 해 대학 졸업생 대부분이 취업한 것으로 나타났다. 그러나 제1회 졸업생 중 43.5%는 아직 재학 중이었고, 30.4%는 아르바이트를 포함해 경제활동을 전혀 하지 않고 있었다.

전체 졸업생 중에서는 3명 중 1명 꼴(33.6%)로 아르바이트를 하고 있었다.

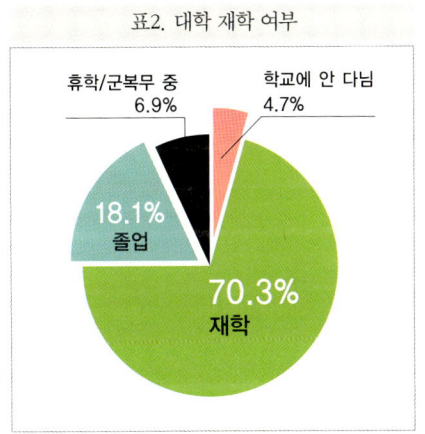

표2. 대학 재학 여부

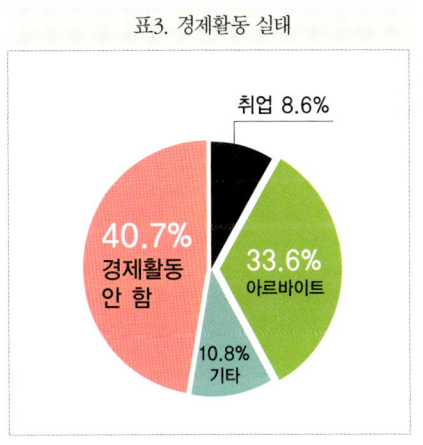

표3. 경제활동 실태

졸업생 중 대부분(85.3%)은 서울을 포함한 수도권에 살고 있었고, 10.3%가 그 외의 지방에, 4.3%가 외국에 각각 거주하고 있었다. 58.2%는 부모님 집에서 살고 있지만, 자취를 하거나 따로 독립해 사는 졸업생도 22.8% 있었고, 15.5%는 기숙사나 하숙, 친척집 등에서 지내고 있는 것으로 조사됐다.

남학생과 제5~6회 졸업생 가운데 지방거주 비율이 상대적으로 높은 것은 군복무와 관련 있는 것으로 보였다.

재미있는 것은 취업한 졸업생이 경제활동을 하지 않는 졸업생보다 부모님과 함께 사는 경우가 많았다는 것이다. 아직은 자신의 경제력과 거주형태가 크게 상관있어 보이지 않았다.

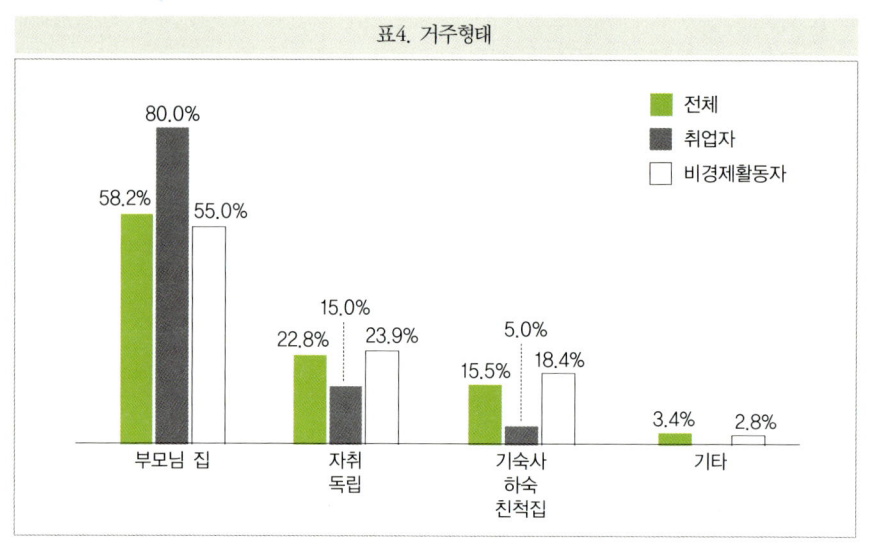

표4. 거주형태

전체
취업자
비경제활동자

부모님 집: 58.2% / 80.0% / 55.0%
자취 독립: 22.8% / 15.0% / 23.9%
기숙사 하숙 친척집: 15.5% / 5.0% / 18.4%
기타: 3.4% / 2.8%

3. 생활만족도

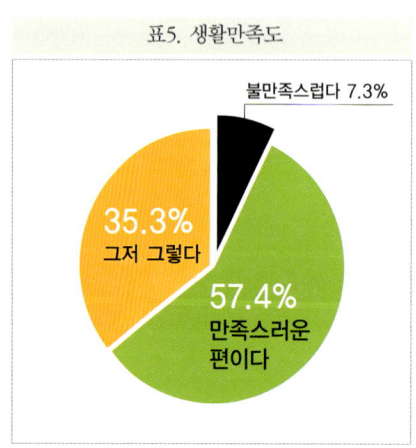

표5. 생활만족도

불만족스럽다 7.3%
35.3% 그저 그렇다
57.4% 만족스러운 편이다

졸업생들은 자신의 생활에 어느 정도 만족하며 살고 있을까? 57.3%는 '만족스러운 편'이라고 답했고, 7.3%는 '불만족스럽다'고 답했다. 나머지 35.3%는 '그저 그렇다'고 했다.

스스로의 생활에 대해 만족스럽게 생각하는 졸업생은 제3회에 상대적으로 많았고 (73.3%), 제2회에는 적은 편(46.5%)이었으며, 취업한 경우 70%가 '만족스러운 편'이라고 답했다.

4. 현재 관심사

졸업생들의 현재 관심사를 알아보기 위해 다가오는 겨울방학 기간에 무엇을 할 계획인지 물었다.

응답자 10명 중 4명이 '학업, 공부, 직장일'을 하겠다고 했고, 다른 1명(11.2%)은 '인턴십, 구직활동, 취업준비'를 하겠다고 답했다. 아직 대학생이 많은 만큼 학업이나 취업이 가장 큰 관심사임을 확인시켜주었다. 특히 취업을 준비하고 있는 제2회 졸업생 중에서는 무려 30.2%가 '인턴십, 구직활동, 취업준비'를 생각하고 있었다. 전체 졸업생 중에서는 여행(17.6%)이나 취미활동(6.0%)을 생각하고 있는 경우도 꽤 있었고, 10.3%는 '아르바이트' 계획을 갖고 있었다. 졸업회수별로는 대부분 '학업, 공부, 직장일'을 꼽은 비율이 가장 높았지만, 유독 제7회 졸업생 중에서는 '여행'(33.3%)을 꼽은 비율이 가장 높았고, 제4회에서는 '여행'(21.9%), 제5회에서는 '아르바이트'(20.7%)를 꼽은 비율이 상대적으로 높았다.

이우학교를 떠난 지 얼마 되지 않은 졸업생일수록 방학 등을 이용해 여행을 많이 하지만, 점차 대학 학업과 함께 아르바이트로 생활의 비중이 옮아가며, 대학 고학년이 되면 구체적으로 취업을 준비하는 쪽으로 관심이 정착되는 것을 확인할 수 있었다.

졸업생들의 고민거리는 연령대별로 대체로 비슷했다. '요즘 가장 큰 고민거리가 무엇인지' 자유롭게 응답하게 한 결과, '진로'와 '취업'이 월등히 많았다. 특히 제1~3회에서는 다른 연령대에 비해 상대적으로 취업과 진로에 대한 고민이 많았고, 제4~7회에서는 공부와 학업, 학교생활에 대한 고민도 많은 편이었다. 그 외에도 독립을 포함한 경제적인 문제, 연애와 인간관계, 군대 문제, 건강 등을 고민하고 있었다. 그밖에 '지금 내가 올바른 선택을 하고 있는지', '제대로 살고 있는지', '정말 하고 싶은 일이 무엇인지' 등 근본적인 질문으로 고민하는 경우도 적지 않았다.

표6. 방학 계획

	학업/공부/직장일	여행	인턴십/구직활동/취업	아르바이트	취미활동	기타
전체	40.1%	17.7%	11.2%	10.3%	6.0%	14.7%
제1~3회	45.8%	11.5%	21.9%	6.3%	5.2%	9.4%
제4~7회	44.3%	19.7%	1.6%	13.1%	4.9%	16.4%
제6~7회	29.3%	24.0%	5.3%	13.3%	8.0%	20.%

5. 이우학교와의 관계 지속도

이우학교 학생들은 길게는 6년, 짧게는 3년 동안 친구들이나 선생님들과 상당히 긴밀한 관계를 갖고 학교생활을 한다. 이러한 관계는 졸업 후에도 유지되고 있을까?

이우학교 졸업생들은 졸업 후에도 이우학교 친구들을 자주 만나고 있는 것으로 나타났다. 응답자의 56.9%가 '한 달에 한 번 이상' 이우학교 친구들을 만난다고, 10명 중 8명 정도는 '2~3달에 한 번 이상' 친구들을 만난다고 각각 답했다.

가장 최근에 졸업한 제7회 졸업생뿐만 아니라 졸업한 지 가장 오래된 제1회 졸업생, 그리고 제4회 졸업생도 60% 이상이 한 달에 한 번 이상 이우학교 친구들을 만난다고 답했다.

이번 조사에 응한 응답자들이 이우학교와의 네트워킹에 상대적으로 적극적임을 감안하더라도 이우학교 졸업생들이 재학 시절 친구들과의 관계 지속도가 상당히 높음을 확인할 수 있었다.

학교나 선생님들과의 관계는 어떨까? 이우학교에 가보거나 이우학교 선생님을 만난 것이 3개월 이내인 경우가 22%, 6개월 이내는 44%, 1년 이내는 62.5%였다. 37.5%는 1년보다 더 오래되었다고 답했다. 졸업생 3명 중 2명 가까이가 최근 1년 이내에 학교에 가거나 선생님을 만난 적이 있다는 것이었다. 친구들과 만나는 것과 달리 학교에 가거나 선생님을 만난 빈도는 아무래도 졸업한 지 오래될수록 뜸했다. 다만 제3회 졸업생들만은 여기서 예외였다. 63.3%가 이우학교에 가거나 선생님을 만난 것이 6개월이 되지 않았다고 답했다. 제3회 졸업생들은 90% 정도가 친구들과도 2~3개월에 한 번 이상 만나는 것으로 조사돼 이우학교 네트워킹의 지속 정도가 특히 높은 편임을 알 수 있었다.

졸업생들은 주로 핸드폰(61.2%)과 페이스북(33.2%)을 통해 친구들이나 선생님들과 소통하고 있었으며, 이우학교 홈페이지는 거의 활용하지 않는 것으로 나타났다(0.4%).

제3회와 제5회 졸업생들은 핸드폰보다 페이스북을 더 많이 활용하고 있었다.

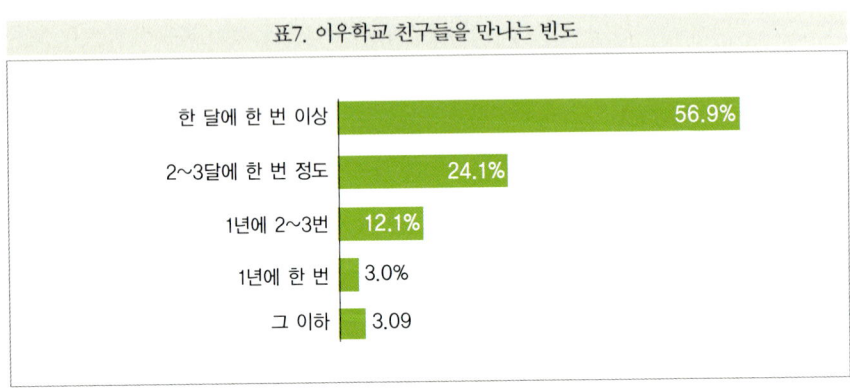

표7. 이우학교 친구들을 만나는 빈도

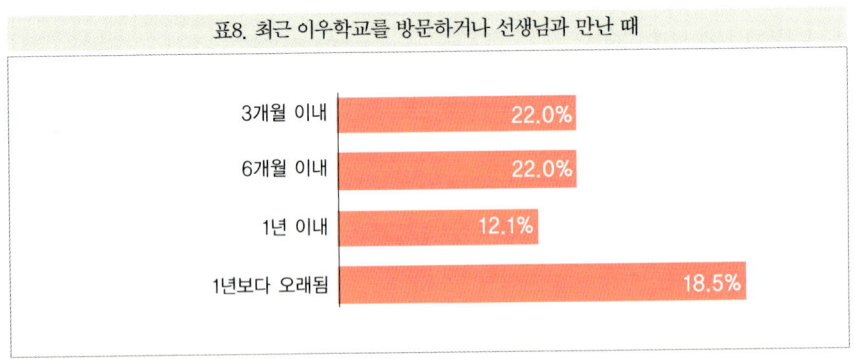

표8. 최근 이우학교를 방문하거나 선생님과 만난 때

꿈꾸고 도전하고 함께 가다

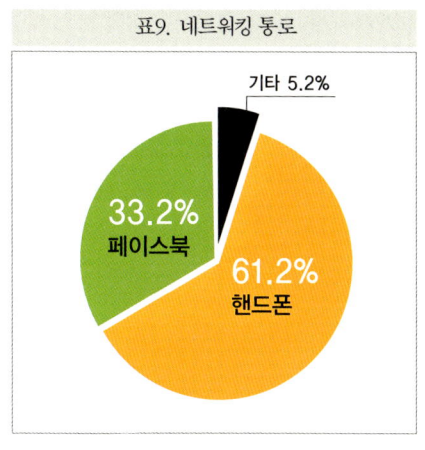

표9. 네트워킹 통로

기타 5.2%
33.2% 페이스북
61.2% 핸드폰

6. 졸업생이 느끼는 이우학교의 영향력

졸업생들은 이우학교에서 질풍노도의 청소년기를 보냈다. 물론 이우학교가 아니더라도 청소년기의 다양한 경험이 졸업생들에게 여러 각도에서 영향을 미쳤겠지만 졸업생들 스스로는 이우학교가 자신의 삶에 어느 정도 영향을 주었다고 느끼는지 궁금했다. 졸업생들 스스로 느끼는 영향 정도와 특히 영향을 주었다고 생각되는 교육활동이 무엇이었는지를 물었으며, 이우학교가 중요하게 생각하고 학생들에게 강조하는 몇 가지 삶의 태도에 대해서도 그 영향 정도를 어떻게 느끼는지 물었다.

응답자들은 56.5%가 이우학교에 다닌 것이 현재 나의 삶에 '많은 영향'을 미치고 있다고 답했다. '대체로 영향'을 미치고 있는 편이라는 응답(32.3%)까지 합하면 거의 10명 중 9명이 이우학교의 영향을 느끼고 있음을 알 수 있었다. 이우학교에 다닌 것이 현재 자신의 삶에 '많은 영향을 미치고 있다'는 응답은 제3~5회 졸업생들에게서 높은 편이었는데, 특히 제3회는 70%가 '많은 영향'을 미치고 있다고 답해 이우학교와의 관계 지속도가 높은 것과 상관이 있음을 짐작케 했다.

이우학교의 교육활동 중 자신에게 가장 많은 영향을 미친 활동을 2개까지 꼽아보게 한 결과, '수업'이 37.1%로 가장 많았고, '해외통합기행'(30.2%), '동아리 활동'(29.7%), '인턴십'(25.4%) 등이 그 뒤를 이었다. 그 다음으로는 '학생회, 학년회 등 자치활동'(19.4%), '농촌봉사활동'(13.8%), '각종 준비위원회 활동'(13.4%) 순이었고, 'NGO활동'(6.5%)과 '졸업작품/졸업논문'(4.3%)은 상대적으로 영향이 적은 것으로 나타났다.

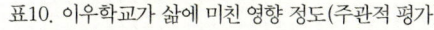

표10. 이우학교가 삶에 미친 영향 정도(주관적 평가)

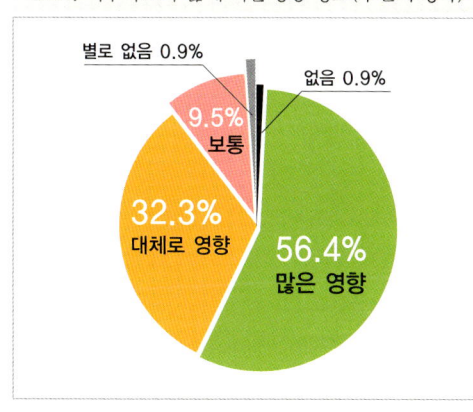

별로 없음 0.9%
없음 0.9%
9.5% 보통
32.3% 대체로 영향
56.4% 많은 영향

졸업생 회수별로 보면(첫 번째 응답 기준), 제1회와 제3회는 '수업'을, 제4회와 제5회는 '해외통합기행'을 가장 영향을 많이 준 활동으로 꼽았다. 제2회는 '수업'보다 '동아리 활동'과 '인턴십'. '해외통합기행'을 고르게 많이 꼽았고, 제6회는 '인턴십'을 가장 많이 꼽았으며, 제7회는 '수업', '인턴십' 순으로 답했다.

이같은 회수별 교육활동 영향력의 차이가 꼭 학교 교육과정 기조의 변화와 관련된 것은 아닌 것으로 보인다. 그 영향력 차이의 구체적인 요인은 추후에 다시 살펴볼 필요가 있겠다.

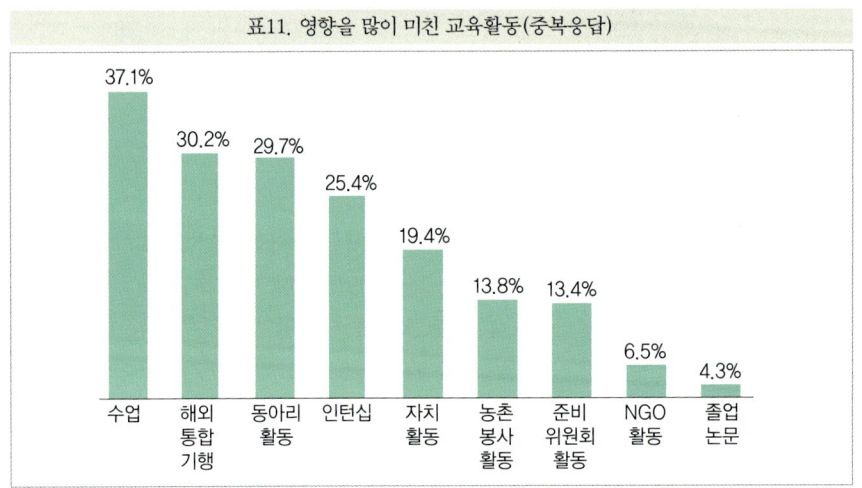

표11. 영향을 많이 미친 교육활동(중복응답)

이우학교에서는 단편적인 지식습득이 아닌 사고능력, 자기성찰을 통한 자기주도적 학습과 생활태도, 타인과의 소통 능력에 기반을 둔 인권 및 생태 감수성, 사회현상에 대한 관심과 비판적 이해 능력 등을 기르는 것을 교육활동의 중요한 목표로 삼아 왔다. 졸업생들은 실제로 이러한 태도와 능력이 얼마나 길러지고 신장되었다고 느끼고 있을까?

졸업생들에게 자신들이 이우학교에 다님으로써 이런 여러 측면에서 얼마나 변화나 성장이 있었다고 보는지 묻고 5점 척도('매우 그렇다', '대체로 그렇다', '보통이다', '별로 그렇지 않다', '전혀 그렇지 않다')로 답하게 했다. 이는 졸업생들이 실제로 각 측면에서 얼마나 성장했는지를 객관적으로 측정한 것은 아니며, 졸업생 스스로 어떻게 느꼈는지 주관적으로 직접 평가하게 한 것이었다.

표12. 이우학교에 다니면서 변화되거나 성장한 점(주관적 평가)

질문	매우 그렇다 (%)	(매우+대체로) 그렇다(%)	평균(5점)
나와 삶을 성찰하는 태도를 가지게 되었다	34.9	82.3	4.1
자신의 삶을 주도적으로 기획하고 문제를 해결해가는 태도를 가지게 되었다	28.4	74.6	4.0
단편적인 지식축적이 아니라 깊고 넓게 질문하고 사고하는 학습태도를 가지게 되었다	27.2	75.0	3.9
다른 사람과 소통하면서 함께 문제를 해결하는 협업능력이 신장되었다	28.0	71.1	3.8
사회현상에 대한 관심과 비판적 이해능력을 가지게 되었다	31.5	73.3	4.0

꿈꾸고 도전하고 함께 가다

타인에 대한 인권감수성을 가지게 되었다	33.2	80.6	4.1
생태적으로 살기 위해 노력하게 되었다	19.8	53.4	3.5

나와 삶을 성찰하는 태도, 자기주도적 기획 및 문제해결 태도, 깊고 넓게 질문하고 사고하는 학습태도, 타인과의 소통 및 협업능력, 사회현상에 대한 관심과 비판적 이해능력, 타인에 대한 인권감수성, 생태 감수성 등 7가지 측면에 대한 질문 결과, 졸업생들에게는 '자신과 삶을 성찰하는 태도'와 '인권감수성'에 대한 변화/성장이 가장 크게 다가온 것으로 나타났다.

이우학교에 다니면서 성찰적 삶의 태도와 인권감수성을 갖게 된 데 대해 매우 긍정적으로 답변한 응답자가 3명 중 한 명 꼴로 가장 많았다. 사회현상에 대한 관심과 비판적 이해능력에 대해서도 30% 이상이 매우 긍정적으로 답했고, 자기주도적 삶의 태도나 깊고 넓은 사고능력, 타인과의 소통 및 협업능력에 대해서도 30% 가까이가 매우 긍정적인 영향을 받은 것으로 답했다. 다만 생태감수성 측면에서는 상대적으로 긍정적인 응답이 많지 않은 편이었다.

이를 졸업생 회수별로 살펴보면(각 질문에 '매우 그렇다'고 답한 비율 기준) 대체로 제3회 졸업생들의 긍정적 응답이 높았는데, 특히 그 중에서도 나와 삶을 성찰하는 태도(50%), 넓고 깊게 질문하고 사고하는 학습태도(46.7%)에 대한 긍정 응답비율이 높았다. 제1회 졸업생들은 사회현상에 대한 관심과 비판적 이해능력을 가지게 된 것에 대한 긍정적 응답이 많았고 (39.1%), 인권감수성과 생태감수성에 대해서는 제7회 졸업생들의 긍정응답 비율이 높았다 (각각 44.4%, 33.3%).

표13. 회수별 긍정응답률 – '매우 그렇다'   (단위 : %)

질문	전체	1회	2회	3회	4회	5회	6회	7회
나와 삶을 성찰하는 태도를 가지게 되었다	34.9	26.1	30.2	50.0	31.3	31.0	35.9	38.9
자신의 삶을 주도적으로 기획하고 문제를 해결해가는 태도를 가지게 되었다	28.4	21.7	23.3	36.7	34.4	34.5	23.1	27.8
단편적인 지식축적이 아니라 깊고 넓게 질문하고 사고하는 학습태도를 가지게 되었다	27.2	17.4	23.3	46.7	15.5	24.1	28.2	33.3
다른 사람과 소통하면서 함께 문제를 해결하는 협업능력이 신장되었다	28.0	26.1	30.2	36.7	28.1	20.7	23.1	30.6
사회현상에 대한 관심과 비판적 이해능력을 가지게 되었다	31.5	39.1	32.6	36.7	25.0	24.1	30.8	33.3
타인에 대한 인권감수성을 가지게 되었다	33.2	26.1	25.6	40.0	34.4	27.6	33.3	44.4
생태적으로 살기 위해 노력하게 되었다	19.8	4.3	11.6	26.7	21.9	24.1	15.4	33.3

7. 이우학교가 생각나는 경우

졸업한 뒤 어떤 경우에 이우학교가 생각나는지 자유롭게 답하게 해보았다.

친구들을 만날 때나 후배들이 자신이 다니는 대학교에 들어왔을 때, 또는 언론이나 다른 사람들이 이우학교 이야기를 할 때와 같이 이우학교가 거명되는 상황에서 이우학교를 떠올리는 것은 당연한 일이다.

그러나 평소 일상 속에서 이우학교가 생각난다고 답한 경우가 꽤 많이 눈에 띄었다. 특히 '밥 먹을 때', '학교 식당에서 밥을 먹을 때' 이우학교 급식 생각이 난다는 응답이 많았다. 친환경 급식을 하고 남기지 않고 먹는 식습관이 일상이 된 졸업생들이 성의가 부족한 대학 식당, 아무렇지도 않게 음식을 남기고 소홀히 대하는 주위 친구 등을 접하며 이우학교의 식당과 식사를 떠올리는 것은 상당히 의미심장하면서도 재미있는 현상이었다. 또 '대학의 수업이 기대 이하일 때' 혹은 '이미 이우학교에서 배운 내용일 때', 그런가 하면 '수업이 특별히 재미있을 때'도 이우학교에서의 수업이나 활동이 생각난다고 했다. 졸업생들이 자신의 일상 속에서 이우학교와 비교되는 상황을 접할 때 자연스럽게 이우학교를 떠올리고 되돌아보고 있음을 알 수 있었다.

'일상에 지치고 힘들 때', '인간관계가 힘들 때', '진솔한 인간관계가 그리울 때', '초심을 잃어버렸을 때', '고민이 많을 때' 등 힘들거나 위로가 필요한 때에도 이우학교가 생각난다고 답했다. 물론 '그냥 수시로 아무 때'나 이우학교가 생각난다고 답한 졸업생도 많았다. 졸업생들은 자신이 힘들고 지칠 때 과거 힘이 되고 위로가 되어주었던 이우학교를 떠올리는 경향을 보였다.

8. 이우학교에 대한 기대

설문조사를 마무리하면서 이우학교에 바라는 점이나 아쉬운 점을 자유롭게 적도록 했다.

여기서 가장 많이 나온 내용은 학교가 설립 초기의 취지와 이념을 잃지 않았으면 하는 것이었다. 일부는 이우학교가 자신이 다닐 때와 달라지고 있는 것 같다는 안타까움을 표현했고, 대안학교로서의 정체성을 잃어가고 있는 것 아닌지 우려하는 목소리가 많았다. '해를 거듭할수록 다양한 배경의 학생들이 모이지 않는 것 같다'거나 '갈수록 빛 좋은 개살구가 되어가는 것 같다', 심지어 '내가 다닌 학교와는 다른 학교가 아닌가'라고 표현한 경우도 있었다. 이같은 표현들은 이우학교에 대한 애정과 이우학교의 정체성에 대한 나름의 문제의식을 동시에 표현한 것으로 이해할 수 있겠다.

졸업생들이 또 많이 제기한 것은 졸업생들의 커뮤니티나 졸업생-재학생 네트워크가 형성되지 못한 점에 대한 아쉬움이었다. 동문회의 구성이 필요하다는 의견이 많았고, 학교와 졸업생들의 소통, 즉 졸업생들이 참여할 수 있는 행사나 졸업생-재학생 연계 프로그램을 원하는 경우도 상당수 있었다. 졸업생들의 다양한 전공 및 활동내용을 이우학교에서 활용하면 좋겠다는 구체적인 의견도 같은 맥락의 얘기였다.

이우학교 재학시절의 활동과 관련해서는, 진로 모색 과정에 대한 이야기가 많은 편이었다. '다양한 경험도 좋지만 구체적인 진로에 대해 더 깊이 고민할 수 있는 기회가 필요하다'거나 '대학 이외에 다른 진로에 대한 체계적인 도움이 필요하다', '진로에 대한 고민을 너무 밀어붙이지 말고 길게 보고 충분히 고민할 수 있게 해주는 시간적 여유가 필요하다', '예체능에 대해서도 균형적인 지원이 있어야 한다', '대학입시와 관련하여 명확한 입장을 가졌으면 좋겠다'는 등의 의견이 있었다.

상당수 졸업생들은 이우 교육과정에 있어서의 정치적·이념적 편향성을 지적하기도 했다. '학교교육과 정치적 성향이 연관되어 있다', '학생들의 주관이 형성되기 전에 너무 비판적인 사고를 강요하는 것 같다'는 등의 의견이 있었고, '편향된 생각을 장려하는 듯한 압력을 느꼈다'는 경우도 있었다.

그 외에 '이우인상을 폐지해야 한다'는 의견이 있었고, '끼리끼리가 심하다'는 지적도 있었으며, '학교가 전반적으로 좀 더 체계적이어야 한다'는 의견도 있었다. '다양한 활동도 좋지만 너무 단편적이었다'는 지적이 있는가 하면, '동아리나 실천적 활동의 비중이 축소되는 것 같다'며 거꾸로 우려하는 목소리도 있었다.

전체적으로 볼 때 졸업생들은 이우학교가 보다 체계화되고 안정화되는 동시에 자기 성격도 보다 명료하게 갖기를 바라고 있었다. 두 마리 토끼를 잡기를 바라는 격이었다. 또한 졸업생 간, 졸업생-재학생 간 커뮤니티의 형성을 통해 이우학교의 문화를 함께 만들어갈 의지도 갖고 있음을 이번 조사를 통해 확인할 수 있었다.

개교 이전

1997-11-00   교육운동가들 대안학교의 필요성과 방향 논의 시작

1998-04-00   수도권 지역에 도시형 대안학교를 설립하기로 결정하고 부지 물색

1999-04-00   4월 간디학교 방문(수업 참관 및 교사 간담회)

2000-07-00   한빛고등학교 방문(김창수 교장 면담)

     09-00   9월 수도권 지역에 대안학교와 생태마을을 동시에 설립하기로 결정

               광주, 이천, 용인 등지의 부지를 물색하고 생태건축 전문가들을 접촉함

     10-00   푸른꿈학교 및 무주 생태마을 방문 (수업 참관 및 교사 간담회)

2001-01-18   가칭) '내일을 여는 학교 준비모임'(대표 정광필) 결성

               학교를 성남시 분당구에 설립하고, 학교와 생태마을을 분리하여 단계적으로 추진하기로 함

     07-01   이우학교설립추진위원회 결성식(남한산성 내 만해기념관). 학교 이름을 '이우(以友)'로 결정하고,

               대표단 선출(고문: 이명현, 전보삼, 공동대표: 이종태, 하동근, 정광필) 및 사업 계획안 심의

     07-10   교육문화회관에서 '도시형 대안학교 설립을 위한 워크숍' 개최

               (이종태 교육개발원 연구원 정유성 서강대 교수, 이재갑 교육부 서기관, 정기준 푸른꿈 교사 등 참여)

     09-08   '유럽의 대안교육사례'에 관한 워크숍 개최(강사: 정유성 서강대 교수)

     09-09   설립추진위 운영위원회

     10-28   학교 부지 답사(동원동 산13-1)

     11-01   학교 부지 계약(성남시 분당구 동원동 산13-1 13,500 평)

               건축 설계자 선정 (김승회 경영위치 건축사무소 소장, 현재 서울대 교수)

     11-17   '대안학교 교육과정'에 관한 워크숍 개최(강사: 김창수, 전 한빛고 교장)

     12-02   이우학교설립위원회(이우교육공동체) 창립 총회(분당구청)

     12-16   학교법인 창립총회(미금역 트리폴리스 B-3006호)

               학교법인 이사진(이사장 이종태)을 선출하고, 2003년 3월 개교를 목표로 사업을 추진하기로 함

2002-01-00   풀무학교 방문(3회)

     01-12~13 이우교육공동체 워크숍(월드베스트 인력개발원), "한빛고등학교의 경험으로부터 배운다" 김창수(전 한

               빛고등학교 교장), "이우학교 설립과 관련한 주요 현안에 대하여" 정광필(이우교육공동체 공동대표)

     05-29   학교법인 이우학원 설립허가(경기도 교육청)

     07-18~26 이우학교 2차 교사 선발

     08-15   이우교육공동체 임시 총회, 신임 이사장(장석) 선출

     10-24   이우학교 도시계획시설 결정 고시(성남시)

     11-05   이우학교 설립계획 변경 승인(경기도 교육청): 개교일 변경 : 2003년 3월 1일 → 2003년 9월 1일)

     12-06   이우교육공동체 7차 운영위원회

12-22　이우학교 '첫 삽 뜨는 날'(기공식)

2003-01-22~25　이우학교 겨울캠프(치악산 자연학습원)

　　02-05　학교시설 건축승인

　　04-26　이우교육공동체 2차 정기총회

　　04-27　이우학교(www.2woo.net) 홈페이지 오픈

　　05-11　이우학교 1차 전·입학 설명회(분당구청 대회의실)

　　06-13　초대 교장 정광필 선출

　　06-27　고등학교 학교설립 인가 및 특성화고등학교 지정 승인(경기도 교육청)

　　06-29　이우학교 설립인가 기념 좌담회

　　07-04　3차 연석회의(이우교육공동체 운영위원, 학교법인 이우학원 이사, 이우학교 교사)

　　07-11　중학교 학교설립 인가 및 특성화중학교 지정 승인(성남시 교육청)

　　08-01　잉크테크(주), 이우학교에 1억원 기증

　　08-17　신입생 오리엔테이션(월드베스트 인력개발원)

　　08-30　이우중고등학교 교장 직무대행 정광필 임용

학교 · 공동체 · 연구소	학부모
2003-09-01　이우학교 개교 및 입학식	2003-09-18　이우학교 학부모 모임
09-18　이우학교 개교 기념식/기자간담회/학부모 　　　　　모임	10-12　학부모회 총회
	10-24　도서관위원회
10-02　체육대회	11-01　학술위원회
10-05　이우생협추진위 출범	11-08　홍보위원회
10-13　최영준 교감 선출	11-14　교과지원위원회
10-17~18 봉사기행, 복탄리·정산2리	11-18　급식위원회
10-22　학교운영위원회	11-18　학부모회 임원회의, 민들레영토
10-23　고등학교 입학설명회, 하늘터	11-20　환경위원회
11-01　학부모간담회/학교방문의 날	11-25　학부모회 주최, 도서바자회(분당 민들레영토)
12-19　이우생협 창립총회	12-02　학부모회 임원회의, 민들레영토
12-20~21　중학교 대의원, 집행부 MT	12-19　이우생협 창립총회
12-21　2004학년도 신입생 예비소집	2004-01-13　학부모회 임원회의, 민들레영토
2004-01-12~14 중학교 겨울기행,	01-31　이우가족 탁구대회/학부모회 임원회의,
충북 제천 박달재 휴양림	민들레영토
02-10　Cyber도서관 개관	02-05　정월대보름 맞이 달맞이 행사
	02-21　학교 대청소(중·고)
	2004-02-21　중학교 학부모 워크숍(학교와의 대화)

학교 · 공동체 · 연구소	학부모
	2004-02-22　고등학교 학부모 워크숍(학교와의 대화)
	02-25　학부모님 새로배움터
2004-03-20　이우 새봄맞이 잔치	2004-03-09　학부모회 임원회의, 민들레영토
04-04　중학교 교사 연수	03-15　학부모회 임원회의
04-07　학교운영위원회	03-20　학부모회 총회, 하늘터
04-12　학교운영위원회	04-02　학부모회 임원회의
04-26　이우교육공동체 2기 정기 총회	05-05　성남지역 학부모 친목행사
(월드베스트 인력개발원)	"남한산성 밟기"
04-26~05-01 자연과학주간	05-07　학부모회 임원회의, 민들레영토
05-01　학교방문의 날	06-04　독서 소모임
05-06~08 통합기행	06-18　학교운영위원회/학부모연수회, '대안교육
05-17~22 인권주간	과 학부모의 역할'(송순재 교수), 지배적
05-18　숙명여대 교육대학원생 방문	교육인식의 해체와 대안교육의 상상력(이
05-20　인권콘서트	수광 교사)
05-21　서울시 동부교육청 소속 교사 방문	06-26　두 번째 "남한산성 밟기"
05-24~25 농촌봉사활동	07-02　학부모회 임원회의, 민들레영토
05-31~06-05 예능주간	07-10~11 이우학교 학부모 연수회, 하늘터
06-23　중학교 우리놀이 큰 배움터	07-22　학부모회 임원회의, 민들레영토
(장승제)	08-21~22 제3차 "남한산성밟기 행사"(생태체험)
06-28~07-03 성찰주간	
07-03　학교 방문의 날	
07-08~09 고1, 고2 진로간담회	
07-15　중학교 기말 발표회	
07-16　고등학교 기말 발표회	
07-19　이우교육연구소 개소	
08-12　안병영 교육부총리 이우학교 방문	
08-23~26 교사연수	
2004-09-08~10-23 이우대안교육아카데미	2004-10-08　학부모회 임원회의(학교식당)
(이우교육연구소)	10-09　학부모연수, "박신양을 좋아하세요?
09-10　이우학교 학교식당 개소	근데, 에픽하이는 아시나요?"
09-16　학교운영위원회, 교장실	–나, 학부모, 대중문화와 내 자녀
09-20~25 체력검사주간	10-18　학부모 시화전–'그때, 그 시절을 아십니까?'

　　　　　　　　　　　　　　　　꿈꾸고 도전하고 함께 가다

학교·공동체·연구소	학부모

2004-09-30 　특강, 'NGO와 지역활동', 박원순(변호사)
　　10-10　　체육대회
　　10-15~16 농촌봉사여행
　　10-18~23 어문학주간
　　11-06　　이우중학교 신입생·학부모 새로배움터
　　11-22~27 기술가정주간
　　12-13~18 성찰주간
　　12-18　　예비 이우고 학생, 학부모 새로 배움터
2005-01-10~11 구나의 바다
　　01-13~16/01-17~20 통합기행
　　01-27~29 '나눔과 배움' 이우 겨울캠프
　　　　　　　(이우교육연구소)
　　02-02　　학교운영위원회
　　02-12　　지역 공동체를 꿈꾸는 이우포럼
　　　　　　　(이우교육연구소)
　　02-24~26 새내기 새로배움터

- -

2005-03-02　입학식
　　03-05　　중고 1학년 새로배움터
　　　　　　　(천안 국립중앙청소년수련원)
　　03-23　　진로특강, '에너지 위기, 대안 에너지 및
　　　　　　　관련된 직업세계', 이필렬(방통대 교수)
　　04-01　　이화여대 교육학과 학생 40여명 학교 방문
　　04-02~3 학생회 임원 수련회
　　04-09　　문화특강, 이현주 목사(중2~3)/교사연수
　　04-11~16 연구수업(예체능교과)
　　04-13~05-15 제1기 대안교육 아카데미 학부모 과
　　　　　　　정(이우교육연구소)
　　04-14　　국회체험활동(중3)/신체검사
　　04-18~20 인권주간
　　04-21~23 과학주간
　　05-04　　진로특강, "내가 살아온 의사로서의 삶",
　　　　　　　임형진(녹색병원 정형외과 과장)
　　05-07　　교사연수

2004-10-23　학부모연수, 자녀의 자발성과 동기를 부여
　　　　　　　하는 대화법, 자녀 이해하기/자녀 교육에
　　　　　　　서 아버지의 중요성, 이민규(아주대학교
　　　　　　　심리학과 교수)
　　11-05　　학부모회 임원회의, 민들레영토
　　11-06　　이우중학교 신입생·학부모 새로배움터
　　11-27　　제2회 교육문화강좌, "디지털 시대의 청소
　　　　　　　년 학습과 사이버 문화의 이해", 황상민(연
　　　　　　　대 심리학과 교수)
　　12-03　　학부모회 임원회의, 민들레영토
　　12-18　　예비 이우고 학생, 학부모 새로 배움터
2005-01-14　학부모회 임원회의, 민들레영토
　　01-29　　이우학부모 임시총회
　　02-15　　학부모회 임원회의, 민들레영토
　　02-19　　학부모 총회, 목양교회

- -

2005-03-01　학부모회 신구 임원 워크숍
　　03-20　　백두대간종주팀 첫 산행
　　04-08　　학부모회 임원회의
　　04-24　　야생화(구절초, 벌개미취) 심기, 환경위원회
　　04-30　　이우생협 제2차 총회
　　05 06　　학부모회 임원회의, 하우스
　　05-28　　이우학교 '동막천 살리기' 활동 사례 발표
　　　　　　　(문화를 나누는 사람들/이우학교)
　　07-01　　학부모회 임원회의, 학교식당
　　07-02　　낙생저수지와 동막천 살리기 운동 본부 발
　　　　　　　대식
　　07-12　　학부모회 임원 연수-개교 2년의 성과와 과
　　　　　　　제(이현영 교사)
　　07-14　　학부모회 임원 연수-자기주도적 학습에 대
　　　　　　　한 오해와 이해(유봉인, 이재철 교사)
　　07-16~17 가족과 함께 하는 이우 학부모캠프
　　　　　　　(과천 청소년 야영장)

학교 · 공동체 · 연구소	학부모

2005-05-18 체육대회
05-20~21 농촌봉사활동
05-25 진로특강, 시민운동으로 본 직업세계-시
  민운동가로서 나의 삶, 안경호(의문사진
  상조사위원회), 분당구청
05-26 박찬욱 영화감독 특강
05-30~06-04 통합기행
06-01~7 고3 통합기행(한동대, 월정사- 미천골-낙
  산, 제주도 영화제작팀/ '스승을 찾아서')
06-01~07-03 제2기 대안교육 아카데미 학부모 과
  정(이우교육연구소)
06-13~18 연구수업(자연과학, 특성화)
06-15 진로특강, '대안적 생활을 찾아 나선 나의
  삶-생활협동조합운동, 이영이(광명 YMCA
  총무), 분당구청
06-18 이스라엘 대사관 직원 및 이스라엘 교육전
  문가 학교방문
06-19 체육대회(동천초등학교)
06-28~30 소록도 방문 봉사활동(고2)
07-13 진로특강, 나는 왜 문화인류학을 하는가,
  홍석준(목포대 인문학부 교수)
08-03~9 중국역사와 문화 기행(해외통합기행-중3)
08-06 이우헌장작성소위원회 1차 회의
08-09~10 이우여름캠프(이우교육연구소)
08-23 이우헌장작성소위원회 2차 회의
08-31 이우헌장작성소위원회 3차 회의
08-31~10-01 제3기 대안교육 아카데미 학부모 과
  정(이우교육연구소)
	2005-07-23 하늘마루 짓기 고사
	07-28~30 생명 · 평화 청소년캠프
	  (평화의방 · 교과지원위원회)

2005-09-03 학교설명회 09-09~10 중학교 학생회 임원수련회 09-10~11 고등학교 학생회 임원수련회 09-15 『이우인의 세상읽기』 발간 (이우교육연구소)	2005-09-03 이우생협 터전 개소식 09-09 학부모회 임원회의 10-03 5번째 "남한산성 밟기"

학교·공동체·연구소	학부모
09-16　체력검사	10-08　공동체추진소위원회 창립 "백두대간 종주
09-17　이우학교 뉴스레터	가 가지는 공동체적 의미"(윤태일, 중3 윤
(http://webzine.2woo.net) 창간	해영 부), "실생활속에서 공동체 삶을 살
09-21　진로특강 – 삼도생협, 한경호(목사)	기"(박영주, 중2 한정인 모), "생태공동체
09-30~10-01 봉사활동	의 삶의 가치"(이근행, 생태공동체운동센터
10-05　교육부 교육복지정책과 대안교육관계자	사무국장)
학교방문	10-21　이우학부모회 임원회의, 학교식당
10-12　교육인적자원부연수원 연수단 학교방문	11-20　이우중고등학교 신입생 학부모
10-24~29 교과발표회 주간	오리엔테이션
10-25　진로특강 – 언론인으로서의 삶, 김창희(프	2006-01-14　2005년도 고등학교 학부모 한마당
레시안 편집국장)	01-21　2005년 이우 중학교 학부모 전체모임
10-25　그림자극 공연(중1)	02-10　하늘마루 완공
11-08~09 제2회 구나의 바다(축제)	02-25　학부모회 총회, 목양교회
11-11~12 농촌봉사기행	
11-20　이우중고등학교 신입생 학부모	
오리엔테이션	
11-23~25 김장담그기	
11-24　특강, 강풀(만화가)	
11-25~26 농촌봉사활동(고3, 복탄리)	
12-01　정동영 통일부장관, 1일 통일교사	
12-01　학교운영위원회	
12-02~04, 09~11, 16~18	
이주노동자센터 봉사체험(중3)	
12-15　진로특강 – 우리 사회가 요구하는 직업군	
으로 범 전자과 – 전기, 전자, 계측제어, 전	
산, 기계공학, 김재삼(나노메트릭스코리	
아(주) 부사장)	
12-20　국무조정실 전문위원 학교방문	
12-27　문화특강 – 안도현(시인)/방통대 대안교	
육연수팀 4명 학교 방문	
2006-01-05　인형극 공연(중2)/졸업작품전시회(중3)	
01-06　학교운영위원회	
01-06　진로특강, 참 교사되기,	
김철원(이우교 교사)	

학교·공동체·연구소	학부모

2006-01-10~12 통합기행/중3 졸업여행(제주)

    01-15~22 종교기행(중3)(실상사, 성 도미니코 수
              도원, 디아코니아 자매회)

    01-16   축제

    01-17   졸업작품발표회(중3, 고3)

    01-19~25 일본역사와 문화 체험학습
              (해외통합기행-중3)

    02-01~3 통합기행(고3)

    02-10   제1회 졸업식

2006-03-02 입학식

    03-04   학교방문의 날, 고1 봄 산행(관악산)

    03-09   한나라당 이주호 의원 학교방문

    03-22   고1 수업연구회(철학, 이현영 교사)

    03-24   진로특강, 유전학과 환경 그리고 평화, 닥
            터 다스(인도 오르빌 공동체)

    03-24   고등학교 대의원 집행부·총학생회 MT
            이대 교육학과 학생 50명 방문

    03-28   학교운영위원회, 교장실

    03-29   전체 교사 수업연구회
            (중3 국어, 윤수정 교사)

    03-30   서울시 동부교육청 초중학교 교장 70명 학
            교 방문/신임교사연수회

    03-30   함께여는교육연구소 홈페이지 개통

    03-31   고1 이우법정 개최

    04-01   신체검사

    04-04   강남교육청 교감 100여명 학교 방문

    04-05   중2 수업연구회(과학, 임선영 교사)

    04-11   강남교육청 행정실장 110명 학교방문, 교
            육부직원 특강(정광필, 이수광)

    04-12   중1 수업연구회(영어, 엄지선 교사)

    04-17~19 농촌봉사활동(전체)

    04-21   진로특강 – PD의 세계, 김영상(EBS)

    04-25   학교운영위원회, 교장실

2006-03-03 학부모회 임원회의

    03-08   이우생협 제3차 정기총회

    04-07   학부모회 임원회의, 생협

    04-14   교과포럼(전체 학부모), 왜 대안교육인가
            (이수광 교감), 새로운 인턴십과 논문연구
            (박찬학 교사)

    04-16   학부모회 임원회의, 생협

    04-30   들마루 기공식

    05-05   어린이날 동네잔치–'장애아동과 함께하
            는 마을가족 만들기'(이우생협)

    05-12   학부모회 임원회의, 이우생협

    05-20   이우교육문화포럼, "더불어 숲–나의 길,
            우리의 길", 신영복(성공회대 사회과학부
            교수)

    06-02   제1차 교과포럼
            –중학교 국어(김철원 교사)

    07-07   학부모회 임원회의, 학교 과학실

    07-15   이우교육문화포럼–"인디언 교육에 대해",
            서정록

    7~8월   생태 연못 만들기

    08-19~20 이우학교 교사–학부모 엠티,
            "더불어 놀고, 나누며, 함께 가자"
            (퇴촌교육야영장)

학교 · 공동체 · 연구소	학부모
04-26 중1 수업연구회(철학, 장기혁 교사)/ 제주평화학교설립위원회 학교방문	
04-27 고1 수업연구회(과학, 박소연 교사)	
04-29 이우헌장 선포식/체육대회	
05-01 중3 수업연구회(영어, 김진원 교사)	
05-03 고1 이우법정 개최	
05-15~18 인권주간	
05-16 한국교육개발원, 교육부 관계자 학교 방문	
05-19 백두대간 특강, 최종현(한양대 도시공학과 교수)	
05-23 학교운영위원회, 교장실	
05-25 달구벌 고등학교 학생 16명 학교방문	
05-26 수업연구회(일본 배움의 공동체 사토 마나부 교수 참관 및 세미나)	
05-26 진로특강 – 세상을 보는 또 하나의 눈–과학, 김동광(교수)	
06-03 학교방문의 날	
06-07~09 통합기행	
06-09 고3 소풍	
06-27 학교운영위원회, 교장실	
06-30 진로특강 – 대학생들도 진로 고민한다, 박세원(건국대학교 분자생명공학과 교수)	
07-01 「함께여는교육」 창간호 발간	
07-13 마당극(중3)	
07-14 한여름 밤의 꿈(고1)	
07-20~27 이우학교 2006년 1학기 수업평가/태도조사	
08-14~19 (사)함께여는교육연구소 '지금, 여기'에서 실천하는 교육개혁, 제3기 교원직무연수	
08-25 진로특강, 대안에너지, 박승옥(시민발전)	

학교 · 공동체 · 연구소	학부모
2006-09-07 학교운영위원회	2006-09-22 이우교육문화포럼, "먹거리를 통한 더불어 살기와 인류의 평화", 원경선(환경정의시민 연대 이사장)
09-29 진로특강 – 교사, 정다혜(새로운 교과서 를 만드는 교사모임 대표)/ 제2차 교과포럼–중학교 수학(김현아, 김 진수, 김소희 교사)	09-29 제2차 교과포럼 – 중학교 수학(김현아, 김 진수, 김소희 교사)
09-30 체력검사	10-19 학부모회 임원회의 –교사·학부모 FREE-WORKSHOP
10-10 학교운영위원회, 교장실	
10-13 그림자극(중1)/작은음악회	10-28 이우교육문화포럼, "문명의 전환과 공동 체", 황대권(생태 공동체 운동센터 대표)
10-17 동국대 교육학과 학생 학교 방문	
10-20~21 구나의 바다	11-09 학부모회 임원회의, 민들레영토
10-21 대안교육 국제 심포지엄	11-22~23 이우도서관 독서축제
10-22 전국학생로봇경진대회 은상 수상 (고2 이상원, 고1 전호윤)	12-10 2007 이우중고 신입생·학부모 새로배움 터(이우학교)
10-22 대안교육 한마당 제3회(함께여는교육연구소)	12-22 제3차 교과포럼-이우학교 농사교과의 현 실과 과제(백남희 교사)
10-27 이우중고 제2기 교장 선출 공고	
11-06 안병영 교육부장관 학교 방문	12-26 200클럽 출범식
11-10 숙대 교육학과 학생 40명 학교 방문	2007-01-22~02-25 들마루 기와에 내 이름과 소망쓰기
11-10 진로특강, '가지 않은 길, 무궁무진한 길– 잡종적 삶의 경쟁력, 김주후(아주대학교 교육대학원 교수)	01-31 제1회 독서포럼: 현대미술 우리의 것으로 이해하기, 강병희(중3 정세기 모)
	02-01 학부모회 임원회의, 생협
11-15~16 김장담그기	02-24 학부모 총회
11-20 이우학교 2기 교장선출을 위한 교사간담회	02-28 제2회 독서포럼: 세계의 공동체 소개–새벽 의 건설자들, 최종해(중1 최정윤 부)
11-22 이우학교 2기 교장선출을 위한 학생간담회	
11-22~23 이우도서관 독서축제	
11-23 태백 교육청 학교 방문	
11-23 진로특강, 'Homo-bukus'(책읽는 사람) '책을 읽는다'와 '살다', 고미숙(수유너머 연구원)	
11-24 타이완 쉐이산 학교 이우학교 방문	
11-28 학교운영위원회, 교장실	
11-29 전체수업연구회(사회과, 박찬학 교사)/제2 기 이우학교 교장선출위한 공동체 간담회	
12-02 학교방문의 날	
12-04 교사워크숍(사교육과 자기주도학습)	

학교 · 공동체 · 연구소	학부모
2006-12-09 이우학교 제2기 교장으로 정광필 선출	
12-10 2007이우중고 신입생·학부모 새로배움터 (이우학교)	
12-15 진로특강 – 평화운동, 박노해(시인)	
12-16 수업공개의 날	
12-18 대표자워크숍(학습다이어리, 학부모교육)	
12-20 인형극(중2, 3회)	
12-26 학교운영위원회, 교장실	
12-28 진로특강 – 로봇공학과 관련한 진로, 이경무(서울대학교 공과대학 전기 컴퓨터공학부 교수)	
2007-01-02~06 통합기행	
01-02~5 종교기행(고2, 명상 – 봉도수련관)	
01-03~6 종교기행 (고2, 실상사·성 도미니코 수도원)	
01-23 학교운영위원회, 교장실	
02-10 제2회 졸업식	
02-28 2007학년도 중1 신입생 새로배움터	
2007-03-02 제5회 입학식	2007-03-09 학부모회 임원회의, 생협
03-03 학교방문의 날	03-28 제3회 독서포럼, 내아이가 책을 읽는다, 박영숙(느티나무도서관장)
03-29 학교운영위원회 1차(교장실)	03-29 이우생협 제4차 정기총회
03-31 신체검사	04-04 제4차 교과포럼-고1특성화 해외통합기행
04-02~07 과학주간	04-06 학부모회 임원회의 및 이우장학후원회 총회, 고기교회
04-06 진로특강, 인권 – 사람중심의 세상만들기, 오창익(인권실천시민연대)	04-27 제4회 독서포럼 – 희망의 이유 (제인구달, 박순영 옮김), 이유라(박종겸, 종범 모))
04-24 제1회 (사)함께여는교육연구소 회원의 날	05-03 학부모회 임원회의, 생협
04-27 진로특강, 영화로 만나는 세상, 오기민(영화제작자)	05-10 들마루 완공
05-02 학교운영위원회, 교장실	05-11 제5차 교과포럼 – 이우학교 철학교과 과정·삶과 철학(고3, 이현영 교사), 시민윤리(고2, 이재철 교사), 도덕(고1, 유봉인 교사)
05-15~18 인권주간	
05-18 진로특강, '미래사회와 청소년의 진로, 박영숙(유엔 미래 포럼)	
05-19 체육대회	

2007-05-21~23 생태기행(중1)·통합기행(고1)

농촌봉사활동(고3)

05-31~06-28 학부모 아카데미 4기

(함께여는교육연구소)

06-11~16 동아리주간

06-15 진로특강 – 엔지니어에서 패션디자이너로,

한승수(패션디자이너)

06-22 진로특강 – 소설가 방현석님과 함께 생각

해보는 진로, 방현석(소설가)

07-02 학교운영위원회 3차(교장실)

07-06 진로특강 – 북핵문제와 우리 외교, 문덕호

(외교통상부 북핵외교기획단 북핵1과장)

07-09~14특성화발표주간

07-13 진로특강 – 미디어의 발전과 우리의 미래,

서덕영(경희대 전자정보학부 교수)

08-30~09-27 학부모 아카데미 5기

(함께여는교육연구소)

2007-09-01 체력검사

09-10 학교운영위원회 4차(교장실)

09-15 수업공개일

09-21 제3회 작은음악회

10-16 학교운영위원회 5차(교장실)

10-19~20 구나의 바다(중학교축제)

10-22 총학선거(고)

10-24~11-09 해외통합기행(고1)·통합기행(중2)

봉사활동(중1 중3 고2)

10-24 함께여는교육연구소 '학부모의 밤' 사업 결

과보고와 평가 토론회(민주화운동기념사

업회)

2007-05-28 제5회 독서포럼 – 올리버 트위스트 1, 2

–찰스 디킨스, 윤혜준 옮김, 한동우 님(정

인 부)

06-01 학부모회 임원회의

(중–생협, 고–대형 강의실)

06-17 이우더불어리그(EDL) 개막 경기

06-29 제6차 교과포럼–이우고 사회교과 의 구성

과 방향·한국근현대사(박찬학 교사), 법

과 사회(전용석 교사), 한국지리(김나리

교사), 사회문화(이수광 교감)/제6회 독서

포럼, 긍정심리학–진정한 행복만들기, 김

지환 님(중1 기찬 부)

07-06 학부모 임원회의, 대형강의실

07-16~17 학부모–교사 전체 엠티

"꿈꾸는 이우공동체" (학교)

07-27 제7회 독서포럼 – 화려한 휴가(영화 감

상), 설종수(중2 고은 부)

08-31 학부모회 임원회의, 학교 대강의실

08-31 제8회 독서포럼 – 성공하는 시간관리와 인

생관리를 위한 10가지 자연법칙, 이경재

(중2 소민 부)

2007-09-28 제9회 독서포럼 – 공부의 달인 호모쿵푸스

& 희망의 인문학, 이희경(중2 이소민 모)

10-05 학부모회 임원회의, 이우생협

10-15 학부모 교사 학생이 함께 하는 200클럽 특

별 세미나 – 88만원 세대, 대강의실

10-19 제7차 교과포럼 – 중학교 과학

(임선영, 김대관, 장미 교사)

10-26 제10회 독서포럼 – 왜 80이 20에게 지배당

하는가, 박준성(고3 인해 부)

11-02 학부모회 임원회의, 생협

11-21 제11회 독서포럼, 『고추장, 책으로 세상을

말하다』, 고병권(수유너머 연구원)

학교 · 공동체 · 연구소	학부모
2007-11-14~15 김장담그기	2007-11-30 학부모회 임원회의, 생협
11-21 진로특강 – 고추장, 책으로 세상을 말하다, 고병권(수유너머 연구원)	12-05 제8차 교과포럼–중학교 영어(김진원, 엄지선, 최병호 교사)
11-23 진로특강 – '아름다운 세상, 아름다운 삶', 김형태(변호사)	12-08 심포지엄, 학교평가 보고, 학교식당
11-24 구나의 바다(고등학교) '오(五)!, 느끼는 구나'	12-15 2008학년도 신입생 · 학부모 오리엔테이션(이우중고)
11-26 총학 선거(중)	12-17 독서포럼, 해보내기 작은자리
11-30 진로특강 – 과학으로 생각하기, 최무영(서울대 물리학과 교수)	2008-01-04 학부모회 임원회의, 이우생협
12-17 학교운영위원회 6차(교장실)	01-20 노래로나누는세상(노나세) 창립
2008-01-31 학교운영위원회 7차(교장실)	01-26~27 신입학부모 오리엔테이션(홍국생명연수원)
02-15 졸업작품발표회	01-31 독서포럼 – 웹2.0 경제학(김국현 지음), 윤승일(중2 수한 부)
02-16 제3회 졸업식	02-01 학부모회 임원회의
02-20~22 교사 연수	02-23 학부모회 총회, 목양교회
02-27~28 2008학년도 이우고등학교 1학년 신입생 새로배움터(테마파크수련원)	02-28 독서포럼 – 왜 세계의 절반은 굶주리는가(장 지글러 지음, 유영미 옮김), 김영수(중2 해완 부)
2008-03-03 제6회 입학식	2008-03-11 학부모회 임원회의, 이우생협
03-15 학교방문의 날	03-27 독서포럼 – 헝그리 플래닛(피터 멘젤·페이스 달뤼시오 지음, 김승진·홍은택 옮김), 민혜경(이중민 노)
03-20 진로특강 – 개인금융에서의 통계학의 활용, 정영옥(한국개인신용(주) CB상품개발부장)	04-04 학부모회 임원회의, 이우생협
03-21 경기도 교장 연수단 학교 방문	04-12 학교 운동장 돌깨기 작업(~8월)
03-23 이우교육공동체 총회	04-17 제9차 교과포럼–중학교 음악 교과(안정민 선생님)
03-28 학교운영위원회 임시회(교장실)	04-17 장학후원회 총회, 이우생협
03-28 고등학교 총학생회 수련회(학교)	04-24 독서포럼 – 위기의 학교(닉 데이비스 지음), 정민승(고1 김수영 모)
04-04 이화여대 교육학과 학생 방문(32명)	05-09 학부모 탁구동아리 탁상공논 결성
04-05 신체검사	05-12 졸업생 홈커밍데이
04-05~6 중학교 학생회 전체 대의원 수련회(귀래면)	05-23 학년 교과포럼(1) – 중1(민경석, 김현아 교사)
04-07~12 과학주간	
04-11 고등학교 학생회 임원 수련회(학교)	
04-14 학교운영위원회 1차(교장실)	

2008-04-16 수업연구회(이현영 교사)/ 안양 해양중학 교 교감 및 부장교사 4명 학교 방문	2008-05-29 독서포럼 – 인체시장(로리 앤드루스, 도로 시 넬킨 지음), 김동광(고2 지환 부)
04-17 진로특강, 문은숙(소비자 리포트 기획처 장 소비경제학박사)	05-31 노래로나누는세상 제1회 정기공연, 이우학교
04-23 대전 성모여자고등학교 이사진 학교 방문	06-03 학부모회 임원회의, 생협
04-24~30 각 교과별 〈좋은수업 만들기 간담회〉	06-23 학교 매점 개소(매점위원회)
04-24 사또 마나부 교수 학교 방문	06-26 제10차 교과포럼 – 고등학교 국어과(방지 현, 이광호, 임수진, 김철원 교사)
04-25 소풍(중)	
04-29 한국교육개발원 학업성취연구팀 학교방문	06-26 독서포럼 – 내 몸을 살리는 면역의 힘(아 보 도오루 지음), 김순미(한의사)
04-30 (사)함께여는교육연구소 회원의 날 행사	07-04 학부모회 임원회의, 이우생협
05-01 체육대회	07-26 독서포럼 – 맥베드(윌리엄 셰익스피어 원 작) 연극 관람, 김종석(중2 호연 부)
05-07~09 통합기행-숲체험(중1), 도보기행(중2),	
05-09~11 농촌봉사활동(중3~고3)	08-20 학부모회 임원회의, 이우생협
05-19~23 인권환경주간	08-28 독서포럼 – 내 몸 사용설명서(마이클 로이 젠, 메멧 오즈 지음, 유태우 옮김), 김종균 님(예방의학 전공)
05-21 '차 없는 학교의 날' 행사(살터 주관)	
05-21~06-21 학부모 아카데미 6기 (함께여는교육연구소)	08-30 학부모 – 교사 MT, "소통과 웃음"(학교)
05-22 진로특강 – 이유정(변호사, 인하대 교수)	
05-28 중고대표자회의 및 교육과정위원회	
05-29 이우학교 총학생회 간디학교 방문	
06-05 경기대학교 대학원생 학교 방문	
06-07 학교방문의 날	
06-10~11 간디대학원생 11명 학교 방문 및 수업 참관	
06-12 수업연구회 (가산중학교 방문하여 협동수업 참관)	
06-24 학교운영위원회 2차(교장실)	
06-25 진로특강, '경영학, 경영컨설팅', 석기석	
06-30 종암중학교 교사 학교 방문	
07-09~19 이우학교 2008년 1학기 수업평가/ 태도조사	
07-09 파주지역 초등교사 방문	
07-10 진로특강 – '예술, 예술인이 되어 살기', 이섭(미술디자인 큐레이터)	

학교 · 공동체 · 연구소	학부모
2008-07-11 한국청소년정책연구학교 연구진 학교 방문	
07-14~16 한여름 밤의 꿈	
07-15 학교운영위원회 3차(교장실)	
07-20 제3회 플래그 풋볼대회 참가 중등부 2위	
07-23~25 함께여는교육연구소 어린이 캠프	
08-21~22 전체 교사 연수	
2008-09-01 간디학교 학생 및 교사 방문	2008-10-09 학생, 교사, 학부모가 함께 하는 200클럽 특별세미나-조류독감, 대형강의실
09-09 샘물중학교 교사 학교 방문	10-11 제1회 더불어축구한마당-이우학교, 성미산학교, 남한산초등학교, 푸른숲학교
09-11 체력검사	10-17 학부모회 임원회의, 생협
09-20 중3 졸업작품발표회	10-30 독서포럼 - 나의 서양미술 순례(서경식 지음, 박이엽 옮김), 노길상(이우학교 교사)
09-26 진로특강 – 코뮨적 삶을 위하여, 이진경 (수유너머 연구원, 서울산업대 교수)	11-19 200클럽 책축제
09-27 수업공개의 날 및 국제워크숍	11-20 제11차 교과포럼-미술(노길상 교사)
09-29 작은 음악회	11-27 독서포럼-모형속을 걷다(이일훈 지음), 류현수(자담건설 대표)
09-30~10-1 중학교 축제	12-06 이우나눔의 밤(학부모회 송년 및 장학후원의 밤), JJ하우스
10-01 인천 인명여고 교사 학교방문(15명)	12-18 제12차 교과포럼-고등 영어(이선영, 최병호, 피터 양, 김정례 교사)
10-02 구나의 바다(고, 축제)	12-27 2009학년도 이우고등학교 신입 학생 및 학부모 첫 만남
10-06 학교운영위원회 4차(교장실)	12-27 이우중 신입학부모·학생 오리엔테이션
10-15 수업연구회	12-29 독서포럼 해보내기
10-16 교과부 서기관 연구생 학교 방문	2009-01-21 학부모회 임원회의, 생협
10-18 자기주도 학습 포럼-스스로 공부하는 아이를 꿈꾼다(김미현, 우경윤 교사)	01-29 독서포럼-십시일反(손문상 외 지음), 손문상(시사만화가)
10-22 국어과 수업 연구회 겸 컨설팅 연수(선일중학교 연구부장 강은자)	02-21 학부모회 총회, 동천성당
10-27 학교운영위원회 5차(교장실)	02-26 독서포럼-공예문화(야나기 무네요시 지음), 최 범(디자인 평론가)
10-27~31 봉사기행(중1~2), 통합기행(고2)	
11-06 진로특강 – 스포츠매니지먼트, 권시형(프로야구선수협회 사무총장)	
11-12~13 김장담그기	
11-14 진로특강 – 신재생에너지와 우리의 미래, 류경옥(연구원)	
11-18 전체 교사회의	

학교 · 공동체 · 연구소	학부모
2008-11-21 진로특강 – 기술자(Engineer)로서의 삶, 윤태일(반도체 엔지니어)	
11-22 제4회 전국 중학교 플래그 풋볼대회 3위	
11-23 『이우학교이야기』 출간	
11-30 이우교육공동체 회원의 날(함께여는교육연구소)	
12-04 진로특강 – 개척하는 의료인의 삶, 이인동 (의사, 안성의료생협)	
12-08 전체교사회의	
12-10 차 없는 날 행사, 살터	
12-10 친환경농업대상 급식부문 우수상 수상	
12-15 학교운영위원회 6차(교장실)	
12-15 중3 졸업여행, 고1 통합기행	
12-17 전체 교사 연수	
12-27 2009학년도 이우고등학교 신입 학생 및 학부모 첫 만남	
2009-01-01~03 해외통합기행(고1)	
02-13 졸업작품전	
02-14 제4회 졸업식	
02-09 학교운영위원회 7차(교장실)	
02-25~26 고1 신입생 새로배움터 (의정부 한마음 수련원)	
2009-03-02 제7회 입학식	2009-03-13 학부모회 임원회의, 생협
03-07 학교방문의 날	03-26 독서포럼, 『엄마는 날 몰라』(테리 앱터, 윤정숙 옮김), 남미경(중3 이지윤 모)
03-10 서울시 교육협력관 학교 방문	
03-18 수업 연구회(중2 영어 김진원 교사)	03-27 200클럽 정기 총회, 대형 강의실
03-20 경기도 초등학교 교장 자격 연수 대상자 학교 방문	04-03 학부모회 임원회의, 생협
03-23~28 수업연구회(고)	04-23 독서포럼 – 『엄마의 집』(전경린 지음), 김연숙(중2 곽태헌 모)
03-25 전체교사회의	
03-27 이대 교육학과 학생 25명 학교 방문	05-13 학부모아카데미 – 세상이 말하는 교육, 이우학교가 말하는 배움과 교육, 이수광(이우학교 교감)
04-01 수업 연구회(고1 수학 민경석)	
04-03 진로특강 – 예술치료 전문분야 소개 및 전	05-20 학부모 아카데미 – 이우학교 구성원이 주

꿈꾸고 도전하고 함께 가다

학교 · 공동체 · 연구소	학부모

망, 송연옥(예술치료수련전문가)

2009-04-04~5 중학교 전체 학생회 임원수련회

04-13~18 과학주간, 수업연구회(중)

04-13 한신대 교육 대학원 학생 10여명
학교 방문

04-15 학교운영위원회 1차(교장실)

04-18 신체검사

04-22 소풍(중)

04-24 진로특강, 하성주(성남의료생협 이사장)

04-25~26 고등학교학생회 임원수련회
(한마음수련관)

04-29 전체수업연구회

04-29 경기도 교육위원회 교육위원 학교 방문

04-30 체육대회

05-04~09 농촌봉사활동(중3~고3)

05-06~8 생태기행(중1), 실상사/도보기행(중2),
강릉시 왕산면/농촌봉사활동(중3~고3)

05-13 교직원연수

05-17 이우교육공동체 총회

05-18~22 인권환경주간

05-20 수업연구회(고3)

05-20 걷는 날(학생 동아리 살터 주관)

05-27 수업연구회(중1 철학)

05-27~06-24 함께여는교육연구소
학부모 아카데미 제7기

05-29 진로특강, 안애경(디자이너)

06-03 금산 간디학교 교사양성과정 5명 학교
방문

06-09 함께여는교육연구소 총회 · 회원의 날

06-10 남양주 양지 초등학교 교사 학교 방문

06-11 학운위, 이사회, 교사대표자 정책 협의회

06-13 전국 플래그 풋볼대회 고등부 3위

06-17 전체수업연구회(고2 수학 이성미 교사)

06-20 학교방문의 날

목하고 함께 해야 할 교육운동, 이광호(함
께여는교육연구소 소장)

05-21 도서관 게릴라 콘서트, 도서관위원회

05-24 이우학교 제3기 성년례

05-26 주제가 있는 독서토론, 도서관위원회

05-27 학부모 아카데미-이우교사가 바라보는
아이들의 성장, 학부모와 나누고 싶은 아
이들의 성장, 안정민(이우학교 교사)

05-28 제13차 교과포럼-중고 체육과(임명수, 조
경선 선생님)

05-28 독서포럼-에릭 호퍼의 『길 위의 철학자』,
이숙경(여성학자, 영화감독)

05-30 오월의 어느 멋진 날에-노래로나누는세상
제2회 정기공연, 동천성당

06-03 학부모아카데미-학부모가 학부모에게
말하고 싶은 이우학교 이야기, 김혜장(신
나라 · 종호 모)

06-05 학부모회 임원회의, 생협

06-10 학부모아카데미-이우학교가 지향한 철
학, 이우학교가 지향하고자 하는 철학, 정
광필(이우학교 교장)

06-12 교제14차 교과포럼-고등학교 과학과
(김원우, 박대과, 김수연, 전희경, 김성임
교사)

06-13 도서관위 문학기행-양평 소나기 마을

06-17 학부모아카데미2차-세상이 말하는 교육,
이우학교가 말하는 배움과 교육, 이수광
(이우학교 교감)

06-24 학부모 아카데미2차-이우학교를 이해하
기 위해 학부모가 알아야 할 이야기, 우경
윤(이우학교 교사)

06-25 독서포럼-부모와 자녀가 꼭 함께 읽어야
할 시(도종환 엮음), 대강의실

07-01 학부모아카데미2차-이우교사가 바라보

2009-06-24 전체교사회의	는 아이들의 성장, 학부모와 나누고 싶은
06-25 진로특강, 도종환(시인)	아이들의 성장, 안정민(이우학교 교사)
07-09 학교운영위원회	2009-07-03 학부모회 임원회의, 생협 큰방
07-13 제5회 진로특강, 박인규(KBS카메라)	07-08 학부모아카데미2차−이우학교에서 학부
07-14 한여름 밤의 꿈(고1)	모 하기, 김혜장(신나라·종호 모)
07-15~17 고3통합기행	07-15 학부모아카데미2차−이우학교가 걸어온
07-15~17 통합기행(고3)	길, 나아갈 길, 장 석(학교법인 이우학교
07-21~23 어린이캠프 〈배움과 나눔〉	이사장)
08-08 제5회 한일 플래그 풋볼 교류전	07-23 독서포럼, 김별아 작가와의 대화−소설
중등부 2위, 고등부 3위	『열애』를 중심으로 한 역사소설 이야기
08-24 2학기 개학일 8.31로 변경(우천으로 인한	08-18 도서관에서 밤 꼴딱새기, 도서관위
공사 지연)	08-27 독서포럼, 성 평등 천국 노르웨이 들여다보
	기, 심상정(고1 이우균 모)
	08-29 학부모축제, "니들만 노냐, 우리도 논
	다"(학교)
2009-09-02~10-17 제6기 함께여는교육 아카데미	2009-09-11 학부모회 임원회의, 생협
09-16 수업연구회	09-24 독서포럼−한국의 인터넷을 논하다(권헌
09-18 작은음악회	영 외 지음), 김창희(형기 부)
09-28~30 구나의 바다	09-29~10-1 도서관 책 축제
09-29 학교운영위원회 4차(교장실)	10-09 학부모회 임원회의, 생협
09-29~30 구나의 바다(고), 끌리는구나(중) 축제	10-17 2010신입학부모 아카데미
10-01 체력검사	10-29 독서포럼−『천 번의 붓질 한 번의 입맞춤』
10-10 수업 공개의 날	(이덕무 외 지음), 심광주(고3 새별 부)
10-15 작은 음악회	11-06 학부모회 임원회의, 이우생협
10-16 중2 그림자극 공연	11-06 제15차 교과포럼−중학교 철학교과(유봉
10-22 광주 수완 중학교 교사, 서울대 교육학과	인, 장기혁 선생님)
박사과정 학생 학교 방문	11-07 전체 학부모 교육−대안교육의 참여자로
10-25 이우교육공동체 회원의 날	서 부모들이 가져야 할 교육관과 자세, 양
10-28 학교운영위원회	희규(금산간디 교장 선생님)
10-26~31 봉사기행(중1~2) 통합기행(고2)	11-21 2010신입학부모 아카데미
11-09~11 농촌봉사체험활동(중1~2)	11-26 독서포럼(학부모 교사 학생 특별세미나),
11-18 교직원연수	상처 받지 않을 권리(강신주 지음), 대강
11-25 수업연구회(고)	의실

학교 · 공동체 · 연구소	학부모

2009-11-25 2010년대 이우학교 교육과정을 위한 전체 교사 회의	2009-12-17 독서포럼, 『나는 당신의 말할 권리를 지지 한다』(정관용 지음), 정관용·(고2 재창 부)
2010-01-00 해외통합기행	12-27 이우학부모 송년 및 장학후원의 밤, 희망대호프
01-09 2010학년도 이우고등학교 신입생 및 학부 모님 첫 만남(대형강의실)	2010-01-17 작고편안한음악회, 노래로나누는세상 제3회 정기공연, 좋은친구센터
02-05 졸업작품전	01-30~31 2010년 이우고 신입 학부모 오리엔테이션(홍국생명연수원)
02-06 제5회 졸업식	02-20~21 2010 이우중학교 신입 학부모 새로배움터(홍국생명연수원)
02-22~23 이우중 신입생 새로배움터	02-26 학부모회 임원회의, 희망대
	02-27 학부모회 총회, 목양교회

2010-03-02 제8회 입학식	2010-03-11 학부모회 임원회의, 문탁 세미나실
03-22~27 삶과철학 수업연구회(고2)	03-31 학부모회 임원회의, 이우생협
03-31 전체수업연구회	04-07 200클럽 정기총회, 대형강의실
04-05~10 수업연구회(고3 영어, 중3 철학)	04-24 생태 탐방－홍천 살둔 제로에너지하우스, 환경위원회
04-12~17 과학주간, 수업연구회(고1 국사)	04-28 학부모회 임원회의, 이우생협
04-19 전체교직원 건강검진	04-29 제16차 교과포럼－중학 사회 (우경윤, 김진희, 김나리, 박대성 선생님)
04-19~20 전체교사연수	05-12 학부모아카데미－부모가 알아야 할 '감춰 진 사실'과 학부모 문화 전환 과제, 이수광 (이우학교 교감)
04-25 이우교육공동체 총회	
04-26 학교운영위원회 1차(교장실)	
05-04~06 농촌봉사활동	
05-17~22 인권환경주간	05-15 도서관위 문학 기행-원주
05-19 전체수업연구회(사회과)	05-19 학부모아카데미-아이들의 이우생활, 백희 봉(이우학교 교사)
05-19~06-16 함께여는교육연구소 제8기 CERI아카데미 학부모과정	
06-07 학교운영위원회 2차(교장실)	05-23 이우학교 제4회 졸업생 성년례
06-07~12 수업연구회(고1 과학 중3 미술)	05-26 학부모아카데미－이우학교에서 학부모하 기, 김혜장(신나라·종호 모)
06-12 회장배 전국 플래그 풋볼대회 중등부, 고등부 동반 우승	06-23 환경위 생태강좌－생태마을과 생태건축 동 향1, 최영호(윤혁 부)
06-14~19 수업연구회(중1 기술가정)	06-30 학부모회 임원회의, 이우생협
07-03 신체검사	07-16 환경위 생태강좌 2차, 생태마을과 생태건
07-05 학교운영위원회 3차(교장실)	

학교 · 공동체 · 연구소	학부모
2010-07-09 한여름 밤의 꿈(고1)	축 동향2, 최영호(윤혁 부)
07-14~16 통합기행(고2~고3)	2010-07-19 200클럽 도서관위 편입
08-25 교사연수	07-21~23 도자기 (도서관에서 자유롭게 즐기기),
	도서관위원회
	07-28 학부모회 임원회의, 이우생협
	08-12 도서관에서 밤 꼴딱새기, 도서관위원회
	08-28 학부모축제, "함께 가는 길"(학교)
2010-09-01~04 수업연구회(고1 수학)	2010-09-29 학부모회 임원회의, 이우생협
09-06~11 수업연구회(고2 세계지리)	10-06 제17차 교과포럼-중학교 국어(윤수정, 한
09-15~16 구나의 바다	광수, 고1 임수진 교사)
09-20 체력검사	10-27 학부모회 임원회의, 이우생협
09-28 학교운영위원회 4차(기와집순두부)	2010-10-27 책 축제, 도서관위원회
10-05 교장선출위원회 및 선거관리위원회 구성	11-24 학부모회 임원회의, 대형강의실
10-09 제5회 수업공개의 날	12-04 2011년 신입학부모 아카데미 1차
11-08~10 농촌봉사활동(중1~2)	12-1 2011년 신입학부모 아카데미 2차
11-15 학교운영위원회 5차(교장실)	12-11 환경위 생태마을 탐방-경남 산청 안솔기
11-15~20 수업연구회(중2 영어)	마을
11-18 김장담그기	2011-01-26 학부모회 임원회의, 이우생협
11-18 이우교육공동체 회원의 날	02-19~20 이우중고 신입학부모 오리엔테이션
11-22~27 수업연구회(중3 사회)	(흥국생명연수원)
11-25 이우공동체 회원의 날	02-21~23 이우중학교 신입생 오리엔테이션
12-02 이우 제3기 교장으로 이수광 선출	02-25 이백동동 출범
12-05 제2회 서울협회장기 전국플래그풋볼 대회	02-26 학부모회 총회, 동천성당
중등부, 고등부 동반 우승	03-22 학부모회 임원회의, 이우생협
12-09 자기주도 학습 포럼-스스로 공부하는	
아이, 꿈은 이루어진다(유봉인 교사, 김미	
현 선생님)	
12-29 학부모회, 이우생협, 학교법인 이사회,	
이우교육공동체 간부 송년회	
2011-01-05 학교운영위원회 6차(교장실)	
01-10~15 해외통합기행(고1)	
02-11 졸업작품전시회	
02-12 제6회 졸업식	

꿈꾸고 도전하고 함께 가다

02-15　학교운영위원회 7차(교장실)

02-17　정광필 교장 이임식(목양교회)

02-21~23 이우중고등학교 신입생 오리엔테이션

2011-03-02　입학식

03-07　교사 대표자 회의

03-09　교과협의회/

　　　　전체 교사회의(인사위 규정 개정)

03-14　교사대표자회의

03-16　중2 농사 수업공개 및 수업연구회

03-21　교사대표자회의

03-23　수업공개 및 수업연구회(고1 국사 박찬학 교사)

03-28　교사대표자회의

03-30　전체수업연구회(중학교 영어과-김진원 교사) 수업공개 및 전체 수업연구회(타 학교 교사 학교 방문 100여명, 수업연구회 참관)

04-04　교사대표자회의

04-06　수업연구회(고2 수학 김소희)-교과부 수학교육팀 방문

04-08　학교운영위원회 1차(교장실)

04-08　광명 운산고등학교 교사 20명 학교 방문 (교육과정, 생활지도 등)

04-08　중고등학교 대의원 및 총학생회 MT

04-11~16 과학주간

04-11　교사대표자회의

04-12　간디대안학교 대학원 교사 학교 방문

04-13　학년수업연구회(중3 미술 노길상, 고3 사회 전용석)

04-14　고2 학년 교과 협의회

04-14　입학제도 진단 위원회

04-15　인창고등학교 교사 10명 학교 방문

04-18　교사대표자회의

2011-03-31　학부모 인문학 강좌-"생각하는 부모! 품격있는 부모!!-부모의 배움이 아이를 성장시킨다", 김찬호(성공회대 초빙교수)

04-03　봄바람을 꿈꾸다-노래로나누는세상 제4회 정기공연, 용인여성회관

04-06　학부모 아카데미 1강-아이를 이해한다는 것, 나를 이해한다는 것, 김현수(성장학교 별 교장)

04-13　학부모 아카데미 2강-교육의 근본을 다시 묻는다, 이수광(이우학교 교장)

04-20　학부모 아카데미 3강-나의 이우학교 이야기(백남희, 김소희, 임선영 교사)

04-21　제18차 교과포럼-고등학교 수학과(강병욱, 김진수, 김소희, 이성미 교사)

04-27　학부모 아카데미 4강-나의 이우학교 이야기 2(1기 이영진, 4기 신나라)

05-07　성남 청소년 네트워크 축구팀 멘토 사업 발대식(동천초)

05·18　학부모회 임원회의, 이우생협

05-22　졸업생 5기 성년식

06-23　〈교과포럼〉 평가회

06-30　제2회 학부모와 함께하는 인문학 강좌-'혼돈의 시대, 학부모의 지혜', 이택광 (경희대 교수)

07-20　학부모회 임원회의, 이우생협

08-27　학부모 축제, "또 함께 가는 길"(학교)

학교 · 공동체 · 연구소	학부모
04-20 수업연구회(고3 수학 이성미, 중1 체육 임명수 조경선)	
04-22 한림 대안고등학교 교사 학교 방문	
04-24 이우교육공동체 총회	
04-25 교사대표자회의	
04-26 휘문고등학교 학교 방문(20명)	
04-27 교과협의회	
05-02~4 농촌봉사활동(중3~고3))/ 도보기행(중2, 강릉시 왕산면)/ 생태기행(중1, 중미산 천문대)	
05-06~7 이우고 미축동아리 "AFAF-2011 ASIAN OPEN FLAG FOOTBALL CHAMPIONSHIP" 대회에 대한민국 대표로 출전, 준우승	
05-13 학교운영위원회 2차(교장실)	
05-16 교사대표자회의	
05-16~21 인권환경주간	
05-16 한국교육개발원 연구팀 학교방문 (시설 및 교육과정 안내)	
05-18 전체수업연구회(5.18 특별 수업)	
05-21 이화여대 교육학과 학생 40명 학교 방문	
05-23 교사대표자회의/고등학교 교육과정 연구 팀 회의	
05-23 고등학교 교육과정 연구팀 회의	
05-23 중앙대 교육학과 학생 40명 학교 방문	
05-24 입학제도 진단위원회 5차 회의	
05-25 중학교 전체 수업 연구회(중3 철학 유봉인)	
05-30 교사대표자회의	
05-30 전북교육연수원 교장단 학교 방문/국민대 교육학과 학생 40명 학교 방문	
06-01 교과 협의회	
06-01 핀란드 교사 연수팀 연수 보고회	
06-04 학교방문의 날(목양교회)	

학교 · 공동체 · 연구소	학부모
2011-06-07 입학제도진단위원회	
06-08 수업연구회(고1 국어, 고2 기술가정)	
06-08 충현중, 포곡고 교사 학교 방문(수업참관)	
06-12 제6회 협회장기 전국플래그풋볼대회 고등부 우승	
06-13 용인외고 학생 학교 방문	
06-15 수업연구회(중3 국어 윤수정, 고3 철학 이현영)	
06-15 대덕중, 홍덕고 교사 학교 방문(수업참관)	
06-21 입학제도진단위원회 8차 협의회	
06-22 중학교 전체 수업연구회(중1 수학 김현아), 학년 수업연구회(고2 기술가정 임수경)	
06-22 경수중 교사 학교 방문(수업 및 연구회 참관)	
06-23 학교운영위원회 3차(교장실)	
06-23 은계중학교 교사 40명 학교 방문	
06-27 태국 학교 교사 및 학생 학교 방문	
06-28 입학제도진단위원회 보고회	
07-01 가락고등학교 교사 학교 방문, 중고 사회교과 학교 컨설팅 지원단 학교 방문	
07-02 신체검사	
07-13 한여름 밤의 꿈(고1)	
07-14~16 통합기행(고2~3)	
08-16 제2회 배움의공동체연구회 세미나(서울시교육연수원)	
08-17 교과협의회	
08-24 수업연구회(고3 국어 방지현)/송림중학교 교사 학교 방문	
08-31 수업연구회(고2 과학)	
08-31 수업연구회(중3 사회)	
2011-09-02 의정부 교육지원청 40명 학교 방문, 민들레학교 교사 학교 방문	2011-09-17 이우중학교 신입학부모 새로배움터
09-03 학교방문의 날(목양교회)	09-21 학부모회 임원회의, 이우생협
09-07 수업연구회(중3 수학 이보솜, 고1 음악 이지선)	10-07 책 축제
	10-10 도서관 포럼−이우의 심장, 도서관은 잘 뛰

2011-09-21	고등학교 전체 수업연구회(고2 영어 김명선), 학년 수업연구회(중3 국어 윤수정)		고 있는가
09-21	한빛초등학교 학교 방문	2011-10-12	학부모와 함께하는 인문학 강좌―'삶과 문학, 삶의 문학', 김별아(소설가)
09-28	전체수업연구회(고 영어)	11-16	학부모회 임원회의, 이우생협
09-28	학교운영위원회 4차(교장실)	12-10	2012학년도 고등학교 신입 학부모 새로배움터(대형강의실)
09-28~29	축제―구나의 바다	12-10	'한미 FTA 폐기를 위한 동천동 주민 협의회(이하 한동주)': 이우 FC, 노나세, 느티나무도서관, 다다선선, 동천성당, 문탁네트워크 등 농협 앞 사거리에서 '한미 FTA폐기 결의대회'
09-29	성남시 소년체육대회 이우중 축구 준우승		
09-30~10-1	중학교 축제, '너 터졌구나'		
10-04	신천중학교 교사 50명 학교 방문		
10-08	2011년 제6회 이우학교 전체수업공개 및 수업연구회	12-14	제4회 인문학 강좌―역사읽기에서 나의 역사쓰기로, 박준성(역사학자)
10-10	서울 강일고 교사 15명 학교 방문	12-17	2012학년도 중고등학교 신입 학부모 새로배움터(급식실)
10-10~31	교원능력개발평가 학부모 만족도 조사		
10-12	수업연구회(고2 사회)	2012-01-13	마을연극 '극단 동동' 창단공연―〈소풍갈까요?〉
10-13	청덕중학교 교사 20명 학교 방문		
10-22~23/29~30	캠핑수업(고1) 용인레저	01-18	학부모회 임원회의, 이우생협
10-22	제1회 서울시립대총장배 플래그풋볼대회 고등부 우승	02-04~05	신입학부모 오리엔테이션(대교HRD센터)
10-26	수업연구회(고1 영어 박희진)	02-25	학부모회 총회, 동천성당
10-26	경기도 수석 교사 학교 방문		
10-28	KEDI 연구원 학교 방문		
11-02	수업연구회(중1 과학 윤미영, 중2 영어 김진원)		
11-07~12	봉사기행(중1~2)		
11-10	김장담그기		
11-16	교과협의회		
11-23	수업연구회(고2 화학 선혜영, 중1 생태 장기혁))		
11-24	학교운영위원회 5차(교장실)		
11-26	성남교육청 혁신학교 기초과정 연수자 학교 방문		
11-27	제3회 서울협회장기 전국플래그풋볼대회 중고 동반우승(2연패)		
11-29	배움의공동체 포럼―배움의 공동체, 그게		

학교·공동체·연구소	학부모
뭐지?(유봉인, 최병호 교사)	
2011-11-30 전체수업연구회(고 과학)	
12-03 이우교육공동체 10주년 기념 회원의 날	
12-05~10 총학 선거 주간(중고)	
12-07 수업연구회(고1 영어)	
12-12 중학교 총학생회장 선거	
12-16 학교운영위원회 6차(교장실)	
12-21 교과협의회	
2012-01-09~14 해외통합기행(고1)	
02-11 제7회 졸업식	
02-16 2011학년도 학교운영위원회 7차(교장실)	

학교·공동체·연구소	학부모
2012-03-03 학교방문의 날	2012-03-01 한동주·용인진보연대 주최, 한미FTA 폐기
03-06 강원도 연당중학교 교사 10여 명 학교 방문	를 위한 3.1절 집회, 풍덕천로얄스포츠사
03-07 교과협의회	거리
03-21 중고 학급별 교육과정협의회	03-21 학부모회 임원회의, 생협
03-21 교육과정협의회	03-28 학부모 교양강좌 – 미래사회 변화와 진로
03-27 와세다 대학 문학학술원 연구진 5명	트랜드(김희삼박사: KDI 연구위원)
학교 방문	04-04 학부모아카데미 – '우리 교육의 미래, 어떻
03-28 중고 전체수업연구회	게 이해하고 바라봐야 할까?', 이광호(함
(중1 과학 김영진 교사)	께여는교육연구소 소장)
03-31 고등학교 임원수련회	04-11 학부모아카데미 – '아이를 이해한다는 것,
04-09 수업연구회(고3 지리, 이지현 교사)	나를 이해한나는 것', 김현수(성장학교 별
04-09 방산중학교 교사 학교방문(6명)	교장)
04-10 10주년기념사업위원회 1차 회의	04-18-25 교과협의회/학부모아카데미,
04-13 이우중고등학교 학교운영위원회 1차	나의 이우학교 이야기1,
(교장실)	이우학교 재학생(중,고)
04-13~14 중학교 임원 수련회	04-25 학부모아카데미,
04-16~21 과학주간	나의 이우학교 이야기2,
04-17 부산학생교육원 장학사 9명 학교방문	이우학교 교사
04-18 전체수업연구회(중3 기술, 김유리 교사)	05-02 학부모아카데미,
04-25 교과협의회	나의 이우학교 이야기3,
04-25 교과협의회	이우학교 졸업생
04-27 소풍(중)	05-06 코스모스 꽃길 조성 작업, 환경위원회

2012-04-29 이우교육공동체 총회

05-02~4 생태기행(중1), 도보기행(중2),
농촌봉사활동(중3~고3)

05-09 학년 수업연구회(중2 국어 한광수, 고3 화
학 선혜영)

05-09 간디 대학원 과정 9명 학교 방문, 성남수업
혁신 컨설팅단 11명 학교 방문

05-11 이우중고등학교 학교운영위원회 2차
(교장실)

05-12 체육대회

05-14~18 인권환경주간

05-16 학년 수업연구회(중3 사회 김은선, 고1 수
학의 기본 이보솜)

05-16 걷는 날(살터 주관)

05-23 중고 교사 전체 교육과정협의회

05-26 대안학교한마당

05-30 전체수업연구회(고1 국어 김두식)

05-30 용정 고급중학교 자매결연식

06-01 경남교육청 특별 연구교사 4명 학교 방문

06-02 학교방문의 날(목양교회)

06-05 학년 수업연구회(고2 생활과 윤리 이현영)

06-11~15 숙대, 숭실대,
가천대 입학사정관 학교 방문

06-13 학년수업연구회(중1 국어 윤수정, 중2 수
학 김현아, 고2 생활과 윤리 이현영, 고3
영어문법 김명선)

06-13 성남교육청 교육장 학교 방문

06-15 지평선고등학교 교사 학교 방문

06-16 제2회 서울시립대학총장배 청소년 풋볼 대
회 중고 동반우승

06-20 교육과정협의회

06-27 전체교사세미나

07-04 의정부 광동고등학교 학교방문

07-06 이우중고등학교 학교운영위원회 3차(교장실)

2012-05-16 학부모회 임원회의

05-20 이우 성년례

06-01 꽃길 가꾸기 행사(환경위원회)

06-02 시간을 나는 비행기–노래로나누는세상
5회 정기공연(용인여성회관)

06-15 도서바자회(도서관위)

06-27 학부모 교양강좌 – 문화적인 것과 인간적
인 것(김용석 영산대 교수)

07-19 학부모회 임원회의, 좋은친구센터

08-11 도서관에서 밤 꼴딱새기, 도서관위원회

08-18 학부모축제(학교)

학교 · 공동체 · 연구소	학부모

2012-07-10 교과협의회

07-18 한여름 밤의 꿈(고1)

07-19 서울시 정보연구원장 방문

07-23~25 통합기행(고2~3)

08-22 교과협의회

08-29 교육과정협의회

2012-09-12 중학교 교육과정협의회

09-14 부산교육청 인성 교육 연구회 교사 8명
학교 방문

09-15 제7회 학부모와 함께 하는 수업공개의 날

09-19 고등학교 교육과정협의회

09-19 국제 청소년 단체 협의회 학교 방문

09-26~28 구나의 바다

10-08 제주도 의회 의원 10여명 학교방문

10-10 전체수업연구회(중3 철학, 신아연)

10-12 이우중고등학교 학교운영위원회 4차
(교장실)

10-17 교과협의회

10-17 일본문부과학성 국립교육정책연구소 학교
방문

10-18 와세다 대학교 교수 및 대학원생 학교방문

10-19~20 순천만습지 현장체험학습(중2)

10-19 성남 교육 지원청 혁신기초과정 연수 50명
학교방문

10-20~21, 27~28 캠핑수업(고1), 용인레져

10-24 교육과정협의회

11-03 서울대 학군단장배 플래그풋볼대회 중등
부 준우승, 고등부 우승

11-21 전체수업연구회

11-28 도서관포럼(10주년 기념사업) – 기록이 없
으면 역사도 없다, 이영남(풀무학교 전공
부 역사교사)

12-09 이우교육공동체 회원의 날

2012-09-06 학부모회 비상임원회의, 좋은친구센터

10-18 학부모 교양강좌 – "격변기의 철학과 교
육", 홍윤기(동국대 교수)

10-20 2013년 이우중학교 신입 학부모 1차 새로
배움터

11-21 학부모회 임원회의, 이우생활공동체

12-08 2013년 이우중학교 신입 학부모 2차 새로
배움터

12-15 2013년 이우고등학교 신입 학부모 새로배
움터(대형강의실)

2013-01-16 학부모회 임원회의, 이우생활공동체

01-17~20 극단동동 제 2회 정기공연
– "괜찮으세요?"

02-02~03 이우중고등학교 신입학부모
오리엔테이션(홍국생명연수원)

02-23 학무모총회, 목양교회

02-24 교문위 강좌 : 아이와 소통하기
–신입 아빠 MBTI 검사와 강의,
양용준(세진 동현 부)

학교 · 공동체 · 연구소	학부모

2012-12-10~15 총학선거주간(중고)

    12-12   전체교사세미나

    12-18   교과협의회

2013-01-00 해외통합기행(고1)

    01-04   이우고등학교 신입생 새로배움터(이우고)

    01-31   이우중고등학교 학교운영위원회 6차

            (교장실)

    02-15   졸업작품발표회

    02-16   제8회 졸업식

2013-03-04 제11회 입학식

    04-05~6 중학교 학생회 임원수련회,

            서울여성프라자

    03-09   학교방문의 날

    04-25   이우중고등학교 학교운영위원회 1차

            (교장실)

    04-28   이우교육공동체 총회

    04-30~5-2 도보기행(중2)/농촌봉사체험활동(고)

    05-10~06-21 9기 학부모 아카데미

            (함께여는교육연구소)

    05-28~07-02 10기 학부모 아카데미

            (함께여는교육연구소)

    06-17   이우중고등학교 학교운영위원회 2차

            (교장실)

    06-23   제2회 서울대 학군단장배 플래그풋볼대회

            중등부, 고등부, OB팀 시니어리그 동반

            우승

    07-17~21 통합기행(고3)

    07-18~8-1 통합기행(고2)

    07-18   한여름 밤의 꿈(고3), 정자동 청소년수련관

2013-03-20 학부모회 임원회의, 이우생활공동체

    03-28   학부모 교양강좌·학부모아카데미 '공감

            의 시대–마음읽기, 자존하기', 정혜신(마

            인드프리즘 대표)

    04-10   학부모아카데미2강 – 나의 이우학교 이

            야기1, 장기혁(중3팀장), 우경윤(고 연구

            부장)

    04-17   학부모아카데미3강 – '아이를 이해한다는

            것, 나를 이해한다는 것', 김미현(심리학습

            클리닉 더 블라썸 원장)

    04-24   학부모아카데미4강 – 나의 이우학교 이야

            기2, 민현선(4기) 김태홍(8기)

    05-15   학부모회 임원회의, 이우생활공동체

    05-25   이우 성년례

2013-05-28 도서관위 문화 기행–북촌마을

    06-13   2013 제1차 교과포럼–국어교과: 중–

            독서 및 그림자극 수업을 중심으로(최승

            희 한광수 교사), 고–국어 및 선택심화

            과목을 중심으로(이광호, 김두식, 방지

            현 교사)

    07-09   학교 공간회의

    07-17   학부모회 임원회의, 이우생활공동체

    07-19   도서관에서 밤 꼴딱새기, 도서관위원회

학교 · 공동체 · 연구소	학부모

2013-09-07   학교방문의 날
   09-13~14 이우학교 10주년 기념축제 〈번짐〉
	2013-09-04 학부모회 전체임원회의, 좋은친구센터
	   09-14 이우학부모회(졸업학부모회) 발기인대회,
	      대형강의실

"이건 평가가
아니라
반성입니다"

이우학교가 개교 10주년 행사를 대부분 마친 데 이어 이렇게 10년사까지 마무리합니다. 이제 이우학교는 다음의 10년을 향해 씩씩하게 나아가는 길 위에 서 있습니다. 이 10년사가 새로운 10년을 위한 나침반 혹은 반면교사로서 읽히기를 기대합니다. 그것이 과하다면 그저 지난 10년의 발자취를 갈무리한 것으로만 보아주어도 고마운 일입니다.

이우10년사편찬소위원회는 2012년 4월 첫 모임에서 10년사 기술과 관련한 몇 가지 원칙을 확인했습니다. 첫째, 그 동안의 과정을 최대한 종합적이고 객관적으로 기록한다는 것이었습니다. 학교 설립 및 재정 조달, 교육과정과 학생활동, 그리고 학부모 활동과 연구소 운영 등 이우학교의 움직임과 관련된 것이라면 어느 한 측면도 놓치지 않으려고 노력했습니다. 그 여러 측면이 유기적으로 합쳐져 이우학교를 구성한다고 보았습니다. 그렇다고 그 동안 애써준 분들에 대한 감사에 그치거나 자화자찬하는 책은 애당초 만들 생각이 없었습니다.

둘째, 10년사가 지난 10년에 대한 최종적인 평가라기보다는 그 시간을 함께해온 당사자들로서의 반성을 기록함으로써 앞으로 10년 뒤쯤 이뤄질 평가의 단초가 되게 하자는 생각도 있었습니다. 사실 10년이라는 시간은 역사로 기술하기에는 조금 이른 감이 있습니다. 그저 현시점에서 돌이켜보면서 가감 없이 정리하고 진술하게 반성하는 것이 온당하다고 본 것입니다.

셋째, 가능하면 많은 사람들이 10년사의 기술에 참여하는 것이 좋겠다고 보았습니다. 한두 사람이 자료를 모아 정리하는 방식보다는 제각각의 당사자들이 기억의 편린들을 증언으로 남기고 상충하는 부분은 상충하는 대로 기록해두는 게 훨씬 의미 있겠다고 판단한 겁니다. 이렇게 수집된 30여 편의 증언은 학교 홈페이지에 연동된 '이우학교10주년기념사업회' 카페의 '나의 이우 10년'에 가지런히 정리되어 있으며, 이 10년사 학부모 편의 기술에 가장 중요한 밑자료가 되었습니다. 기억의 저편에서 가물거리는 옛 학부모회와 각종 위원회 및 동아리의 자료들을 일일이 찾아 정리해준 학부모들께 이 자리를 빌어 감사드립니다.

이런 논의와 준비작업을 거쳐 10년사 각 장의 초고를 작성해준 분들은 다음과 같습니다. 제1장 이현영, 제2장 민순기·장석, 제3장 우경윤·이수광, 제4장 김철원, 제5장 박준성, 제6장 이광호, 제7장 이수광 님 등입니다. 해당 분야의 경과와 맥락을 가장 잘 알고 정리도 잘해줄 것으로 기대되는 분들께 집필을 부탁했습니다. 이들이 애써 정리해준 초고를 편찬소위가 몇 차례씩 윤독하고 조율해 최종원고를 마련했습니다. 따라서 이 책의 내용에 대한 실무 책임은 초고 작성자가 아니라 편찬소위에 있는 것이 분명합니다.

이 10년사에는 상당히 많은 사진들이 실려 있습니다. 역사적 의미가 있는 동시에 이미지물로서의 효과도 큰 것들을 사용하려고 노력했습니다. 최대한 사진 촬영자를 찾아 책의 말미에 적시했습니다만, 혹시 누락된 분이 있다면 해량해주시기 바랍니다.

이 책에 실린 '졸업생 센서스'는 나선미 님의 수고의 결과입니다. 센서스의 진행 및 분석을 거의 도맡아 했습니다. 이 작업이 이우교육의 열매인 졸업생들의 현주소와 이우학교에 대한 그들의 인식을 살펴봄으로써 학교의 미래도 함께 그려나가는 기회가 되기를 기대합니다.

10년사 작업 과정에서 가장 아쉬운 것은 각종 학생 및 학부모 활동의 아카이브를 만들어내지 못한 것입니다. 학교 홈페이지는 이미 차고 넘치지만 그 내용들이 보다 체계적이고 사용자 친화적으로 정리되지 않는다면 향후 무용지물이 되거나 소실될 우려가 큽니다. 교육과정 및 학생활동의 각종 오프라인 자료들도 제대로 수집·정리되지 않고 있습니다. 편찬소위가 자기과제로 설정하고서도 역량 부족으로 결실을 맺지 못한 이 '이우 아카이빙' 작업이 어떤 방식으로든 조만간 추진되기를 기대합니다.

이 10년사는 우리가 관행적으로 사용하고 있는 몇 가지 용어를 고쳐 기술했습니다. '졸업기수'를 '졸업회수'로, '급식소'를 '식당'으로 각각 바꿨습니다. 이우에서 언제부터 왜 그렇게 표현되기 시작했는지는 알 수 없으나 두 가지 모두 우리 사회의 일반적인 용례와 다를 뿐 아니라 은연중 집단주의의 기미를 풍긴다고 보았습니다. 그런 점에서 이것은 앞으로 이렇게 바꿔 쓰자는 제안이기도 합니다.

이 10년사는 이우학교가 만 10년이 된 2013년 1학기까지를 기술의 범위로 삼았습니다. 일부 10주년 축제 사진이 사용되기도 했고, 자료 편에 몇 가지 2학기 사항이 포함되기도 했지만 그것은 최소한의 범위에 그쳤습니다. 만 10년 이후 시기에 대한 제대로 된 기술은 '이우20년사'의 몫으로 남겨뒀다고 생각해주면 감사하겠습니다.

이렇게 한 권의 책을 구성하고 보니 아쉬운 마음도 꽤 큽니다. 망망대해를 헤쳐 고작 졸졸 흐르는 시냇물을 그려낸 것 같기도 하고, 살아 움직이는 생명체에서 역동적인 피와 살을 모두 발라낸 채 메마른 뼈대만 남긴 것 같기도 합니다. 지난 10년 동안 꿈꾸고 도전하며 함께 걸어 이우학교를 만들어 온 모든 분들께 누가 되지 않았기를 바랄 뿐입니다.

혹시라도 이 10년사가 지난 10년의 실제 역사를 바라보는 거울이 되고 새로운 10년을 설계하는 조그만 단서라도 제공할 수 있다면 그것이 실질적으로 마른 뼈대에 온기가 돌게 하고 시냇물이 결국 대해로 흘러가게 하는 일이 아닐까 생각하며 스스로를 위로해 봅니다. 감사합니다.

2013. 11.

이우10년사편찬소위원회 위원들을 대신하여 **김창희**

사진 제공해준 분들

경영위치(건축사무소) 32~35쪽, 38~39쪽

권혁건 361쪽, 364~365쪽

김명진 54쪽(위), 60쪽, 96~97쪽, 100쪽, 104쪽, 106쪽, 114쪽, 118쪽, 146쪽, 162쪽, 166쪽,
196~197쪽, 210~211쪽, 214쪽, 216쪽, 218쪽, 224~225쪽, 226쪽, 348~349쪽, 358쪽

김상용 284쪽

김예나 86쪽, 152쪽, 346쪽

김학연 270~271쪽

박준성 230쪽, 252쪽

박준영 54쪽(아래), 68쪽, 76쪽, 164쪽, 232쪽, 344쪽

서혜준 286~287쪽

송지하 366~367쪽

전경배 276쪽, 292~293쪽

함께여는교육연구소 128~129쪽, 132쪽, 306쪽, 314쪽, 316쪽, 318쪽, 324~325쪽, 328~329쪽,
332쪽, 335쪽, 338쪽

· 사진을 제공해준 분들과 경영위치 건축사무소, 함께여는교육연구소에 감사드립니다.

· 이우십년사편찬소위원회는 사진 촬영자 확인을 위해 다각도로 노력했습니다만 확인이 어려운 사진도
있었습니다. 불가피하게 사진 저작권자의 허락을 받지 못하고 게재한 사진에 대해서는 양해를 구합니
다. 발간 후라도 사진 촬영자가 확인되면 별도의 조치를 취하겠습니다.

· 이 책에 게재된 사진의 무단 전재 및 복제를 금합니다.

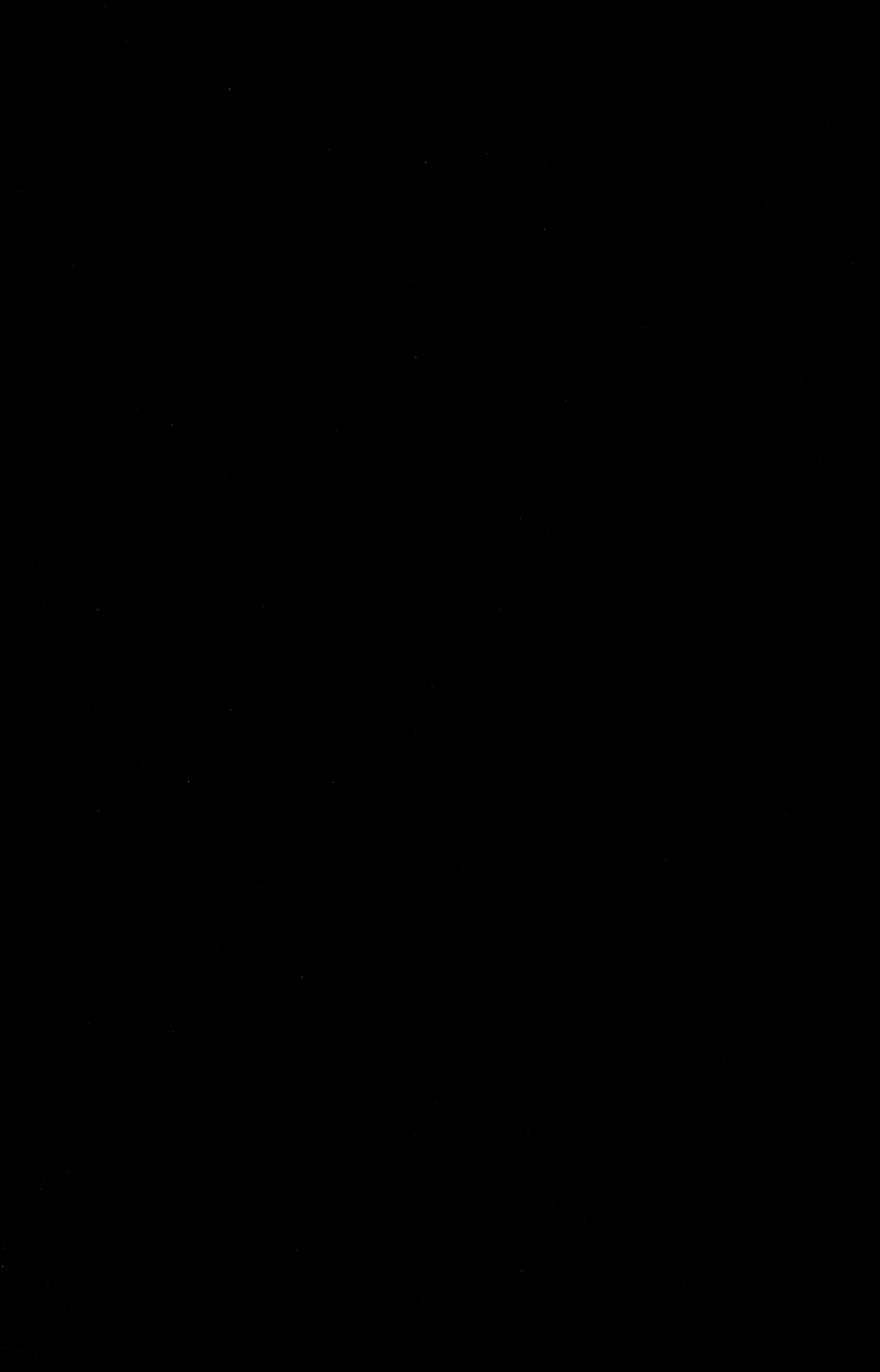